中国社会科学院 学者文选

王 明 集

中国社会科学院科研局组织编选

中国社会科学出版社

图书在版编目(CIP)数据

王明集／中国社会科学院科研局组织编选. —北京：中国社会科学出版社，2007.12（2018.8重印）

（中国社会科学院学者文选）

ISBN 978-7-5004-6510-2

Ⅰ.①王… Ⅱ.①中… Ⅲ.①道教—文集 Ⅳ.①B958-53

中国版本图书馆CIP数据核字（2007）第171043号

出 版 人	赵剑英
责任编辑	冯广裕
责任校对	石春梅
责任印制	戴 宽
出 版	中国社会科学出版社
社 址	北京鼓楼西大街甲158号
邮 编	100720
网 址	http://www.csspw.cn
发 行 部	010-84083685
门 市 部	010-84029450
经 销	新华书店及其他书店
印刷装订	北京市十月印刷有限公司
版 次	2007年12月第1版
印 次	2018年8月第2次印刷
开 本	880×1230 1/32
印 张	16.25
字 数	389千字
定 价	99.00元

凡购买中国社会科学出版社图书，如有质量问题请与本社营销中心联系调换
电话：010-84083683
版权所有 侵权必究

出版说明

一、《中国社会科学院学者文选》是根据李铁映院长的倡议和院务会议的决定，由科研局组织编选的大型学术性丛书。它的出版，旨在积累本院学者的重要学术成果，展示他们具有代表性的学术成就。

二、《文选》的作者都是中国社会科学院具有正高级专业技术职称的资深专家、学者。他们在长期的学术生涯中，对于人文社会科学的发展做出了贡献。

三、《文选》中所收学术论文，以作者在社科院工作期间的作品为主，同时也兼顾了作者在院外工作期间的代表作；对少数在建国前成名的学者，文章选收的时间范围更宽。

中国社会科学院
科研局
1999 年 11 月 14 日

目 录

编者的话 …………………………………………………（1）

上　篇

《周易参同契》考证 ………………………………………（3）
《老子河上公章句》考 ……………………………………（60）
《黄庭经》考 ………………………………………………（95）
论《太平经钞》甲部之伪 ………………………………（146）
论《太平经》的成书时代和作者 ………………………（160）
《太平经》和《抱朴子》在文化史上的价值 …………（180）
从墨子到《太平经》的思想演变 ………………………（188）
试论《阴符经》及其唯物主义思想 ……………………（198）
论《无能子》的哲学思想
　　——唐末农民大起义影响下一部特出的著作 ……（219）
论老子兵书
　　——兼谈《道德经论兵要义述》的两个特点 ……（243）
道家古籍存佚和流变简论 ………………………………（253）

下 篇

周初齐鲁两条文化路线的发展和影响 …………………（265）
再论齐文化的发展 ………………………………………（275）
《周易·咸卦》新解 ………………………………………（290）
墨子兼爱尚贤论透析 ……………………………………（298）
清初市民阶级的政治思想家唐甄 ………………………（339）
中国道家到道教的演变和若干科学技术的关系 ………（364）
道教与中国传统文化 ……………………………………（371）
论陶弘景 …………………………………………………（396）
论葛洪 ……………………………………………………（417）
隋唐道教 …………………………………………………（444）
论道教的生死观与传统思想 ……………………………（449）
《中国道教史》序 …………………………………………（456）
《魏晋神仙道教——抱朴子内篇研究》序 ………………（466）
论黄帝在中国民族文化史上的地位和作用
　——《道教通论——兼论道家学说》序 ……………（473）

道教文化研究领域的拓荒者
　——王明传略 …………………………………………（481）
作者主要论著目录 ………………………………………（494）
作者年表 …………………………………………………（498）

编者的话

初次接触到王明先生，是我在四川大学读研究生的时候。我知道王明先生是道教学研究的开拓者和学术泰斗，他的《太平经合校》、《抱朴子内篇校释》等著作是研究生们的必读书，也是我们撰写论文时的重要参考文献。除此之外，我在情感上也感到和王明先生很亲近。王明先生是四川大学宗教所的老朋友，他曾推荐宗教所承担国家哲学社会科学"六五"规划项目《中国道教史》。当四川大学宗教所拿到这个项目时，他本人亲自担任了项目顾问，一直关心《中国道教史》的写作进展，审阅过文稿。在《中国道教史》第一卷出版时，他又为此书写了序言。我的博士生导师卿希泰先生常提到他和王明先生的密切交往，说每次在京拜访王明先生结束时，王明先生都亲自把他们送下楼，有时甚至送到汽车站。卿老师称他是"平易近人的忠厚长者"和"良师"，流露出尊重和感激之情。在1993年出版的《中国道教史》第三卷的后记里卿老师特别提到"以本卷的出版作为我们对王明先生的深切悼念"[①]。那时，王明先生刚去世不久，

[①] 卿希泰主编：《中国道教史》第三卷，成都：四川人民出版社1993年版，第616、617页。

没有机会目睹他一直关注的《中国道教史》全书的问世。

卿老师对王明先生的深情厚意也深深地感染了我们这些学生，令我对这位学界先贤仰慕不已，希望有机会一睹他的风采。2003年，我进入中国社会科学院哲学研究所博士后流动站，终于有幸来到王明先生生前工作的地方，在胡孚琛老师指导下进行博士后研究。在此期间，我还聆听过王卡老师的课，向陈静老师请教过各种问题，终于实现了了解前辈道学学术渊源和理路的心愿，这是多么奇妙的一种缘分呵！

现在，我又受胡孚琛老师的嘱托来整理、编辑《王明集》，实感三生有幸。对于我个人而言，也许这是班门弄斧、布鼓雷门，不揣冒昧之至，但我还是欣然接受了这个重要的、非常有意义的任务。一方面，通过编辑文集，我比较深入地理解、把握了王明先生的学术研究方法、思想精髓和历史脉络，这将为我今后的道学研究奠定一个扎实的基础；另一方面，我也希望本书能够为广大读者提供一个更快更全面进入王明学术世界的途径。在本书的编辑过程中，幸得王明先生已经自拟的《道家和道教思想研究》和胡孚琛老师整理的《道教与传统文化研究》两本文集。由于受中国社会科学院专家文库篇幅的限制，本书不能将王明先生的全部文章收入，只能忍痛割爱，在这两本论文集中再精挑细选，选择最具代表性的、能够体现王明先生学术风貌的重要论文。

王明先生自己将他的学术生涯分成中央研究院、新中国建立、十年"动乱"和1979年以后四个阶段。1941—1949年在中央研究院期间，王明先生的学术重点是对重要道经的训诂考据。1950年王明先生被选派到华北人民大学，系统地学习了马列主义理论和中共党史，回到科学院后还参加了艾思奇主讲的辩证唯物主义学习班。这种改造旧观念、接受新观念、适应新环境的知识分子思想改造对王明先生以后的学术研究产生了很大的影响，学术观点像那个时代的老学者一样带有时代的政治特征，读者不难从他这段时期的文章中发现这点。1979年后，拨乱反正，学术研究逐渐走上正轨，王明先生的思路也更加开阔，其研究从哲学史扩展到了文化史，思想升华到了更高的境界。我在编这本文集时，将文集分成上、下两篇。上篇重点选王明先生在中央研究院期间及后来的考证性文章，下篇主要是改革开放后论道教与中国传统文化方面的文章。下篇还收录了王明先生两篇具有特殊意义的文章。一是1979年9月王明先生出席苏黎世第三次国际道教学术会议时宣读的论文《中国道家到道教的演变和若干科学技术的关系》。这是王明先生第一次出国与国外同行交流，同时也是国际道教学术界第一次邀请中国学者参加有关道教的国际学术会议。另一篇是1988年初，王明先生在身患不治之症时，思索生死问题而写成的《论道教的生死观与传统思想》。为了方便读者了解这位学界前辈的治学经历，我还将胡孚琛老师撰写的《王明传略》收在了附录中。

王明先生生逢沧海横流之时，有生之年真可谓多事之秋。但时代的更替并没有影响王明先生对学术的追求。在北大和西南联大上学时，王明先生就广涉文史哲诸领域。这些学府丰厚的学术滋养，加上自身的勤学苦读和好问好思，为王明先生以后的学术发展和独立开拓打下了坚实的基础。在广袤的文化田园里驰骋一番后，王明先生把自己的研究焦点聚集到了道家道教研究上，这成了伴随他一生大部分时间的学术旨趣。早在1937年王明先生首次师从陈寅恪教授，后因"七·七"事变辍学，到1939年，王明先生又在汤用彤先生的指导下研读《道藏》。从1941到中央研究院历史语言研究所工作，直到1949年，这期间他发表了几篇很有分量的道教研究论文。中央研究院1949年迁往台湾后，王明先生进入中国科学院考古研究所。在考古所期间他的研究涉及了中国造纸术。1957年调到中国社会科学院哲学研究所后，王明先生才得以继续从事其心仪的道家道教研究，出版了重要的道教研究著作。这方面的成果将在下面介绍。除此之外，他还参与了中国哲学史研究室主持的《中国哲学史资料选辑》工作，先秦之部、两汉之部、魏晋隋唐之部、宋元明之部、清代之部和近代之部的哲学资料他都有所涉猎。

现在让我们回到王明先生在中央研究院历史语言研究所工作的那段时间。史语所是民国时期的全国最高学术机构，研究人员不多，都是精兵强将，大家潜心读书、思考和写作。王明先生在这期间读了大量的道书，陆续在《史语所集刊》和其他报刊上发表《周易参同契考证》、《老子河上公章句考》、《论〈太平经钞〉甲部之伪》、《〈黄庭经〉考》、《元气说》、《论种民》、《儒释道三教论报应》、《论老子与道教》、《曹操论》等文章。下面我要介绍一下其中最重要的四篇，它们奠定了王明先生在道教研究领域里的重要学术地位。

《道藏》卷帙浩繁，计5485卷，512函，是收藏道教经典及相关书籍的大型丛书。从初唐开始编撰，至今已历时1300多年。其中收集了大量的道教经典、论集、科仪、戒律、符图、法术、宫观山志、神仙谱录、道人传记等，还有一些失传的百家著作，以及大量的中国古代科学技术著作，如天文历法、医药养生、内外丹著作等，这是一部珍贵的宝典。但直到1911年刘师培在《国粹学报》上发表《读道藏记》以前，一直无人对这部丛书进行研究。王明先生单枪匹马、孤军深入了这片未经开垦的处女地，四顾茫然。因为《道藏》中很多经典，既无作者，又无年代，真伪混杂，篇章残缺和错乱，简直无从下手。这时他借助自己深厚的历史文献学功底、娴熟的训诂考据功夫、敏锐的学术眼光，开始整理道经。清人董德宁曾云："道书之古者，《道德》、《参同》、《黄庭》也。"王明先生也认为"《道德经》为玄教经典之鼻祖，下分《参同》论外丹，《黄庭》说内丹，并为古典，甚可宝也。"于是他从这三部最重要的道教经典下手，逐一进行考证。在《〈老子河上公章句〉考》中，王明先生发现西汉至三国老学经历了三变，一为西汉初年以黄老为政术，主经国治世；二为东汉中叶至东汉末年以黄老为长生之术，主治身养性；三为三国之时，习老者既不治国经世，也不治身养性，大率为虚无自然之玄论。《老子河上公章句》就标志着哲学性道家向宗教性道教的转变，是道教形成时期的重要文献。《周易参同契》号称"丹经之祖"，其说杂以天文历数。朱熹评说它读之"艰深"，其辞多取比喻，"使人难晓"。王明先生在《〈周易参同契〉考证》中考察汉代学术之流变，指出魏伯阳以《周易》会通其他经典，秉承《京氏易》、《易纬》、黄老自然之道，旨在修大丹、服大丹而已。与汉人学《易》以推究灾异与占候吉凶不同，《参同契》开出了以《易》作丹的先河，对后世内外丹的影响极大。另外一部经典《黄庭经》分内外《玉景经》。从晋至宋，诵读、注释、研习《黄庭经》的非常多，几乎形成黄庭之学。关于其作者，有传帝喾时降世者，有传太上大道玉晨君作《黄庭内篇》者，皆不足信。王明先生从《魏夫人传》考其来源，认为"黄庭思想，魏晋之际，已渐流行，修道之士，或有秘藏七言韵语之黄庭草篇，夫人得之，详加研审，撰为定本，并予著述；或有道士口授，夫人记录，详加诠次"，指出了《黄庭经》与老子无涉，而与魏夫人有关。在该经的成书时间上，王明先生指出魏晋之际，已有秘藏《黄庭经》草本，武帝太康九年，魏夫人得《黄庭内景经》，而《黄庭外景经》则传世于成帝咸和九年左右。《黄庭经》为内丹派养生之书，将早期道书中的脏腑之论扩充为五脏六腑五官诸神，甚或全身八景神及二十四真，对中医脏腑理论进行了神学化处理，成为道教内修的重要经典。王明先生的这些研究成果发前人所未发，为近现代的道教研究立下了汗马功劳。

在史语所期间，王明先生还考证了另外一本重要的早期道经《太平经》。《太平经》以甲、乙、丙、丁、戊、己、庚、辛、壬、癸为部，每部一十七卷，全书共一百七十卷，内容庞杂，自成体系，后世道教各派教义均受此书影响。王明先生通过校对《太平经》残本和《太平经钞》及其他引书，使残缺不全的《太平经》恢复了一百七十卷的原貌，并以《太平经合校》为名于1960年在中华书局出版。这是一部具有拓荒性质的力作，自问世以来始终得到学人们的充分肯定，初版即引起了国内外学术界的极大关注。王明先生晚年自己总结其治学的经验教训时，认为编订《太平经合校》的方法"比较客观而周到，有的同志深恐搞乱原文的顾虑完全可以打消了。这一点似乎是可取的经验"①。对《太平经》这部道教大书的断代是道教史研究中最为关键的成果，为道教史和道教思想研究提供了重要的史料依据。汉代是道教形成为一个有组织的宗教的关键时期，这些经典的考证勾勒出了道教发展演变的大致面貌和各自的特色，成为道教研究的奠基性作品，使王明先生赢得了"道教文化研究领域的开拓者"这一美誉。在《太平经合校》出版20年后，王明先生的另一部力作《抱朴子内篇校释》也问世了。王明先生认为《太平经》和《抱朴子》代表两种不同性质的道教，他将三张（张陵、张鲁、张角）创立的道教团体划为"早期道教"，魏晋时期求长生和精神修养的道团为"神仙道教"。这种划分为以后的道教研究

---

① 王明：《王明自传》，巴蜀书社1993年版，第26页。

理清了方向。《抱朴子内篇》是神仙道教的代表作。这本书包含系统的道教理论和众多的方术，对后世道教的发展影响很大。虽然《抱朴子内篇》传本甚多，却从没有留下什么注解，校释起来非常困难。王明先生以孙星衍平津馆校勘本为底本，参校其他十数家版本，加以校勘、标点和注释，成为该书的最佳注本，是研究道教史、思想史和科技史的重要参考资料。《太平经合校》和《抱朴子内篇校释》出版后不断再版，被海内外学术界公认为垂范后世的经典之作。

在1979—1992年期间，王明先生从道教文化研究又扩展到中国文化史的研究上，将道教史与整个文化思想史联系起来，视野更加开阔，很多问题看得更清楚，道教研究的意义也显得更加深远，他甚至下了"半部《老子》可以革天下"的大胆断言。晚年从哲学史到文化史的扩展是王明先生多年研究和思索的心得体会，是他学术思想的一次新的升华。在他高瞻远瞩的视域中呈现了仅限于道教文化则难得一见的景观。向宏观的文化史的扩展，使得王明先生的道教研究多有创获，道教中一些长期被遮蔽的价值也彰显了出来。在此我举出几篇文章加以说明。在《周初齐鲁两条文化路线的发展和影响》以及《再论齐文化的发展》中，王明先生把儒、道两个学派的起源追溯到了西周初年的姜太公和周公旦，并且理出了齐文化和鲁文化两条线索。这两条线索对后来中国文化的发展产生了重大影响。周初分封到鲁国的周公用"亲亲上恩"治鲁，被后来儒家所宗。这种文化具有虚心求知和审美教育的优点，但其流弊是"只知有家，不知有国，家庭成员犯了法，父为子隐，子为父隐，层层包庇，姑息养奸，遗毒蔓延，至今仍未弊绝风清"。另一个严重的弊病是缺乏国民生计的功利观念。而分封到齐地的姜太公则用"尊贤上功"治齐，尊贤才、尚功利、重效率，不讲究宗法情感和血缘亲疏关系，因而成就了春秋时期齐桓公和管仲的霸业，形成了以齐都临淄为中心的稷下学术中心，促进了战国时期的百家争鸣和学术繁荣。齐文化主要是道家文化，也包括兵家、法家、墨家的一些理论，而这几家都和道家有着密切的关系。如开创齐国的太公望吕尚著有《太公兵法》，属道家类，显示出道家理论与兵家的相通；法家本于黄老而主刑名，韩非作过《解老》、《喻老》，黄老帛书《经法·道法》说："道生法。法者，引得失以绳，而明曲直者也"，把"道"视作"法"产生的本体论根据。《太公六韬》也强调"不以私害公"，体现了道家和法家的基本精神。秦汉以后，墨学中绝，黄老道继承其社会政治思想，将墨学融入早期道教，成为墨学流变。可见，齐文化的道家既具有形而上的思辨色彩，也具有相当的包容性和实用性。汉代独尊儒术以后，鲁文化成为历代的显学。学术界重视对鲁文化的阐发，而对齐文化的注意则很少，甚至受到压抑和歧视，齐文化只能"潜伏逆流于整个思想文化的深渊"，"在遇到适当时机和气候时，就以道家的面目出现，直接向居于统治地位的儒家发动挑战与抗争"，如东汉王充倡导"元气自然"批判汉儒的天人感应论；东汉末年五斗米道和太平道组织教民建立新政权；晋代鲍敬言倡导"无君论"；唐代的无能子发挥道家自然观，否定君臣名分、贵贱等级、贫富差别和尊卑礼节，谴责圣人，甘为狂人；宋代的王安石、近代的魏源和严复等都希望从道家寻求思想资源。在《道教与中国传统文化》一文中，王明先生总结出"贯穿道教理论和方术的总的思想是变的观念"，"道教的宇宙观是变的哲学"。崇尚变化的道教虽有怪诞的幻想，但丰富了人们的想象力，激发了人们从事创新活动的兴趣。

　　类似上述的真知灼见还很多，如在《论黄帝在中国民族文化史上的地位和作用》一文中，王明先生指出，与儒家经典

《尚书》记述历史从帝尧开始大不相同,持道家观点的司马氏记述往事,从黄帝开始,将黄帝视为五帝之首。后来道教完全继承了司马氏这个道家传统,在《列仙传》、《广黄帝本行记》、《轩辕本纪》、《轩辕黄帝传》等道教的仙传系统中,将许多上古的发明集中写在黄帝名下,突出了黄帝是中华民族最早融合和繁衍的形象,以至于后来的华人均称自己为炎黄子孙,这主要是道家和道教学者的卓识和贡献。在《周易·咸卦新解》里,王明先生不拘泥于传统的注疏和今人的诠释,根据训诂学和民俗学,考证出《咸卦》最初是讲述一对少男少女相亲相悦的民间故事,而非传统儒家认为的《周易·咸卦》主要讲夫妇之道和礼仪的由来。

在我们今天看来,王明先生所开创的道家道教研究领域具有深远的意义。正是因为有了形而上学的、思辨的、自然型的老庄哲学和追求生命质量、探索宇宙奥秘、领略超验领域的丹道性命之学以及济世度人、安顿生命、拔魅解厄的道教对儒学的分立而互补,有了道学的反叛性格、大胆想象、怀疑精神及其对正统的、僵化的官方哲学的批判和否定,中国思想文化才始终得以保持旺盛的生命力。可见,今后深化道学研究从而发扬光大中华优秀传统文化,对于促进中华民族的文化复兴伟业具有重大的意义。

作为道教研究的开创者,王明先生在教书育人方面也做出了自己的特殊贡献。他1979年被聘任为中国社会科学院研究生院教授,这是国内第一个以"道家道教"为研究方向的博士点。他为世界宗教系和哲学系培养了两届硕士研究生,即王卡和陈静;一届博士研究生,即胡孚琛和王卡。现在王明先生的学生也已经指导硕士和博士生。胡孚琛老师指导的硕士生有朱满玲、林泰显(韩国)、孙圣河(韩国);指导的博士生有张超中、王永平（日本）、姜守诚、胡碧玲（Brenda Hood，加拿大）、李敬焕（韩国）、林泰显（韩国）、王体、韩亚弟。至今在读的博士生还有刘焕玲（台湾）、张连顺、邵洪波、余强军、李虹（山东大学）等。胡孚琛老师还是陈霞、梅珍生、蔡钊、程雅君等人的博士后合作导师。此外，安徽大学哲学系的史向前教授也在胡孚琛老师门下做过访问学者。王卡老师现在指导了易宏、林巧薇和陈文龙三位在读博士生。我罗列以上海内外"王明师徒谱系"上的众多名字，是为了说明昔日中国社科院哲学所备受冷落的道学专业一时人才济济，后继有人。中国的道学研究之蓬勃展开以及海内外后学之蜂拥而至，集聚一堂，或举旗呐喊，或潜心钻研，或学以致用。今日道学，兴盛之势，或可告慰九泉之下的王明先辈矣。

2006年1月11日，我来到建国门附近干面胡同的王明故居登门拜访，这里现在住着他的儿子、儿媳。我目睹了先生昔日生活的房间、书桌和书籍，与他的家人谈及其父从前甘于寂寞、默默耕耘的清苦生活。"他平时很少说话，沉默寡言，总是独守在书房里。""当时我们很忙，家里有一保姆，总是保姆做什么吃什么，他从没有要求过说他想吃什么。"王明的儿媳心情沉重地说道。"如果我早些时间认识王明先生，能够亲自倾听他的教诲就好了。"当我提到要编一本《王明集》，需要一张王明先生的照片时，他们很快找来给我。照片上的王明先生的确是一副神情严肃矜持、沉思默想的表情，给人超脱尘世、逍遥天外之感。想来他长期年复一年、日复一日地沉浸书海，辛勤劳作，常人苦不堪言的生活他却乐在其中，哪里还顾得上世俗的喧哗与嘈杂之声？做学问要甘守孤独，沉静安详，这不是王明先生留给我们的最好姿态吗？

流光转瞬、世事变迁，王明先生已逝十余载。随着中国经济的繁荣昌盛及在世界地位之日益提升，中国传统文化的复兴大业也举世瞩目，指日可待。作为道学研究领域的后辈，我有幸编辑先生文集，拜访先生遗居，咀嚼先生话语，浸染先生风范，这既是一种千载难逢的机缘，却也是任重道远的职责。"大其心，以体天下之物；虚其心，以受天下之善；尽其心，以谋天下之事"，这是我的同仁朋友们的理想，我们立志为中国传统文化之革故鼎新、绵延久远、广泽寰宇尽心尽力，像王明等先贤志士一样，上下求索、无怨无悔。

陈　霞

识于北京涵道斋

2007年2月春节前夕

上　篇

《周易参同契》考证

一 小引

《朱子语类》卷一百二十五云：

> 《参同契》为艰深之词，使人难晓，其中有千周万遍之说，欲使人熟读以得之也。大概其说以为欲明言之，恐泄天机，欲不说来，又却可惜。

按魏伯阳作《参同契》，櫽括焦京易说，图纬之学，黄老之辞，以明炼丹之意，其中以易说参杂天文历数，故卒读之，有"艰深"之感，其辞多取比喻，故"使人难晓"。然《参同契》文章甚美，多骈俪谐偶，诵之顺口而过，容或忽其大义。以后日道教之常例言之，金丹属于外丹，胎息呼吸属于内丹，《参同契》中有包元精气之理，使人嫌疑魏伯阳兼道内外丹说，因有男女媾合之辞，又今人疑其中有房中之秘，猜疑愈切而本义愈晦。窃谓《参同契》之中心理论只是修炼金丹而已。因魏伯阳学识该博，不能以寻常方士目之，欲明其书之内容，当悉汉代学术流变之梗概。魏伯阳非道士，而其论金液还丹，在道教丹鼎思想上不能不推为首要之代表。因其综合汉代若干流行之学术，以华美之篇什，描写金丹之修炼及其效用，故须"熟读以得之也"。魏公之书题曰《周易参同契》，并非偶然，盖以《周易》而会通其他经典，故在汉代学术上有其特殊面目，有其独立价值。至朱子云："欲明之言，恐泄天机"，魏公亦自承"写情著竹帛，又恐泄天机"。就后日之道书观之，颛言金丹之理论实少，有之亦多推衍《参同契》为说，古之学者既不能如今日科学家纯然从事理论化学之分析，自不能不比附当时已流行之学说，以阐明其所抱之中心思想。魏氏真契，负万古丹经之名，事出沈思，义归翰藻，不迳列方诀及以丹药示人，迄于今日，仍有研讨之价值也。

二 《周易参同契》解题

《周易参同契》，东汉魏伯阳撰①。其书名盖仿图纬之目，犹

---

① 《周易参同契》二卷，《唐书·经籍志》始著录。今《道藏·太玄部》收注本八种。宋俞琰《参同契发挥》九卷，五代彭晓《通真义》、宋朱熹注（《朱子遗书》本称《考异》，不分卷，定为上中下三篇）、陈显微解、阴长生、储华谷及无名氏六个注本皆作三卷，又无名氏注本二卷。其成书年代，约当东汉顺帝至桓帝之间（西元126—167）。晁公武《郡斋读书志》曰，《参同契》魏伯撰，唐陆德明《经典释文》解"易"字云，虞翻注《参同契》言字从日下月，今此书有日月为易之文，其为古书明矣。按作者魏伯阳，不见于后汉正史，惟《抱朴子内篇》及《神仙传》称之。魏君作《参同契》，向无持异议者，可弗论。然其成书之年代，浑然未定，传受《参同契》之淳于叔通与魏君同郡，桓帝时曾为洛阳市令，史传记载较详，由此可推知《参同契》成书之约略年代也。彭晓序云，魏伯阳约《周易》撰《参同契》"密示青州徐从事，徐乃隐名而注之，至后汉孝桓帝时，公复传授与同郡淳于叔通，遂行于世"，《真诰》卷十二《稽神枢》第二云："定录府有典柄执法郎是淳于斟字叔显，试有道者，斟会稽上虞人，汉桓帝时作徐州县令，灵帝时大将军辟掾，少好道，明术数"，原注云："《易参同契》云，桓帝时上虞淳于叔通受术于青州徐从事，仰观乾象，以处灾异，数有效验，以知术故郡举方正，（正，一读作士），迁洛阳市长，如此亦为小异"。晓序谓伯阳以《参同契》密示青州徐从事，至桓帝时以授同郡淳于叔通，而《真诰》谓叔通受术于徐从事，二说不同，余嘉锡先生《四库提要辩证》以为晓误也，然二书皆称叔通于桓帝时传道受经，则无可疑。清顾怀三

《易纬稽览图》《孝经援神契》之类也。五代彭晓《周易参同契通真义·序》云魏伯阳"博赡文词,通诸纬候"。明陆深曰:"魏伯阳作《参同契》本之纬书。"①朱子云:"《周易参同契》魏伯阳所作,魏君后汉人,篇目盖放纬书之目,词韵皆古,奥雅难通。"②宋孝宗淳熙四年秘书监陈骙编《中兴馆阁书目》,与朱子同说③。并可为证。魏君既通诸纬候,其论作丹,何以不采《尚书》《春秋》,而独冒《周易》为称,盖亦有故。黄氏《日钞》(卷五十七)《参同契》条云:"炼丹取子午时为火候,是为坎离,因用乾坤坎离四正卦橐籥之外。其次言屯蒙六十卦以见一日用功之早晚,又次言纳甲六卦,以见一月用功之进退,又次言十二辟卦以分纳甲,六卦而两之,要皆附会《周易》以张大粉饰之。"④又宋俞琰《参同契发挥·序》云:"《易》之为书,广大悉备,有天道焉,有人道焉,有地道焉,仁者见之谓之仁,

---

《补后汉书艺文志》引《会稽典录》云,淳于斟亦名翼,字叔通,除洛阳市长,桓帝即位,有大蛇见德阳殿上,翼占曰,蛇有鳞,甲兵之应也(见《开元占经》卷一百二十引)《后汉书》卷二十七《五行志》注引干宝《搜神记》曰:"桓帝即位,有大虵见德阳殿上,洛阳市令淳于翼曰,蛇有鳞,甲兵之象也,见于省中,将有椒房大臣受甲兵之诛也,乃弃官遁去,到延熹二年,诛大将军梁冀,捕治宗属,扬兵京师也。"袁宏《后汉纪》卷二十二云,(度)尚字博平,初为上虞长,县民故洛阳市长淳于翼学问渊深,大儒旧说,常隐于田里,希见长吏。余氏《四库提要辩证》(子八)云:"案《后汉书》孝女《曹娥传》言元嘉元年县长度尚改葬娥为立碑,元嘉元年为桓帝即位后之五年,则度为上虞长,正在翼弃官遁归之后:故隐于田里,不见长吏。"由此观之,传受《参同契》之淳于叔通,系桓帝时人,则魏伯阳作《参同契》,盖当在顺帝迄桓帝之间也。又宋曾慥《道枢》卷三十四云:"云牙子(原注:魏翱,字伯阳,汉人,自号云牙子云)游于长白之山而遇真人,告以铅汞之理,龙虎之机焉",此注谓魏翱字伯阳云云,不知何所据。

① 《经义考》卷九。
② 《参同契考异》。
③ 《玉海》三十五。
④ 参阅《中兴书目》。

智者见之谓之智，千变万化，无往不可"，又云："以天道言，则曰日月，曰寒暑；以地道言，则曰山泽，曰铅汞；以人道言，则曰夫妇，曰男女"，凡此日月铅汞男女等，无非比喻而已。要其义不外阴阳之变化也，阴阳二元素之配合变化，正是《参同契》用之以说明作丹者。所谓《周易参同契》，字各有义，兹逐一诠释如下：

周系朝代名，相传三代易名，夏曰《连山》，殷曰《归藏》，周曰《周易》，易因代以题周，犹《周书》《周礼》题周以别于余代也。或谓周有普遍之义："周易者，言易道周普，无所不备"（郑康成说）。儒者又兼取两说，既指周代之名，亦是普遍之义，孔颖达以为"未可尽通"[①]。今取前说，以周为代号。无名氏注《周易参同契》（两卷本）云："周者乃常道也"，"言造大还丹运火皆用一周"，其说失之凿，兹不从。

"易"字说法不一，《参同契》言易，尤形复杂，为后日学者聚讼之问题，不可不论。兹先述易字之古义，随而陈说《参同契》"日月为易"之由来及其真谛。《易乾凿度》曰："易者，易也，变易也，不易也"，郑康成《易论》亦曰："易一名而含三义：易简一也，变易二也，不易三也"，按此三义，不第自相矛盾，矧亦未可尽通。不易变易，自相矛盾之辞，易简更非周易之本义。原易为虫（说详下），象形，以其善变，因为凡物变易之称。后曰简易之易，系由引申而来，非易之本义也。三义之中，简易之说，由穿凿而成，不易之说，由卫道而设，所谓"君南面，臣北面，父坐子伏，此其不易也"。若求易字之本义，唯变易一说耳。《说文解字》云："易，蜥易，蝘蜓，守宫也，象形"，元吾邱衍《闲居录》（《学津讨原》本）曰："按《说

[①] 《周易正义》八论。

文》苍颉易字、象蜥易形,蜥易善变,则知古人托之以喻其变,不疑也。或言日月为易,按易字无从日月之说,而伏羲画卦时,但云八卦,重卦之后,以其变化无尽,故有变易之名,不可以日月为惑也"。清初,黄宗炎撰《周易寻门余论》,云易者取象于虫,其说尤为透辟,晦木之言曰:

> 上古朴直,如人名官名,俱取类于物象,如以鸟纪官,及夔龙稷契朱虎熊罴之属是也。易者取象于虫,其色一时一变,一日十二时改换十二色,即今之析易也,亦名十二时,因其倏忽变更,借为移易改易之用。易,易之为文,象其一首四足之形,《周易》卦次俱一反一正,两两相对,每卦六爻,两卦十二爻,如析易之十二时,一爻象其一时,在本卦者象日之六时,在往来卦者,象夜之六时,取象之精确,不可拟议。

徐灏《说文解字注笺》亦曰:"易即蜴之本字。钟鼎文作$\mathfrak{z}$,乃古象形文。易四足铺张,此象其侧视形也。"又云:"陆佃《埤雅》曰,蜴善变,《周易》之名,盖取乎此。李时珍《本草纲目》曰,蜴即守宫之类,俗名十二时虫,《岭南异物志》言其首随十二时变色,盖物之善变者莫若是,故易之为书有取焉。"十二时虫即名避役 Chameleon Vulgaris,一名变色龙①由。此可见许慎、吾衍、黄宗炎、徐灏诸家所说,易之本义,乃取象蜥蜴之善变,殆无疑义。《周易》所以名易,正用其变化之意,与不易简易二者,犹方枘圆凿之不相入也。

以上讨论易之本义为变易既竟。然《周易参同契》曰:"日月为易,刚柔相当",陆德明《周易释文》易字下曰:"虞翻注《参同契》云,字从日下月",由《参同契》日月为易说及陆氏

---

① 见商务《动物学大辞典》,第 2215 页。

《释文》引虞注所生之问题有三：

(1)《释文》引虞翻注，注《周易》欤？注《参同契》欤？
(2)《说文》秘书说与《参同契》之关系。
(3)《参同契》日月为易说之由来及其意义。

《释文》引虞仲翔注，措词颇堪两疑，虞氏注《易》，专门名家，人多知之，依《释文》，可云虞翻注《周易》，援引《参同契》之言。然虞注久亡，散见于李鼎祚《周易集解》者有"日月为象"（《学津讨原》本卷十三"易之象也"引虞注）及"易谓日月"（卷十五"易者象也"引虞注）之文，皆不称引自《参同契》，于是转疑虞翻曾注《参同契》，故陆德明引之以释《周易》。宋俞琰已言虞翻曾注《参同契》矣①，张惠言《周易虞氏义》云：

  《参同契》云："日月为易"，虞君注云："易字从日下月"。

胡适之师以为张氏始更正旧说，似得《释文》原意②。惠栋《易例》亦云：

  《参同契》曰："日月为易"，虞翻注云"字从日下月"。

虞翻《参同契》注，虽史无明文记载，然玩索陆氏《释文》，谓虞注《参同契》，盖义亦允当。若必谓虞氏引《参同契》注易，则"字从日下月"句究竟见于今本《参同契》何章？抑认此即系"日月为易"之句乎？

复次，《说文》易字下云："秘书说曰，日月为易"，关于秘书二字，清代小学家多以为纬书，如段玉裁《说文注》、桂馥

---

① 见《席上腐谈》，《宝颜堂秘笈》本卷下。
② 《参同契的年代》。

《说文解字义证》、王筠《说文句读》是也。有以为秘书即《参同契》者，如惠栋《读说文记》云："所谓秘书者，《参同契》也"（惠氏《九经古义论说文》云："所谓秘书者，《参同》之类也"，而惠氏《易例》则云："秘书在《参同》之先，魏伯阳盖有所受之也"），徐灏《说文解字注笺》云："《参同契》曰，日月为易，刚柔相当，许引秘书本此。"此亦言秘书即《参同契》也。杜昌彝日月为易云："按《说文》所引秘书，乃《参同契》坎离二用文章也。"凡此诸说，有疑秘书为纬书，更疑秘书为《参同契》，丁氏福保则以为《说文》凡引各家之说，当用"说"字，因断秘书说即贾秘书贾逵之说①。按三说之中，以纬书说及贾逵说之可能性为多②。盖汉代惯称谶纬为秘书，《后汉书》卷六十上《苏竟传》云："孔丘秘经，为汉赤制"，唐李贤注："秘经，幽秘之经，即纬书也"，又《杨厚传》："祖父春卿，善图谶学，为公孙述将，汉兵平蜀，春卿自杀，临命戒子统曰，吾绨袭中有先祖所传秘记，为汉家用，尔其修之！"统感父遗言，学习先法，作《家法章句》及《内谶》二卷，统生厚，厚少学统业，精力思述。安帝永初二年，太白入北斗，洛阳大水，朝廷以问统，统对年老耳目不明，子厚"晓读图书，粗识其意"，后董扶与乡人任安俱事杨厚学图谶，还家讲授③。可见杨厚家传之秘记即图谶也。秘经秘记，统系谶纬之书，因其隐藏禁秘，故曰秘书。《说文》所谓秘书，殆此之谓也。至于丁福保氏云，《说文》中秘书说为贾秘书即贾逵说，果如其言，窃疑贾氏说，盖有所本，非独创也。范史《贾逵传》逵虽为古学，然兼

---

① 《说文解字诂林》第九下易字条，丁梧梓先生以为许书凡引各家之说，不一定用说字。

② 按贾逵似应只能称贾侍中，则纬书之说可能性更多。

③ 参看《后汉书》卷百十二下《董扶传》。

通谶纬，章帝时，逵具条奏曰：

> 臣以永平中上言《左氏》与图谶合者，先帝不遗刍荛，省纳臣言，写其传诂，藏之秘书（中略）光武皇帝奋独见之明，与立《左氏》《谷梁》，会二家先师，不晓图谶，故今中道而废（中略），又五经家皆无以证图谶明刘氏为尧后者，而《左氏》独有明文。五经家皆言颛顼代黄帝，而尧不得为火德，《左氏》以为少昊代黄帝，即图谶所谓帝宣也。

光武之世，桓谭以不善图谶，触帝之怒，叩头流血，谪为郡丞，郁郁病卒。郑兴亦以不为谶纬，逊辞仅免于死。时君如此重谶纬，风尚自为一变，故至贾逵，兼习图谶。且以内书牵合古学，余疑许慎所引秘书说日月为易，即如丁福保氏指为贾秘书说，盖亦受自易纬。按谶纬解字，往往只推衍文义，不作平实之训诂，如《春秋元命苞》云："两口衔土为喜"。又云："八推十为木。"《太平经》卷三十九《解师策书诀》云："十一者士也"，盖道经亦取纬书①，《春秋元命苞》云："十夹一为土"，（夹字或作加，或作从）纬书说字，往往类此，则知贾逵云日月为易，岂非与其生平附会图谶如出一辙乎？"日月为易"说，虽出自贾逵，正因其酷似纬书中解字，故易令人疑《说文》称秘书，即系纬书之别名也。逵以章帝建初元年入讲北宫白虎观，越三年，（建初四年）诏太常将大夫博士议郎郎官及诸生诸儒会白虎观，讲议五经同异，其总报告即今《白虎通义》，书中参杂图纬颇多，《白虎通·五经篇》云："日月之光明则如易矣"，是即日月为易之义也。

《说文》秘书说日月为易系谶纬说或贾逵说，逵说盖受之于

---

① 《说文》："孔子曰：推十合一为士"，疑亦引自纬书。

易纬，已如前述。则《参同契》云："日月为易，刚柔相当"，其由来何若？按魏伯阳文词赡博，通诸纬候，《参同契》书名，亦仿纬书之目，疑魏君日月为易之说，直取之于易纬，与贾逵许慎辈并无干系。至《参同契》曰：

> 坎戊月精，离己日光，日月为易，刚柔相当。

此所谓"日月为易"，并非训释"易"之字体构造，乃指阴阳二物之消长变化而言，与刚柔坎离天地水火雄雌龙虎男女夫妻等相对名称同其意义。并非真有夫妻，真有龙虎。总之，不外阴阳之异名耳，《易系辞传》曰："悬象著明，莫大乎日月。"《参同契》更发挥曰："易者，象也，悬象著明，莫大乎日月。穷神以知化，阳往则阴来，辐辏而轮转。"又曰："乾刚坤柔，配合相包。阳禀阴受，雄雌相须，须以造化，精气乃舒，坎离冠首，光耀垂敷，玄冥难测，不可画图。"此二文可为《参同契》日月为易说之义证尔。

上文《周易》二字辨释既竟，今益解说参同契三字。彭晓《参同契通真义序》曰：

> 《参同契》者，参，杂也，同，通也，契，合也。谓与诸丹经理通而契合也。

黄震《日抄》卷五十七《周易参同契》条亦云："参，杂也，同，通也，契，合也，此方士炼丹之书谓与诸丹经理通而义合也。"朱子《参同契考异》黄瑞节附录前序云：

> 参，杂也。同，通也，契，合也，谓与《周易》理通而义合也。

此解参同契三个单字，与彭晓同、惟晓、震并谓魏氏真契理通于丹经，朱子则谓理通于《周易》，稍有别耳。《道藏·太玄部》容字号下无名氏《周易参同契注》卷上云：

> 参，杂也。杂其水土金三物也。同为一家，如符若契，

契其一体，故曰参同契。

按参同契三字，彭真一、朱子及无名氏所解，俱未审谛。参非杂意，契非合义，宋俞琰《参同契发挥》卷九第十三页（《道藏·太玄部》止字号）云："参，三也"，所解甚是。同，通也，彭说是矣。契，书契也，犹《孝经援神契》之契，谓三道相通之书契，亦即三道相通之经典也。参谓三，三者何？大易，黄老，炼丹是也。① 《参同契》曰：

> 大易情性，各如其度。黄老用究，较而可御。炉火之事，真有所据：三道由一，俱出径路。

魏君又云："罗列三条，枝茎相连，同出异名，皆由一门"，俱言《参同契》三道相通。宋陈显微《周易参同契解》卷下云：

> 大矣哉，道之为道也，生育天地，长养万物。造化不能逃，圣人不能名，伏羲由其度而作《易》，黄老究其妙而得虚无自然之理，炉火盗其机而得烧金乾汞之方。（中略）虽分三道，则归一也。

此解颇合魏君之意，宋俞琰亦采用之。惟所谓三道，亦有异说。如彭晓则言金木火，无名氏《周易参同契注》（见《道藏·太玄部》映字号下卷下，与前引无名氏注本各异）亦同彭说。核言

---

① 《参同契》中言《易》及黄老之辞甚多，如云"乾坤者，易之门户"，"大易性情，各如其度"，"易者象也"，"歌叙大易"，"演易以明之"，其他敷陈易说，以明炉火之事，不胜枚举。又云："前却违黄老"，"黄老自然"，盖言以金丹养生，为黄老自然之道。书中老氏之言尤多，如穀轴，橐籥，动静，有无，上德，下德等是。后世有易、老同源之说，以彼二者有相通之理在。汉时，黄帝常附于老子，故有黄老之名；至魏晋之际，庄子取黄帝而代之，故有老庄之称。《参同契》赞扬黄老自然之道，系汉人之风习也。至于清朱骏声刻《参同契序》（《传经室文集》卷四）云："参者，三也，天地人三才也；同者，合会也；契者，大凡也，言人身与天地三而一，是书约举其要最也。"（此条承丁梧梓先生告知）其言无稽证，且不合理，可弗置辨。

之，三道者，非金、木、火之谓，应援魏君本文，指为大易、黄老、炉火之事（炼丹）也。

三 《参同契》与汉易学之关系

《易》本筮书，卦辞爻辞，只供占筮之用而已。至彖、象、文言、系辞传出，始有义理可言。其论天道人事，类多儒者之言。汉兴言易，本之田何，自田何而后，章句传说纷出。唯《京氏易》最盛，其书尚存，以阴阳占候为主，正统儒者每视为术数之流，不与圣人之道相提并论。然两汉易学，因一时风尚所被，实以京氏《易传》最为盛行，不可不注意也。《汉书·儒林传》云：

> 京房受《易》梁人焦延寿，延寿云尝从孟喜问《易》，会喜死，房以延寿《易》即孟氏学……至成帝时，刘向校书考易说，以为诸易家说皆祖田何、杨叔、丁将军，大谊略同，唯京氏为异党。焦延寿独得隐士之说，托之孟氏，不相与同。……房授东海殷嘉，河东姚平，河南乘弘，皆为郎博士，由是《易》有京氏之学。

《儒林传》又云孟喜尝"从田王孙受《易》，喜好自称誉，得《易家候阴阳灾变书》"，由此可知京房受《易》焦延寿①，延寿从孟喜问《易》。喜尝从田王孙受《易》，又得《阴阳灾变书》，是京房易学，再传受自孟喜。京氏易中纳甲卦气诸说，不托之孟

---

① 焦延寿字赣，其易说今莫能详，唯《汉书》卷七十五《京房传》言"其说长于灾变，分六十卦更直日用事，以风雨寒温为候，各有占验"，至于《易林》，《道藏续集》亦收有此书，旧题汉焦延寿撰，张之洞《书目答问》云，依徐养原、牟庭相定为汉崔篆撰，篆于东京建武初著《周易林》六十四篇，《隋志》始著录，余季豫先生《四库提要辨证》子部三有考。

氏，即源于孟氏《阴阳灾变》书也。孟氏焦氏易说，今并莫能详，唯京氏《易传》尚存，有足考者。欲知《参同契》与焦京易学之关涉，不可不先明焦京易学在汉代之风行及其流布。兹约举两汉学者研习京氏《易》之情形，亦可见魏伯阳假当时易说敷陈金液还丹之意也。京氏《易》两汉皆立为博士，汉兴，阴阳感应之理，为经学说法之大宗，所谓"幽赞神明，通合天人之道者，莫著乎《易》《春秋》"。汉时推阴阳言灾异者，"元成则京房、翼奉、刘向、谷永"，（参看《汉书》卷七十五传及赞）京氏以《易》名家，班书《五行志》五卷，记陈古今大小灾变，纷至迭出，其中多引京房《易传》以解之。虽假经设谊，依托象类，然汉代经学之致用在此，毋足怪也。成帝时，谷永数上疏言灾异，史称永于经书，泛为疏达，唯"于天官《京氏易》最密，故善言灾变"，（《汉书》卷八十五本传）可窥京氏《易传》与灾异感应说之关系矣。至光武中兴，仍西京旧风，益以谶纬之学相与表里，故《京氏易》更形发达。光武时，汝南戴凭习《京氏易》，年十六郡举明经，征试博士，曾对光武曰："博士说经皆不如臣"，拜为侍中，京师为之语曰："解经不穷戴侍中"，同时南阳魏满亦习《京氏易》教授①。光武子沛献王辅"好经书，善说《京氏易》"及图谶等，作《五经论》，时号之曰沛王通论②。安帝时，南阳樊英"习《京氏易》，兼明五经，又善风角算河洛七纬，推步灾异"，并以图纬教授、与英同时有李郃，亦习《京氏易》，又豫章唐檀习《京氏易》，好灾异星占③。北海郎宗，亦安帝时人，"学《京氏易》，善风角星算六日七分"。

---

① 《后汉书》卷一百九上《戴凭传》。
② 《后汉书》卷七十二《光武十王列传》。
③ 并见《后汉书·方术传》。

宗子颢,少传父业,隐居海畔,延致学徒,常数百人,昼研精义,夜占象度,顺帝时,陈说灾异,多据《易》义①。桓帝时,平原襄楷善天文阴阳之术,上疏陈灾异,亦援引《京房易传》为言,当时宫中黄老浮屠并祀,与《京氏易》同为应时之道术也②。灵帝时,济阴孙期习《京氏易》,从者甚众,黄巾军起,过期里陌,相约不犯孙先生舍③。又郑康成初亦"通《京氏易》",建安元年,自徐州还高密,道迕黄巾数万人,见玄皆拜,相约不敢入县境④。范史《方术传》广汉折像"通《京氏易》,好黄老言",常璩《华阳国志》卷十中《广汉士女》云,折像"事东平虞叔雅,以道教授门人,朋友自远而至"。凡此所引,终汉之世,习《京氏易》者,往往兼善图纬及黄老之言。《京氏易》本多与纬候相通之处,大易(包括《京氏易》及《易纬》)黄老二者,正魏伯阳用以论炉火之事。大易、黄老、炼丹即《参同契》所谓"三道由一,俱出径路"也。今举《参同契》与汉易学有关者,一曰纳甲说,二曰十二消息说,三曰六虚说,四曰卦气说,逐一讨论于下:

(1) 纳甲说 纳甲之说,《京氏易传》魏氏《参同契》皆有之,而虞翻易注较备,盖虞氏说《易》,祖于孟喜,《朱子语类》卷六十六云:"纳甲乃汉焦赣、京房之学"。夫焦、京易学,亦源于孟。故虞氏纳甲说,多与京氏易同也。《周易参同契》曰:

三日出为爽,三震庚受西方。

八日三兑受丁,上弦平如绳。

---

① 参看《后汉书》卷六十下《郎颢传》及卷一百一十二上《樊英传》注。
② 《后汉书·襄楷传》。
③ 《后汉书》卷一百九上本传。
④ 《后汉书》六十五本传。

> 十五☰乾体就，盛满甲东方。
> 蟾蜍与兔魄，日月无双明。
> 蟾蜍视卦节，兔者吐生光。
> 七八道已讫，屈折低下降。
> 十六转受统，☴巽辛见平明。
> ☶艮直于丙南，下弦二十三。
> ☷坤乙三十日，东方丧其明。
> 节尽相禅与，继体复生龙。
> 壬癸配甲乙，乾坤括始终。

所谓"壬癸配甲乙，乾坤括始终"，《京氏易传》乾卦云：

> 甲壬配外内二象。

吴陆绩注："乾为天地之首，分甲壬入乾位"，此言乾纳甲壬也。《京氏易传》卷下又云：

> 分天地乾坤之象，益之以甲乙壬癸，震巽之象配庚辛，坎离之象配戊己，艮兑之象配丙丁。

陆注云："乾坤二象，天地阴阳之本，故分甲乙壬癸，阴阳之始终。"虞翻注《易·归妹》曰：

> 乾主壬，坤主癸，日月会北。①

此言乾纳甲壬，坤纳乙癸，故曰"壬癸配甲乙"。干始甲乙，终于壬癸，故曰"乾坤括始终"。夫纳甲者，以甲为十干之首，举一干以该其余，故谓之纳甲。魏君以一月三十日分为六节：三日，八日，十五日，十六日，二十三日，三十日，晦朔之间，月之盈亏，取象于阴阳卦画之消长。陈显微《周易参同契解》卷中第五页云：

> 魏君以一月之间月形圆缺，喻卦象进退，自初三为一

---

① 见李鼎祚《周易集解》卷十一。

阳，初八为二阳，十五则三阳全而乾体就，十六则一阴生，二十三则二阴生，三十日则三阴全而坤体成。

此言乾坤往复由阴阳之升降也。纳甲于八卦之中，唯乾坤各纳二干，余卦只纳一干，即乾纳甲壬，坤纳乙癸，震纳庚，巽纳辛，坎纳戊，离纳己，艮纳丙，兑纳丁，朱子《参同契考异》（卷中）所谓"乾纳甲壬，坤纳乙癸，震庚，巽辛，坎戊，离己，艮丙，兑丁"是也。胡渭《易图明辨》卷三有《参同契纳甲图》及《新定月体纳甲图》，颇为明晰，可资参览。黄宗羲、胡朏明皆谓《参同契》因《京氏易传》而以月象附会之[①]。魏伯阳论炼大丹，以纳甲言一月火候之进退，纳甲果西汉《京氏易》中之一说，是《参同契》与汉易学之关系一也。

（2）十二消息说 十二消息者，谓十二卦之消息也。十二卦之消息，视阴阳之升降而定，魏伯阳论金液还丹，以十二卦通一岁之火候（说详后）、一年十二月，月各一卦，十二卦消息亦系汉代通行之《易》说也。《参同契》曰：

变易更盛，消息相因，终坤始复，如循连环。

自复卦至坤卦，虽只十二卦，而阴阳相变，循环不息，《易·系辞传》："往来不穷谓之通"，后汉荀爽《易注》[②]曰：

谓一冬一夏，阴阳相变易也。十二消息，阴阳往来无穷已，故通也[③]。

虞翻注《系辞传》"刚柔相推，变在其中矣"[④]曰：

---

① 见黄氏《易学象数论》卷一及胡氏《易图明辨》卷三。
② 见李鼎祚《周易集解》卷十四。
③ 《后汉书》卷九十二《荀淑传》淑子爽（一名谞），著有《易传》等，荀悦《汉纪》谓其叔父爽著《易传》，据爻象承应阴阳变化之义，以解说经意。后虞翻奏上易注云，至孝灵之际，颍川荀谞，号为知《易》，臣得其注，有愈俗儒。（《吴志·虞翻传》注引《翻别传》）自是荀氏《易》学遂行于世。
④ 李氏《集解》卷十五。

> 谓十二消息，九六相变，刚柔相推，而生变化。

九六相变，即谓阴阳相变化。盖阳爻称九，阴爻称六。九六相变，十二消息见矣。虞氏注《系辞传》"变通配四时"[①]又曰：

> 变通趋时，谓十二消息也。泰、大壮、夬，配春；乾，姤，遯，配夏；否，观，剥，配秋；坤，复，临，配冬，谓十二月消息相变通而周于四时也。

按泰卦阳在九三，正月之时；大壮阳气在四，二月之时；夬卦阳在九五，三月之时；乾卦阳在上九，四月之时；姤卦阴气在初，五月之时；遯卦阴气在二，六月之时；否卦阴气在三，七月之时；观卦阴气在四，八月之时；剥卦阴气在五，九月之时；坤卦阴在上六，十月之时；复卦一阳复生，阳在初九，十一月之时；临卦阳在九二，十二月之时；是谓十二月之消息也。《汉书·京房传》，房以元帝建昭二年上卦事曰：

> 辛酉以来，蒙气衰去，大阳精明，臣独欣然以为陛下有所定也，然少阴倍力而乘消息，……

颜注引孟康曰："房以消息卦为辟。辟，君也，息卦曰太阴，消卦曰太阳，其余卦曰少阴少阳，谓臣下也，并力杂卦于消息也"，宋祁曰："注文当作息卦曰太阳，消卦曰太阴。"按宋说是矣，夫《周易》以阴阳之错综变化，得六十四卦，其中十二卦曰消息卦，十二消息卦皆辟卦也，辟者，君也，言此十二卦总统余卦，犹君主领袖臣下也。十二卦中息卦六曰太阳，即复，临，泰，大壮，夬，乾是也。消卦六曰太阴，姤、遯、否、观、剥、坤、是也。《周易乾凿度》（卷下）曰：

> 复表日角；临表龙颜；泰表载（与戴同）干；大壮表握诉龙角大辰（古唇字）；夬表什骨履文；姤表耳参漏，足

---

① 李氏《集解》卷十三。

履，王知多权；遯表日角连理；否表二好文；观表出准虎；剥表重童（与瞳同）明历元。此皆历运期相，一匡之神也。[①]

复，临，泰，大壮，夬，姤，遯，否，观，剥，为十辟卦，十二辟卦，除乾坤纯阳纯阴无变化不计外，适为十卦。《易乾凿度》又曰："二卦十二爻而耆一岁。"郑康成注云：

> 十二消息爻象之变，消息于杂卦为尊，每月者譬一卦而位属焉，各有所系。

六十四卦中以十二消息卦为尊，每月比一卦，如泰卦当正月之时，遯卦当六月之时，复卦当十一月之时也。魏伯阳论修大丹，以十二消息通一岁之火候，正与《京氏易》、《虞氏易》、《乾凿度》之说相符合。《参同契》曰：

(1) 朔旦为复☷☳，阳气始通，出入无疾，立表微刚，黄钟建子，兆乃滋彰，播施柔暖，黎烝得常。

(2) 临☷☱炉施条，开路正光，光耀渐进，日以益长，丑之大吕，结正低昂。

(3) 仰以成泰☷☰，刚柔并隆，阴阳交接，小往大来，辐凑于寅，运而趋时。

(4) 渐历大壮☳☰，侠列卯门。榆荚堕落，还归本根，刑德相负，昼夜始分。

(5) 夬☱☰阴以退，阳升而前，洗濯羽翮，振索宿尘。

(6) 乾☰☰健明威，广被四邻，阳终于巳，中而相干。

(7) 姤☰☴始纪绪，履霜最先，井底寒泉，午主蕤宾。宾服于阴，阴为主人。

(8) 遯☰☶去世位，收敛其精，怀德俟时，栖迟昧明。

---

① 括弧内字依惠栋《易汉学》卷一注入。

（9）否䷋塞不通，萌者不生，阴伸阳屈，没阳姓名。

（10）观䷓其权量，察仲秋情，任畜微稚，老枯复荣，荠麦芽蘖，因冒以生。

（11）剥䷖烂肢体，消灭其形，化气既竭，亡失至神。

（12）道穷则返，归乎坤䷁元，恒顺地理，承天布宣。

以上十二消息卦，代表一年十二月，亦喻一日十二辰，运阴阳进退之阳火及阴符可知也。凡卦之六爻，五阴一阳，以阳为主；五阳一阴，以阴为主，其发展程序由下而上，多以少为主。第一，复卦五阴一阳，阴气已极，阳气复生，一日之中，当夜半子时火候初起也，一年之中应十一月，盖周以十一月为正息卦，以夜半为朔也。第二，临卦四阴二阳，阳气渐进，丑时进二阳火候也，应十二月。第三，泰卦三阴三阳，阴阳相承，寅时进三阳火候也，应正月。第四，大壮卦二阴四阳，阳气虽盛，阳中犹含阴气，卯时进息符候也，应二月。第五，夬卦一阴五阳，阳升阴退，阳气已盛，而尚余些微阴气，辰时进五阳火候也，应三月。第六，乾卦纯阳，巳时进六阳火候也，应四月。第七，姤卦五阳一阴，阴生阳退，以阴为主，午时退阴符候也，应五月。第八，遯卦四阳二阴，阴气渐盛，阳气渐衰，未时退二阴符候也，应六月。第九，否卦三阳二阴，阴阳二气，不相交通，申时退三阴符候也，应七月。第十，观卦二阳四阴，阴气已盛，酉时息符候也，应八月。第十一，剥卦一阳五阴，阴盛阳衰，纯阴将至，戌时退五阴符候也，应九月。第十二，坤卦六爻纯阴，亥时退六阴符候也，应十月。夫姤卦以前阳火之候，姤卦以下，则为阴符之候，阳火主进，阴符主退，阴阳进退，十二消息，循环不已。《周易乾凿度》曰："文王因阴阳，定消息。"十二消息说，汉《易》道其规模，魏伯阳用之，演为炼丹之火候，此《参同契》与汉易学之关系二也。

（3）六虚说　《易·系辞传》曰："变动不居，周流六虚"，《汉律历志》《京氏易》皆引以为言，虞翻注《易》，其说尤详。《参同契》亦用之以论炉火之事，是"六虚"为汉《易》通行之说也。《京房易传》卷上乾卦曰："降五行，颁六位"，按六位即六虚也。卷下又曰：

> 八卦分阴阳，六位五行，光明四通，变易立节，天地若不变易，不能通气，五行迭终，四时更废，变动不居，周流六虚，上下无常，刚柔相易。

《汉书·律历志》曰："天中之数五，地中之数六，而二者为合。六为虚，五为声，周流于六虚，虚者爻律。"虚者爻律，言地之中数六，六为律也。据《易·系辞传》，天之数：一三五七九。地之数：二四六八十。地之数二四在上，八十在下，六为中数也。《参同契》曰：

> 天地设位，而《易》行乎其中矣。天地者，乾坤之象也，设位者，列阴阳配合之位也。易谓坎离，坎离者，乾坤二用，二用无爻位，周流行六虚。往来既不定，上下亦无常。

《参同契》所云，与《京氏易》《律历志》同为汉代通行之《易》说也。魏伯阳所谓"二用"，文中已明言为坎离二卦，毋庸曲解。但朱子则谓用九用六[①]，无名氏注《参同契》，所说与朱同[②]。宋陈显微[③]、俞琰[④]，清惠栋[⑤]辈皆主坎离为乾坤二用，以用九用六说为非，其言是矣。又所谓"周流行六虚"，朱子云："六虚者，即乾坤之初、二、三、四、五、上，六爻位也"，

---

① 见《参同契考异》卷上及《朱子语类》卷一百二十五。
② 《道藏·太玄部》映字号下。
③ 《周易参同契解》卷上。
④ 《周易参同契释疑》。
⑤ 《易汉学》卷三。

盖沿用九用六而来，其说未允。阴长生《参同契》注及无名氏《参同契》注①皆谓四方上下为之六虚，核之汉代通常说法，亦未审谛。虞翻注《易·系辞传》"周流六虚"②云：

> 六虚，六位也，日月周流，终则复始，故周流六虚，谓甲子之旬，辰巳虚。坎戊为月，离己为日，入在中宫，其处空虚，故称六虚。五甲如次者也。

虞氏此注，谓六虚即"六甲孤虚"之简称。六甲孤虚法，汉人已通用之。六甲亦即六旬，在甲子之旬，甲戌之旬，甲申之旬，甲午之旬，甲辰之旬，甲寅之旬，兹先列六甲之旬于下，随而讨论六虚之说为何如也。

六甲之旬：

（一）	甲	乙	丙	丁	戊△	己△	庚	辛	壬	癸
	子	丑	寅	卯	辰〇	巳〇	午	未	申	酉
（二）	甲	乙	丙	丁	戊△	己△	庚	辛	壬	癸
	戌	亥	子	丑	寅〇	卯〇	辰	巳	午	未
（三）	甲	乙	丙	丁	戊△	己△	庚	辛	壬	癸
	申	酉	戌	亥	子〇	丑〇	寅	卯	辰	巳
（四）	甲	乙	丙	丁	戊△	己△	庚	辛	壬	癸
	午	未	申	酉	戌〇	亥〇	子	丑	寅	卯
（五）	甲	乙	丙	丁	戊△	己△	庚	辛	壬	癸
	辰	巳	午	未	申〇	酉〇	戌	亥	子	丑
（六）	甲	乙	丙	丁	戊△	己△	庚	辛	壬	癸
	寅	卯	辰	巳	午〇	未〇	申	酉	戌	亥

---

① 《道藏》容字号下。
② 李氏《周易集解》卷十六。

《史记·龟策列传》："日辰不全，故有孤虚"，裴骃《集解》云：

> 案甲乙谓之日，子丑谓之辰。六甲孤虚法：甲子旬中无戌亥，戌亥即为孤，辰巳即为虚；甲戌旬中无申酉，申酉为孤，寅卯即为虚；甲申旬中无午未，午未为孤，子丑即为虚；甲午旬中无辰巳，辰巳为孤，戌亥即为虚；甲辰旬中无寅卯，寅卯为孤，申酉为虚；甲寅旬中无子丑，子丑为孤，午未即为虚。

汉代六甲孤虚法盛行，《汉书·艺文志》五行家有《风后孤虚》二十卷，后汉方术之士，往往亦习孤虚，如桓帝时琅琊赵彦尝陈孤虚之法以讨"贼"①，孤虚由于日辰不全，天干为日，地支为辰，六旬之中，各有所缺，是为孤，对孤为虚，**虞翻谓"甲子之旬辰巳虚"**。其余五甲，依次相推，则甲戌之旬寅卯虚，甲申之旬子丑虚，甲午之旬戌亥虚，甲辰之旬申酉虚，甲寅之旬午未虚，是为六虚。参览上列六甲图，可见此六虚之辰，皆随戊己二干。依纳甲说，坎纳戊，离纳己，其他六卦，乾纳甲壬，坤纳乙癸，震纳庚，巽纳辛，艮纳丙，兑纳丁，皆有定位，唯坎离二卦，纳入戊己之中宫②。其处空虚，故称为"虚"。《参同契》云："坎离者，乾坤二用，二用无爻位，周流行六虚"，就纳甲言，是坎离二用，离为日，坎为月。胡渭云，日生于东，故离位乎东，月生于西，故坎位乎西。但"至望夕，则日西月东，坎离易位，其离中一阴，即是月魄；坎中一阳，即是日光，东西正对，交注于中，此二用之气所以纳戊己也"。坎离二卦，既纳于中宫，故其位空虚，而仍周流于余六卦之间。就六甲孤虚言，戊

---

① 《后汉书·方术传》。
② 参看胡渭《易图明辨》卷三《新定月体纳甲图》。

己二干，在每旬之中心，亦即在六旬之中心，与六虚之辰配合不离，故上下周流于六位也。

（4）卦气说　卦气者，分六十卦更直日用事。余四卦坎震离兑主二分二至，六十卦，卦有六爻，爻主一日，凡主三百六十日，余五日四分日之一，每日八十分计之，总得四百二十分，均分于六十卦之中。每卦得六日七分，故六日七分法，亦即所谓卦气。所谓"气"者，其法以风雨寒温为候也。张惠言《周易虞氏消息》云："六日七分出《周稽览图》《是类谋》，其传有孟氏有京氏，刘向所谓易家，惟京氏为异，则孟氏之传田何本学也。《孟氏章句》亡，其说见于《新唐书》一行《卦议》，故采其语焉。《卦议》云，十二月卦出于《孟氏章句》，其说易本于气，而后以人事明之，京氏又以卦爻配期，坎离震兑，其用事自分至之首皆得八十分日之七十三。颐、晋、井、大畜，皆五日十四分，余皆六日七分。"《参同契》采用卦气说，大体与孟京《易》《易纬》相合。《汉书·京房传》曰，房治《易》，事梁人焦延寿，延寿字赣。

> 其说长于灾变，分六十卦更直日用事，以风雨寒温为候，各有占验，房用之尤精。

《论衡·寒温篇》云：

> 《易》京氏布六十四卦于一岁中，六日七分。一卦用事，卦有阴阳，气有升降，阳升则温，阴升则寒。由此言之，寒温随卦而至，不应政治也。

是六十卦直日用事者，即六日七分法。颜师古注班书《京房传》引孟康曰：

> 分卦直日之法，一爻主一日，六十四卦为三百六十日，余四卦震离兑坎为方伯监司之官，所以用震离兑坎者，是二至二分用事之日。

沈钦韩《汉书疏证》卷三十二云："《易纬稽览图》甲子卦气起中孚，六日八十分之七，而从四时卦。注云，六以候也，八十分为一日，之七者，一卦六日七分也。四时卦者，谓四正卦离坎震兑四时方伯之卦也。"所谓四正卦，《易纬是类谋》亦云，冬至日在坎，春分日在震，夏至日在离，秋分日在兑，以此四正之卦，卦有六爻，爻主一气，余六十卦，卦主六日七分①。所谓六日七分者，六日既尽，七分便为来日之始，非必取足八十分而自为一日也。兹节录黄宗羲《易学象数论·六日七分图》如下，俾览者得一清晰之概念焉。

六日七分图：

坎初六冬至十一月中　　中孚六日七分
　　　　　　　　　　　复十二日十四分
九二小寒十二月节　　　屯十八日二十一分
　　　　　　　　　　　谦二十四日二十八分
　　　　　　　　　　　睽三十日三十五分
六三大寒十二月中　　　升三十六日四十二分
　　　　　　　　　　　临四十二日四十九分
六四立春正月节　　　　小过四十八日五十六分
　　　　　　　　　　　蒙五十四日六十三分
　　　　　　　　　　　益六十日七十分
九五雨水正月中　　　　渐六十六日七十七分
　　　　　　　　　　　泰七十三日四分
上六惊蛰二月节　　　　需七十九日一十一分
　　　　　　　　　　　随八十五日十八分
　　　　　　　　　　　晋九十一日二十五分

---

① 引见《易稽览图》下。

震初九春分二月中	解九十七日三十二分
	大壮一百三日三十九分
六二清明三月节	豫一百九日四十六分
	讼一百十五日五十三分
	蛊一百二十一日六十分
六三谷雨三月中	革一百二十七日六十七分
	夬一百三十三日七十四分
九四立夏四月节	旅一百四十日一分
	师一百四十六日八分
	比一百五十二日十五分
六五小满四月中	小畜一百五十八日二十二分
	乾一百六十四日二十九分
上六芒种五月节	大有一百七十日三十六分
	家人一百七十六日四十三分
	井一百八十二日五十分
离初九夏至五月中	咸一百八十八日五十七分
	姤一百九十四日六十四分
六二小暑六月节	鼎二百日七十一分
	丰二百六日七十八分
	涣二百一十三日五分
九三大暑六月中	履二百一十九日十二分
	遯二百二十五日十九分
九四立秋七月节	恒二百三十一日二十六分
	节二百三十七日三十三分
	同人二百四十三日四十分
六五处暑七月中	损二百四十九日四十七分
	否二百五十五日五十四分

上九白露八月节	巽二百六十一日六十一分
	萃二百六十七日六十八分
	大畜二百七十三日七十五分
兑初九秋分八月中	贲二百八十日二分
	观二百八十六日九分
九二寒露九月节	归妹二百九十二日十六分
	无妄二百九十八日二十三分
	明夷三百四日三十分
六三霜降九月中	困三百一十日三十七分
	剥三百一十六日四十四分
九四立冬十月节	艮三百二十二日五十一分
	既济三百二十八日五十八分
	噬嗑三百三十四日六十五分
九五小雪十月中	大过三百四十日七十二分
	坤三百四十六日七十九分
上六大雪十一月节	未济三百五十三日六分
	蹇三百五十九日十三分
	颐三百六十五日二十分

上图四正卦坎震离兑主二至二分，统二十四气。自中孚卦始，直六日七分，至颐卦恰得三百六十五日二十分。庄存与所谓"卦气始中孚，终于颐，浑盖之象，包括始终也"①。按《易通卦验》郑康成注云，冬至坎始用事而主六气，初六爻也。小寒于坎直九二，大寒于坎直六三，立春于坎直六四，雨水于坎直九五，惊蛰于坎直上六，春分于震直初九，清明于震直六二，谷雨于震直六三，立夏于震直九四，小满于震直六五，芒种于震直上六。夏至

---

① 《卦气解》，见《清经解续编》。

于离直初九，小暑于离直六二，大暑于离直九三，立秋于离直九四，处暑于离直六五，白露于离直上九，秋分于兑直初九，寒露于兑直九二，霜降于兑直六三，立冬于兑直九四，小雪于兑直九五，大雪于兑直上六。郑氏之言，核以上图二十四气，一一相合。所谓六日七分者，以六十卦主三百六十五日四分之一，故卦主六日七分，盖言其平均数也。若精算之，其数或多或少，岂易遽断？而六十卦配入二十四气，其间排比，规律若何，亦难确论。总之，卦气之气，一部分与历数有关，一部分与当时灾异理论相涉。吾人凡感其牵强之处，不可妄事推求，致穿凿之失①。余所以不惮辞费，述六日七分者，以明乎此理论之间架，则《参同契》之卦气说可解。魏君卦气说，不在章明历法，而在乎一年之运气，顺协与否，与《易纬》、京房、谷永等论卦气之验应相合。《参同契》云：

> 二至改度，乖错委曲，隆冬大暑，盛夏霜雪。二分纵横，不应刻漏，风雨不节，水旱相伐，蝗虫涌沸，群异旁出。天见其怪，山崩地裂。孝子用心，感动皇极，近出己口，远流殊域。或以招祸，或以致福，或兴太平，或造兵革，四者之来，由乎胸臆。

按卦气说以坎震离兑主二至二分，今二至乖错，二分纵横，当至不至，不当至而至，则寒温失度，灾变应矣。《易通卦验》②云：

> 凡易八卦之气验应，各如其法度，则阴阳和。六律调，

---

① 卦气之说，清儒论之众矣。往往仁智之见，不可尽从。如桂馥《札朴》卷一《卦气值日》条云："京氏《易》以卦气值日，其法精密，余考之易轨而得其说，盖以坎震离兑四卦，卦别爻，爻主一气，主二十四气，其余六十卦，三百六十爻，爻主一日，余五日四分之一以通闰余"，是谓一卦直六日，并焦京《易》说失其传也。

② 小积石山房刻《七纬》卷六。

风雨时，五谷成熟，人民取昌。此圣帝明王所以致太平法。故设卦现象，以知有亡。夫八卦缪乱，则纲纪坏败，日月星辰失其行，阴阳不和，四时易改，八卦气不效，则灾异气臻，八卦气应失常（疑本句下有缺文）。

此言卦气失效，灾异荐臻，与《参同契》所谓四正卦纵横错度群异旁出者，理通而义合。京房所占之卦气，即以风雨寒温为候。《汉书》本传载房上封事曰：

乃丙戌小雨，丁亥蒙气去，然少阴并力而乘消息，戊子益甚。到五十分，蒙气复起，此陛下欲正消息，杂卦之党并力而争，消息之气不胜，强弱安危之机，不可不察，己丑夜，有还风，尽辛卯。

丙戌，丁亥，戊子，己丑四日相连，杂卦用事，少阴并力与消息相争。是言臣党势盛，侵凌君上，不可不戒。京氏条陈灾异，类用此法。后谷永习《京氏易》最密，善言灾变，成帝元延元年，永对帝问曰：

王者躬行道德，承顺天地，博爱仁恕，恩及行苇……则卦气理效，五征时序，百姓寿考，庶草蕃滋，符瑞并降，以昭保右。失道妄行，逆天暴物，穷奢极欲，淇湎荒淫，妇言是从，诛逐仁贤，离逖骨肉，群小用事，峻刑重赋，百姓愁怨，则卦气悖乱，咎征著邮，上天震怒，灾异娄降，日月薄食，五星失行，山崩川溃，水泉踊出，妖孽并见，荓星耀光，饥馑荐臻，百姓短折，万物夭伤。①

是言群灾大异，交错蜂起，皆由卦气悖乱所致，与夫《通卦验》《参同契》所言，正相符合。京房所陈，尤重于日辰之计算，故史称六日七分法，房用之尤精也。至后汉张衡上疏称："律历卦

---

① 《汉书》八十五本传。

候,九宫风角,数有征效。"① 郎宗郎𫖮父子,皆学《京氏易》,善六日七分,能占候吉凶。② 魏伯阳之用六日七分,说卦候乖错,则灾异荐臻,亦感受汉易学一时之风尚也。

复次,《参同契》又有言者,(说见下)亦与六日七分有关。而魏伯阳稍变卦气说,以适用于金丹火候之意,《周易参同契》云:

> 乾坤者,易之门户,众卦之父母,坎离匡郭,运毂正轴,牝牡四卦,以为橐籥,覆冒阴阳之道,犹工御者准绳墨,执衔辔,正规矩,随轨辙,处中以制外,数在律历纪,月节有五六,经纬奉日使,兼并为六十,刚柔有表里,朔旦屯直事,至暮蒙当受,昼夜各一卦,用之依次序。

所谓牝牡四卦,显指上文之乾坤与坎离。而朱子《考异》乃云:"牝牡谓配合之四卦震兑巽艮是也。"按《参同契》各注本皆云四卦为乾坤坎离,唯朱子独异。黄宗羲并据"牝牡四卦以为橐籥"一段文字以为即魏伯阳之卦气说,其言有曰:"有以乾坤坎离四卦为橐籥,余六十卦依序卦一爻直一时,一月有三百六十时,足其数者,又以十二辟卦,每卦管领一时,魏伯阳之法也。"③ 按黄说乾坤坎离为四卦是矣,所谓六十卦直一月,盖系魏君据旧法而变更之。夫汉代通行之卦气说,率以四正卦主二至二分,余六十卦主三百六十五日④。所谓气者,以风雨寒温为候,如卦气缪乱,则寒暑颠倒,风雨不调,即前述参同契二至改度二分纵横之现象是也。原夫六日七分说之应用,在于占验善恶与否,善则太平致福,恶则灾变招祸。今《参同契》牝牡四卦

---

① 《后汉书》八十九本传。
② 《后汉书》之《郎𫖮传》、《樊英传》。
③ 《易学象数论》卷二《卦气》二。
④ 参看前列六日七分图。

以为橐籥云云，乃以六十卦分布为三十日，昼夜各一卦，以象一月，亦化三百六十时足其数者，盖套用六日七分图之间架，以喻炼丹一月之火候而已。俞琰《易外别传》[①]曰：

> 《参同契》以乾坤为鼎，坎离为药，因以其余六十卦为火候，一日有十二时，两卦计十二爻，故日用两卦，朝屯则暮蒙，朝需则暮讼，以至既济未济一也。（中略）夫以六十卦分布为三十日，以象一月，然迂小尽，则当如之何，盖比喻耳，非真谓三十日也。

此说既简且明，平实允当。俞氏于《参同契发挥》（卷一）又谓非真以六十卦布于一月三十日之内，告世人毋必执泥卦象也。

四　《参同契》之中心思想

当述《参同契》之中心思想以前，有似是而非二说，一曰内丹，二曰房中，易令人误解亦为《参同契》之思想也，故先论之，盖祛其疑似而真相白矣。所谓内丹，指胎息呼吸而言，《参同契》云，"呼吸相含育，伫思为夫妇"，又云："二气玄且远，感化尚相通，何况近存身，切在于心胸。"或以为此即言呼吸食气，实乃不然，所谓"呼吸相含育"，承上文"子午数合三"而言。子水一，午火二，数合为三，即喻水火二者上下相呼吸，魏君非真述呼吸行气之理也。所谓二气玄且远云云，亦承上文"阳燧以取火，非日不生光；方诸非星月，安能得水浆"而言，阴长生注云："二气谓日月在天，水火在地，相去三十余万里，感化咫尺之间，即明阴阳相通非远近能隔也。《系辞》

---

① 《道藏》太玄部若字号中。

曰，近取诸身，远取诸物，近取者金水之道，远取者日月之精，虽阴阳幽微，而不脱于人意也。"此解甚是。书中论气，不外元气或阴阳二气而已，《参同契》并无内丹之说也。其次，《参同》中阴阳之辞，男女之喻，屡见不鲜，如曰"乾刚坤柔，配合相包、阳禀阴受，雌雄相须，须以造化，精气乃舒"，又曰："观夫雌雄交媾之时，刚柔相结而不可解，得其节符，非有工巧，以制御之。若男生而伏，女偃其躯，禀乎胞胎，受气元初"，凡此所谓雌雄男女者，与乾坤阴阳坎离水火等同为辟喻之辞，一言以蔽之曰，"阴阳相须"而已。魏伯阳云："物无阴阳，违天背元，牝鸡自卵，其雏不全。"假使"二女共室，颜色甚姝，令苏秦通言，张仪结媒，发辨利舌，奋舒美辞，推心调谐，使为夫妻。弊发腐齿，终不相知"，言阴阳不可不相配也。书中所论阴阳相配，取喻甚繁，其宗旨则在于阴阳变化而成大丹，非真道男女之事房中之秘也。魏伯阳不特无内丹及房中之论，且斥彼二者为左道旁门，乖违自然之理。《参同契》曰：

> 是非历藏法，内视有所思，履行步斗宿，六甲以日辰。阴道厌九一，浊乱弄元胞。食气鸣肠胃，吐正吸外邪。昼夜不卧寐，晦朔未尝休。身体日疲倦，恍惚状若痴。百脉鼎沸驰，不得澄清居。累土立坛宇，朝暮敬祭祠，鬼物见形象，梦寐感慨之。心欢意喜悦，自谓必延期，遽以天命死，腐露其形骸。举措辄有违，悖逆失枢机。诸术甚众多，千条有万余，前却违黄老，曲折戾九都，明者省厥旨，旷然知所由。勤而行之，夙夜不休。服食三载，轻举远游。跨火不焦，入水不濡，能存能亡，长乐无忧。

是魏君将其所主张及所反对统括无遗，按反对凡七项，可归并为五：

（一）内丹　内丹包举（1）是非历藏法，内视有所思。

阴长生注："谓胎息之道，视五藏而存思也。"（2）履行步斗宿，六甲以日辰。阴注："履行星，步北斗，服六甲之符，吞日月之气也。"（3）食气鸣肠胃，吐正吸外邪，俞琰《发挥》云："食气者以吐故纳新为药物，而使肠胃之虚鸣"，盖吐身中之正气吸身外邪气故也。

（二）房中　所谓"阴道厌九一，浊乱弄元胞"，阴道见《汉志》方技略，有《容成阴道》、《尧舜阴道》等。九一之义，未能晓然，俞琰云："行阴者以九浅一深为火候，而致元胞之搅乱"，阴长生注："一者元气，九者阳道，为房中之术，则元气阳道乱浊而将亡也。"魏君以为房中之道，搅乱元气，故力斥其妄。

（三）服符　阴长生注"六甲以日辰"云："服六甲之符。"按符书之造作，始于后汉顺帝时之张陵，此或以简单之篆文，书六甲之神名，如《太平经》中复文之类，道教将符与气荣相提并论，视为功术之秘者，于后日道典常觏之①。服符疗病，起源较早，故魏君辞而辟之。

（四）昼夜运动　此处所谓运动，兼指体力运动及脑力运动而言。上举《参同契》："昼夜不卧寐，晦朔未尝休"云云，俞琰《发挥》曰："坐顽空则苦自昼夜不眠，打勤劳则不顾身体疲倦，或摇头撼脑，提拳努力，于是百脉沸驰而变出痈疽者有之"，盖其时有人连旬累月，昼夜不寐，忽而顽坐，思念未歇，忽而提拳运动，血脉沸腾，以致身体疲倦，精神恍惚，疾病生焉。

（五）祭祀鬼神　累土立坛宇，朝暮敬祭祠，鬼物见形

---

① 参看杜光庭《墉城集仙录》卷上，《云笈七签》卷四十五《秘要诀法》，又卷九十二《众真语录》。

象,梦寐感慨之。彭晓注:"外立坛蝉,祭祠淫鬼,欲希迁道,乞遂延令,致使鬼气传于精魄,邪风起于心室,或交梦寐,或见形声,自谓长生可期。不知我命在我,乃至促限,弃腐形骸。"按古之神仙家,皆不乞灵于鬼神祭祀,盖人之吉凶,莫大于生死,死生之命,若操诸鬼神,则人力胡为?操之在我,则我之命,可以人为之术使之延续,故有黄白金丹之说也。《抱朴子·黄白篇》引《龟甲文》曰:"我命在我不在天,还丹成金亿万年。"《西昇经》(卷五)曰:"我命在我,不属天地。"后汉仲长统言卫生,亦注重药石,斥非礼之祭。《昌言》曰:"和神气,惩思虑,避风湿,节饮食,适嗜欲,此寿考之方也。不幸而有疾,则铖石汤药之所去也。(中略)诸厌胜之物,非礼之祭,皆所宜急除者也。"《抱朴子》于祷祀鬼神,乞灵巫祝,斥之尤力。《道意篇》云:"祭祷之事无益也,当恃我之不可侵也,无恃鬼神之不侵我也。"基此观念,养生之道,在于人为,《太清经》曰:"长生之道,不在祭祀事鬼神也,不在导引屈伸也,不在呪呵多语也,不在精思自勤苦也,长生之道,要在神丹。"①由此观之,长生之道,在乎人力。世俗所传杂法众多,皆非正道。唯金液还丹为至上至妙也。

上述内丹、房中、服符、昼夜运动、祷祀鬼神五项,不过举其荦荦大者,其余"诸术甚众多,千条万有余"。皆违背黄老之道,自然之法,唯"明者省厥旨,旷然知所由"。所由者何?大丹是也。所谓"勤而行之,夙夜不休,服食三载,轻举远游"。修大丹,服大丹,参同契之中心思想,如此而已矣。

复次,作丹之三变及金丹对于人身之特效,魏伯阳亦有说

---

① 阴长生《周易参同契》注卷上引,案《太清经》今缺。

焉。《参同契》曰：

> 以金为隄防，水火乃优游，金数十有五，水数亦如之。临炉定铢两，五分水有余，二者以为真，金重如本初。其三遂不入，水二与之俱，三物相含受，变化状若神，下有太阳气，伏烝须臾间，先液而后凝，号曰黄舆焉。

朱子《考异》云，此言丹之第一变也。《参同契》曰：

> 岁月将欲讫，毁性伤寿年。形体为灰土，状若明窗尘。

此言丹之第二变也。《参同契》又云：

> 捣冶并合之，驰入赤色门。固塞其际会，务令致完坚，炎火张于下，昼夜声正勤、始文使可修，终竟武乃陈、候视加谨慎，审察调寒温。周旋十二节，节尽更亲观，气索命将绝，休死亡魄魂、色转更为紫，赫然成还丹。粉提以一丸，刀圭最为神。

此第三变也。三变而成金液还丹，丹药入口，令人长生，其余草木之药，仅能却病延年，远不如还丹生于真金，服之令人长生久视也。《抱朴子》引《黄帝九鼎神丹经》曰："虽呼吸道引及服草木之药，可得延年、不免于死也。服神丹令人寿无穷已，与天地相毕。"①《参同契》说金丹之妙效曰：

> 金砂入五内，雾散若风雨。薰蒸达四肢，颜色悦泽好。发白皆变黑，齿落生旧所。老翁复丁壮，耆妪成姹女。改形免世厄，号之曰真人。

按丹家以为还丹生于真金，真金是天地元气之祖，永不败朽、所谓"金砂入五内，雾散若风雨"。即金丹入口，变为元气以补人身中固有元气之不足②。《参同契》曰："人所禀躯，体本

---

① 内篇《金丹》。
② 服饵金丹，补续身中之元气，与食气呼吸说，并不相侔，不可混淆。

一无，元精云布，因气托初"，盖谓人体禀元气而生，若"元气去体"则亡矣。(《后汉书》六十九《赵咨传》)《太平经钞·乙部·兴帝王法》曰："元气有三名：太阳，太阴，中和。形体有三名：天，地，人。"人禀中和之气而成也，中和之气属人，亦名精气。《参同契》云："须以造化，精气乃舒。"河上公注《老子》"抱一能无离乎"："一者，道德所生，太和之精气也"。荀悦《申鉴·政体篇》云："阴阳以统其精气，刚柔以品其群形。"凡此所谓精气，皆指人体中之元气，故医家以滑石紫芝等主"益精气"①。《黄帝内经》诸论亦重视精气之说如《素问》、《上古天真论》及《通评虚实论》。元气之说，汉代甚盛，为当时宇宙论之中心问题，影响道教颇巨。因其与本文无涉，兹不具论。我人所宜知者，人禀元气而生，为汉儒通行之说法。《参同契》承受其言，以人体中之元气，有限而易败，惟有服食金丹大药，化为无穷不朽之元气，以续有限易敝之形躯，故得长生不死也。

五 《参同契》思想之渊源及其流变

《周易参同契》者，其于《易》多资焦、京、《易纬》之说，并假诸黄老之辞以论金液还丹之旨也。金液还丹之论，至魏伯阳而成立，前此点金铸金之事有之，而服饵金丹之理论，殆未有也。夫古之人者，郑重文字，每忌创说招怪，是以立言之际，往往寻度来源，以为古已有之，述而不作也。魏伯阳作《参同契》，亦复如是。《参同契》曰：

金来归性初，乃得成还丹。吾不敢虚说，仿效圣人文：

---

① 见《神农本草经》。

古记题龙虎，黄帝美金华，淮南炼秋石，王阳加黄芽。① 贤者能行持，不肖毋与俱，古今道由一，对谈吐所谋，学者加勉力，留念深思惟。至要言甚露，昭昭不我欺。

魏君自承所述，仿效古圣之文，圣人不我欺，明今之所论，亦非妄说。覈言之，伯阳所举古圣之文，或渺茫难知，或系铸造黄金之传说。不可遽视为金丹之论也。以专著论制饵金丹，盖自魏伯阳始。所谓古记龙虎，非今之《古文龙虎上经》也，今之《龙虎经》，系后人假名冒托，在《参同契》之后，后当细论。古记龙虎，《周易·乾卦·文言》曰："云从龙，风从虎"，龙虎二字，在后日丹经中，指金水或砂汞而言。于黄帝淮南王等炼丹传说以前，一则史无龙虎丹经之明文纪载，二则揆诸学术思想之发生及其发展，亦决无类似龙虎之丹经出现。故其事渺茫难知，今姑弗论。所谓"黄帝美金华"，汉初黄老之学盛行，《汉书·艺文志》托名黄帝之书甚多，道家、兵家、阴阳、天文、历谱、五行杂占、医经医方、房中、神仙诸家皆有之。而黄帝炼丹之传说，见于《史记·封禅书》，武帝时，李少君言上曰：

> 祠灶则致物，致物而丹砂可化为黄金。黄金成以为饮食器则益寿，益寿而海中蓬莱仙者乃可见。见之以封禅则不死，黄帝是也②。

此言黄帝作金以为饮食器不死，而齐人公孙卿言黄帝采首山铜，铸鼎于荆山下，鼎既成有龙垂胡髯，下迎黄帝升天（亦见《封禅书》）。二说不同，魏君显采前说。所谓"淮南炼秋石"，又谓"八公捣炼，淮南调合"。按《汉书》卷四十四云，武帝时，淮

---

① 黄芽即是真铅，秋石亦是真铅，汞入铅中吐花名曰金华，故金华黄芽秋石三者悉系化炼大丹之物，亦代表修丹之意。

② 参看《史记·武帝纪》。

南王安,"招致宾客方术之士数千人,作内书二十一篇,外书甚众,又有中篇八卷,言神仙黄白之术,亦二十余万言"。又《刘向传》云:是时宣帝"复兴神仙方术之事,而淮南有《枕中鸿宝苑秘书》,书言神仙使鬼物为金之术,及邹衍重道延命方,世人莫见,而更生父德,武帝时治淮南狱得其书,更生幼而读诵,以为奇,献之,言黄金可成,上令典尚方铸作事,费甚多,方不验"①。是言《淮南鸿宝苑秘书》之方有为金之术。按此秘书已佚,就今所见《淮南万毕术》之辑本观之,书中所言,莫非关于一般奇罕之方术耳,实无黄白变化之事。《太平御览》九百八十八引《万毕术》曰:"朱沙为澒",证以《淮南地形训》所言,可知梗概。《地形训》曰:"赤天七百岁生赤丹,赤丹七百岁生赤澒,赤澒七百岁生赤金。"赤丹即丹砂,丹砂成澒,澒成金,然篇中所论,实指矿物自然之生成,非人工化炼所得也。所谓七百岁,许慎云:"南方火,其色赤,其数七,故曰七百岁。"同理"黄澒五百岁生黄金",取其中央数五也。"青澒八百岁生青金",取其东方数八也。凡此率以五行五色五方相配合,悉系想象之辞,非实验所推之理。尤有奇者,所谓"黄金千岁生黄龙","青金八百岁生青龙","亦金千岁生赤龙",金生龙,岂有其事乎?若无其事,显系五行家言,非炼丹之说也。然则"书言神仙使鬼物为金之术",刘向亦云"黄金可成",金成将何用之?盖此黄金果成,殆亦李少君所谓"以为饮食器则益寿"欤?②《抱朴子·金丹篇》云:"以此丹金为盘碗,饮食其中,令

---

① 参看《汉书》卷二十五下《郊祀志》。
② 《神仙传》淮南王安有八公,其中"一人能煎泥成金,凝铅为银,水炼八石,飞腾流珠,乘云驾龙,浮于太清之上……安乃日夕朝拜,供进酒脯……遂授王丹经三十六卷,药成,未及服……"按此与正史传记不符,盖其时未有丹经,不可轻信。

人长生。"旧题《抱朴子神仙金汋经》（卷上）亦云："以丹金作盘碗，饮食其中，长生不死"，皆与古神仙家铸金作饮食器之意相合。《汉志》神仙家著录《泰壹杂子黄冶》三十一卷，《郊祀志》谷永说："黄冶变化"。晋灼曰："黄者，铸黄金也，道家言冶丹砂令变化可铸作黄金也。"① 凡此冶丹砂铸作黄金，黄金果成，亦不过为饮食器耳，似非后日所谓制饵金丹之事也。至于"王阳加黄芽"，其传说更与大丹无涉。《汉书·王吉传》云：

> 自吉至崇（按崇，吉之孙），世名清廉。然材器名称，稍不能及父，而禄位弥隆，皆好车马衣服，其自奉养，极为鲜明。而亡金银锦绣之物，及迁徙去处，所载不过囊衣，不畜积余财。去位家居，亦布衣疏食，天下服其廉而怪其奢。故俗传王阳能作黄金。

俗传王阳自作黄金以给用，与制饵金丹，本不相涉，《西京杂记》：戚姬以百炼金为驱环，照见指骨，上恶之，以赐倚儿。《拾遗记》云，轩辕皇帝以神金铸器，凡所建造，咸刊记其年时（卷一）。又云，方丈山有池，泥色若金而味辛，百炼可为金，色青。照鬼魅犹石镜，不能藏形（卷十）。凡此所载，炼金则在于制物造器，亦方术家之事也。总之，上述四者，古记龙虎，有无其事，渺茫难知；黄帝淮南，果有为金之传说，即使金成，亦不过为饮食器以益寿耳，似非服饵金丹以求仙也。至传王阳作金，苟有之，无非自己给用，与制饵金丹，异其旨趣。之四者，魏伯阳借之以为金液还丹之来源，冀以自重，取信于人。实言之，魏君不无托古之嫌。盖铸金之术，发轫较古，而专书描述金

---

① 《扬子法言·学行篇》："或问世言铸金，金可铸欤？"李轨注：方术之家言能销五石化为黄金，故有此问。此所谓铸金，殆亦谷永所谓黄冶变化之类也。《抱朴子·黄白篇》引桓谭《新论》云，傅太后"闻金成可以作延年药"，按桓子《新论》亡佚已久，无完本对勘，未知《抱朴子》引文有无经后人改窜也。

丹思想，殆始于《参同契》。

所谓金丹思想，指论修炼金丹服饵金丹而言，欲明金丹理论正式成立于《参同契》。最简便之法，莫如证说《参同契》以前无成熟之金丹思想，有之亦似铸金之事黄冶变化之类，未可遽认为金液还丹之祖也。魏伯阳以龙虎黄帝淮南王阳四者为金丹之前史，其事与史籍所载不符，强为牵合，已如前论。今更略论诸书之涉及丹药者，察其真伪，订适当之成书年代，以明其与《参同契》有无渊源：（1）旧题汉刘向撰之《列仙传》，固纪服食丹药之事（如任光、主柱、赤斧等），但此书自宋以来，疑者甚多，《四库提要》疑系魏晋间方士为之托名于刘向、余嘉锡先生作《四库提要辩证》，以此书盖后汉明帝以后顺帝以前人之所作。彼所据者，惟为顺帝时王逸《楚辞章句》于《天问篇》引崔文子事与应劭所引[①]字句略合，应劭所引，固明言出自《列仙传》，但王逸之注，并无指明书名。按王逸《楚辞章句》多明著所引书名，而此独无，可见崔文子事或系当时一种流行传说，未必见止于《列仙传》也。古今著述徵引此书者，莫早于应劭[②]。劭，献帝时人，征以此书之内容，疑当作于桓帝至灵帝之间（147—189）也。（2）图纬之部，如《诗含神雾》、《河图玉版》等，固言服白玉膏玉浆而成仙者，但玉膏玉浆，似非人工化炼之宝，与金丹不类。又《御览》药部一引《孝经援神契》曰："仙药之上者丹砂，次即黄金，次则白金，次则诸芝，次则五玉"云云，按此条统见《抱朴子·仙药篇》，《御览》引作纬文，清赵在翰疑伪[③]。明案赵君所见甚是。兹录《抱朴子》原文，并加

---

① 见《汉书·郊祀志》注。
② 应劭所引崔文子事不见于今本《列仙传》。
③ 见《七纬》。

辨析如下,《仙药篇》曰:

> 《孝经援神契》曰:"椒薑御湿,菖蒲益聪,巨胜延年,威喜辟兵"。皆上圣之至言,方术之实录也;明文炳然,而世人终于不信,可叹息者也,仙药之上者丹砂,次则黄金,次则白金,次则诸芝,次则五玉。……

玩索《抱朴子》上下文气,自"椒薑御湿"句起至"威喜辟兵"为《孝经援神契》文。自"皆上圣之至言"至"可叹息者也"系葛稚川自加按语。至于"仙药之上者丹砂"云云,系《抱朴子》叙述之辞,与上文《孝经援神契》言已截离为二。纂辑《御览》时,偶不谨慎,并引其辞,实则未可视为纬文也。况《抱朴子》所述丹砂黄金等,莫非自然生成之矿药,与金丹亦不类。(3)有仙人唐公房者,传言服食神药成仙。仙人唐公房碑云[①]:

> 君字公房,成固人。……耆老相传,以为王莽居摄二年,君为郡吏,(缺四字)土域啖瓜。旁有真人,左右莫察。而君独进美瓜,又从而敬礼之,真人者遂与期釐谷口山上,乃与君神药曰,服药以后,当移意万里,知鸟兽言语,是时府在西成,去家七百余里,休谒往来,转景即至,……其师与之归,以药饮公房妻子曰,可去矣。……于是乃以药涂屋柱饮牛马六畜,须臾有大风玄云来迎,公房妻子,屋宅六畜,倏然与之俱去。

陆耀遹《金石续编》仙人唐公房碑阴下云:"是其缮庙刻石,皆当后汉。缮庙者为郭芝倡义,而刻石不著撰书之人,固即碑阴题名之群义为郭君扬誉矣。"是必唐公房成仙之故事,相传甚久,

---

[①] 见《隶释》三,《金石萃编》十九,《全后汉文》一百六。房,《神仙传》误作昉。

碑文所谓"耆老相传,以为王莽居摄二年,君为郡吏",在未泐石纪辞以前,口耳相传,事之有无,谁能决之?至后汉时,耽好神仙之徒,为之缮庙刻石,所根据者亦无非"耆老相传"而已。既经缮庙刻石,庙之所在,香火膜拜,不乏其人;石之所处,文士儒生,传诵不绝。一以庙为实物,石为真言者,或以之入神仙传,或以之注山川之文。其间增损文义,变易字句,以讹滋讹者有之,如原碑刻辞只说"神药",神药可能是金丹,但亦可能为玉石草木之药。至《神仙传》(李八百)、后魏郦道元《水经》之注①并谓合丹服之仙去。此相传之说,由浑括而分明也。又神仙《李八百传》略去公房六畜升天之说,增益八百授公房《丹经》一卷,此后人以意增损之也。总之,此碑立于后汉,究竟属于何年何月,今莫能详。纵谓神药即金丹,依金丹思想之发展观之,此碑似当刻于东汉中叶金丹思想盛行以后。盖前乎此,实未易见如是理想之故事也②。(4)后汉有《太平清领书》,即今《道藏》中之《太平经》也。顺帝时,琅邪宫崇曾献之于朝③,此书不作于一时一人之手,然至顺帝时,当已成书,原书一百七十卷,现存者仅五十七卷。另有《太平经钞》十卷,系节录《太平经》文而成,以甲乙丙丁等为部,《太平经》中无外丹之说,惟《钞》甲部有"服华丹"、"服华水"云云,似乎《太平经》亦有外丹思想。然细核之,《太平经钞·甲部》系后人伪撰,取材于《上清金阙灵书紫文上经》及《上清后圣道君列纪》

---

① 《水经注》卷二十七沔水条。
② 《神仙传》卷四《刘安传》云:"时人传八公安临去时,余药器置在中庭,鸡犬舐啄之,尽得升天,故鸡鸣天上,犬吠云中也。"按此不见于《汉书·淮南王传》,疑晋人仿效唐公房故事而增饰之也。又钱大昕《潜研堂金石文跋尾》卷一《仙人唐公房碑》:"碑立于东汉之世"云。
③ 《后汉书·襄楷传》。

等书，不可认为《太平经》之本文①。由此可知《太平经钞·甲部》不可信，《太平经》无外丹之说也。

以上略言《列仙传》大约作于桓帝迄灵帝之间，谶纬之书无金丹思想；仙人唐公房之碑，疑立于东汉中叶以后；《太平经》中无外丹之说。由此以观，则神丹理论之形成，当自《参同契》始，然其初非成熟之金丹传说，似亦有之。阴长生自叙②云：

> 汉延光元年，新野山北予受仙君神丹要诀，道成去世。付之名山，如有得者，列为真人，行乎去来，何为俗閒，不死之要，道在神丹，行气导引，俯仰屈伸，服食草木，可得延年，不能度世，以至乎仙。子欲闻道，此是要言、积学所致，无为合神、上士为之，勉力加勤、下愚大笑，以为不然，能知神丹，久视长安。于是阴君裂黄素，写丹经，一通封一文石之函，置嵩高山；一通黄栌之简，漆书之，封以青玉之函，置太华山；一通黄金之简，刻而书之，封以白银之函，置蜀绥山；一封缣书，合为十篇。付弟子，使世世当有所传付。

按后汉安帝延光元年（西元122）当2世纪初期。阴君谓不死之要，道在神丹。余如"行气导引，俯仰屈伸，服食草木，可得延年，不能度世，以至乎仙"。《参同契》云："食气鸣肠胃，吐正吸外邪。"又云："巨胜尚延年，还丹可入口，金性不败朽，故为万物宝，术士服食之，寿命得长久。"彼此重金丹轻呼吸导引及服食草木之意，先后皆相合。阴君又著诗三篇，以示将来。其一曰：

> 惟余之先，佐命唐虞，爰逮汉世，紫艾重纡。予独好道，而为匹夫。高尚素志，不仕王侯，贪生得生，亦又何

---

① 关于《太平经钞·甲部》之伪，问题甚为复杂，余已有文辨证，兹不赘论。
② 见《神仙传》四，《太平广记》八，《全后汉文》一百六。

求？超迹苍霄，乘龙驾浮，青云承翼，与我为仇，入火不灼，蹈波不濡，逍遥太极，何虑何忧，傲戏仙都，顾愍群愚。年命之逝，如彼川流。奄忽未几，泥土为俦，奔驰索死，不肯暂休。

其三章曰：

惟余束发，少好道德。弃家随师，东西南北，委放五浊，避世自匿，三十余年，明山之侧，寒不遑衣，饥不暇食，思不敢归，劳不敢息。奉事圣师，承欢悦色。面垢足胝，乃见哀识。遂受要诀，恩深不测，妻子延年，咸享无极，黄白已成，货财千亿，使役鬼神，玉女侍侧。今得度世，神丹之力。

《抱朴子·金丹篇》亦谓新野阴君合此太清丹得仙，著诗及丹经赞并序，述初学道随师本末。则阴长生自叙及诗，自必相传已久。诗云："弃家随师"，据《云笈七签》一百六《马明生阴真君二传》，阴长生师事马明生得金液神丹之法，马明生随安期先生受九丹之道，道教师弟传授，往往系统厘然，未可深信。而阴君自叙及诗，尚无甚荒诞之语。按诸金丹思想之初步形成，此时前后，殆亦相当。然则阴长生[①]者，其为魏伯阳之前辈欤！诗三篇，其为《参同契》之嚆矢欤！魏君以为古记龙虎黄帝淮南王阳为修丹之前史，据今所考，阴君自叙及诗，盖为《参同契》思想之渊源乎？

以上论《参同契》思想之渊源既竟，今更述其流变。所谓流变者，系指承受前源而变为其他性质相似之作品。《参同契》影响后来金丹思想极大。自汉以来，论还丹者，罕有轶其范围，

[①] 此阴长生与注《周易参同契》、《金碧五相类参同契》及《古龙虎歌》之阴真人不同，作注之阴君，似系宋人，当分辨之。

今将简其要者，分述于下：

（1）《伪古文龙虎经》经学上有伪古文《尚书》，道典中有伪《古文参同契》，而所谓《古文龙虎经》，根本无其书，乃伪冒他篇而得之名也。夫历史订先后，事实辨真伪。自来认《龙虎经》与《参同契》具有莫大之关系，或信在《参同契》之先，或疑其在《参同契》之后，从未发觉本无其书也。余读《参同契》，处处有"演易以明之"之感，书题《周易参同契》，盖名副其实也。及读《古文龙虎经》，只觉"龙虎"二字，无着落处。何以书名龙虎，蓄疑既久。后读《云笈七签》卷七十三《金丹金碧潜通诀》，觉此诀即《龙虎经》文之所自出，且未分章夹注，显系原篇，校读之下，仅有讹异之文，无出入之句，诀之下文云：

> 自"火记不虚作"已下，重解前文。丹术既著，不可更疑焉。故演此诀以辅火记焉，庶使学者取象。下文云，文字郑重说，与世人岂不熟思，是其义也。

此节文字，至《古文龙虎经》中颇有删略，虽曾削足，仍难适履，愈彰其作伪之迹也。原来《金丹金碧潜通诀》，系响应《参同契》而作。今《道藏阙经目录》卷下著录"参同契金碧潜通诀"，或即系《金丹金碧潜通诀》也。《参同契》曰：

> 火记不虚作，演《易》以明之，偃月法鼎炉，白虎为熬枢。汞日为流珠，青龙与之俱。举东以合西，魂魄自相拘，上弦兑数八，下弦艮亦八，两弦合其精，乾坤体乃成。

此魏伯阳自谓炉火之记，并不虚说，故演《易》以明之。《金碧潜通诀》云："自火记不虚作已下，重解前文"，正指《参同契》而言。至《龙虎经》乃改为"火记不虚作，郑重解前文"，损去"已下"二字，益以整齐句法，巧弄之间，不知"火记"二字何所指。于是注释之人，空猜悬想，一以古有《龙虎经》

者。今正统《道藏》收《古文龙虎上经注》及宋王道《古文龙虎经注疏》两种。查经文无发挥龙虎之句，所谓"三日月出庚，龙虎自相寻"，亦准《参同契》"三日出为爽，震庚受西方"句法而来。只见字里行间，紬绎《参同契》而言。《金碧潜通诀》曰："下文云，文字郑重说，与世人岂不熟思，是其义也"，所谓"文字郑重说，世人不熟思"，正是《参同契》"火记不虚作"已下之文句。考《金碧潜通诀》之作者，为唐元阳子①。原为发扬《参同契》而作，故叙述与《参同契》关系如此坦白。《龙虎经》欲冒滥古文，争夺《参同契》之历史，故不得不删去"文字郑重说，世人不熟思"几句，以隐藏其作伪之迹。但作伪者仍未能弥缝其罅漏，予后人以可疑之隙，即《龙虎经》之末句"故演此诀以附火记焉"。此"诀"字系一极重要之证据，因此文原名《金丹金碧潜通诀》，故称演此"诀"。倘此篇原名《古文龙虎经》，理宜称"经"。又《参同契》尝自说"演易"以明金丹之道，若此篇原名《龙虎经》，何不直称"故演龙虎以附火记焉"。不然，书名龙虎，毫无意义，如《道藏》太玄部唱字号《龙虎还丹诀颂》，则处处提及龙虎，处处以龙虎为喻，方是文与题合。大约唐五代间，好事之徒，始造《龙虎经》之名，彼见《参同契》中有龙虎之句，如云"古记题龙虎"，"龙呼于虎，虎吸龙精"；"龙阳数奇，虎阴数偶"；"龙西虎东"，以及"青龙处房六兮白虎在昴七兮"。龙虎二字，原无定义，或谓水银朱砂有龙虎之号，故朱砂曰赤龙，汞曰白虎；或谓太阳之精为青龙，太阴之精为白虎。或谓龙虎，金水也。无

---

① 见宋董思靖《道德真经集解序说》小注、《云笈七签》一百四有《元阳子传》，称注《黄庭经》，唯未言作《潜通诀》，或另系一人。晁氏《郡斋读书志》载《金碧潜通》一卷，长白山人元阳子解，未详何代人，不知其撰人姓氏。

论砂汞金水太阳太阴，皆喻炼丹必需之二物。《唐书·艺文志》神仙家有《龙虎通元诀》一卷，《龙虎乱日篇》一卷，《龙虎篇》一卷①，及还阳子《大还丹金虎白龙论》一卷（隐士，失姓名），率系修炼大丹之书而题名龙虎者。《古文龙虎经》之名，龙虎二字，一则系《参同契》中常用之文，再则亦唐人通常用之以题丹经者。至于"古文"二字，系受《参同契》"古记题龙虎"句之启示，故意伪造，俨然在《参同契》问世以前，已有其书。实言之，古记龙虎，幽渺难知，迄无令人相信为古记之理由在（见说在前）。唐五代间，好事之徒，既以《古文龙虎经》之空名，冒滥《金丹金碧潜通诀》之实录，五代彭晓置信其事，晓序《参同契通真义》云，魏伯阳"得《古文龙虎经》，尽获妙旨，乃约《周易》撰《参同契》三篇"。晓注又云："魏公所述，殆无虚诈。乃托易象及《古文龙虎经》而论之"，注中每引《龙虎经》，盖其信之笃也。宋朱熹始疑之，朱子《语类》②卷百二十五云：

> 义刚问曾景建谓《参同》本是《龙虎上经》果否？曰，不然，盖是后人见魏伯阳传有龙虎上经一句，遂伪作此经，大概皆是体《参同》而为。故其间有说错了处。如《参同》中云，二用无爻位，周流行六虚。二用者，即《易》中用九用六也。乾坤六爻，上下皆有定位。唯用九用六无位，故周流行于六虚。今《龙虎经》却错说作虚危去，盖讨头不见，胡乱牵合一字来说。

是说用九用六为二用，固未见其是（参前第三章第三节），但辨《龙虎上经》为伪作，实具慧眼。朱子又云：

---

① 青罗子周希彭，少室山人孺登同注。
② 并见《考异》附录。

世有《龙虎经》，云在《参同契》之先，季通亦以为好，及得观之。不然，乃櫽括《参同契》之语而为之也。

朱子疑于先，俞琰续又辨之。俞氏《参同契释疑》云：

今人相传皆谓魏伯阳因《龙虎经》而作《参同契》，故不得不祖《龙虎经》之说，殊不知《龙虎经》乃是櫽括《参同契》之语，实出于魏公之后。晦庵朱子云，后人见魏伯阳传有《龙虎上经》一句，遂伪作此经，大概皆是体《参同契》而为之，其间盖有说错了处。愚向者未得其说，亦弗敢便以朱子此论为然，后来反复玩味，以《参同契》相对，互考其说。乃觉《龙虎经》之破绽旁出，而真是櫽括《参同契》之语也。盖魏公之作《参同契》，乃是假借《周易》爻象，发明作丹之秘，非推广《龙虎经》之说。若果推广《龙虎经》之说，则当曰"龙虎参同契"，不得谓之《周易参同契》也。

此言《参同契》非推广《龙虎经》之说，已甚透辟。然朱子、俞琰只疑《龙虎经》晚出，未见《龙虎经》本无其书，缘好事者捏造书名，冒替已成之篇什。作伪之年代，约当唐五代间。故伪《古文龙虎经》，虽瞒过后蜀彭晓，而《金丹金碧潜通诀》之真名，仍保存于北宋张君房之《云笈七签》中。但从此伪《古文龙虎经》，日渐盛行。南宋王道推衍其义为之注，又申注意自为之疏，至孝宗淳熙十二年而成《古文龙虎经注疏》三卷①。惠栋《易汉学》（卷三）云："案《龙虎经》似宋初人伪撰，如园照东方甲，坤生震兑乾，皆不知汉《易》者也。"惠氏已善疑矣，然仍未考《龙虎经》之原身为《金丹金碧潜通诀》，《金碧潜通诀》之冒受假名《龙虎经》，至晚，五代后蜀时已可掩饰大

---

① 见《道藏》太玄部映字号上。

部分人之耳目。故彭真一注《参同契》，引《金碧潜通诀》之文为《古文龙虎经》曰，可见其时《潜通诀》之名已沉晦，而《龙虎经》伪书已大行矣。由今所考，则《古文龙虎经》非特后出，纯系张冠李戴，并其书而无之。自今以后，理宜正名：消除《古文龙虎经》之伪名，恢复《金丹金碧潜通诀》之真名也①。

（2）一般倾慕丹鼎之徒，每乏历史观念，或故意添造《参同》以前一段金丹历史，以为《龙虎经》在先，《参同契》在后，故仿作丹书，多题龙虎之目，而内容仍沿《参同》之意，摭伯阳之辞，易其文体，或为歌，或为诗，或为词，或为论，或添列药品，或附丽图说，既论且歌，要不外为《参同契》之流变也。兹举例如下：（甲）《古龙虎歌》阴真人注②，歌曰："铅为匡郭，周遭祐助，青瑶为使，能调风雨，白液金花，水生龙虎。三一升腾，必定规矩，赫然还丹，日月光顾，星辰透明，云中见路"。此言还丹，与《参同》无异。（乙）《龙虎精微论》③诗云："识汞知铅辨火金，还丹深旨杳难寻"其中又论曰："从子至巳，纯阳用事，而进阳符，乃内阴而求外阳也。自午至亥，纯阴方兴而退阳火，乃外阳而附内阴焉。周流六虚，往来上下"，此言从子至巳即《参同契》"朔旦为复，阳气始通"及"乾健盛明""阳终于巳"之谓也。自午至亥者，即《参同契》自姤至坤阴符之候，阳极则阴生，阴极则阳生，阴阳交相进退，炼丹之火候，悉在其中。《参同契》言之先，《龙虎精微论》续

---

① 《文献通考》卷二百二十四云：《金碧古文龙虎上经》一卷，陈氏（《书录解题》）曰，不著名氏，麻姑所录本无"金碧"字。明案金碧二字，或原本有之，与"金丹金碧潜通诀"之金碧字，似亦有关。后日丹经中每见"金碧"与"参同"并举，竟以"金碧"二字为伪《龙虎经》之简称。
② 《云笈七签》卷七十三。
③ 《道藏》正乙部鼓字号。

推演之耳。(丙)《龙虎还丹歌诀》,李真人述,其中《望江南》词云:"丹砂道,学者亦如麻,不识铅中含白虎,竞烧粪秽觅金华,争得跨云霞。"又《龙虎还丹诀颂》,谷神子注,所言亦系"考定坎离,指归铅汞"而已。又有《龙虎元旨》,开端即云"龙虎者,铅汞是也,汞者是龙,铅者是虎,母藏子胎,子隐母胎,知白守黑,神明自来,白者金之精,黑者水之基"。所谓龙虎,坎离,金水,铅汞,皆《参同契》中用以喻还丹者。以上三篇中,其他处就魏君真契变易句法,敷演文义,不胜枚举。①(丁)《龙虎还丹诀》②、《龙虎手鉴图》③及《九还七返龙虎金丹析理真诀》④ 三编皆显系发扬《参同》之旨。《龙虎还丹诀》云:"其还丹无方,《金碧经》及《参同契》是其方也",《金碧龙虎经》本即《金丹金碧潜通诀》,檃括《参同契》而作,前已言之。则还丹诀所祖唯《参同契》耳。《龙虎手鉴图》云:"《参同契》参合易象,立成大道之术,易中备设天地之象,极变化之要。观其成形之始,即一阴一阳交感之所生,太阳万物之父,太阴万物之母,还丹不依天道,必无成理",是不啻为《参同契》说明所以假借易象之意也。《龙虎金丹析理真诀》云:"余于道门,酷于留意,曾览仙经,至于炉火百家,粗曾披阅,因看《洞元记》,《总途经》,《混元诀》,《金碧经》,《玉壶》,《龙胎凤翅》及《太一参同》等文,分析火候。"按自来论炉火之事者,莫不以参同为祖,程君虽广览丹经,未尝例外,彼真诀中析辨金液还丹之理,或隐或显,多用魏伯阳之义,其为《参

---

① 《龙虎还丹诀》,《龙虎还丹诀颂》及《龙虎元旨》三篇,统在《道藏》大玄部唱下。
② 金陵子述,《道藏》洞神部兰字号上。
③ 《道藏》洞真部调字号下。
④ 程昭述,洞真部珠字号上。

同》之流裔也无疑①。

（3）《金碧五相类参同契》②分三卷，十八章，大体演魏君《参同契》而作。《参同》中虽有以金丹续补元气可得长生之理，但不主用食气胎息之法，此编参杂黄庭内丹，颇能发挥养精炼气之义。如云"名号九域须知诀，变转神气盈髓血，添精补髓益筋皮，夜化遍身白乳彻"。又云："存神养气彩灵机，万化身中改度移，息能自闭经千数，五行真气镇相随。"凡此注重闭口胎息炼精化气咸非魏君之本旨，是书盖系《参同》之变体也。

（4）《参同契五相类秘要》③，旧题太素真人魏伯阳演，宣德郎权发遣提举淮南西路学事借绯鱼袋臣卢天骥上进，是编分本文一篇，赞一篇，歌一篇，卢天骥似系宋人，或即《五相类秘要》之撰者。不然，或卢君见《参同契五相类秘要》，佚撰人名氏，姑题魏伯阳演以进于朝，其成书年代，当在《金丹金碧潜通诀》之后。盖《五相类秘要》云：张翼飞虚危，此乃一变也。正用《金碧潜通诀》之文。大旨本《参同契》"故复作此，命五相类"句而演，依阴阳五行之性，辨定石药之同类，分君臣佐使之用，以炼金丹，是亦《参同契》之流变也。

---

① 《道藏》洞真部珠字号上有《真龙虎九仙经》（罗叶二真人注）及《龙虎中丹诀》二篇，虽书名龙虎，然皆论内丹，炼五脏之气，欲成胎仙，奉持《黄庭》，与《参同》异趣。《龙虎九仙经》云："当修其事，若众患起，以气理之"，又云："炼五脏之精，各满九九数，金鼎收其气，身腾而升天"，《参同契》中无此意也。《龙虎中丹诀》云："惟精，一身之主；惟气，一身之真；惟神，一身之灵。精、气、神三者，惟心可以动合变化也"，其法以胎息为主，一年二年三年而至九年，爰脱凡骨而化"胎仙"矣。诀中胎灵颂云，"兴功修此志，莫倦读《黄庭》"。《黄庭经》颇详胎息之言，如云："闭口屈舌食胎津"，"琴心三叠舞胎仙"，悉与《参同契》还丹之说不合。

② 阴长生注，洞神部似字号。

③ 洞神部似字号下。

（5）唐宋人论金丹，俱有先后渊源，一祖于魏伯阳，此事在太极图授受说中，得一佐证。朱彝尊《太极图授受考》①云：

> 陈抟居华山，曾以无极图刊诸石，为圜者四，位五行其中，自下而上。初一曰玄牝之门；次二曰炼精化气，炼气化神；次三五行定位，曰五气朝元；次四阴阳配合，曰取坎填离；最上曰炼神还虚，复归无极，故谓之无极图。乃方士修炼之术尔，相传抟受之吕嵓，嵓受之钟离权，权得其说于伯阳。

陈抟与吕嵓（洞宾）之关系，《宋史》卷四百五十七《陈抟传》记载云："关西逸人吕洞宾有剑术，百余岁而童颜，步履轻疾，顷刻数百里，世以为神仙，皆数来抟斋中，人咸异之"，是陈抟之学盖受诸吕洞宾，吕洞宾又问学于钟离权。宋王常集《真一金丹诀》②云：

> 昔荆湖北路草泽大贤处士钟离权，泊游于云水，至鲁国邹城东南崆峒山玉女峰居之。至大唐（高宗）显庆五年庚申岁正月一日壬寅朔遇之仙贤，引入洞中，授之丹诀，……麟德元年三月二十五日举场选试有鄂州进士吕洞宾，因解名场，访见钟离……真一金丹炼形之道付吕青牛受之，因从终南修炼功成。③

---

① 《曝书亭集》卷五十八。
② 洞真部珠字号上。
③ 吕洞宾生卒之准确年代未详，迨经神话渲染，益难究诘。据向觉明先生《唐代长安与西域文明》附录二《鳌屋大秦寺略记》云，洛阳某氏有新出土吕洞宾之父吕让墓志。让凡兄弟四人，以温、恭、俭、让排行。让有五子，行三者名煜。据新安《吕氏家乘》，则洞宾行三原名煜，后改名岩。其父名让，所志官阶履历，与新出土墓志正合。按《历世真仙体道通鉴》卷四十五《吕嵓传》，嵓字洞宾，让之子，让父渭，有四子，曰温，曰恭，曰俭，让其季也，亦与吕让墓志所载相符。唯未知新安吕氏家乘有无洞宾生卒年月否？

此述钟吕关系，殆亦可信。今《道藏》① 有《钟吕传道集》记钟吕问答之辞，其论还丹篇云：

> 吕曰：小还丹既已知矣，所谓大还者何也？钟曰：龙虎相交而变黄芽，抽铅添汞而成大药，玄武宫中而金精才起，玉京山下而真气方升，走河车于岭上，灌玉液于中衢，自下田入上田，自上田复下田，后起前来，循环已满，而曰大还丹也，奉道之士，于中起龙虎而飞金精，养胎仙而生真气，以成中丹，良由此矣。

钟离权论还丹，于致意炉火外，并杂内丹，当是《参同》之变体。钟授吕洞宾，吕有《沁园春》丹词，传诵甚盛，《道藏》洞真部成字号下有全阳子（即宋俞琰）注解，并收入太玄部唱字号下《龙虎还丹诀》中，词曰：

> 七返还丹，在人先须，炼已待时。正一阳初动，中宵漏永，温温铅鼎，光透帘帷，造化争驰，虎龙交媾，进火工夫牛斗危。曲江上，见月华莹净，有简乌飞。当时自饮刀圭，又谁信无中养就儿，辨水源清浊，木金间隔，不因师指，此事争知。道要玄微，天机深远，下手速修犹太迟。蓬莱路仗，三千行满，独步云归。

词中所谓"中宵漏水"，中宵即夜半子时，《参同契》云："舍元虚危，播精于子"是也。所谓"造化争驰，虎龙交媾"，《参同契》云："龙呼于虎，虎吸龙精"，与此同旨。所谓"牛斗危"，乃指火候之方位，谓进火工夫，自子而发端至寅而搬运。《参同契》云："始于东北箕斗之乡，旋而右转，呕轮吐萌"，是其义也。单就此词观之，纯阳真人论还丹，处处与《参同》相合，可无疑矣。吕纯阳授学陈抟，《宋史》称"抟好读《易》，手不

---

① 洞真部李字号上。

释卷,常自号扶摇子,著《指玄篇》八十一章,言导养及还丹之事。"《指玄篇》今不见,《道藏》洞真部成字号上有《阴真君还丹歌》,原辞论金丹,而希夷陈抟则以内丹注之,并涉及阴道,盖亦《参同》之流变也。以上所述,自钟离权而吕洞宾而陈图南,交相传授(其中或系间接传授者,亦未可知),上继伯阳之学,下启刘海蟾、张紫阳辈之金丹论,所谓"数千年间,有伯阳以导其流,有钟吕以扬其波"(宋黄自如《金丹四百字》序)。俞琰序《参同契发挥》,自述研索《参同》之经历云:"遂感异人指示先天真一之大要,开后天火候之细微,决破重玄,洞无疑惑,归而再取是书读之,则势如剖竹,迎刃而解。又参以刘海蟾之《还金》,张紫阳之《悟真》,薛紫贤之《复命》,陈泥丸之《翠虚》,但见触处皆同而无有不契者矣。"① 总之,自汉而唐而宋,论炼丹者,代不乏人,溯流寻源,大要如尔:魏伯阳导其源,钟吕衍其流,刘(海蟾)张(紫阳)薛(紫贤)陈(泥丸)扬其波。由外丹而内丹,流变滋多,《参同契》洵千古丹经之祖也。

六 《古文周易参同契》

《古文参同契》之造作,始于明杜一诚,同时杨慎失于信古,致蒙不白之谴(《四库提要》即以为杨慎始出《参同》古本)。俞曲园《九九消夏录》(卷五)《伪古本》条云:

---

① 刘海蟾、张紫阳、薛紫贵、陈泥丸,皆宋人。刘玄英号海蟾,其《还丹赋》见《道藏》太玄部唱字号下《内丹秘诀》中。张伯端号紫阳,其《悟真篇》一本见洞真部律字号,又本见洞真部李字号下柰字号上。薛道光,号紫贤,其《还丹复命篇》见太玄部妇字号上。陈楠,字泥丸,《翠虚篇》亦见太玄部妇字号上,参阅洞真部李字号《修真十书》本。

明杨升庵称南方掘地得石函，有《古文参同契》上中下三篇，叙一篇；徐景休笺注亦三篇，后叙一篇；淳于叔通补遗《三相类》上下二篇，后序一篇；合为十一篇，与旧传止三篇者不合，余姚蒋一彪为作集解，此《参同契》有古本也，殆儒家诸古文有以启发之乎？

俞氏疑儒家诸古文有以启发古本《参同》，固具一部分理由，然其主要原因，以《参同契》相传三篇，与魏伯阳、徐从事、淳于叔通三人皆有密切关系，且真契中前后设施辟喻之辞，似诗非诗，似散文而非散文，或疑其作者不止一人，故文体不一律，此事传说原委颇古，至明杜一诚始出"古本"，使空言成为事实。五代彭晓曰：

> 晓按诸道书或以真契三篇，是魏公与徐从事、淳于叔通三人各述一篇，斯言甚误，且公于此自述《五相类》一篇云，今更撰录补塞遗脱，则公一人所撰明矣。况唐时蜀有真人刘知古者，因述《日月玄枢论》进于玄宗，亦备言之。则从事笺注，淳于传授之说，更复奚疑？①

当时道书虽有三人各述一篇之说，然彭晓已力辨其谬。俞琰于诸道书或说，初则信疑参半，继则稍稍信之，《周易参同契发挥》卷九云：

> 愚尝紬绎是说②，窃叹世代寖远，无从审定，是耶非耶，皆不可知。忽一夕于静定中，若有附耳者云，魏伯阳作《参同契》，徐从事笺注，简编错乱，故有四言五言散文之不同，既而惊悟，寻省其说，盖上篇有乾坤坎离屯蒙，中篇复有乾坤坎离屯蒙，上篇有七八九六，中篇复有七八九

---

① 见《参同契通真义》卷下。
② 按指诸道书及彭晓说。

六，……文义重复如此，窃意三人各述一篇之说，未必不然。而经注相杂，则又不知孰为经孰为注也。愚欲以四言五言散文，各从其类，分而为三，庶经注不相混淆，以便后学参究，然书既成，不复改作。

是俞琰欲改编《参同契》为四言五言及散文三类，而仍未果。至杜一诚始依俞旨而作成。明徐渭《青藤书屋文集》① 卷三十《书古本参同契误识》云：

此本为姑苏云岩道人杜一诚（字通复）者，当正德丁丑八月所正而序之者也。分四言者，为魏之经；五言者，为徐之注；赋乱辞及歌为三相类，为淳于之补遗；并谓己精思所得也，而不知欲分四言五言者各为类，乃俞琰之意也，一诚殆善继俞志者乎！渭细玩之，如此分合，乃大乖文理。俞琰盖幸而徒兴是念耳，使果为之，其罪不在杜之下矣。成都杨慎为之别序此书，乃云，近晤洪雅杨卬崃宪副云，南方有掘地得石函古文《参同》者，正如杜所编者，借录未几，乃有吴人刻本而自序妄云精思所得。夫慎之序既如此，而一诚有别序，则又云窃弄神器，以招天谴。其从父号五存者，跋其书又云，书未出而为人窃去冒托。观此则慎之所闻于杨宪副者，乃他人窃得于一诚而托以石函者也。慎不玩其理，乃轻信，而訾一诚，反以一诚为窃盗。夫一诚之可訾，乃特在妄编耳，岂窃盗于石函者哉？乃若谓一诚之窃盗，直谓其盗窃琰之意，而以为出己意则可也，一诚失于信人，慎失于信古，务博而不理，述书多至八十种，诚如此类，岂可尽信哉？

此辨甚精核。徐氏又引王围山人序云，嘉靖癸巳秋作，中有故人

---

① 《海山仙馆丛书》。

自会稽来贶善本而已捐俸以刻之之语,余嘉锡先生云,嘉靖癸巳"是为嘉靖十二年,而慎序末题嘉靖丙午仲秋长至后十日,则嘉靖之二十五年,在王囿刻书后十三年,杜一诚序题正德丁丑,其从父五存跋题正德己卯,则更远在杨慎作序之前二十余年,是杜一诚书先成,刻本亦先出,而杨慎本后出,慎特指一诚之书为即石函中之古本,而非慎所伪作也"。① 由是观之,杜一诚书先出,杨慎本后出,作伪之罪,应归之杜。慎亦失于"轻信",宜乎招疏妄之谴也。《四库提要》曰:

> 今考其书(指《古文参同契》)于旧文多所颠倒,以原本所有赞一篇,则指为景休后序。原本补塞遗脱一章,亦析出为叔通后序,(中略)其赞序一首,朱子尝谓其文意是注之后序,恐是徐君注而注不复存。今此本乃适与相合,岂非因朱子之语而附会其说欤。

是杜一诚专本前人臆想之辞,以为改编《参同契》之准绳,不惜分割附会,冒托古本。幸辨之者众,《古文参同契》之为晚出伪书,乃昭然大白于天下矣。

七 余论

丹砂为自然之矿物,味甘(或云苦),可为药疗病,此一事也。神仙家言以人工化炼丹砂,服之长生,又一事也。丹砂之被发见可为药用,由来尚矣。以人工炼丹,服饵求仙,其言晚出。中间似又有一过渡之说,因丹为石之精者,服天然之丹砂,不特可以消邪却病,且能令人延年不老。天然之丹砂,人间易得,自不足奇,故须人工秘制之还丹金液,服之方能长生。自来丹经秘

---

① 《四库提要辨证》子八《古文参同契集解》条。

诀，隐深玄奥，明师不易遇，丹方不易传，真汞真铅不易得，作丹卒无成就，此大丹所以可贵，神仙所以令人虚慕而不可即也。《参同契》者，论人工炼丹服饵成仙之书也。与前此记述服食天然之丹砂者有别，至于点金铸金，目的在用而不在食，又是一事，不宜混为一谈。魏伯阳作《参同契》，承《京氏易》、《易纬》、黄老自然之道，描写金液还丹之旨。汉人学《京氏易》、《易纬》，只能推究天人讲说灾异与占候吉凶而已。魏君假《周易》以论作丹，成一家言，开一说之先河，为"万古丹经之祖"，是其特色①。《四库提要·京氏易传》条云，"其书虽以《易传》为名而绝不诠释经文，亦绝不附合《易》义"。按《周易》经文，应指卦、卦辞、爻辞为限，彖、象、文言等形式上为章句之学，其实所诠释多非经之本义。诚如朱子所云，《易》为蓍筮作，非为义理作，爻辞如签辞耳，凭如签辞之卦爻辞，人人皆得发挥为义理，以成其一家言。儒者之说《易》，固成一家言，百家之论《易》，何尝不可成为一家言，古人欲发明圣贤经传，皆自为一书，不以相附。《十翼》之作，原亦不杂于经文。魏伯阳作《参同契》，亦自成书，其言有曰："若夫至圣，不过伏羲，始画八卦，效法天地。文王帝之宗，结体演爻辞。夫子庶圣雄，《十翼》以辅之。三君天所挺，迭兴更御时，优劣有步骤，功德不相殊。制作有所踵，推度审分铢。有形易忖度，无兆难虑谋。"所谓"制作有所踵，推度审分铢"，即踵接前圣有形之论（人事之理），推度未来无兆之谋（还丹之道），伯阳之制作在此，其特殊面目在此。故古《易》（卦爻）有古《易》本来之意义，先秦儒者有先秦儒者之《易》说，汉儒有汉儒之

---

① 《参同契》之历史价值，系参用《大易》、黄、老描述金丹思想，至于实际金丹之服饵，鲜有不丧其身者矣。

《易》说，魏伯阳有魏伯阳之《易》理，凡言之成理，持之有故，不必强求其同，更无劳是非优劣之分也。

一九四三年一月写于四川南溪李庄板栗坳
（原载《国立中央研究院历史语言
研究所集刊》第十九本，1947年）

《老子河上公章句》考

一　序说

《老子》为古道书，辞义精蕴。自来诠注，每随时代风尚，敷畅一家言。《韩非子》、《解老》、《喻老》，似属道家说[①]。汉初黄老之治，原循此派理论，益以时势所趋，盖公教曹参"贵清净而民自定"[②]是也。刘歆《七略》著《老子邻氏经传》四篇，《老子傅氏经说》三十七篇，《老子徐经说》六篇及刘向《说老子》四篇，今并亡佚，莫究其详。《老子指归》，以道德为元始，神明为宗，太和为祖，盖系汉人探索宇宙万物之奥秘也。汉自东京以降，至于末造，奉黄老者，大抵以养性为主。本当时元气生人之说，谓习气呼吸，堪乞长生。《河上公章句》者，似当东京中叶迄末年间感染养生风尚下之制作。至于三国之世，玄风寝盛，王弼注老子，体"无"立论，以自然为宗，是异于前

[①]　胡适疑《解老》、《喻老》两篇，另是一人所作（《中国哲学史大纲》），容肇祖谓《解老》、《喻老》系黄老或道家言（见《韩非子考证》）。
[②]　见《史记·曹相国世家》，并参皇甫谧《高士传·盖公篇》。

代。辜较言之，自西汉初迄三国，老学盛行凡三变，其宗旨各自不同。兹约陈如下：

一、西汉初年，以黄老为政术，主治国经世。

二、东汉中叶以下至东汉末年，以黄老为长生之道术，主治身养性。

三、三国之时，习老者既不在治国经世，亦不为治身养性，大率为虚无自然之玄论。

上举老学三变，悉就各时期之风行特点而言。非为西汉晚年，绝无以老子谈养性者；非谓后汉中叶至东京末造，绝无喜谈黄老治国之人者；亦非谓魏晋之际，绝无以黄老为养性之术者。历史上某一主要思潮之形成，自潜伏而泛涨而湍激，其由来也渐，其余波滕流，往往历久而未灭。然其先后递禅之迹，未有不可探索而知者。

汉初，黄老之术，撮其要指，凡有八字，曰：

无为自化，清净自正。[1]

是汉初人见黄老之治，深体老子之教，而标此八字，确中肯綮。清净无为，汉初君臣理国之道，莫外于此。而其所以主清净无为者，亦有故焉。盖汉承大乱之后，黎民得离战国之苦，君臣俱欲休息乎无为。故惠帝垂拱，高后女主称制，"政不出房户"[2]。以百姓言，战后人力物资，并告枯竭。若非扰民之君，自当清净自正。故"孝文皇帝即位二十三年，宫室、苑囿、车骑、服御无所增益。有不便，辄弛以利民。尝欲作露台，召匠计之，直百金。上曰：'百金，中人十家之产也。吾奉先帝宫室，常恐羞之，何以台为！'身衣弋绨，所幸慎夫人衣不曳地，帷帐无文

---

[1] 《史记·老子传》及《太史公自序》。
[2] 《史记·吕后本纪》赞。

绣，以示敦朴，为天下先。治霸陵皆瓦器，不得以金银铜锡为饰"①。是文帝明当时社会贫乏之实况，信能"清净自正"，"示敦朴为天下先"，不可谓非仁贤之主也。其所以能"无为自化"者，则因汉初功臣，大半出身草莽，"少文多质"，故礼乐庠序，未遑兴修，百度草创，因陋就朴，《史记》称曹参奉盖公之言，"贵清净而民自定"，相齐九年，齐国安集，大称贤相。及代萧何为汉相国，举事无所变更，盖汉初诸大臣，实乏创建文治之才，而乱余庶黎，更宜与之休息。并此二因，故文景黄老之治，得能无为自化清净自正焉。

汉初黄老之学，清净无为，旨在理国。司马谈所谓"指约而易操，事少而功多"，班固所谓秉要执本，清虚自守是也。东汉中世以后，其教迥异。或好黄老，清净寡欲，不慕荣利。或学黄老，庶几松乔之福。总之，此二者与国家政教远，而淑于个人之养生尔。《后汉书·光武纪》云，帝"每旦视朝，日侧乃罢，数引公卿郎将讲论经理，夜分乃寐，皇太子见帝勤劳不怠，承间谏曰，陛下有禹汤之明，而失黄老养性之福。愿颐爱精神，优游自宁。帝曰，我自乐此，不为疲也"。可见光武勤修朝政，不似文帝无为自化，更无如后代人君崇祀黄老之事。楚王英晚节喜黄老学，而斋戒祭祀，唯为浮屠耳②。至桓帝则不然，即位以来，好神仙事，延熹八年正月，初使中常侍左悺之苦县祠老子，同年十一月又使中常侍管霸之苦县祠老子，九年七月亲祠黄老于濯龙宫③。以视文景尚黄老之学，其旨趣大异。边韶《老子铭》曰：

延熹八年八月甲子，皇上尚德弘道，含闳光大，存神养

---

① 《汉书·文帝纪》赞。
② 参见袁宏《后汉纪》卷十，《后汉书·楚王英传》。
③ 参见《后汉书·桓帝纪》及《祭祀志》。

性，意在凌云。是以潜心黄轩，同符高宗。梦见老子，尊而祀之。①

是桓帝崇祀老君，欲"存神养性，意在凌云"。延熹八年三祠老子外（正月八月十一月），帝复遣使致祀王子乔，蔡邕《王子乔碑铭》曰："弃世俗，飞神形，翔云霄，浮太清。"② 可见桓帝渴求成仙之念也。又灵帝熹平二年，国相师迁追奏前相魏愔与宠共祭天神，希幸非冀，罪至不道。惜辞与王共祭黄老君，求长生福而已，无它冀幸③。则知桓灵之世，祭黄老，求长生，已为帝王贵胄之恒事。又灵帝时，张角之太平道，张衡张鲁之五斗米道，并奉黄老，而五斗米道尤以五千文使人都习④。是中国道教正式从事社会活动，虽以鬼道教民，仍奉五千文为圣典也。

复次，东京一朝，好黄老言者，大抵初止慕清净恬愉而已。进而有养生求仙之思想⑤。据范晔《后汉书》所载，如任隗、樊瑞并好黄老言，清净少欲⑥。又如淳于恭善说《老子》，清静不慕荣名⑦。樊融有俊才，好黄老，不肯为更⑧。高恢少好《老子》，隐于华阴山中，终身不仕⑨。凡此诸人，皆系乐清净恬澹之高士也。清净恬澹，无为也。自恬澹寡欲更讲求有为之方术，

---

① 《隶释》三，《全后汉文》六十三。
② 蔡邕本集，《全后汉文》七十五。
③ 《后汉书》卷十八《陈敬王羡传》。
④ 参见《后汉书·皇甫嵩传》、《刘焉传》及《魏志·张鲁传》，并两书注引《典略》。
⑤ 桓谭：《新论·祛蔽篇》云，杜房"言老子恬淡养性"，亦未进而讲求其他求仙之方术。
⑥ 见《任光传》、《樊宏传》。
⑦ 见本传。
⑧ 《樊晔传》。
⑨ 《梁鸿传》。

可冀长生。灵帝光和四年,《三公山碑》云:

> 或有隐遁辟语言兮,或有恬淡养皓然兮,或有呼吸求长存兮。①

隐遁避世,是求清净。养皓然者,始属养性之事。至于呼吸求长存,乃神仙家之方术也。《后汉书》卷一百十三《矫慎传》云:

> 矫慎,字仲彦,扶风茂陵人也。少学黄老,隐遁山谷。因穴为室,仰慕松乔道引之术。……汝南吴苍甚重之,因遗书以观其志曰:"仲彦足下,勤处隐约,虽乘云行泥,栖宿不同。每有西风,何尝不叹!盖闻黄老之言,乘虚入冥,藏身远遁,亦有理国养人,施于为政。至于登山绝迹,神不著其证,人不睹其验,吾欲先生,从其可者,于意何如?昔伊尹不怀道,以待尧舜之君。方今明明,四海开辟,巢许无为箕山,夷齐悔入首阳。足下审能骑龙弄凤,翔嬉云间者,亦非孤兔燕雀所敢谋也"。慎不答。年七十余,竟不肯娶。后忽归家,自言死日,及期果卒。后人有见慎于敦煌者,故前世异之,或云神仙焉。

吴苍书中谓黄老之教:"亦有理国养人,施于为政"者,指黄老之治君人南面之术而言。所谓"经术政教之道"是也。而慎意不在此,乃心虚冥,守真养寿,厥堪注意者,为"隐遁山谷,因穴为室,仰慕松乔道引之术",是所谓"自然长生之道"也。故慎年逾古稀,卒于家,或谓为神仙焉。夫好黄老,澹泊宁志,于神仙之途犹远,必益之以行气道引,或其他久视之方,始得闻仙道。余疑《河上公章句》,盖当后汉桓灵之际,有人焉,类似

---

① 《隶释》三,《全后汉文》一〇三。

矫仲彦者，笃好黄老，且慕道引行气之术，习染章句时风①，托名于河上公，为《老子》作章句也。

《河上公章句》以为"道育养万物精气""万物之中皆有元气"，正与汉人天地万物构造之理论相符合，而其言治身，即本此理论，更进一步以求益寿延年。所谓"和气潜通，故得长生也"（说详后）。《河上公章句》虽不为平实之训释，而仍以章句名者，盖薰染汉人之风尚也。洎乎三国，经学上章句烦琐之习已谢，玄风日畅。王辅嗣注《易》、《老》，摆落训诂章句，体虚无之旨，独抒玄言，异于汉人探索物理及养生之论也。

二 河上丈人与河上公

史称河上丈人以《太史公书》为最早。《史记·乐毅传》赞曰：

---

① 皇甫谧《高士传》云：安丘望之者，京兆长陵人也。少治《老子》经，于成帝时，著《老子章句》，故老氏有安丘之学。《后汉书》卷四十九《耿弇传》注引嵇康《圣贤高士传》曰："安丘望之，字仲都，京兆长陵人，少持《老子经》，恬净不求进官，号曰安丘丈人。"《经典释文》著录《毋丘望之章句》二卷，云望之"字仲都，京兆人，汉长陵三老"。则《高士传》所谓安丘望之，名号籍贯，皆与《释文》所谓毋丘望之相同，似即一人，但其姓氏，一作安丘，一作毋丘，吴承仕先生《经典释文序录疏证》云："案毋丘安丘，本非一族。郑樵《氏族略》，亦系望之于安丘下。"是所谓毋丘者，未知有无舛误否？至于安丘望之本《老子》者，宋彭耜《道德真经集注杂说》卷下引谢守灏曰："安丘望之本，魏太和中道士寇谦之得之。河上丈人本，齐处士仇岳传之。"吴氏《释文疏证》："河上、毋丘之书，盖皆晚世道教所假托。"其言良是。我人可知者，后汉一代，章句之体风行，尤以中叶以下为特盛。如樊英《易章句》，刘表《周易章句》，桓荣、郁父子并有《欧阳尚书章句》，张鱼、卢植各有《尚书章句》，伏恭《齐诗章句》，薛汉、张匡各作《韩诗章句》，景鸾、蔡邕各撰《月令章句》，樊儵删定《公羊严氏春秋章句》，杨终《春秋外传改定章句》，郑众《国语章句》，包咸《论语章句》，赵岐、程曾各撰《孟子章句》，以及王逸《楚辞章句》等，尤以赵岐《孟子章句》，王逸《楚辞章句》，著名而行于世，章句之体，前汉固已有之，然东汉一代盛行之风，可窥一斑。

> 乐臣公学黄帝、老子，其本师号曰河上丈人，不知其所出，河上丈人教安期生，安期生教毛翕公，毛翕公教乐瑕公，乐瑕公教乐臣公，乐臣公教盖公，盖公教于齐高密胶西，为曹相国师①。

此言黄老之学，上溯止于河上丈人。《太平御览》五百七引皇甫谧《高士传》曰：

> 河上丈人者，不知何国人也。明老子之术，自匿姓名，居河之湄。著《老子章句》，故世号曰河上丈人。当战国之末，诸侯交争，驰说之士，咸以权势相倾。唯丈人隐身修道，老而不亏，传业于安期生，为道家之宗焉。

按皇甫士安撰《河上丈人传》，似系根据于两种材料：一为太史公《史记》，故云河上丈人当战国之末，授业于安期生；二为当时流传之托名于河上公之《老子章句》，故云河上丈人著《老子章句》。按士安《晋书》有传，其生平并无怪诞之神仙思想，尝言老子并不长生。唐释法琳《辩正论》曰："皇甫谧云，诸子之书，近为难信，惟秦佚吊焉，老死信矣。世人见谷神不死，是以玄牝。故好事者遂假托焉"②。寻皇甫谧《河上传》，或据于前史，或本诸当世流行之实事，虽未尝细核其间相牵合之关系，然亦非虚说可比。《隋志》《道德经》注云，"梁有战国时河上丈人注二卷，《汉志》未载"，所谓战国时河上丈人注《老子》，盖缘太史公记及皇甫谧传而讹传欤。葛玄《道德经序》（原名《序诀》，说详后文）第二段云：

> 河上公者，莫知其姓名也。汉孝文皇帝时，结草为菴于

---

① 乐臣公《史记·田叔传》作乐巨公。巨《汉书》引作钜，似当作巨，巨钜通。

② 《广弘明集》卷十三。

河之滨，常读《老子道德经》。文帝好老子之言，诏命诸王公大臣州牧二千石朝直众官，皆令诵之。有所不解数句，天下莫能通者。闻侍郎说河上公诵《老子》，乃遣诏使赍所不了义问之。公曰，道尊德贵，非可遥问也，文帝即驾从诣之。帝曰，普天之下，莫非王土，率土之滨，莫非王臣，域中有四大，王居其一也。子虽有道，犹朕民也，不能自屈，何乃高乎？朕足使人富贵贫贱。须臾，河上公即抚掌坐跃，冉冉在虚空之中，如云之升，去地百余丈，而上玄虚。良久，俛而答帝曰，余上不至天，中不累人，下不居地，何民之有？陛下焉能令余富贵贫贱乎？帝乃悟，知是神人，方下辇稽首礼谢，曰，朕以不德，忝统先业，才不任大，忧于不堪，虽治世事，而心敬道德。直以闇昧，多所不了。唯蒙道君弘愍，有以教之，则幽夕睹太阳之耀光，河上公即授素书《老子道德经章句》二卷，谓帝曰，熟研此，则所疑自解。余注是经以来，千七百余年，凡传三人，连子四矣，勿示非其人！文帝跪受经，言毕，失公所在。论者以为文帝好老子大道，世人不能尽通其义，而精思遐感，仰彻太上道君，遣神人特下教之便去耳。恐文帝心未纯信，故示神变，以悟帝意，欲成其道真。时人因号曰河上公焉。①

序中称河上公曰："余注是经以来，千七百余年，凡传三人，连子四矣。勿示非其人。"文帝跪受经，言毕，"失公所在"，显系神仙家言。《晋书·葛洪传》：从祖玄，吴时学道得仙，号曰葛仙公。仙公此序，不谓战国时有河上丈人，而云汉文帝时有河上公注《老子》，于史无征。抑仙公玄思超旷，不拘史实，忽想汉

---

① 《道藏》靡字号上《道德真经集注序》及商务印书馆影印铁琴铜剑楼藏宋刊本《老子道德经序》。

文好黄老言，而世复有《河上公老子章句》，因拘文帝见河上公一段故事，为《道德经序诀》乎！此故事盖即《神仙传·河上公传》之所自本，惟文句稍有增损，如"河上公即授素书《老子道德经章句》二卷"，《神仙传》删去"老子道德经章句"七字。若单言"素书"，素书为神仙传记之常谈。如《神仙传》卷六王烈"入河东抱犊山中，见一石室，室中有石架，架上有素书两卷，烈取读，莫识其文字，不敢取去，却著架上，暗书得数十字形体以示（嵇）康，康尽识其字。烈喜，乃与康共往读之，至其道径，了了分明，比及，又失其石室所在"。又如帛和授予吉素书二卷，吉受之乃《太平经》也①。至云河上公授文帝素书二卷，或者其他玉策琼章，亦未可知，然《神仙传》上文云，闻河上公解老子经义旨，下文又云，"余注是经以来"，显系指注解《道德经》文。是《神仙传》故作含混，以增其神秘性也。又如"言毕失公所在"以下，《神仙传》复有"须臾，云雾晦冥，天地泯合，帝甚贵之"。是《神仙传》更敷演神变之辞以附益之。《御览》五百十引嵇康《圣贤高士传》曰：

> 河上公，不知何许人也，谓之丈人。隐德无言，无德而称焉。安丘先生等从之，修其黄老业。

自太史公记河上丈人，皇甫谧继之为传，而葛仙公造河上公故事（《神仙传》从之），说颇不同，毕竟河上丈人与河上公系一人乎？抑两人乎？嵇《传》称河上公谓之丈人，则俗传虽有二名，实即一人。宋彭耜《道德真经传注》卷首《说序》引皇甫谧《高士传》云，"号曰河上丈人，亦曰河上公"。按后句不见《御览》所引，或彭氏受嵇《传》之说，知河上公、河上丈人实系一人，故附丽一句欤。宋王应麟《汉后艺文志考证》卷六云：

---

① 见唐王松年《仙苑编珠》卷中。

《史记》乐臣公本师河上丈人教安期，再传至于臣公，其弟子盖公，为曹相国师，修黄帝老子学。则丈人者，乃今所谓河上公也。①

王氏谓河上丈人即所谓河上公，明危大有《道德真经集义·姓氏》亦云："河上公，河上丈人也"。而《四库提要》子部云："《隋志》道家载《老子道德经》二卷，汉文帝时河上公注。又载梁有战国时河上丈人注《老子经》二卷亡，则两河上公各一人，两老子注各一书，战国时河上公书在隋已亡，今所传者，实汉河上公书耳"。案司马迁、皇甫谧只认战国时有河上丈人，葛玄《序》、葛洪《神仙传》则认汉文帝时有河上公。而世传《老子河上公章句》仅一种。葛仙公《序》称河上公有《老子道德经章句》，皇甫谧言河上丈人著《老子章句》，陆德明《经典释文》著录《河上公章句》四卷。《隋志》即以世传《河上公章句》为汉文帝时河上公著，另谓梁有战国时河上丈人注《老子经》二卷，亡。新旧《唐志》并云河上公注《老子》二卷。《隋志》载战国时河上丈人注亡者，盖惑于两河上公各有一注，世传一书，又一散亡，此中原委，清姚振宗知之颇审，言之亦核，姚氏《隋书·经籍志考证》云：

　　据《史记》及本志篇叙，则河上丈人凡五传而至盖公。汉文帝之宗黄老，乃得之于盖公，非受于河上公也。考嵇康《圣贤高士传》有河上公无河上丈人，皇甫谧《高士传》有河上丈人无河上公。虽二家之书，皆为后人所辑录，非其原编。然嵇《传》称河上公谓之丈人，则可知河上公即河上丈人，非两人矣。或据本志以为两河上公各一人，两《老子》书各一书，战国时河上公书至隋已亡，今所传，汉河

---

① 《玉海》本。

上公书耳。是说也，似沿本志之误。盖本志以见存有河上公注，惑于《神仙传》之说，遂以为汉文帝时人，又见《七录》有河上丈人注，阮氏或题战国时人，遂别为一家，而附著于下，陆氏《释文》亦引《神仙传》之言，故自来相传，有汉河上公，实不然也。

姚氏考证谓汉文之宗黄老，乃得之于盖公，非受之于河上公，是葛玄《序》及《神仙传》以为汉文帝时有河上公者，莫非臆说。《四库提要》谓两河上公各一人，两《老子注》各一书，今所传者，实汉河上公书云云，亦沿《隋志》之误。厥堪玩味者，《四库提要》谓刘歆《七略》不载《老子河上公章句》，且马融注《周礼》，始就经为注，若是书作于西汉，何以注文已散入各句之下？案范书《马融传》：延熹九年卒，年八十八。是融当章帝至桓帝间人，则今传《河上章句》，似当马氏《周礼注》问世后之作，非西汉初"河上公"所著也。

综上所述，战国之末，当有"河上丈人"，但并未为《老子注》。汉文帝时，实无河上公其人，更无所谓《老子章句》，今所传《老子河上公章句》，盖后汉人所依托耳。

或问：历史上既仅有一河上丈人，后人著《老子章句》，胡不托名于河上丈人，而乃托名于河上公，何也？曰，今所传《老子河上公章句》，据诸刊本及他书所引，固未有题称河上丈人者，然"公"与"丈人"二辞，其义无别。假托之人，盖偶题为河上公耳。《论语·微子篇》："子路从而后，遇丈人以杖荷蓧"，何晏《集解》引后汉包咸曰："丈人，老者也"，《庄子·田子方篇》有"臧丈人"，亦为年老之隐者。《淮南·修务训》曰：项托七岁为孔子师，"以年之少，为闻丈人说"，高诱注："丈人，长老之称"，是皆以丈人有老者之义。《史记·田叔传》："叔喜剑，学黄老术于乐巨公，叔为人刻廉自喜，喜游诸公。"张守节《正义》云："诸公，谓丈人行也。"《汉书·田叔传》颜注："公者，老人之称也"；"诸公，皆长者也"。又《御览》卷五百十引《道学传》曰："乐钜公者，宋人，独好黄老恬静，不慕荣贵，号曰安丘丈人。"是乐钜公又号安丘丈人①。由此观之，不特"公"，有长老之义，且可与"丈人"通释。是以河上丈人谓之河上公，安足怪哉？文中子《中说》亦有隐者名河上丈人，其《事君篇》云："子游河间之渚，河上丈人曰，何居乎斯人也。"阮逸注："丈人，无名氏。"盖彼无名氏之长者，以其居河之滨，谓之河上丈人可，谓之河上公，孰曰不可？若仿《汉志》"郑长者"之例，即号曰河上长者，似亦未尝不可也。

据兹所考，战国河上丈人殆未有书。云汉文帝时河上公授《老子注》，盖系神仙家之虚言。今见河上公章句，约作于东汉中叶迄末季间，系养生家托名于"河上公"者。其书之行世，当在王弼注之先，而《旧唐书》卷一百二《刘子玄（知几）传》载，子玄论"《老子》无河上公注"。《新唐书》卷一百三十二亦载子玄论"《老子》无河上公注，注，请存王弼学。宰相宋璟等不然其论，奏与诸儒质辨，博士司马贞等阿意，共黜其言，请二家兼行"，诏可。按一时代之注说习染一时代之风尚，往往成一家言，未可迳视为全书之本义，《河上公章句》大抵属后汉养生家言。王弼注代表魏晋之玄学。耽玄义者或不乐闻养生者言。晁公武《郡斋读书志》河上公注《老子》条下云："其书颇言吐故纳新按摩道引之术，近神仙家。"刘子元称其非真，殆以此欤！子玄似昧于《河上公章句》在历史上之位置，徒疾其以养生家言解《老子》，竟斥其书为无有，未免抹杀历史事实。

---

① 嵇康及皇甫谧二《高士传》并云京兆安丘望之号安丘丈人。

《四库提要》云河上公《老子注》为道家之所依托，是也。然谓"详其词旨，不类汉人"，是不类西汉初年之人乎，抑不类东汉中晚期之人乎？若谓不类西汉初年之人，亦是也。倘谓不类东汉中晚期之人，殆非是也。俞曲园《九九销夏录》卷五《古书有篇名无章名》云："《老子》河上公注本有章名，而王弼注本无之，河上本亦伪书也。"按《老子》文章，类似格言体之语录，每篇初无题目，今河上本"老子篇目"，每篇揭橥二字，并标次先后，殆出于后人，犹《论语》、《孟子》原无篇名也。始作题目者是否为"河上公"，今莫能详。或河上本原无篇名，后人始冒添上，亦未可知。今可得言者，东汉中晚期，章句之风特盛，如赵岐《孟子章句》有章指，而于吉《太平经》亦有篇指也。李翘《老子古注》自叙云："河上序引于梁元帝《金楼子》（《立言篇》下），其注自魏徵为《群书治要》，李善《文选注》，陆德明《经典释文》，马总《意林》以来，恒见称引，刘知几乃以为无河上公注而废之，不亦专辄妄断乎？"《河上公章句》为《老子》传世之古注，大体成一家言，不能不谓汉代思想史上有价值之材料也。

三 《河上公章句》之主要思想

汉儒感染阴阳五行家言之影响，言宇宙万物之生成，皆由于元气。元气之清者为天，浊者为地，中和者为人，散其余而为万物。《河上公章句》者，以论治身养生为主义。本汉人通行学说，以为人禀元气而生，欲治身养生，须爱精气，保神明，使呼吸微妙，五藏不伤，捐除情欲，而后复还性命，则久寿长生。《河上公章句》囿于体制，依经为注，不能成一首尾完具之养生论，然其注文散见于各章，通观互照，已灼然晓示治身之要指矣。兹撮引章句,徵以并时汉人之说,聊观其大义云尔。

汉代说黄老有关于养性者,如桓谭《新论·祛蔽篇》云,杜房言老子用恬淡养性,致寿数百岁。东京以下,士之好养生者众,王充《论衡·道虚篇》:"世或以老子之道,为可以度世,恬淡无欲,养精爱气",仲任虽不信老子之术可以度世,然其晚年,作《养性书》,亦以养气自守,爱精自保,服药道引,冀延性命①。《后汉书·苏顺传》:顺于"和安间,以才学见称,好养生术,隐处求道"。王符云,"治身有黄帝之术"。养寿之士,先病服药②。又云,传称王子乔去,其后子孙世喜养性神仙之术③。至桓帝初祀老子,边韶《老子铭》称帝"存神养性,意在凌云"。是以老子之道,为守真度仙之教也。夫养生之术,服药道引之方多矣,本不必于老子求之。然桓帝尊祀老子,旨在"仰其永生",是神化伯阳,始奉为教主,可注意者也。河上公注《老子》,即以常道为自然长生之道。《老子》曰:"道可道,非常道",《河上公章句》:

> 道可道——谓经术政教之道也。
> 非常道——非自然长生之道也。

按"道可道,非常道"两句,各书解说不同,如《韩非子·解老篇》云:

> 凡理者,方圆短长麤靡坚脆之分也;故理定而后物可得道也。故定理,有存亡,有死生,有盛衰,夫物之一存一亡,乍死乍生,初盛而后衰者,不可谓常。唯夫与天地之剖

① 《论衡·自纪篇》。
② 《潜夫论·思贤篇》。
③ 《志姓氏篇》。

> 判也俱生，至天地之消散也，不死不衰者谓常，而常者，无攸易，无定理，非在于常，是以不可道也。圣人观其玄虚，用其周行，强字曰道，然而可论，故曰道之可道，非常道也。

此黄老家言，以为常者无定理，故云道可道，非常道，是与司马谈所谓"虚者，道之常也"之义相契合①。再如《淮南子·道应训》以五千文证说故事寓言。其言"道可道，非常道"，则曰：

> 桓公读书于堂，轮扁斲轮于堂下，释其椎凿而问桓公曰，君之所读何书也？桓公曰，圣人之书。轮扁曰，其人在焉？桓公曰，已死矣。轮扁曰，是直圣人之糟粕耳。桓公勃然作色而怒曰，寡人读书，工人焉得而讥之哉？有说则可，无说则死。轮扁曰，然，有说，臣试以臣之斲轮语之，大疾则苦而不入（高注：苦，急意也），大徐则甘而不固（高注：甘，缓意也）。不甘不苦，应于手，厌于心，而可以至妙者。臣不能以教臣之子，而臣之子，亦不能得之于臣，是以行年七十，老而为轮。今圣人之所言者，亦以怀其实穷而死，独其糟粕在耳。故《老子》曰，道可道，非常道；名可名，非常名。

案此故事脱胎于《庄子·天道篇》末段。是作者本古道家之观点，以为道之妙处，在乎自得，不可传也。又《淮南子》《本经》《氾论》二篇并著道不可言传之意。汉初黄老之治，清净自正，无为自化，犹是政术之一种。桓帝祀老子，乃存神养性，仰其永生。河上公辨《老子》之常道，为自然长生之道，而非经术政教之道。章句之意显与汉初黄老之学远，而与桓帝时老君之

---

① 《史记》卷一百三十《太史公自序》。

教合。《河上公章句》，以"治身"为主谊，此所谓治身，非修善积德之谓，乃养生益寿之谓也。故作于后汉晚期之《列仙传》，亦云老子"好养精气，贵接而不施"。《河上公章句》中言治身者甚繁，兹约举如次：

> 治身者爱气则身全。（《能为》第十）
>
> 治身者呼吸精气，无令耳闻。（同上）
>
> 治身当如雌牝，安静柔弱。（同上）
>
> 治身者当除情去欲，使五藏空虚，神乃归之。（《无用》第十一）
>
> 治身轻躁，则失其精。（《重德》第二十六）
>
> 治身躁疾，则失其精神。（《重德》第二十六）
>
> 治身不害神明，则身体安而大寿。（《仁德》第三十五）
>
> 法道无为，治身则有益于精神。（《偏用》第四十三）
>
> 治身烦则精散。（《居位》第六十）
>
> 治身者若嗜欲伤神，贪财丧身，民不知所畏也。（《制惑》第七十四）

以上皆径言治身，《守微》第六十四章，尤致意于治世与治身之别，曰：

> 圣人学人所不能学，人学智诈，圣人学自然。人学治世，圣人学治身，守道真也。

"人学治世"，系众人之所学，"圣人学治身"，圣人学人所不能学也。是河上公之学，重治身而轻治世也彰彰明甚。《章句》中虽有时亦言及治国，然往往以治身为先，如《能为》第十章"爱民治国"句注云："治身者爱气则身全，治国者爱民则国安"。按爱民治国句原与治身无涉，而河上公先以治身解之，显系有意敷陈养生之说。又如上举《居位》第六十章（治身烦则精散）及《制惑》第七十四章（治身者若嗜欲伤神）所注，并与经文之本义不协，然由此正可窥见其所以立说之着眼点也。治身之终极鹄的在久寿长生。《河上公章句》云：

> 当湛然安静，故能长存不亡。（《无源》第四）
> 魂静志道不乱，魄安得寿延年。（《能为》第十）
> 保此长生之道，不欲奢泰盈溢。（《显德》第十五）
> 能安静者，是谓复还性命使不死。复命使不死，乃道之所常行也。①（《归根》第十六）
> 德不差忒，则长生久寿，归身于无穷极也。②（《反朴》第二十八）
> 中士闻道，治身以长存。（《同异》第四十一）
> 和气潜通，故得长生也。（《道化》第四十二）
> 为人子孙，能修道如是，长生不死。（《修观》第五十四）

人能修道，则长生不死，不死之术非一，兹紬绎《河上公章句》之养生学说，分述如下：

（1）呼吸行气　呼吸导引之说，由来颇古。《庄子·刻意篇》曰："吹呴呼吸，吐故纳新，熊经鸟申，为寿而已矣。此道引之士，养形之人，彭祖寿考者之所好也。"王乔赤松之术，又见于屈原《远游》。《淮南子》之《齐俗》《泰族》二篇并言王乔赤松（松一作诵）呼故而吸新。《汉书》王褒《圣主得贤臣颂》亦云"偃仰诎信若彭祖，呴嘘呼吸如乔、松"。兹所加意者，为老子之教与呼吸行气之关系，后汉矫慎学黄老，仰慕松、

---

① 本节文字，据上海涵芬楼影宋本《老子道德经》校正《道藏》本。
② 本节《道藏》本有脱文，今据涵芬楼影宋本《老子道德经》。

乔导引之术。桓帝祀老君,边韶《老子铭》曰:"苞元神化,呼吸至精。"又灵帝光和四年《三公山碑》:"或有恬淡养皓然兮,或有呼吸求长存兮",亦可与《老子铭》行气养寿说相印证。献帝时,仲长统有论曰:"安神闺房,思老氏之玄虚;呼吸精和,求至人之仿佛。"[①] 统之论,上结汉代老学阴阳家说,下启三国老氏之玄言。所谓呼吸精和,即行气养生之术也。《河上公章句》于呼吸养生之道,留意弥切。如云:

> 治身者呼吸精气,无令耳闻。(《能为》第十)。

> 治身之天门,谓之鼻孔。开,谓喘息也,阖,谓呼吸也。(同上)

> 鼻口之门,乃是通天地之元气所从往来,鼻口呼吸喘息,当绵绵微妙,若可存,复若无有。(《成象》第六)

河上公又曰:

> 不死之道,在于玄牝。玄,天也,于人为鼻。牝,地也,于人为口。

《道藏》成字号上幻真先生注《胎息经》则云:"脐下三寸为气海,亦为下丹田,亦为玄牝。世人多以口鼻为玄牝,非也。口鼻即玄牝出入之门",是与河上公说稍异,然二氏注均以内丹为宗旨也。《河上公章句·成象》第六又云:

> 用气当宽舒,不当为急疾勤劳。

若呼吸急疾,则能伤精害神,《检欲》第十二章云:"人精神好安静,驰骋呼吸,精神散亡。"盖元气生人,人禀中和之气,和气存则生,散则亡。《戒强》第七十六章曰:"人生含和气,抱精神,故柔弱;人死则和气竭,精神亡,故坚强。"善养生者习呼吸,爱和气。故《道化》第四十二云:"和气潜通,故得长生

[①] 《后汉书》本传。

也。"

（2）爱精气　《河上公章句·鉴远》第四十七云：

> 天道与人道同，天人相通，精气相贯。

天人之际，精气相贯，故宇宙有精气，人亦有精气。《辩德》第三十三云：

> 人能自节养，不失其所，受天之精气，则可以久。

《能为》章第十云：

> 一者，道德所生，太和之精气也。

太和二字，《老子指归》有说。《道藏》能字号中《道德真经指归》卷七云：

> 一者，道之子，神明之母，太和之宗，天地之祖。……天地生于太和，太和生于虚冥。

是太和类似元气之别名，天地赖之以生，人性因之而成。《指归》卷八云：

> 我性之所禀而为我者，道德也，其所假而生者，神明也，其所因而成者，太和也。

太和之精气通贯天人，精气之在人身，于古医经屡见之。《黄帝内经素问》云：

> 所谓五藏者，藏精气而不写也。（卷三《五藏别论》）
>
> 黄帝曰，余闻上古有真人者，提挈天地，把握阴阳，呼吸精气，独立守神，肌肉若一，故能寿敝天地。（卷一《上古天真论》）
>
> 暴乐暴苦，始乐后苦，皆伤精气。精气竭绝，形体毁沮。（卷二十五《疏五过论》）

又《灵枢经》云：

> 营卫者，精气也。（《荣卫生会篇》）
>
> 调阴与阳，精气乃光。（《根结篇》）

精气既为人体中之元素，故爱养精气，即谋长生之道。《河上公章句》云：

> 治身者当爱精气而不为放逸。（《守道》第五十九）

> 人能保身中之道，使精气不劳，五神不苦，则可以长久。（同上）

> 自爱其身，以保精气。（《爱己》第七十二）

> 赤子未知男女之合会而阴作怒者，由精气多之所致也。（《玄符》第五十五）①

> 人能以气为根，以精为蒂，如树根不深则拔，蒂不坚则

---

① 此节河上公本经文为："未知牝牡之合而峻作，精之至也"（铁琴铜剑楼藏宋本及明《道藏》本同），巴黎图书馆藏敦煌残卷《河上公道德经》，峻作䘒，但王弼注本经文"峻"作"全"。《经典释文》云："全，如字。河上作峻，子和反，本一作朘。《说文》子和反，又子垒反，云赤子阴也，子垂反。"上海涵芬楼影北宋刊本《说文》肉部："朘，赤子阴也，从肉夋声，或从血，子回切。"唐传奕校定《道德经古本篇》作朘、唐玄宗注《道德真经》本作峻，唐韵："臧回切、同朘，赤子阴也。"旧题顾欢（依唐强思齐《道德真经玄德纂疏》卷十五所引当作成玄英）《道德真经注疏》卷五引《字林》云：峻，小儿阴也。唐玄宗《道德真经疏》卷七含德章："峻者，气命之源也，言赤子心无情欲，未辨阴阳之配合，而含气之源动作者，岂不由精气纯粹之所致乎。"是循《河上公章句》而为说。王弼本经文："未知牝牡之合而全作"，全与峻，虽仅异一字，而义迥殊。俞樾《诸子平议》云："谨案全字之义未详，王注曰作，长也，无物以损其身故能全长也，说殊未妥。河上本作峻，而其注曰，赤子未知男女合会而阴作怒者，由精气多之所致也。是以阴字释峻字，《玉篇》肉部峻字，赤子阴也。峻即㑏也，疑王氏所据本作全者乃㑏字之误。㑏者，阴之本字……老子古本盖从古文作㑏。而隶书或作㑏，武梁祠堂画像阴字左旁作㑏是也。㑏字阙坏止存上半则与全字相似，因误为全矣。是故作㑏者，老子之原文；作全者，㑏之误字，作峻者，其别本也。王氏据误本作注，不能订正。遂使老子之原文不可复见，惜之。"按俞氏之说，新异而可喜。河上公注"精之至也"句为"由精气多之所致也"，正合彼爱精养气说之宗旨。据现代心理学家言，儿童之性冲动，乃与生俱来者。余疑王弼作注，固或据误本，然似亦可能有意改字，彼所见之本，纵令作"峻"或作"㑏"，衡彼所持之玄义，未必以赤子之阴注之。盖如《老子》第五十九章"是谓深根固柢，长生久视之道"。河上本以气为根以精为蒂解之，而王弼注于此则阙如也。

落，言当深藏其气，固守其精，使无漏泄。（《守道》第五十九）

治身者却阳精以粪其身也。（《俭欲》第四十六）

"却阳精以粪其身"，即"使无漏泄"之意。《黄庭内景经·呼吸章》云："结精育胞化生身，留胎止精可长生。"至《抱朴子》则云："善其术者，则能却走马以补脑。"① 是葛稚川远师《河上公章句》之意，征诸五千丈，原无此说也。所谓爱养精气者，上则呼吸元阳，得其妙真，下则关藏精气，使无漏泄，故养精爱气，其理相通。桓谭《仙赋》："天矫经引，积气关元"②，《灵枢·寒热篇》云："脐下三寸，关元也"，《申鉴·俗嫌篇》亦云："邻脐二寸谓之关，关者，所以关藏呼吸之气，以禀授四体也。"关元所育之精气可散补全身。《河上章句·安民》第三云："爱精重施，髓满骨坚也。"夫人本元气而生，而人之口鼻又"通天地元气所从往来"，积气生精，积精生神，神则生明，治身能养神明，则身体安而久寿矣。

（3）养神　养神之道，以恬静寡欲为主，心不烦劳，精不散失，使五藏不伤，百骸无病，故能益寿延年，《河上公章句》云：

常道当以无为养神。（《体道》第一）

育养精神，爱气希言。（《虚用》第五）

守五性，去六情，节志气，养神明。（《检欲》第十二）

去彼目之妄视，取此腹之养神。（同上）

爱气养神，益寿延年。（《修观》第五十四）

当保养精神，承天顺地。（《爱己》第七十三）

---

① 《微旨篇》。
② 《艺文类聚》七十八。

养神如此，反之，若耗仿精神，孰令使之？河上公又曰：

> 多事害神。(《虚用》第五)
>
> 嗜欲伤神。(《运夷》第九)
>
> 驰骋呼吸，精神散亡。(《检欲》第十二)
>
> 甚爱色者，费精神也。(《立戒》第四十四)
>
> 人所以生者，以有精神托空虚，喜清静。饮食不节，忽道念色，邪僻满腹，为此伐命散神也。(《爱己》第七十二)

伤神即伤生，伤生即致短命。惟养神者寡欲清静，遗落世事，笃志道真，庶几永寿焉。

养神之又一意义，谓五藏之神。五藏为人体构造中之枢纽。善摄生者，当内炼五藏，以益行气。河上公云：

> 人能除情欲，却液味，消五藏，则神明居之也。(《虚用》第五)
>
> 治身者当除情去欲，使五藏空虚，神乃归之。(《无用》第十一)
>
> 道人捐情去欲，五藏清静，至于虚极也。(《归根》第十六)

关于五藏，《素问·宣明五气篇》云："五藏所藏，心藏神，肺藏魄，肝藏魂，脾藏意，肾藏志，是谓五藏所藏。"河上公亦曰：

> 人能养神则不死，神谓五藏神也。肝藏魂，肺藏魄，心藏神，脾藏意，肾藏精与志，五藏尽伤则五神去。(《成象》第六)

五藏神简称五神，《太上老君内观经》所谓"五藏藏五神也"。《河上公章句》又云：

> 怀道抱一，守五神也。(《安民》第三)
>
> 人能保身中之道，使精气不劳，五神不苦，则可以长

久。(《守道》第五十九)

五藏神之称,《太平经》中亦有说。《道藏》傅字号下《太平经》卷七十二《斋戒思神救死诀》云:

此四时五行精神,入为人五藏神,出为四时五行神精。盖人身之阴阳,皆应天之阴阳。故五藏应四时五行,入为人五藏神,出为四时五行神精。如肝应四时,上为岁星,应五行则为木;心应四时,上为荧惑星,应五行则为火;脾应四时,上为镇星,应五行则为土;肺应四时,上为太白星,应五行则为金;肾应四时,上为辰星,应五行则为水[1]。故欲养性久寿,须内使五藏神不伤不苦。由五藏神更演而为八景二十四真,则《黄庭经》之说详焉。

(4) 除情欲　人禀五性六情,故不能无情欲。而众人熙熙淫放,情欲尤多。善养生者从而制御之,则可以保神明,获久寿。《河上公章句》云:

有名之物,尽有情欲。(《圣德》第三十二)

人能除情欲,却液味,清五藏,则神明居。(《虚用》第五)

治身者当除情去欲,使五藏空虚,神乃归之。(《无用》第十一)

一无端末,不可预待也。除情去欲,自归之。(《赞玄》第十四)

除情去欲,守中和,是谓知道要之门户也。(《体道》第一)

除情去欲,日以空虚也。(《显德》第十五)

道人捐情去欲,五藏清静,至于虚极也。(《归根》第

---

[1] 参《素问·金匮真言论》。

十六）

　　能知道之所常行，则除情欲，无所不包容也。（同上）
　　善以道闭情欲守精神者，不如门户有关键可得开也。（《巧用》第二十七）
　　情欲断绝，德与道合，则无所不施，无所不为也。（《忘知》第四十八）

河上公以为民至老死不相往来者，以"其无情欲"也。若"情欲入胸臆，精神劳惑，故死"。按章句宗旨，大抵以捐除情欲为主，以视节制情欲说为激烈。《申鉴·俗嫌篇》云："养性秉中和，守之以生而已。爱亲爱德爱力爱神之谓啬，否则不宣，过则不澹，故君子节宣其气，勿使有所壅闭滞底，昏乱百度，则生疾。故喜怒哀乐思虑，必得其中，所以养神也。"是荀悦仅主节中情欲以养神，犹效儒者言。河上公则言除情去欲，炼养神明，是属道家求仙之行径也欤。

以上所述呼吸行气，爱精气，养神，除情欲诸项学说，皆系养生之要务。之四者，互具关涉，颇难执一而论，兹便叙述起见，故分别陈之，亦由此可窥见其主要之思想也。

四 《河上公章句》与葛玄之关系

皇甫谧作《高士传》，既见当时流传之《河上公章句》，前已言之。谧卒于晋武帝太康三年，年六十八，是生于东汉献帝建安二十年也。《晋书·葛洪传》："从祖玄，吴时学道得仙，号曰葛仙公。"是葛玄年代约略与皇甫士安相当。依古今人所论，因《河上公章句》而涉及葛玄者二书，一曰《老子序诀》，二曰《老子节解》，兹分说如次：

　　（1）《老子序诀》　《隋书·经籍志》云，梁有《老子序次》一卷，葛仙公撰。而两《唐志》有《老子序诀》二卷，题云葛洪撰。《道藏》靡字号《道德真经集注》卷首，总载序文三篇，前列唐明皇撰一篇，后有王雱撰一篇中有一篇分三段，题云"左仙公葛玄撰"①。此一篇三段之序文，据唐宋人所称引（参见后文），知即系葛玄撰之《序诀》。清姚振宗《隋书经籍志考证》云："案葛洪，葛玄之从孙也。此或误题为洪。"又清丁国钧撰《补晋书艺文志》，其子辰作《补晋书艺文志刊误》云："葛洪《老子道德经序诀》二卷，疑即《七录》之《葛仙翁老子序次》一种。《唐志》讹葛洪。"按丁辰之说是。若非两《唐志》误题为洪，彼唐人所见此三段文字，当依当时流行之写本，应知为葛洪所撰，何以唐玄嶷、法琳、杜光庭辈皆称为葛玄撰耶？（参见下文）唐人所见之本，皆题为葛玄撰，而《旧唐书》成于后晋，《新唐书》成于北宋，倘非有误，未知其何所据而云然。《隋志》称序诀为"序次"者，盖"次"乃"决"字之伪。"决"即古"诀"字，如

---

① 《古今图书集成·经籍典》第四百三十一卷《老子部汇考》二载《河上公序》一篇，中有云："学术见闻不同，要主适治……今夫儒者高仁义，老子不言仁义，而未尝不用仁义，儒者蹈礼法，老子不言礼法，而未尝不用礼法。……故用世之学，莫深于老氏"。玩其辞旨，是着眼儒老通言，注重治世。了无一语涉及治身养性或神仙之说，与《河上公章句》之宗义不符，当非河上公自序也无疑。此所谓"河上公序"，不详出处，殆系明清之际，某《河上公章句》本某一家之序，误录为"河上公序"耳。

又法人白希和所获敦煌古钞本目录第二四○七号题云《老子道德经序诀》。太极左仙公葛□□。其断简残文，与《道德真经集注》本之葛玄序之首一部分，尚能一致（日人武内义雄《老子原始》，载江侠庵编译《先秦经籍考》）。罗福苌译《巴黎图书馆敦煌书目》二四一七号《道德经》，全，系唐天宝十年写，前亦有太极左仙公序（见《国学季刊》一卷四期）。又巴黎所藏敦煌《老子》写卷二五八四号《道经》前，存口诀十三字，此与序文后之《太极隐诀》，并称为诀（参《中国文化研究汇刊》第五卷唐文播《巴黎所藏敦煌老子写卷斠记》），是则《序诀》之名，殆因序文后附存咒诀之故欤！

《古逸丛书》影印旧抄本《日本国见在书目》，有"金坛秘决"、"孝子宝决"等"决"字，皆模仿唐人笔法，其字形极与"次"字相近似，则知《隋志》作《老子序次》，或形近而误耳。葛仙公《老子序诀》第一段云：

老子体自然而然，生乎太无之先，起乎无因，经历天地终始，不可称载。终乎无终，穷乎无穷，极乎无极，故无极也。与大道而伦化，为天地而立根，布气于十方，抱道德之至纯，浩浩荡荡，不可名也。焕乎其有文章，巍巍乎其有成功，渊乎其不可量，堂堂乎为神明之宗，三光持以朗照，天地禀以得生，乾坤运以吐精，高而无民，贵而无位。覆载无穷，是教八方诸天，普弘大道，开辟以前，复下为国师，代代不休。人莫能知之，匠成万物，不言我为，玄之德也。故众圣所共尊，道尊德贵，莫之命而常自然，惟老氏乎！周时复托神李母，剖左腋而生，生即皓然，号曰老子，老子之号，因玄而出，在天地先，无衰老之期，故曰老子。世人谓老子当始于周代。老子之号，始于无数之劫，甚窈窈冥冥，眇邈久远矣。世衰，大道不行，西游天下，关令尹喜曰，大道将隐乎，愿为我著书。于是作《道德》二篇五千文上下经焉，夫五千文，宣道德之源，大无不包，细无不入，天人之自然经也。余先师有言，精进研之，则声参太极，高上遥唱，诸天欢乐，则携契玄人。静思期真，则众妙感会，内观形影，则神气长存。体洽道德，则万神震伏。祸灭九阴，福生十方，安国宁家，孰能知乎？无为之文，洿之不辱，饰之不荣，挠之不浊，澄之不清，自然也，应道而见，传告无穷，常者也。故知常曰明，大道何为哉？弘之由人，斯文尊妙，可不极精乎？粗述一篇，唯有道者宝之焉。

铁琴铜剑楼藏宋刊本《老子道德经河上公章句》卷首载"太极左仙公葛玄造"序文一篇①，其首段与上录文字相同。《初学记》卷二十三引《道德经序诀》曰："周时复托神李母，剖左腋而生。生即皓然，号曰老子"，正与第一段中之文相符合。唐王悬河《三洞珠囊》卷五《坐忘精思品》引葛仙公《五千文经序》云："静思期真，则众妙感会。内观形影，则神气长存。体洽道德，则万神震服。祸灭九阴，福生十方，安国宁家，孰能知乎？"悉见于《序诀》第一段中。《御览》卷六百六十引葛玄《五千文序》，除一二异文外，亦与第一段文相一致。第一段文字虽或不免经后人羼改②，然大体上金信为葛仙公撰，殆无疑问。又《序诀》中言："老子体自然而然，生乎太无之先，起乎无因，经历天地终始，不可称载"云云，《御览》卷一引王阜《老子圣母碑》："老子者，道也。乃生于无形之先，起于太初之前，行于太素之元，浮游六虚，出入幽冥，观混合之未别，窥清浊之来分"，是王氏碑铭已言老子在元气未萌之先矣。《序诀》第二段云：

> 河上公者，莫知其姓名也，汉孝文皇帝时，结草为菴于河之滨，常读《老子道德经》……（引文参见本篇第二节）

此段与宋刊本《河上公章句》卷首葛玄序第二段相同。唐释玄嶷《甄正论》卷下假公子与先生相辩答，公子曰：

> 河上公者，神仙之人也，昔汉孝文皇帝之时，结草为菴，居河之滨。文帝好道德之经，勅王公卿相及二千石咸令

---

① 四部刊有影印本。
② 《道藏》染字号上《道德真经集义大旨图序》葛仙翁序亦载此一段，末注云："此段未为纯粹，以其行之既久，姑存之。"

习读《老经》，有数句不解，帝莫能通之，有人言河上公常习读《老经》，或可解之，帝乃遣使赍所不了义句令问河上公。公答曰，道尊德贵，不可遥问。帝于是亲幸河上，询问所疑。河上公见帝，抗首高据而坐，帝甚怪之，乃谓公曰，普天之下，莫非王土，率土之滨，莫非王臣，朕能令人死生富贵，公虽德重，何乃自高乎？河上公乃抚掌大笑，跃于虚空，去地数丈，坐五色云气之上。下顾帝曰，余上不至天，下不及地，中不累人，陛下焉能使我富贵贫贱耶？帝方悟是神人，乃下辇再拜而谢曰，朕以不德，忝统先业，兢兢诚慎，常恐废坠。志性愚昧，不识圣人，稽首引过，公乃授帝素书二卷，谓帝曰，熟读此书，所疑自解，吾注是书以来，经今七百余年，凡传三人，兼子四矣，勿传非其人，言讫失公所在。①

公子所说，正系《序诀》第二段文字。先生答曰：

  子向所论，乃是葛玄作《老经序》，伪饰此词，诳惑江左。

可见第二段文即玄嶷所见葛玄撰之《道德经序》也。又唐杜光庭《道德真经广圣义》卷一引太极葛玄仙公《道德经序诀》及宋彭耜《道德真经集注》卷首《说序》引葛玄《河上公注老子序》"河上公者，莫知其姓名也"云云，并系节录第二段文字，旧题葛洪之《神仙传》，其中《河上公传》，殆即本葛玄《序》第二段文而成。武内义雄氏疑第二段是点定《神仙传》之文，并无确据。案《神仙传》亦非一人独创，其故事传说，当有所本，葛玄《序诀》之真面目，今莫详悉。彼见于《道德真经集注》卷首者，其编次先后，文章辞句，

---

① 《大正新修大藏经》第五十二卷"史传部"四。

或经后人更改，不可执一而论，如《御览》六百六十引葛玄五千文序即将第三段引录在先，第一段文转引在后。"精思远感而上达，则太上遣真人下授希微之旨"，第三段文也。"静思期真，则众妙感会，内观形影，则神气长存。体洽道德，则百神震服"，是第一段文也。况《神仙传》一书，久经行世，缁流黄冠，率能知之。崇道者固或讳言《神仙传》迹近怪诞，而以较早之序文为信实史料；然异教之释子，当其与道士辩论时，凡能证明道教有关事实为晚出者，莫不尽情宣畅。是唐释玄嶷何不斥汉文见河上公故事，为《神仙传》中之文耶？而云"子向所论，乃是葛玄作《老经序》"，可见葛玄《老经序》中实述河上公事。所谓《老经序》，《五千文序》，《序诀》等名目，虽各不同，其文则一。即同属一书，而所称引，亦不一致。如宋薛致玄《道德真经藏室纂微开题科文疏》卷四引第一段"老子之号始于无数之劫"云云为"序诀"，又同书卷三引第二段"余注是经以来，已一千七百余年矣"云云为"序"。《老子序诀》体式与内容，纵或经后人窜改，今第一段文叙老子事略，第二段叙河上公事迹，葛仙公心目中以为汉有"河上公"注老子，故依时代前后，先叙老子，次河上公。是以余疑第二段文，大体尚系葛玄之旧也。《序诀》第三段云：

> 老子以上皇元年正月十二日丙午太岁丁卯，下为周师，到无极元年，太岁癸丑，五月壬午，去周西度关，关令尹喜宿命合道，预占见紫云西迈，知有道人当度，仍斋洁烧香，想见道真。以其年十二月二十五日老子度关也。喜见老子，迎设礼称弟子。老子曰，汝应为此宛利天下，弃贤世传弘大道，子神仙者矣。以二十八日中授《太上道德经》，义洞虚无，大无不包，细无不入。圣王不能尽通其义，昔汉孝文皇

帝好《老子》大道，从容无为之堂，叹凡圣无能解此玄奥，精思远感，上彻太上道君，遣神人下授文帝希微之旨。道人即信誓传授，至人比字校定，外儒所杂传多误，今当参校此（比）正之，使与玄洞相应。十方诸天人神仙天地鬼神，所崇奉文同，无一异矣，吾已于诸天神仙大王，校定受传，天人至士贤儒，当宗极正真，弘道大度，何可不精得圣人本文者乎？吾所以有言，此欲正玄妙于天地人耳。今说至矣明矣，夫学仙者，必能弘幽赜也。道士郑思远曰，余家师葛仙公受太极真人徐来勒《道德经》上下二卷，仙公曩者所好，如亲见真人，教以口诀，云此文道之祖宗也。诵咏万遍，夷心注玄者，皆必升仙，尤尊是书，日夕朝拜愿念，具如灵宝法矣。学仙君子，宜弘之焉。仙公常秘此言，无应仙之相好者不传也。

唐释法琳《辩正论》卷五引葛仙公序云："老子以上皇元年，太岁丁卯，二月十二日丙午为周师者"，即桓王丁卯之岁也。又云："无极元年，太岁癸丑，五月壬午去周西度关者"，即是敬王癸丑之检岁。此两节引文均见于第三段中。洪颐煊《读书丛录》卷十三《老子序》谓《辩正论》所引者，"今本葛仙公序，亦无此文"，洪氏似未见《道藏》靡字号本《道德真经集注序》也。《三洞珠囊》卷五《坐忘精思品》引葛仙公五千文经序云："精思远感，上彻太上道君，遣真人下授文帝五千文经希微之旨也。"又《御览》六百六十引葛玄五千文序云："精思远感而上达，则太上遣真人下授微之旨。"及《御览》六百六十七引《道德经序诀》："尹喜知紫气西迈，斋戒想见道真，及老子度关，授二篇经义"，亦皆略见于第三段文中。案第三段系《序诀》最后一段，经后人增改之处，似亦最多。故与前段辞意，不免迭出。其尤显不类者，如"道士郑思远曰，余家师葛仙公受太极真人徐来勒《道德经》上下二卷",一见而知非葛玄之文。宋刊本《河上公章句》序(铁琴铜剑楼藏)删去第三段,或嫌此段文字驳杂舛戾之故欤。武内义雄氏云:"第三段非葛玄作,当为葛洪之文"(见《老子原始》)。是又不然,盖郑思远系葛洪所从学之师,征以稚川之文,决无直称其师为"道士郑思远"者。《抱朴子》内外篇中多称余师郑君或郑公,例如:

> 余师郑君者,则余从祖仙公之弟子也……元放以授余从祖,从祖以授郑君,郑君以授余。(内篇《金丹》)

> 余昔从郑公受九丹及金银液经,因复求受黄白中经五卷,郑君言,曾与左君于庐江铜山中试作皆成也。(内篇《黄白》)

> 昔者幸遇明师郑君……郑君本大儒士也……郑君不徒明五经知仙道而已。(内篇《遐览》)

> 郑君又称其师左先生隐居天柱,出不营禄利,不友诸侯。(外篇《吴失》)

上举诸条,可见葛稚川从无称其师"道士郑思远"者。《道藏》贤字号中旧题葛洪《文始真经(即关尹子)后序》有云:"后迁郑君思远,郑君多玉笈琼笥之书",亦以"郑君"相称。余疑葛仙公《序诀》第三段,为经后人羼改最多之一段,葛洪或亦系增广文字之一人,但似非最后之一人,"道士郑思远曰"云云,当系不相干人引述之辞,而非葛稚川平日行文之语气也。若谓第三段"当为葛洪之文",吾亦未敢置信。总之,今见唐明皇、河上公、王弼、王雱《道德真经集注》本卷首葛玄撰之序文一篇三段,据唐宋人所称引,已知似即葛玄撰之《道德真经序诀(决)》。其他所谓"老经序"、"五千文序"等,俱系《序诀》之别名。《序诀》三段,固未免经后人窜改附益(第三段尤甚），大体似尚系葛玄之旧文。葛仙公既见《河上公老子章句》，撰《序诀》，而《宋史》乃称葛仙公为《老子》作疏①，可怪也矣。

（2）《老子节解》　武内义雄氏作《老子原始》，剖析五千文之内容，推寻老子之原始学说，以域外人士，研治汉学，用功至勤，令人感佩。唯其论河上公本，曰："河上公注老子，实本于葛玄所著之《老子节解》，其说颇怪，实有商榷之余地。"案《隋志》著录《老子节解》二卷，不著撰人。《经典释文·叙录》："《节解》二卷，不详作者。或云老子所作，一云河上公作。"《旧唐书·经籍志》、《老子节解》二卷，《唐书·艺文志》《节解》二卷，均不著撰人名氏。宋郑樵《通志》载《老子节解》二卷，亦不著名氏。惟《宋史·艺文志》有葛玄《老子道德经节解》二卷。案《宋史》编修，芜陋踳驳，久为世所诟病。其志载道书，多见纰缪。如《太平经》一百七十卷，竟谬题为襄楷撰，即范蔚宗《后汉书》亦未详核。可见《老子节解》一书，自陆氏《释文》《隋志》两《唐志》《通志》等俱不详作者，而《宋史》忽以属诸葛玄，恐其未必有确据也②。以无名氏之书归于葛玄，未见其可。今《节解》

---

① 《宋史·艺文志》四载谷神子《注经诸家道德经疏》二卷，小注云："河上公、葛仙公、郑思远、睿宗，玄宗疏。"据此，葛仙公似亦有《老子》注解，惟《隋志》、两《唐志》均未言及葛仙公有《老子》注，杜光庭撰《道德真经广圣义》，举历代道德经诠疏笺注六十余家，亦无所谓葛仙公注者，未知《宋史》何所据而云然。

② 《古今图书集成》经籍典第四百三十一卷《老子部汇考》二载晋葛玄《老子节解》二卷，盖沿《宋史》而误。并据《老子序诀》首段"老子体自然而然"至"唯有道者宝之"为玄自序云。

又清姚振宗作《三国艺文志》，谓《老子节解》似即葛仙公《老子序次》，无非凭虚臆测。盖《老子序次》即《老子序诀》，原文具在。而《节解》见引于唐宋人书中者，绝与之异，安得云《老子节解》即《老子序次》耶？

已亡，本可弗论。检《道藏》信字号《道德真经注疏》（原题顾欢述，实系唐成玄英之误），原以河上公注为底本，其中复多引《节解》之文。又唐强思齐《道德真经玄德纂疏》（《道藏》使可两字号及覆字号上）除引河上公注外，间引《节解》之文。是所谓《节解》，当系《隋志》两《唐志》著录之《老子节解》也。成强二氏所引《节解》并不著撰人姓氏。又唐杜光庭《道德真经广圣义》[①]天复元年序举历代道德经诠疏注笺六十余家，首列"节解上下"，云"老君与尹喜解"；第四举"河上公章句"。所谓"老君与尹喜解"，似系受《释文》之暗示，其说不可信。但《节解》与《河上公章句》各自为书，显与葛仙公无缘。宋彭耜《道德真经集注·杂说》（《道藏》长字号下）引广川董逌《藏书志》称唐道士张道相集注《道德经》凡三十家，其中并有河上公及《节解》二家。宋饶阳居士李霖《道德真经取善集》（《道藏》悲字号上）引《节解》一条。按《取善集》援引他书，凡有撰人姓氏可举者，率揭其姓名，如"严君平曰"、"王弼曰"、"顾欢曰"之类，而饶阳居士径举"节解曰"，则《节解》一书，李氏犹未知其撰人也。由此观之，《老子节解》与《河上公章句》，原系彼此无涉之二书，除《宋史》偶题葛玄《道德经节解》外，羌无实证，知葛玄有《节解》之作。更无明据，令人相信河上公注《老子》，本于"葛玄所著之《老子节解》"也。

或者以《河上公章句》之辞意，多与《抱朴子内篇》相沟通，因疑河上公注为葛洪所撰。是又不然，盖《抱朴子》系晋代道书，集道教学说之大成，前此老教诸说，大抵纲罗靡遗，

[①] 《道藏》羔字号。

《河上公章句》之义①，或亦为其中之少数项目耳。按葛稚川之求仙方术，最尚金丹，彼如藉重《老子》，抒陈己见，何不附会神丹之为愈也②。而所传章句，乃偏重行气养精之说，况葛洪原不甚喜黄老之言，《抱朴子内篇·释滞》云：

> 五千文虽出老子，然皆泛论较略耳。其中了不肯首尾全举其事，有可承接者也。但暗诵此经而不得要道，直为徒劳耳。又况不及者乎？至于文子、庄子、关令尹喜之徒，其属文笔，虽祖述黄老，宪章玄虚，但演其大旨，永无至言。或复齐死生，谓无异以存活为徭役，以殂殁为休息，其去神仙，已千亿里矣，岂足耽玩哉？

盖《抱朴子内篇》，古之神仙家言也。谓老子泛论较略，文子庄子关尹喜之徒，祖述黄老，永无至言，去神仙亿万里。《抱朴

---

① 《河上公章句》以呼吸行气捐除情欲等为养生之道外，又屡言守一。如云"守一不移，如愚人之心也"（《异俗》第二十），"圣人守一，乃知万事"（《益谦》第二十三），"善以道计事者，则守一不移"（《巧用》第二十七），夫老氏贵一，五千文已见之。后汉一代，方士儒生，每陈守一之论。如堂谿协《嵩高山开母庙石阙铭》曰："守一不歇，比性乾坤。"边韶《老子铭》亦曰："守一不失，为天下正。"而《太平经》中尤多守一法，例如经卷九十六《守一入室知神戒》云："夫守一之道，得古今守一者，复以类聚之。上贤明力为之，可得度世。"《太平经钞》壬部第十九叶云："古今要道，皆言守一可长存而不老。"可见河上公言守一，与《太平经》、堂谿协、边韶等并为道家共同之说法。《抱朴子》言守一，如云："余闻之师云，人能知一万事毕。"又引《仙经》曰："子欲长生守一"云云（见内篇《地真》），皆集前人之遗论也。

② 五千文固与炼丹无涉。依假《老子》附会私说者，不乏其人。如杜光庭《道德真经广圣义》卷二云："老君教人习道，内外俱修，既炼金丹，又习真气。今有虚无堂在亳州宫中，乃习气之所也。"又董思靖《道德真经集解序说》（《道藏》短字号中）云："或谓微言隐诀，多寓其间，故以首章有无，为在二丹，则神气水火也，虚心实腹，则炼铅之旨，用兵善战，则采铅之方，冲字从水从中，乃喻气中真一之水，三十辐一毂，为取五藏各有六气之象及准一月火符之数。"五千文经此牵合附会，殊失其本义。故白乐天诗云："玄元皇帝五千言，不言药，不言仙，不言白日升青天。"可见世人以《老子》言神丹仙药者已不少矣。

子》既以五千文不足耽玩,岂有为之托名作注之事?故知《河上公章句》,非葛洪所作也。

五　结论

综上所述,汉初君臣治黄老言者,实慕清净无为之政术而已。《史记·礼书》言"孝文好道家之学",故贾谊以少年英俊,建有为之策,文帝卒不用。至武帝乃黜黄老而向儒学,当其时,惟有汲黯尚"学黄老之言,治官理民,好清静","治务在无为而已,弘大体,不拘文法"①。是以黯与多事喜功之武帝及公孙宏、张汤辈政见不相合也。至后汉桓帝始崇祀老子为教。班书《古今人表》,老子原列第四等。边韶作《老子铭》,初表异议,曰:"大人之度,非凡所订。九等之叙,何足累名?"至唐玄宗天宝元年诏班史《古今人表》玄元皇帝升入上圣②,尊老君为道教鼻祖,是发轫于后汉也。《河上公章句》者,盖当后汉中叶迄末造间,有奉黄老之教者,为敷陈养生之义,希幸久寿不死,托名于河上公而作。自此章句传世,葛玄、皇甫谧皆曾见之。葛仙公且作《序诀》,虚构神变故事,谓汉有河上公授文帝《老子章句》,皇甫士安亦轻信所传《老子章句》,乃战国河上丈人撰。二人皆囿于时代,惑于习说,未尝深考也。

(原载《国立北京大学五十周年纪念论文集》,1948年单行本出版)

---

① 见《史记·汲黯传》。
② 《旧唐书·礼仪志》。

《黄庭经》考

一　引言

《汉志》云："医经者，原人血脉经络骨髓阴阳表里，以起百病之本，死生之分。"而神仙之道，亦"所以保性命之真，而游求于其外者也"。医术仙道，均所谓却病延年者，其旨相近，取途则殊。原仙道网罗自古相传之巫术，而为道教中重要方术之一种。上古巫医不分，巫术与医道混而为一。如《素问·移精变气论》云，往古之人，祝由可以已病，当今之世则不然。是言医学首与巫术分途。①

---

① 俞樾《废医论医巫篇》第三云："上古之医，不用药石，止以祝由治人之疾，是故古无医也，巫而已矣。及乎汤液醪醴之用广，而巫与医始分。然在古书，巫医犹为通称，《世本》称巫彭作医，《山海经·海内西经》曰，开明东有巫彭、巫抵、巫阳、巫履、巫凡、巫相，郭璞注曰，皆神医也。《大荒西经》曰，大荒之中有灵山，巫咸、巫即、巫盼、巫彭、巫姑、巫真、巫礼、巫抵、巫谢、巫罗十巫，从此升降，百药咸在。郭璞曰，群巫上下此山，采药往来也。屈原《天问》曰：化为黄熊，巫何活焉？王逸注曰，言鲧化为黄熊，入于羽渊，岂巫医所能复生活也？称医为巫，古之遗语也。夫医字亦作毉，古之遗文也，夫周公制《周礼》，巫医已分矣，是故医师在天官，而司巫在春官，然男巫之职，主招弭以除疾疾，则亦古意之未泯者也。"（见《春在堂全书·俞楼杂纂第四十五》）按《周官》所述之事，或古或近，不必系之周公可矣。《论语·子路篇》："子曰，南人有言曰，人而无恒，不可以作巫医。"是亦巫医联称，古之遗语也。

洎道教成立，彼修道之士，养生之人，又有将医学与巫术混而为一。历代道门高士中，习医者颇不乏人，道教经典中颇多医书，穷其学为医药，探其源每与巫术相密合。盖古人信向疫疠由于魔鬼作祟。如《周礼》载方相氏帅百隶而时难（难即傩），以索室驱疫。相传颛顼氏有三子，死为疫鬼，此等传说，可觇初民之一种宗教思想，认疾病之来源，由于恶鬼。《太上感应篇》卷二十六李传云："岭南风俗，病不服药，惟祷于鬼。"迄今诸未发达民族之愚夫骏妇，其信念仍复如是。彼巫者，既能事鬼降神，禳灾祈福，厥术多端，或以歌咒，或以符水，不一而足，道教并采纳之，以为消灾却病延年益寿之方也。原上古巫医不分，为先民非自觉之自然观念及原始知识；巫医分途，由于人工技巧精进，医家自觉有独立发展为科学之必要；日后自觉之宗教思想，复将医学与仙道巫术混一，以为养生延命之术。《黄庭内景经》者，盖即自觉之宗教思想与医学糅合之道书也。《黄庭经》云："是曰玉书可精研，咏之万遍升三天，千灾以消百病痊，不惮虎狼之凶残，亦以却老年永延。"是经之功用，能消灾祛病，驻景延年，宁非自觉之宗教思想耶？故梁丘子序云，诵经一遍，即神静意平，百疴以除。"读之万遍，目见五脏肠胃，及天下鬼神，役使在己。"① 是编以七言韵语，描述人身脏腑器官之大凡及其作用，每与医经相通；而言五藏六府各有司主之神，彼此相扶朋助，以保气炼精，存养丹田，是又糅杂巫术仙道于医学。盖古医经之理，间似是而实非，稍一引申，便成巫道，时代使然，初不足怪也。

脏腑之论，古医经已具。五脏神之说，始见于东汉道书之《太平经》。厥后医经与道教，各有发展。至魏晋之际，《黄庭经》出，扩充五脏神像，而有五藏六府五官诸神名，广至全身

---

① 《修真十书》本《黄庭内景玉经注》。

八景神及二十四真。《黄庭内景经》所谓"教化五形变万神"是也。人若恒诵玉书，呼神存真，能使六腑安和，五脏生华，返老还童。此道教所谓内丹说之验也。

《黄庭》分内、外景经，内景经先出，外景经后出（详见第三章）。国史中著录《黄庭经》，首见于《旧唐书·经籍志》，道书中，《抱朴子·遐览篇》已见之。自晋以降，黄庭之书风行。王羲之书《黄庭外经》换鹅，播为佳话。《真诰》记许穆研习《黄庭内经》，穆子玉斧手缮《黄庭》，父子并为精勤学道之人，《登真隐诀》又具诵《黄庭内景经》法。至唐，黄庭之学弥昌，如玄宗时梁丘子、白履忠，并注内外玉景篇。宣宗时，见素女子胡愔，著《黄庭五藏六府图》。唐末，杜光庭亦记华原姚生，持诵《黄庭经》奔乱避难之灵验①。据胡愔叙《黄庭内景五藏六府补泻图》云："诸氏纂修，异端斯起，遂使后学之辈，罕得其门"。可见当时纂注黄庭，家数已众，唯未有佳本耳。至宋，欧阳修玩好黄庭，并隐其名，自号无仙子，删正《黄庭外景经》。序云："今家家异本，莫可考正。"② 自晋迄宋，黄庭之学，畅行人间，传本繁芜，研诵不绝。北宋王尧臣等撰《崇文总目》，著录有关《黄庭经》撰述凡八种，医书类二，道书类六。南宋郑樵作《通志》，其《艺文略》道家类黄庭门著录都三十部五十七卷。其余各代，不乏诠解之士。清乾隆中，会稽四峰山人元真子董德宁撰《黄庭经发微》（《道贯真源》本），释文晓畅，深得黄庭经义。董氏云："道书之古者，《道德》、《参同》、《黄庭》也。"以《道德经》为玄教经典

---

① 《道教灵验记》卷十二。
② 《宋史·艺文志》著录"《黄庭经》一卷"。元注云："其文初为五言四章，后皆七言，论人身扶养修治之理。"云"初为五言四章"本，未之见也。捡百衲本《宋史》"黄庭经一"四字并入上文"五牙导引元精经"中，作双行细字，未知有无舛误否？

之鼻祖，下分《参同》论外丹，《黄庭》说内丹，并为古典，甚可宝也。兹所稽证，欲明《黄庭经》之撰者，成书之年代，学说之源流，并论王羲之黄庭换鹅之问题。

二 释题

《黄庭》分内、外《玉景经》。黄庭一辞，东汉晚期文籍中已用之。桓帝延熹八年（西元165年）边韶《老子铭》云："出入丹庐，上下黄庭。"① 《列仙·容成公传》赞云："**叠叠容成，专气致柔。得一在昔，含光独游，道贯黄庭，伯阳仰畴。**"余疑《列仙传》大体作于后汉桓、灵之间②，然其各传赞，时代更后，非与传为并世之作也。至于内景外景之称，所见尤早。《荀子·解蔽篇》曰："浊明外景，清明内景。"唐杨倞注："景光色也。浊谓混迹，清谓虚白。"俞樾据《大戴记·曾子天园篇》云："天道曰圆，地道曰方，方曰幽而圆曰明。明者，吐气者也，是故外景；幽者，含气相也，是故内景。故火曰外景，而金水内景。"以为杨倞所说，未尽其旨。按《淮南子·天文训》亦云："天道曰圆，地道曰方，方者主幽，圆者主明。明者，吐气者也，是故火曰外景；幽者，含气者也，是故水曰内景。"洪颐煊《读书丛录》卷十六《淮南子条》云："张衡《灵宪》日比犹火，月比犹水。火则外光，水则含景。此本作火日外星，水月内景。两曰字是俗人所改。"《黄庭经》所分内景、外景，是否取义于火日与水月，未可知也。有之，似以内景含气、外景吐气之说为近欤。《黄庭》注家解题，彼此大同小异。《道藏》推字号

---

① 《隶释》三。
② 详见拙撰《周易参同契考证》，兹不赘述。

下《黄庭内景玉经》卷上梁丘子注云：

> 黄者，中央之色也。庭者，四方之中也。外指事，即天中人中地中。内指事，即脑中心中脾中，故曰黄庭。内者，心也。景者，象也。外象谕即日月星辰云霞之象，内象谕即血肉筋骨脏腑之象也。心居身内，存观一体之象色，故曰内景也。①

李千乘注《太上黄庭中景经》②云：

> 黄者，是中正色也。庭者，四方之中也。外取在天中地中云霞之上，内取于脑中心肝脾之间。为道者莫不炼存形神，克成羽化，以致长生，超出园罗之表，故曰黄庭者也。

又务成子注《黄庭外景经》序③云：

> 黄者，二仪之正色。庭者，四方之中庭。近取诸身，则脾为主。远取诸象，天理自会。然谷神不死，是谓玄牝，是以宝其生也。

董德宁《黄庭经发微》则云："黄庭者，黄乃土之色，庭乃家之中，是三才各有之中宫也。"按黄庭三宫，上宫脑中，中宫心中，下宫脾中，黄为中央之色，庭为四方之中，并具中义。内景者，含气养精，内视神象：似义取双关。《黄庭内景经》第二十四章云："隐景藏形与世殊，含气养精口如朱。"此两句可为"内景"二字注脚。又按是编④初只有《黄庭经》一名，《抱朴子·遐览篇》著录仅"黄庭经"三字，最为翔实。《旧唐志》著录，虽冠"老子"二字，仍称为《黄庭经》耳。嗣《黄庭外景篇》问世，于是有《黄庭内景经》之名，从而更有《中景经》

---

① 参校《道藏》菜字号下《修真十书》卷五十五《黄庭内景经》梁丘子注序及优字号上《云笈七签》卷十一《黄庭内景经》释题。
② 《道藏》典字号下。
③ 《道藏》优字号上。
④ 《黄庭内景玉经》。

等书。因别于外景、中景二篇，《黄庭内景经》之名，始渐确立。《真诰》记述《黄庭内景经》，多云黄庭而已。如卷十八《握真辅》第二载："经云：主诸关镜聪明始。"寻此句见《黄庭内景经》肝部第十一章。《真诰》又有"朱画朱书"图，云是许长史穆"自读《黄庭》遍数也"。再如《真诰》卷十九《翼真检》第一云："王兴先为孔（默）写，辄复私缮一通，后将还东修学，始济浙江。便迂风沦漂，唯有《黄庭》一篇得存。"卷二十《翼真检》第二记许掾"抄魏传中《黄庭经》，并复真授数纸"。凡此所谓《黄庭》或《黄庭经》，概指《黄庭内景经》而言。顾亦有另署为内景篇者，如《真诰》卷九《协昌期》第一记六月一日夜清灵真人言："山世远受孟先生法，暮卧，先读《黄庭内景经》一过乃眠，使人魂魄自制炼。"窃疑《黄庭外景篇》问世，约当晋成帝咸和中（参第三章列表）。自外景经出，黄庭内景之名立。犹欧阳修《唐书》问世，乃称刘昫等所撰之《唐书》为《旧唐书》，欧阳氏所撰唐史为《新唐书》。因系外景经晚出，虽时人别用《黄庭内景经》之名代替往旧所称《黄庭经》者，然仍有保守人士，沿用《黄庭经》旧名，以《黄庭外景篇》传世，距内景经时代不远，众皆了然"黄庭经"仍谓《黄庭内景篇》也。《真诰》记录，非出一人手笔，守旧之人，仍用《黄庭经》名，喜新者乃采《黄庭内景经》之号。所谓《黄庭经》，实即《黄庭内景经》也。①

---

① 唐王松年《仙苑编珠》卷上云："《道学传》女真钱妙真，幼而学道，居句曲洞山，年八十三，诵《黄庭经》数满，乃与亲友告别。"按钱氏与梁陶弘景同时，《御览》六六六载：钱妙真，晋陵人出，手裁书并诗七章与陶隐君。宋陈葆光撰集《三洞群仙录》（卷八）云："《茅山记》女真钱氏二姊妹，依止茅山陶隐居，诵《黄庭经》积三十年，一日告别。"陶弘景撰集《真诰》，率以《黄庭经》指《黄庭内景经》，同时钱妙真，据仙传记载，亦云伊诵《黄庭经》，是皆可见早期遗习，以《黄庭经》指谓《黄庭内景经》也。

三 《黄庭经》之撰者及其成书年代之推测

《黄庭内景篇》之出世，传说荒诞，有视为唐虞以上文字。宋谢守灏《混元圣纪》：帝喾时例降世，号录图子，谈《欢黄庭》之妙言。元赵道一《历世真仙体道通鉴录图子传》云：

> 录图子，在帝喾时，降于江湄，说《黄庭经》，教以清和之道。……授帝喾以九天真灵，三天宝符。上以奉天。使二仪无遗，下以营人，使年命无坠。……录图子是时传道与赤松子、被衣子、王倪、啮缺，一云作《黄庭经》五十卷。

帝喾时，云有录图子讲撰《黄庭经》，当无稽而不可信。《黄庭内景经》首章云：

> 上清紫霞虚皇前，太上大道玉晨君。闲居蕊珠作七言，散化五形变万神，是为黄庭曰内篇。

是谓太上大道玉晨君作《黄庭内篇》。言玉晨君者，盖示神授之意耳。至于《黄庭外景经》，自妄人窜改首句为"老子闲居作七言"（说详下文），则太上玉晨君变为老子或老君，至少，老子其人，历史较有着落。故务成子注《黄庭外景经》序云："《黄庭经》者，盖老君之所作也。"是以有《老子黄庭经》或《老君黄庭经》之名。实则，黄庭与老子无关，《黄庭经》之上，初无老子或老君二字也。《黄庭内景经》之问世，当于晋《魏夫人传》考其来历，《太平广记》卷五十八《魏夫人传》曰：

> 魏夫人者，任城人也，晋司徒剧阳文康公舒之女，名华存，字贤安，幼而好道，静默恭谨，读《老》、《庄》三传，五经百氏，无不该览，志慕神仙，味真耽玄，欲求冲举，常服胡麻散、茯苓丸，吐纳气液，摄生夷静，亲戚往来，一无关见。常欲别居闲处，父母不许。年二十四，强适太保掾南

  阳刘文（《云笈七签》卷四《上清经述》文作乂）字幼彦，生二子，长曰璞，次曰瑕。幼彦后为修武令，夫人心期幽灵，精诚弥笃，二子粗立，乃离隔宇室，斋于别寝，将逾三月，忽有太极真人安度明，东华大神方诸青童，扶桑碧阿阳谷神王景林真人，小有仙人，清虚真人王襃来降。襃谓夫人曰，闻子密纬真气，注心三清，勤苦至矣。扶桑大帝君敕我授子神真之道。青童君曰，清虚天王，即汝之师也。……景林真人曰，虚皇鉴尔勤感，太极已注子之仙名于玉札矣，子其勖哉！……于是景林又授夫人《黄庭内景经》，令昼夜存念，读之万遍后，乃能洞观鬼神，安适六府，调和三魂，五脏生华，色反婴孩，乃不死之道也。

又曰：

  其后幼彦物故，值天下荒乱，夫人抚养内外，旁救穷乏，亦为真仙默示其兆，知中原将乱，携二子渡江，璞为庾亮司马，又为温太真司马，后至安成太守。遐（瑕）为陶太尉侃从事中郎将。夫人自洛邑达江南，盗冠之中，凡所过处，神明保祐，常果元吉。二子位既成立，夫人因得冥心斋静，累感真灵，修真之益，与日俱进，凡住世八十三年，以晋成帝咸和九年，岁在甲子，……乃托剑化形而去。

  初，王君告夫人曰：学者当去疾除病，因授甘草谷仙方，夫人服之。夫人能隶书，小有王君，并传事甚详悉。又述《黄庭内景注》。……夫人令璞传法于司徒琅琊王舍人杨羲，护军长史许穆，穆子玉斧，并皆升仙。陶贞白《真诰》所呼南真，即夫人也。以晋兴宁三年乙丑，降杨家。谓杨君曰：修道之士，不欲见血肉，见虽避之，不如不见。①

---

① 下文从略，参《御览》卷六百七十八《南岳魏夫人内传》。

魏夫人名舒,《晋书》卷四十二有传,略云:魏舒字阳元,少孤为外家宁氏所养。年四十余,郡上计掾察考廉,舒对策升第,官至司徒。娶三妻皆亡。子混,年二十七,先舒卒,舒甚哀痛。武帝太熙元年薨,年八十二。按魏舒曾娶三妻皆亡,未知魏夫人出于何姓母氏。舒寄居外家,中年仕进,妻早亡,子先殁,是则夫人于母家,了无温情乐趣,哀痛备受。既幼而好道,志慕神仙,二子稍长,更求神书秘笈。《云笈七签》卷四《上清经述》云,魏夫人对清虚真人王褒等曰:"自入刘门,修道日废。须者少闲,内外乖隔。容得斋思,谨按道法,寻求经方入室之制,为欲静护五藏,辟诸疾病耳。"是夫人久储寻方养生之愿矣。故窃疑当时有黄庭草本,夫人得之,所谓景林真人授以《黄庭内景经》是也。欧阳修云:"黄庭经者,魏晋间道士养生之书也。"[①] 俞琰《席上腐谈》(卷下)云:"《黄庭经》恐是魏晋间文章。"二人先后识见正同。但欧阳公以为三十六章内景经系黄庭外景篇之义疏(参下文第五章),颠倒黄庭内、外经先后之历史,未免缪失。案黄庭思想,魏晋之际,已渐流行,修道之士,或有秘藏七言韵语之黄庭草篇,夫人得之,详加研审,撰为定本,并予注述;或有道士口授,夫人记录,详加诠次。综览黄庭思想之发展,殆非魏夫人始创此经也。

次言《黄庭经》之成书年代。《黄庭经》首见于晋葛洪《抱朴子内篇》,初著录于国史《旧唐书·经籍志》,玄宗时,梁丘子白履忠已作注解[②]。其书已古,无容置疑,但《列仙传·朱璜篇》云:

朱璜者,广陵人也。少病毒瘕,就睢山上道士阮丘,丘

---

① 《删正黄庭经序》,《集古录跋尾》卷十。
② 见《旧唐书》卷一百九十二本传。

怜之，言卿除腹中三尸，有真人之业，可度教也。璜曰，病愈，当为君作客三十年，不敢自还。丘与璜七药物，日服九丸，百日，病下如肝脾者数斗。养之数十日，肥健，心意日更开朗。与《老君黄庭经》，令日读三过，通之，能思其意。丘遂与璜俱入浮阳山玉女祠，且八十年，复见故处……如此至武帝末故在焉。

此所谓武帝，作传者当指汉武。汉武时，云有道士阮丘授朱璜《老君黄庭经》，其事无稽，同前述帝喾时录图子讲撰《黄庭经》，如出一辙。案《列仙传》大抵作于后汉桓、灵之际，然其中仍不无后人改窜增益之处，《老君黄庭经》一名，疑无太早之理。盖黄庭内篇在先，外篇在后。黄庭内篇，尚不过谓太上玉晨君作七言耳。至《黄庭外景经》首句，经妄人增窜，始云："老君闲居作七言"，继而务成子注叙则云："《黄庭经》者，盖老君之所作也。"黄庭与老君之关系，其渊源如此。即是以观，理论上"老君黄庭经"一名，亦应仅指《黄庭外景经》而言。何以晚出之《黄庭外景篇》，先见于《列仙传》中，殊令人滋疑。窃尝思之，自来《列仙传》，迭经传抄改窜，歧误百出。如《御览》六六三引刘向《列仙传》，所载蜀人李意期、庐江左慈、琅琊葛玄，皆三国时人；又葛洪及洪师郑隐，皆晋代人，《列仙传》竟网罗如此时代较晚之人，其为后人传写改窜之误也无疑。此等情形，宛似鲍刻《太平御览》六六六引严寄之等十五人小传为《太平经》文，其间包括晋之郤愔、王右军，齐梁之蒋负刍、陶隐居等，粗有常识者，即喻其谬。国立中央研究院史语所收藏抄写本《太平御览》一种，其第六百六十六卷中并无严寄之等九人小传，独自濮阳以下六人有传，承上方《南真传》皆标作"又曰"，当系《南真传》文，非《太平经》文也彰彰明甚。可见历代典册（尤其道书，向为史家所忽视），数经抄写，以今侧古，以讹传讹者，不知凡几。所谓差之毫厘，谬以千里，偶失稽检，即贻大错。上举《列仙·朱璜传》所称《老君黄庭经》，案《御览》卷三百七十三人事部引作《老子黄庭经》云，与《旧唐志》著录之名相同。是《御览》撰时所根据之《列仙传》，"老君"二字当作"老子"。《旧唐志》著录与《御览》征援《黄庭经》书之名相符合，其实殆非偶然。余疑朱璜传载《老君黄庭经》一名，殆经改窜，非真面目也。《旧唐志》著录《老子黄庭经》一卷，殊堪玩味。是指《黄庭内景经》乎？抑指《黄庭外景经》乎？《文选》陆士衡诗《君子有所思行》云："宴安消灵根，酖毒不可恪。"唐吕延济注："《黄庭经》云：'玉池清水灌灵根'，'灵根坚固老不衰'。然灵根，喻身也。"案吕注所引者，见于《黄庭外景经》。案前述《真诰》中所谓《黄庭经》，皆指《黄庭内景经》。吕延济乃以黄庭外篇句直指为《黄庭经》。此中原因，自晋至唐，《黄庭外景经》流行已久，内外篇历史先后之观念渐晦，此其一；文人诵习道书，只欣赏其词章，未必考究其来历，此其二。迨刘昫等修唐史，沿犯斯病，故著录经籍，不别黄庭内篇与外篇，《旧唐书·经籍志》云：

《老子西升经》一卷

《老子黄庭经》一卷

《老子探真经》一卷

以上三书次序连载，皆冠称老子。前列《老子西升经》，可略名《西升经》，后列《老子探真经》，可简称《探真经》。中列《老子黄庭经》，盖原无是名，复其旧，号曰《黄庭经》，其名益正：以黄庭内容，原无涉老子事也。所以冠称老子者，唐室自以李氏，与伯阳同姓，尊崇道教，追号老子为太上玄元皇帝，擢为上圣。故当时道书多冠名老子，实则唐代诞者始牵合老子与黄庭之名也。今检《道藏·修真十书》本（梁丘子注）《黄庭外景玉经》云："老子闲居作七言"，务成子注《云笈七签》本《黄庭外景经》作"老君闲居作七言"。晁公武《郡斋读书志》卷十六云，《黄庭外景经》三卷，"叙为老子所作，与法帖所载晋王羲之所书本正同，而丈句颇异：其首有'老子闲居作七言，解说身形及诸神'两句；其末有'吾言毕矣勿妄陈'一句；且改'渊'为'泉'，改'治'为'理'，疑唐人诞者附益之"。是晁氏疑《黄庭外景篇》首两句为唐人附益之文句。孙星衍《廉石居藏书记》内编卷上亦云："今《外景经》有'老子闲居作七言，解说身形及诸神'，在'上有黄庭下关元'之前，证之法帖所传王羲之书，文字互有异同。"是孙氏亦证《外景经》首两句有异文矣。按今见《绛帖》卷三王羲之书《黄庭经》，正无"老君闲居作七言，解说身形及诸神"两句，其他文句，并有异同及省略。又《道藏》人字号上《太上黄庭外景玉经》白文之首句为"太上闲居作七言"，并无"老子"或"老君"字样。乾隆丙子年镌版之《黄庭经阐注》本作"道君闲居作七言"，杨任芳曰："道君，道之主也。玉晨大道君自谓也"，是回复内景经为说。足见《黄庭外景篇》首两句可能为唐人增窜也。既明《外景经》首两句为唐人增窜，则知《列仙·朱璜传》所谓《老君黄庭经》，殆亦系李唐时增窜之文。流传既久，习焉不察。至《旧唐志》著录《老子黄庭经》，盖沿抄唐俗本之名也。

辨证《列仙传》称《老君黄庭经》，《唐志》谓《老子黄庭经》，兼论《黄庭外景篇》与老子问题，已如上述。今返观《魏夫人传》所叙《黄庭内景经》事，推测于下：

（1）魏晋之际，《黄庭经》似已有秘藏草本。

（2）魏夫人生于魏废帝嘉平四年，晋武帝咸宁元年，二十四岁，父母抑而出嫁，生二子。武帝太康九年，三十七岁，约当是年左右，夫人得《黄庭内景经》。

（3）晋成帝咸和九年，夫人卒，年八十二。疑当是年左右，《黄庭外景经》出。

（4）先是，魏夫人又尝述《黄庭内景经注》，其子璞传法于杨羲。至哀帝兴宁三年，夫人降神于杨羲坛喽经。

魏夫人既得秘藏之黄庭草稿，撰为定本，自是《黄庭内景经》日渐流行。《抱朴子外篇》卷五十《自叙》云：

> 洪年二十余，乃计作细碎小文，妨弃功日，未若立一家之言，乃草创子书，会遇兵乱，流离播越，有所亡失。连在道路。不复投笔十余年。至建武中，乃定。凡著内篇二十卷，外篇五十卷。

案元帝建武前后仅二年，是《抱朴子·遐览篇》著录《黄庭经》，当在建武元年已定，时葛洪三十五岁也①。据《真诰》卷十八《握真辅》第二及卷二十《翼真检》第二，知许长史穆诵《黄庭经》，约当晋成帝咸康七年左右。穆子玉斧抄《黄庭经》，约当哀帝兴宁元年左右。唐张怀瓘《书断》引羊欣《笔阵图》云，王羲之年三十七，书《黄庭经》②。由是推知，《黄庭外景

---

① 《御览》卷三二八载："昔太安二年，京邑始乱，三国举兵攻长沙王乂，小民张昌反于荆州，奉刘尼为汉主，乃遣石冰击定扬州，屯于建业，宋道衡说冰求为丹阳太守，到郡发兵以攻冰，召余为将兵都尉，余年二十一。"云云，张昌起义，事详《晋书·惠帝纪》太安二年。鲍氏刻本《御览》作太康二年，误。由此推知建武元年，葛洪三十五岁，晋书本传，洪卒，时年八十一。至于《黄庭经阐注》羽谷古瞀子序说黄庭，"迨乎晋成之纪，始授予南岳夫人"，是妄言也。

② 唐张怀瓘《书断》引羊欣《笔阵图》云，王羲之"三十三书《兰亭序》，三十七书《黄庭经》"。宋欧阳修《删正黄庭经》序："有《黄庭经》石本者，乃永和十三年晋人所书"（《欧阳文忠公文集》卷六十五）。修子棐撰《集古录目》，乃云晋《黄庭经》，永和十二年山阴县写。宋董逌《广川书跋》卷六《别本黄庭经》亦云："《黄庭经》永和十二年书也。"按晋穆帝永和止十二年，明年春正月改元升平，是二说相差一年。论时代，怀瓘唐人，羊欣晋宋间人，去右军之世尤近，其说较为可信，惟永和止十二年，越州刻石，写于永和十二年，殆亦无疑义。二说未审孰是，兹姑从前说，定逸少三十七岁书《黄庭经》。

经》传世，似当成帝咸和九年左右。据《真诰》末附《真冑世谱》言，杨羲生于成帝咸和五年，永和六年就魏夫人长子刘璞受灵宝五符。杨羲死年似当太元十一年丙戌[①]，或云恐早逝，不必丙戌也。胡适之师云："东晋晚期，有两大组道教新经典出现于江左，其一组为葛洪的后人葛巢甫所传出的《灵宝经》，《真诰·叙录》中所谓'葛巢甫造构《灵宝》，风教大行'是也。另一组为杨羲与许家父子祖孙所传出的《上清大洞真经》及附属的符箓图经等。杨羲自称是南岳魏夫人下降亲嗳与他的。"[②] 按魏夫人卒于咸和九年，传中所谓以晋兴宁三年乙丑授杨君诸经，上距夫人之死，已三十余年，则必系杨羲扶鸾，魏夫人降神嗳经。后人或误以为晋兴宁中，黄庭始降于世[③]。是未明《黄庭内景经》成书之历史也。陶翊《华阳隐居先生本起录》云，《真诰》一秩七卷，"并是晋兴宁中众真授杨、许手书遗迹"[④]。据《墉城集仙录》，兴宁三年乙丑，先后降真人杨羲家者，尚有南极王夫人，太微玄清左夫人，紫微王夫人等女仙也。兹以上述事实为纲，列表于下，以见晋代黄庭内、外篇之传世情形及有关人物之概况焉。

汉献帝建安十四年	西元209	魏舒生
魏废帝嘉平四年	西元252	魏舒四十四岁，女魏夫人华存生（一说嘉平三年生）。此时前后，疑已有黄庭草本
晋武帝咸宁元年	西元275	魏夫人年二十四，适南阳刘幼彦

---

① 《历世真仙体道通鉴》卷二十四本传作十二年丙戌。
② 《陶弘景的真诰考》。
③ 如宋黄伯思《东观论》所说，详见第六章。
④ 《云笈七签》卷一百七。

续表

晋武帝太康四年	西元 283	抱朴子葛洪生
晋武帝太康九年	西元 288	魏夫人三十七岁,殆当是年左右,夫人得《黄庭内景经》
晋武帝太熙元年	西元 290	魏舒卒,年八十二
晋惠帝永兴二年	西元 305	许穆生
晋元帝建武元年	西元 317	魏夫人六十六岁,葛洪三十五岁,《抱朴子》内、外篇写定,《遐览篇》著录《黄庭经》
晋元帝太兴四年	西元 321	王羲之生①
晋成帝咸和五年	西元 330	杨羲生
晋成帝咸和九年	西元 334	魏夫人卒,年八十三。疑当是年左右,《黄庭外景经》出
晋成帝咸康七年	西元 341	许穆三十七岁,小男玉斧生。约当是年左右,许穆勤诵《黄庭内景经》
晋穆帝永和六年	西元 350	杨羲二十一岁,就魏夫人长子刘璞受灵宝五符
晋穆帝永和九年	西元 353	王羲之三十三岁,书《兰亭集序》
晋穆帝升平元年	西元 357	王羲之三十七岁,书《黄庭外景经》换鹅
晋哀帝兴宁元年	西元 363	抱朴子卒,年八十一。约当是年左右,许玉斧抄《黄庭内经》
晋哀帝兴宁三年	西元 365	杨羲三十六岁,魏夫人降神喂经
晋废帝太和五年	西元 370	许玉斧卒,年三十
晋孝武帝太元元年	西元 376	许穆卒,年七十二
晋孝武帝太元四年	西元 379	王羲之卒,年五十九
晋孝武帝太元十一年	西元 386	杨羲卒,年五十七(?)

上表系参斟群书载,测知众家生卒之年代先后与黄庭内、外景经之行世情形如此。

---

① 王羲之生卒年,诸说不一。《真诰》卷十六、《法书要录》卷八、《东观要论》卷下等皆称羲之卒于晋穆帝升平五年,误。本表从清钱大昕《疑年录》(卷一)说。

四 《黄庭经》之主义

《黄庭经》为道教内丹派养生之书，注重五藏六府，固精炼气，以蕲神仙。五脏有神，先是《太平经》及《河上公老子章句》皆有说，《老子河上公章句·成象第六篇》曰：

> 人能养神则不死，神谓五藏神也。肝藏魂，肺藏魄，心藏神，脾藏意，肾藏精与志。五脏尽伤则五神去。

五藏神简称五神，《河上公章句》又云：

> 怀道抱一，守五神也。(《安民》第三)

> 人能保身中之道，使精气不劳，五神不苦，则可以长久。(《守道》第五十九)

是言人能摄理五脏，养五脏神，则可以久寿。河上公所谓"神"，初尚对"形"而言。《太上老君内观经》所谓"五脏藏五神"也。至于《太平经》言五藏神，更具神灵之义，有悬象以资崇拜，其宗教色彩尤稠。《太平经》卷七十二《斋戒思神救死诀》云：

> 此四时五行精神，入为人五藏神，出为四时五行神精。五藏神像，各依五行颜色及方位画之，言"东方之骑神持矛，南方之骑神持戟，西方之骑神持弓弩斧，北方之骑神持镶楯刀，中央之骑神持剑鼓"。汤锡予师以为"汉代之宫阙（如甘泉宫）庙宇（如老子庙）或早有此类画像或石刻，且间流行于民间，而方士或得此类之秘本，造《太平经》者，根据此项图画，而写出神之状貌"①。是项画像，东汉时或已普遍流行，悬诸室内，"思之

---

① 见北京大学《国学季刊》第五卷第一号《读太平经书所见》。

不止，五藏神能报二十四时气，五行神且来救助之，万疾皆愈"①。存思五藏神，可以愈病，可以不死。由此发展而为《黄庭经》，详论五藏六府诸神，广及二十四真。五脏为心、肝、肺、脾、肾，各有专章陈说。六腑之说不一，或谓胆、胃、大肠、小肠、膀胱、三焦为六腑；或谓胆、胃、膀胱、大肠、小肠、脐（一作命门）为六腑。《黄庭内景经·心神章》第八云：

  心神丹元字守灵，肺神皓华字虚成，肝神龙烟字含明、翳郁道烟主浊清，肾神玄冥字育婴，脾神常在字魂停，胆神龙曜字威明，六腑五脏神体精。

经中又云："胆部之宫六府精"。夫六府之神，只及胆部。"以其为六府之首，亦能藏魂而出威断，故及之"②。至于五藏神名，各家亦有异说。说《云笈七签》卷五十二《五帝杂修行乘龙图》略云：

  肝神在东方，姓娄，字君明，衣青衣。又名青龙，字蕙龙子方。

  心神在南方，姓张，字巨明，衣赤衣。又名豪丘，字陵阳子明。

  肺神在西方，姓文，字元明，衣白衣。又名方长宜，字子元。

  肾神在北方，姓玄，字子真，衣黑衣。又名双以，字林子。

  脾神在中央，姓已，字元已，衣黑衣。又名黄庭，字飞黄子。

此五藏各神名，与下述二十四真中之五藏神名，又不相同。此五

---

① 《太平经钞·乙部》。
② 《太上洞玄灵宝黄庭内景金经》第九章杨任芳阐注。

藏神方位及颜色，系准往旧之五行学说：东木甲乙木，木色青；南方丙丁火，火色赤；西庚辛金，金色白；北方壬癸水，水虽黑；中央戊己土，土色黄，此理论素无异说，惟五藏神名，各抒一辞，未相符合。从五藏神扩大，而有所谓八景神二十四真。《黄庭内景经·治生章》第二十三云：

> 兼行形中八景神，二十四真出自然。

八景神二十四真，《黄庭经》虽间见之，而未尝细论。《真诰》卷九《协昌期》第一云：

> 三八景二十四神，以次念之，亦可一时顿存三八，亦可平旦存上景，日中存中景，夜半存下景，在人意为之也。若外身幽岩，屏绝人事，内念神关，摄真纳气，将可平旦顿存三八景，二时又各重存一景，益当佳也。但人间多事，此烦难常行耳。事不得常，为益自薄，西城王君桐柏上真，皆按此道也，按《苞元玉箓白简青经》云，不存二十四神，不知三八景名字者，不得为太平民，亦不得为后圣之臣①。

可见当时已有《二十四神经》说三八景修存之法。今检《道藏》亦字号有《洞玄灵宝二十四生图经》一卷②。《云笈七签》卷三十一有《太微帝君太一造形紫元内二十四神回元经》（以下简称《回元经》，亦见《续道藏》），又卷五十二有《二十四神行事诀》暨卷八十有《洞玄灵宝三部八景二十四住图》（以下简称《二十四住图》），皆说三部八景二十四真事，或是古说之遗者。兹撮录其要如下：

> 脑神名觉元子，字道都，形长一寸一分，白衣。

---

① 元小注云：此答谘《二十四神经》中修存之意。
② 《抱朴子·遐览篇》著录《二十四生经》一卷，又《地真篇》云有二十四生法。《道藏阙经目录》有《灵宝三部八景二十四生录》（有符）。《云笈七签》卷八十《洞玄灵宝三部八景二十四住图》，疑"住"或系"生"字之误。

发神玄父华，字道衡，长二寸一分，玄衣。《回元经》及《二十四神行事诀》父皆作文。

皮肤神名通众仲，字道连，长一寸一分，黄衣。

目神名灵监生，字道童，长三寸五分，青衣。《二十四神行事诀》灵作神，《回元经》及《二十四生图经》灵作虚，又《回元经》形长作三寸六分。

项髓神名灵谟盖，字道周，长五寸，白衣。《二十四神行事诀》项髓神作项神，《二十四生图经》作项髓神。

膂神名益历辅，字道柱，长三寸五分，白玉素衣。《二十四生图经》辅作转。

鼻神名仲龙玉，字道微，长二寸五分，青黄白色衣。《回元经》及《二十四神行事诀》仲作冲，《二十四生图经》玉作王。

舌神名始梁峙，字道歧，长七寸，色赤衣。《二十四神行事诀》作耳神名梁峙。

是谓上部八景神，镇在人身上元宫中。纬书《龙鱼河图》云：发神名寿长。《龙虎河图》云：耳神名娇女，目神名朱映。又与上述不同。次述中景八神：

喉神名百流放，字道通，长八寸，九色衣。《回元经》作形长八寸八分。

肺神名素灵生，字道平，长八寸一分，白衣。

心神名焕阳昌，字道明，长九寸，赤衣。

肝神名开君童，字道清，长六寸，青衣。《回元经》云，色青黄。

胆神名德龙拘，字道放，长二寸六分，青黄绿色衣。《回元经》长作三寸六分。

左肾神名春元真，字道卿，长三寸七分，衣五色无常。

《二十四神行事诀》真作直。

右肾神名象他无，字道玉，长三寸五分，衣白或黑。《二十四住图》无作元，玉作主，《二十四生图经》玉作王。《回元经》。他作地，玉作生。

脾神名宝元全，字道骞，长七寸三分，正黄色。《二十四住图》，元作无，《二十四生图经》元作无。

是为中部八景神，镇在人身中元宫中。藏府神长，《登真隐诀》间有异同。杨任芳《黄庭内景金经阐注》心神章第九云："学道之士，若能存神于心，则元神得守，而灵汞自产，存神于肺，则真息得调，而元气自生。存神于肝，则慧眼得明，而神光自现。存神于肾，则元精得育，而真铅自成。存神于脾，则百谷得化，而精神自旺。存神于胆，则威断得出，而魔障自却。所以结丹成胎，不外此中部八景之形神精气也。"是杂言炉鼎，失本经之宗旨矣。最后为下部八景神：

胃神名同来育，字道展，长七寸，衣黄衣。《二十四住图》来作未。

穷肠神名兆腾康，字道还，长二寸四分，黄赤衣。《二十四神行事诀》腾作滕。《回元经》肠中神名兆滕康。

大小肠神名蓬送留，字道厨，长二寸一分，赤黄衣。《二十四住图》蓬作逢。《回元经》作穷肠下有中字。

胴中神名受厚勃，字道虚，长七寸一分，九色衣。

胸膈神名广英宅，字道中，长五寸，衣白衣。《回元经》英作瑛，中作仲。《二十四生图经》英作瑛，中作冲。《二十四住图》英作瑛，中作仲。

两肋神名辟假马，字道成，长四寸一分，赤白衣。《二十四神行事诀》辟作臂，《二十四住图》马下有超字。

左阳神名扶流起，字道圭，长二寸三分，青黄白衣。

《二十四神行事诀》左阳神作阴左卵神，疑阴系阳之误。阳左卵神似系左阳神之别名。《回元经》作左阴左阳神。

右阴神名包表明，字道生，长二寸三分，青黄白衣。《二十四神行事诀》右阴神作右卵神，《回元经》作右阴右阳神。①

是下部八景神，镇在人身下元宫中②。道家以为人若存思三部八景二十四真，则能通灵达神，洞观自然，养精补气，炼髓凝真，身中光明，乘云飞仙者矣。

按上述三部八景二十四神，中景五藏六府神见于《黄庭经》而名号不同。又《黄庭内景经·至道章第七》云：

发神苍华字太元，脑神精根字泥丸，眼神明上字英玄，鼻神玉垄字灵坚，耳神空闲字幽田，舌神通命字正伦，齿神崿锋字罗千。

此所谓面部七神，《登真隐诀》及《道藏》凤字号上《黄庭遁甲缘身经》并著各神身长几寸几分。查耳神齿神不见于前举上部八景神中，若依《二十四神行事诀》有耳神，则亦缺舌神，上景八神与面部七神所以异同之故，犹未晓然。总之，自汉代相传之五藏神，扩充为八景二十四真，是为《黄庭经》要义之一。

其次，与八景二十四神关涉至切者，为黄庭宫及三丹田。黄庭二字之来历，解见上文释题中。丹田之说，《黄庭内景经》云："上有魂灵下关元"，"三关之内精气深"，"迥紫抱黄入丹田"，"三田之中精气微"。按《黄帝内经素问·举痛篇》云："冲脉起于关元"。《灵枢·寒热篇》："脐下三寸，关元也。"桓

---

① 青阳子陈令补《黄庭经内景形神图说》言三部八景神名字，又与上述不同，尤其下部八景神，并名目亦异。

② 见上注。

谭《仙赋》云："夭矫经引，积气关元。"① 《申鉴·俗嫌篇》："邻脐二寸谓之关。"关即关元。关元之名，起源较古。至《黄庭经》，三关三田之说悉备。人有三丹田，上丹田，脑也，亦名泥丸；中丹田，心也，亦名绛宫；下丹田，脐下三寸，气海也，亦名精门。三田之中，各有司主之神。至于黄庭三宫，上黄庭宫脑中，中黄庭宫心中，下黄庭宫脾中。黄庭与丹田，上部同为脑，中部同为心，下部一为脾，一为气海或精门。兹并列表于下，益予说明。

　　黄庭官　　三丹田
　　（一）上黄庭宫　脑　上丹田　脑
　　（二）中黄庭宫　心　中丹田　心
　　（三）下黄庭宫　脾　下丹田　气海　精门

上表（一）为脑，《黄庭内景经》云："脑神精根字泥丸"，"泥丸百节皆有神"，"一面之神宗泥丸"（至道章第七）。脑为丹田之宫，黄庭之舍，精髓之所荟萃，梁丘子解："脑中丹田，百神之主。"《素问·五藏生成篇》："诸髓者，皆属于脑。"《灵枢经·海论》亦云："脑为髓之海。"《春秋元命苞》曰："人精在脑。"盖人身之真精神，皆上聚于脑，脑足则诸髓自足，故曰脑为精根也。且精足则脑充而发盛，故《黄庭经》胆部第十四云："脑发相扶亦俱鲜。"《黄庭·至道章》云："泥丸九真皆有房。"是谓头颅有九宫，皆有司主之神，《大洞经》云，眉间却入一寸为明堂，左明童君，右明女君，中明镜神君；眉间却入二寸为洞房，左无英君，右白元君，中黄老君；眉间却入三寸为丹田，亦名泥丸宫，左看上元赤子君，右有帝卿君；又却入四寸为流珠宫，有流珠真君居之；又却入五寸为玉帝宫，玉清真母居之；又

---

① 《艺文类聚》七十八。

当明堂上一寸为天庭宫，上清真女居之；又洞房直上一寸为极真宫，太极帝君居之；又丹田直上一寸为丹玄宫，有中黄太乙君居之；又流珠直上二寸为太皇宫，太上君居之。因头脑结构复杂，万方辐凑，故司主之神亦独众也。（二）为心，心为脏腑之元，即五藏六府，皆以心为主宰。《黄庭内景经》论心之处甚多，心神章、心部章、灵台章、若得章、呼吸章、心典章、宅中章，或专章讲论，或兼带述义。心神名丹元，字守灵。《心部章》第十云：

> 心部之宫莲含华，下有童子丹元家。主适寒热荣卫和，丹锦衣裳披玉罗，金铃朱带坐婆娑。调血理命身不枯，外应口舌吐五华。

云"心部之宫莲含华"者，《一切经音义》卷二引《白虎通》云："心者，礼也，南方火之精也，象火色赤，锐而有瓣，如未敷莲华形。"① 黄庭此章谓心脏之生理作用有三：（1）调血脉，（2）适寒热，（3）和荣卫。《素问·五藏生成篇》："诸血者，皆属于心。"又《宣明五气篇》："五藏所主，心主脉。"《六节藏象论》亦云："心者，生之本，神之处也，其华在面，其充在血脉。"以心能养血，血输脉内，循环不息，故身不枯竭。又《素问·宣明五气篇》云："五藏所恶，心恶热。"唐王冰注："热则脉溃浊。"如何调适寒热，保卫身体，亦心之事也。《素问·痹论》曰：荣者，水谷之精气也；卫者，水谷之悍气也。王冰注：悍气谓浮盛之气。《灵枢·卫气篇》亦云："其浮气之不循经者为卫气，其精气之行于经者为荣气。"荣气行于脉内，和调五藏六府。卫气行脉外，循皮肤之中，分肉之间。心能调血理气，故曰和荣卫也。《黄庭内景经·心神章》云：

---

① 参刘师培《白虎通义斠补》卷下《情性篇》。

> 六腑五脏神体精，皆在心内运天经。

又《心典章》曰：

> 心典一体五藏王。

按心藏血液，周流全身，故为五脏之主。《管子·心术上》："心之在体，君之位也。"《素问·灵兰秘典论》云："心者，君主之官也，神明出焉。"《淮南子·原道训》："夫心者，五藏之主也。所以制使四支，流行血气。"《白虎通义·五祀篇》："心者，藏之尊者也。"《太平经钞》辛部说："心则五脏之王，神之本根，一身之至（主）也。"《黄庭外景经》承袭内篇之旨，亦曰："心为国主五藏王"。《黄庭内景五藏六府补泻图》（《道藏》国字号上）更综合古医经及黄庭旧说等而论之曰："心重十二两，南方赤色，入通于心，开窍于耳，在形为脉，心脉出于中冲，心者，生之本，神之处也。且心为诸脏之主，主明运用生。是以心脏神，亦君主之官也。"则心在全身地位之重要可知矣。

以上述说脑心二神，为上中黄庭宫及上中丹田之所同。兹言下黄庭宫之脾，旧说脾藏能消融食物，营养全身。人身总名肉体，而五藏所主，脾主生肉。（参见《素问宣明五气篇》，《五运行大论篇》）肌肉覆藏筋骨，通行血脉，营卫全躯，故脾为五藏之枢也。《黄庭内景经·脾部章第十三》云：

> 脾部之宫属戊己，中有明童黄裳里。消谷散气摄牙齿，是谓太仓两明童。坐在金台城九重，方圆一寸命门中。主调百谷五味香，辟却虚羸无病伤。

又《隐藏章》亦明脾宫之事云：

> 脾神还归是胃家，耽养灵根不复枯，闭塞命门保玉都，万神方胙寿有余，是谓脾健在中宫，五藏六府神明主。上合天门入明堂，守雌存雄顶三光，外方内圆神在中，通利血脉五藏丰，骨青筋赤髓如霜，脾救七窍去不祥，日月列布设阴

阳。……子丹进馔肴正黄，乃曰琅膏及玉霜。

脾之本家为胃脏，旧说脾胃功能相似，故每联称。《素问·灵兰秘典论》云："脾胃者，仓廪之宫，五味出焉。"《黄庭内景经》云："脾长一尺掩太仓"，"治人百病消谷粮"。梁丘子注："《中黄经》云：胃为太仓君。元阳子曰：脾正横在胃上也。"云脾胃容纳五谷，故为仓廪之宫。《素问·六节藏象论》曰："脾、胃、大肠、小肠、三焦、膀胱者，仓廪之本，营之居也，名曰器，能化糟粕，转味而入出者也。其华在唇四白，其充在肌。"言食物入口，纳于脾胃，脾胃转磨，食物消化，而为营养元素。百脉九窍，皮肤肌肉，皆得荣华。是下黄庭宫所以为人体之根本也。

　　脾为黄庭宫之一，已如前述。今言下丹田：气海或精门，又名关元或命门。《黄庭内景经·中池章第五》云："横津三寸灵所居，隐芝翳郁自相扶。"是言存神下丹田，固守精气也。《脾长章第十五》云：

　　　　或精或胎别执方，桃孩合延生华芒。

梁丘子注："桃孩，阴阳神名，亦曰伯桃。《仙经》曰，命门脐宫中有大君，名桃孩，字合延，衣朱衣。"桃孩为下丹田命门之神，兼具阴阳二性。按《云笈七签》卷四十二《存思大洞真经三十九真法》，桃孩君即为其中之一，混合生宫，守护命门也。梁丘子曰："《玉历经》云，下丹田者，人命之根本，精神之所藏，五气之元也。在脐下三寸，附著脊，号为赤子府。男子以藏精，女人以藏胎，主和合赤子，阴阳之门户也。其丹田中气，左青右黄，上白下黑。"① 是言下丹田为男子藏精，女子藏胎②，故

---

① 按《玉历经》即系《太上老君中经》，见《道藏》退字号下及《云笈七签》卷十八。

② 《太上老君中经》，胎作月水。

曰"生宫"。其位置或谓在脐下一寸①，或谓在脐下二寸②，或谓在脐下二寸四分③，或谓在脐下三寸④。众说差池，莫衷一是。董德宁《黄庭经发微》则曰："关元者，脐下之穴名，在少腹之间，不必拘于分寸，即丹书所谓气穴是也。"我国古乏解剖之术，对于人体内生理器官之部位，无由实验证明，故浑然言之。《老君中经》云所以在脐下三寸者，法天地人故。是仅假设形上学之理论根据耳。此黄庭宫及三丹田说为《黄庭经》要义之二。

五藏六府八景二十四真，总以三丹田及黄庭宫为枢纽。存思黄庭，炼养丹田，则以积精累气为要诀。人能呼吸元气，可以炼精、炼精化气、炼气化神，是为长生之道。《素问·上古天真论》云："黄帝曰，余闻上古有真人提挈天地，把握阴阳，呼吸精气，独立守神，肌肉若一，故能寿敝天地"，是《黄庭内经》所谓"呼吸元气以求仙"也。《黄庭经·天中章》云："出青入玄二气焕，子若迁之升天汉"，谓善事吐纳阴阳二气，则成天仙，是与《灵枢·根结篇》："调阴与阳，精气乃光，合形与气，使神内藏"之义相符合。呼吸元阳之气，有饮日气吞月精二法，《黄庭内景经·高奔章》曰：

> 高奔日月吾上道，郁仪结璘善相保。乃见玉清虚无老，可以迥颜填血脑。

按郁仪为奔日之神，结璘为奔月之仙，吞饮日气月精，二仙来相保佑，则还精炼形，以填补脑。《黄庭内景经》曰：

> 三田之中精气微（《黄庭章》第四）。
>
> 三气徘徊得神明（《隐藏章》第三十五）。

---

① 《黄庭中景经》说，见《道藏》典字号下。
② 荀悦：《申鉴》说。
③ 《抱朴子·地真篇说》。
④ 《灵枢经》及《老君中经》说。

琴心三垒舞胎仙，九气映明出霄间（《上清章》第一）。
是谓三丹田之气。惟精惟妙，徘徊上下，周流全身。存三丹田者，则九气炳焕，光照内外，可致胎息之仙。《黄庭内景经》第二十八章云：

> 仙人道士非有神，积精累气以为真。

若分言之，累气为一次事，积精又为一次事。（A）累气由于服气，服气必先辟谷绝粒，终至胎息成仙。《庄子·逍遥游篇》言藐姑射之山有神人居焉，不食五谷，吸风饮露。《淮南子·地形训》云："食气者神明而寿，食谷者知慧而夭。"① 是休粮食气，庶为不死之道。《黄庭内景经》第三十章云：

> 百谷之实土地精，五味外美邪魔腥，臭乱神明胎气零，那从反老得还婴。三魂忽忽魄糜倾，何不食气太和精，故能不死入黄宁。

是说百谷腥味，能臭乱神明，欲求长生，须服太和之气。唐王悬河《三洞珠囊》卷四引《太平经》第一百二十云："是故食者命有期，不食者与神谋，食气者神明达。"又经第一百四十五云："问曰：上中下得道度世者，何食之乎？答曰：上第一者食风气，第二者食药味，第三者少食裁通其肠胃"。断谷食气，以渐修炼，"服气药之后，三日小饥，七日微饥，十日之外为小成无惑矣，已死去就生也。"② 然食气者，若仅吐故纳新，因气以长气，不能视为炼气之上乘，炼气则重胎息，《黄庭经》所谓"琴心三垒舞胎仙"是也。得胎息者，如婴儿在母腹中，不以鼻口嘘吸，能自服内气，则道成矣。（B）积精由于爱精，勿妄施泄，还精补脑，是谓长生久视之道。唐释法琳《辩正论》云："实髓

---

① 参看《大戴礼记·易本命篇》。
② 《太平经钞·辛部》。

爱精，仙家之奥旨"（《广宏明集》十三），《黄庭内景经》曰：

  闭塞三关握固停。（《脾长章》第十五）

  方寸之中念深藏，不方不圆闭牖窗，三神还精老方壮。（《止观章》第十六）

  结精育胞化生身，留胎止精可长生，三气右迴九道明，正一含华乃充盈。（《呼吸章》第二十）

下关元系阴阳之门户，男子以藏精，女人以藏胎，止精留胎，可使还精炼形，填满脑宫。先是，河上公作《老子章句》，已示爱精护身之意。曰："固守其精，使无漏泄"（《守道章》第五十九）；"爱精重施，髓满骨坚"（《安民章》第二）；又曰："治身者却阳精以粪其身"（《俭欲章》第四十六）。是故《抱朴子》亦云："善其术者，则能却走马以补脑。"①走马盖指泄精而言，却走马者，固精而不泄。精不妄泄，则筋肉坚强，骨髓充盈，还精补脑，亦长生不死之道。累气积精，虽为二事，然总归于还丹养生之一体。所谓"固精者先全其气，固气者先还其精。"②气之与精，二者交辉互映。是积精累气说为《黄庭经》要义之三。

  总之，累气积精，系修丹之方术。修丹在于精诚专一，积学工夫，非赖自然以得之也。《黄庭·五行章》云："能存玄真万事毕，一身精神不可失。"《云笈七签》卷四十二载有存思黄庭元王法，为臻仙心秘诀。咏思玉书，亦是苦行工夫。《黄庭经·紫清章》云："昼夜七日思勿眠，子能行此可长存，积功成炼非自然，是由精诚亦由专。"此云学道炼丹，由于苦行渐修，长生可以力致。古之道家，原崇自然，道教则思以人为制驭自然而求长生，故近乎科学精神，然此幼稚之科学精神，仍往往不免与巫

---

① 《内篇·微旨》。
② 《道藏》位字号下《固气还神论》。

术相糅杂也。

复有一事，有关《黄庭经》书之学说体系，不可不辨。《黄庭内景经·肝气章》云：

> 闭目内眄自相望，使心诸神还相崇。七玄英华开命门，通利天道存玄根，百二十年犹可还，过此守道诚独难，唯待九转八琼丹。

案《黄庭经》属内丹派学说，最重呼吸胎食，固精炼气，至于金液还丹之道，则属外丹学说，《黄庭经》中仅有"九转八琼丹"一句，注家率引《抱朴子》九丹论解之①，以八琼丹为丹砂、雄黄、雌黄、空青、硫黄、云母、戎盐、硝石等物，望文生义，指谓金丹，似若可通。然细核《黄庭经》义，独此九转琼丹一语，释为外丹，甚与全书思想不协。关于八琼丹一辞，《黄庭内景经》又有说，可资内证。《隐藏章》云："太上隐环八素琼，溉益八液肾受精。"梁丘子注："谓绛宫重楼十二环，即喉咙也，中有八素之琼液也。"是八素琼丹即谓咽喉之津液，所谓"闭口屈舌食胎津，使我遂炼获飞仙"者是。又《琼室章》云："琼室之中八素集"，是八素亦即八素琼液，自鼻中运气，下与肾连，周绕藏府，总谓精气之所化，可见八琼丹者，系八素之琼液，为胎食咽津之丹法，琼为状词，以喻美也，非实有其物。董德宁《黄庭经发微》云："九转者，烹炼火候之度也。八琼者，朱砂、雄黄、空青、硫黄、云母、雌黄、戎盐、硝石之类，然皆外物之比喻。而内丹之八琼者，乃真一之水，即还丹之玉液是也。"按董氏虽仍执九转八琼为外丹之名词，然能明察八琼为内丹，诚属卓见。窃谓八素琼与八琼丹，即为内丹之津液，则九转者，不过为内丹漱咽法之节次耳，不必以金丹炉鼎释之也。唐释

---

① 《道藏》位字号下《九转琼丹论》亦从金丹发挥。

法琳《辩正论》云："《阳气黄精经》云，流丹九转，结气成精，精化成神，神变成人。阳气赤，名曰玄丹。阴气黄，名曰黄精。阴阳交合，二气降精，精化为神，精神凝结，上应九天，九天之气，下于丹田，与神合凝，临于命门，要须九过，是为九丹。"[①]是《阳气黄精经》所谓九转，显非外丹说法。故《黄庭经》九转琼丹，应拟似流丹九转，谓为调气咽津之节次，何为遽援《抱朴子》九转金丹以释之乎？

五 《黄庭经》学说之来源及其衍变

道家言治生之术，在乎全形保神。生之成形也，必资于五脏。形或有废而脏不可缺；神之为性也，必禀于五脏，性或有异而气不可亏。至于九窍施为，四肢动用，骨肉坚实，经脉宣行，莫不导源于五脏，分流于百体也。修炼之术，或养精气，或吞药物，或用符图。精气为天地之元阳，阴阳之和粹；药为五行之英华；符为三光之灵文，此三者皆为致道之要机，求仙之所宝也。《黄庭内景经》为古道书之一，上承前修之绪风，下启后学之衍波，其间经历，可约而言焉。兹举其荦荦大端者，尤着重于黄庭学之衍变，分述如下：

（甲）五藏六府图说　五藏六府之说，由来尚矣。古医经如《素问》《灵枢》，已详论五藏六府之生理病症及其治疗。《淮南子·地形训》言人体之生成，有四支五脏九窍三百六十六节，而五脏者，人之精也，血气者，人之华也。道家如河上公注《老子》，亦云人能养神则不死，五脏尽伤则五神去。原始道教之经典如《太平经》卷一百一十二《七十二色死尸诫》曰："五

---

① 《广宏明集》卷十三。

脏有病，其去有期。慎饮食，勿为风寒所犯，随德出入，是竟年之寿"。可见无论古医家道家及原始道教学者，皆重视五脏之调摄。若脏府失理，至于病伤，需经方以治之。《汉书·艺文志》著录：

《五藏六府痹十二病方》三十卷。

《五藏六府疝十六病方》四十卷。

《五藏六府瘅十二病方》四十卷。

又有《五脏伤中十一病方》三十一卷，《客疾五脏狂颠病方》十七卷，皆量疾病之浅深，假药味之滋，以通闭解结者。《三国魏志·华佗传》载，樊阿从佗学，佗授以漆叶青黏散，言"久服，去三虫，利五脏，轻体，使人头不白"。华佗之医术，下距《黄庭经》之成书年代尤近，其思想之影响较深。所谓通五脏，亦为黄庭之主旨所在，经中分章论之备矣。《黄庭·脾长章》云："遂至不饥三虫亡"，三虫即三尸，《抱朴子·微旨篇》引《易内戒》、《赤松子经》及《河图记命符》皆言人身中有三尸，欲使人早死云。原三尸能伐人五脏也。漆叶青黏散去三虫，黄庭除三尸，其术虽异，其旨则一。《史记·扁鹊仓公列传》记长桑君有禁方书，扁鹊得之，透视隔墙病人，"尽见五脏症结"。又西域三藏安世高译《祇女祇域因缘经》，言祇域精通方药针脉诸经，尝逢一小儿担樵，"望视悉见此儿五脏肠胃，缕悉分明，祇域心念，本草经说有药王树，从外照内，见人腹脏，此儿樵中得无有药王耶？"即往购之，便解两束樵以试，最后有一小枝，裁衣尺余，试取以著小儿腹上，具见腹内，祇域大喜。按桓帝建和二年（西元148），安世高自安息国来洛阳，为东汉晚期西域译经师初来中土之人也。其所译佛经中，有药王树透视五脏肠胃说法，影响方书道典，当非浅鲜。旧题葛洪撰《西京杂记》卷三云，高祖初入咸阳宫，见府库中"有方镜，广四尺，高五尺九寸，表里有明，人直来照之，影则倒见，以手扪心而来，则肠胃五脏，历然无硋，人有疾病在内，则掩心而照之，则知病之所在"。此等传说，俱于医术上别开生面。扁鹊之禁方书，释典之药王树，其说并在《黄庭经》成书之前，即《西京杂记》所载咸阳宫库之宝镜事，谅亦有所本。凡此奇物妙术，皆能洞彻脏府，启示"黄庭"思想，助莫大焉。《隋书·经籍志》医方及《旧唐志》并著录《五脏诀》一卷，《五脏论》一卷；《崇文总目》医书类著录《五脏论》一卷。原释云："张仲景撰"，仲景，后汉人也。《总目》又著录《黄庭五脏论》一卷，赵业撰。按杜光庭《道教灵验记》卷十一有赵业者，定州人，唐文宗开成中为晋安县令，或即系其人。同时唐女子胡愔，为黄庭学者之巨擘。《唐书·艺文志》著录女子胡愔《黄庭内景经》一卷，《总目》医书类有《黄庭内景五藏六府图》一卷，女子胡愔撰；《总目》道书类又著录《黄庭外景图》一卷，亦胡愔撰；又有《黄庭内景图》一卷，金锡鬯云："《唐志》、《通志》并作胡愔撰，考医书类三有《黄庭内景五藏六府图》一卷，亦胡愔所撰，或是一书"。《道藏》国字号上有《黄庭内景五藏六府补泻图》一卷，题太白山见素（女）子胡愔述，其自序作于唐宣宗大中二年（西元848）。又《道藏》菜字号下《修真十书》卷五十四《黄庭内景五藏六府图》一卷，题太白山见素女胡愔撰。二书论旨相同，惟文字互有讹异，间有增损处。前本（国字号上）五藏六府之神各有图像，后本（菜字号下）无图，而于胆脏说独详悉，疑为同书之异本耳。《五藏六府图》之次序，先图说，次修养法，次相病法，次医方，次治脏腑六气法，次月禁食忌法，次导引法。是论析五藏六府之生理及病态，以药物治其标，行气导引固其本，所言绝少神秘之宗教性质，庶为实际摄生之医经。《黄庭经》原理医学与宗教思想糅合而为一，今乃蠲涤宗教色彩而复归于医术。对黄庭经义，发明实多。是《黄庭内景五藏六府补泻图》（或《黄庭内景五藏六府图》），可谓黄庭学之一大衍变也①。

（乙）符图说　符图者，亦为道教秘术之一种。自后汉张陵始作符书，继而张衡、张角因有符水以疗病。《后汉书·方术传》载，汝南费长房从一卖药翁入深山学道，长房得符而归，遂能医疗众病，鞭笞百鬼，后失其符，为众鬼所杀云。又，河南有魏圣卿，善为丹书符劾，厌杀鬼神而使命之。迄晋，据《抱朴子·遐览篇》著录，大符合近六百卷之多。其余小小，不可具记，可见符箓兴盛之一般。此与天师道之流布，攸关甚密。《黄庭内景经》承汉魏之遗风，兼综符图之说。《黄庭内景经·常念章》云：

存漱五牙不饥渴，神华执巾六丁谒。

梁丘子注：“六丁者，谓六丁阴神玉女也。《老君六甲符图》云，丁卯神司马卿，玉女足日之；丁丑神赵子玉，玉女顺气；丁亥神

---

① 《崇文总目》道书类三又著录《黄庭五脏图》一卷，《老子黄庭内视图》一卷，《黄庭经诀》一卷，《黄庭五脏导引图》一卷，均不祥撰人名氏。《五脏导引图》或是胡祥撰《五藏六府图》中之五脏导引法，而单行撮录者。《黄庭五脏图》或是《五藏六府图》中之五脏图说而无《修养法》以下各节者。《黄庭经诀》或是《云笈七签》卷十一《诵黄庭经诀》，或即《道藏》诀字号上《黄庭遁甲缘身经》附录之《诵黄庭经诀》，俱未可知。至于《老子黄庭内视图》，盖即《黄庭符图》之一种，殆似《黄庭内景经》仙人章梁丘子注所谓《老君内视图》也。《抱朴子·地真篇》云，有"思见身中诸身，内视令见之法"。又《遐览篇》著录《内视经》一卷，是亦有关黄庭说之古者乎？谨按《道藏》伤字号下及优字号下（《云笈七签》卷十七）各有《太上老君内观经》一卷，内容亦涉及《黄庭经》义。
　　《道藏》典字号下有《太上黄庭五藏六府真人玉轴经》一卷，不著撰人名氏，设元始天尊与黄帝答问之辞，又杂引《抱朴子》语，具载《五藏六府图》文。其图形与《道藏》国字号《黄庭内景五藏六府补泻图》略同。各图说大致似节录《五藏六府补泻图》及《修真十书》本《黄庭五藏六府图》而成。每图之后，首两节文字，间有较多者，是书或系唐女子胡愔所撰《黄庭五藏六府图》之节略本而复经增窜欤？

张文通，玉女曹漂之；丁酉神臧文公，玉女得喜；丁未神石叔通，玉女寄防；丁巳神崔巨卿，玉女开心之。言服炼飞根，存漱五牙之道成，则役使六丁之神也"。又《黄庭经·仙人章》曰：

　　黄童妙音难可闻，玉书绛简赤丹文，字曰真人巾金巾，负甲持符开七门。火兵符图备灵关，前昂后卑高下陈，执剑百丈舞锦幡。

所谓负甲持符之神，梁丘注引《老子六甲三部符》云："甲子神王文卿，甲戌神展子江，甲申神扈文长，甲午神卫上卿，甲辰神孟非卿，甲寅神明文章。存六甲神名，则七窍开通，无诸疾病。"所谓火兵符图者，梁丘子注引《卫灵神咒》曰："上有赤精，开明灵童，总御火兵，备守三官。"又注："符者，八素、六神、阳精、玉胎、炼仙、阴精、飞景、黄华、中景、内化、洞神、鉴乾等诸符也。图，谓太一混合三五图，六甲上下阴阳图，六甲玉女通灵图，太一真人图，东井沐浴图，老子内视图，西昇八史图，九变含景图，赤界等诸图，可以守备灵关。灵关即三关四关等，身中具有之。"可见修炼黄庭，尚需借助六甲六丁之符图。原符者，三光之灵文，天之信真，能致神，助祝术，亦为养生度世之一法。《黄庭内景经》对于符图说，含蕴而未详。有《黄庭养神经》者，宋郑樵《通志略》著录，元刘大彬《茅山志》（卷九）列入《上清大洞宝经篇目》中。明正统《道藏》典字号上有《上清黄庭养神经》一卷，内有符图。以为书符带佩，若入山林，可辟鬼魅虎狼；在入军阵险难之处，可辟兵刀水火。平旦诵咒，兼服六甲神符，可以消灾度厄，增福长存。是综合神符与咒术行之。《黄庭养神经》又云：

　　六甲三金五龙六石室九百六十卷，以此卷为诀。知者度世，立致行厨，万邪不干，神无敢当，所以行攻破房庙，收鬼治邪，救疗百病，服六甲神符，役使万灵。

按《抱朴子·遐览篇》著录诸大符合近六百卷，其中有《六甲通灵符》十卷，《厌怪符》十卷，《治百病符》十卷，皆与《黄庭养神经》所谓六甲神符收鬼治邪治疗百病有关。《抱朴子》又云："六阴行厨龙胎石室三金五木防终符，合五百卷。"此已为庞大符书之总集，然犹不及《养神经》"六甲三金五龙六石室九百六十卷"之钜。三金，《抱朴子》与《养神经》二书并有；六石室，《抱朴子》有其一；六阴，是否即六甲玉女神，尚未可知；《抱朴子》所谓行厨，《养神经》虽未明标行厨为书名，然云："知者度世，立致行厨"，则亦可囊括其意。《道藏》是字号有《太上说五厨经》一卷，言存养元气，则五脏充满，五神静正，为保生之要诀也。龙胎，或系五龙之一胎欤？可见《黄庭养神经》所言，皆有来历，是《养神经》引申黄庭符图说，而为专论神图符咒之一枝。又《道藏》果字号上有《太玄八景箓》一卷，具载三部八景二十四图甚备，亦系敷陈《黄庭经》义而成之书也。

（丙）黄庭遁甲缘身经　六甲者，甲子、甲戌、甲申、甲午、甲辰、甲寅。遁甲之说，缘六甲而生。《后汉书·方术传》注云："遁甲，推六甲之阴而隐遁也。"其法东汉寖已流行。《方术传》记光武帝时，汝南高获"素喜天文，晓遁甲，能役使鬼神"。又桓帝延熹三年，"琅邪贼"劳丙与"太山贼"叔孙无忌反，五阳官兵到，琅邪赵彦推遁甲教以时进兵云。至葛洪博览仙经，勤习道术。《抱朴子·登涉篇》云："余少有入山之志，由此乃行学遁甲书，乃有六十余卷，事不可卒精，故钞集其要，以为《囊中立成》。"葛洪所撰有关遁甲书，见《隋志》著录者，有《遁甲肘后立囊中秘》一卷，《遁甲返覆图》一卷；《遁甲要用》四卷，《遁甲秘要》一卷，《遁甲要》一卷；见于两《唐志》者，又有《三元遁甲图图》三卷。按黄庭六甲符图之说，为存想炼神，《黄庭内景经》启示端倪，《养神经》爰推演其论，既如上述。复有《黄庭遁甲缘身经》一书，正统《道藏》收两个本子：一在凤字号上，洞神部方法类；一在太玄部，《云笈七签》卷十四。并不著撰人名氏。凤字号《黄庭遁甲缘身经》，前述吞符呼神，可辟鬼贼，愈疾病，约见于《黄庭养神经》；并解释《黄庭外篇》"上有黄庭下关元，后有幽阙前命门"二句，为黄庭缘身义。次老子分形谶，次黄庭义疏，次太极真人服四极云牙神仙上方，次魏夫人赞，最后殿以诵黄庭诀。是汇纂众说，合为一书，非别出心裁之创制也。而《云笈七签》本则不同，此编前三纸所述，与《黄庭养神经》所论相同。下文所说，悉见于《黄庭五藏六府真人玉轴经》，并有脏腑神像图，惟文辞略有删节耳。其上下文相接处，颇不伦类，显有脱阙。疑系黄冠者流，辑录《养神经》及《玉轴经》二本为一，间引《内景秘要六甲缘身经》文，题以今名；张君房等偶尔不察，采入《云笈七签》欤。原夫道书隐藏民间，经师学士，目为异方奇术，未尝加意。迨时日迁移，于是散亡者有之，残缺者有之，凌乱芜杂者亦有之。《黄庭遁甲缘身经》因前人遁甲说而作，亦系黄庭学之一派。疑上述两个本子，均非旧文之全也。

（丁）黄庭中景经　黄庭除内外玉景篇外，又有《黄庭中景经》、郑樵《通志略》及《宋史艺文志》均著录，欧阳修《集古录跋尾》卷十（《行素草堂金石丛书》本）《黄庭经》四首续跋云："《中景》一篇，尤为繁杂，盖妄人之所作也"。《道藏》典字号下有《太上黄庭中景经》一卷，上清元命真人李千乘注。《通志》又著录李子乘注《太上黄庭外景经》三卷，未知子乘系千乘之伪否？《抱朴子·惑篇》言蔡诞昼夜持诵《黄庭太清中经》，《太清中经》是否与《中景经》有关，事亦未明。今《道藏》本《黄庭中景经》，原标题为"黄老黄庭经"，李千乘注颇详悉。全书所言，先头面脑发，眼耳口鼻，次则气管喉舌，两乳双肺，而至心肝胆胃脾肾，依次形容，辞意醇朴，盖参酌黄庭内外经义而自成一篇。厥堪注目者，是编并重胃脾二脏，前述胃，后述脾，与《内景经》偏言脾脏者不同，可谓《黄庭中景经》之一特色。据今所知，脾脏为血腺之一，属液管系统，有发生白血球之作用，于食物之消化，殆无甚关系。以其迫著胃部，古医经咸谓脾有裨助消化之功能。囿于时代，医学未精，无足深怪。《中景经》虽未明脾之真实作用，然不以胃脏为脾脏之附庸，而分章论述，是其特点。此书亦系黄庭学之一衍变也①。

（戊）太清境黄庭经　《道藏》日字号下《太上三十六部尊经》中，有《太清境黄庭经》一种，未著撰人名氏。是书论理缜密，层次井然，摆脱旧说五藏六府之形象及神名，呵成一文。首论"神以气为母，气以形为舍，炼气成神，炼形成气"。次言宇宙间水气云雾雨露，循环变化而靡定。"天地之内，上下之气，惟人以精为母，以气为主。五脏各有精，精中生气。五脏各有气，气中生神，神能生寿，长生保命"。次言"养命养其五脏，五藏为根，根固叶自茂矣。养形养其五气，五气为源，源深流自长矣"。故养五脏存元气，为保命全形之道，总称为炼内凡。按是书中有偈，仿释氏教法。又有符，示道门秘诀。是撰人为一兼通佛典之黄庭学者，缘我国佛教，自晋以降，日渐昌盛，僧徒多通医术。呼吸胎息之道，尤与禅学有关。如《隋志》载释昙鸾撰《论气治疗方》一卷，《唐书·艺文志》载菩提达磨《胎息诀》一卷。《郡斋读书志》亦云：《胎息秘诀》一卷，唐僧遵化撰，

---

① 《道藏》退字号下有《太上老君中经》二卷（《云笈七签》卷十八至十九名《老子中经》，一名《珠宫玉历》），共分五十五神仙，诸神各居人身之一定部位，其名氏身长及服饰，皆有著明。是编性质，类似《黄庭中景经》，就存念五藏神外，更扩大范围述之。

论达磨胎息，总十八篇，歌二十三首，是皆僧徒娴习养生之经者。《新唐志》载道士司马承祯《坐忘论》一卷，又《修生养气诀》一卷。前书所谓坐忘，即释氏之言宴坐也。后书言修炼形形气，与《天隐子》略同。可见僧徒亦明养生；羽士习道，兼通佛理，如司马子微者，其所著述，虽侧重论道，然不免沾佛氏之风。《坐忘论》之取法释氏，《太清黄庭经》之用偈语[①]，均为类似情形之下制作。《太清境黄庭经》又为黄庭学之一别派也。

（己）黄庭外景经 《崇文总目》道书类云："《黄庭外景经》一卷，记天皇氏至帝喾受道得仙事"。晁公武撰《郡斋读书志》，彼所见《黄庭外景经》本子，云无其事。明正统《道藏》所收《黄庭外景经》白文一卷，梁丘子注《黄庭外景玉经注》三卷，及务成子注《太上黄庭外景经》一卷，三个本子，虽互有异文，然俱无所谓天皇氏至帝浑受道得仙之事者。今见《黄庭外景经》者，殆系东晋能文之士，本《黄庭内经》之旨，缀纂成篇，文采可观，远思遣词，则无殊于内经也。内篇文章，浑朴典奥，理致隐深，设喻譬之，犹如《庄子》内篇。外经则力减内篇之脏腑色像神名，祛除原有丰伟奥密之形容部分，而为简明平易之重述，词清而义畅，譬如《庄子》外篇。盖《黄庭外景经》之问世，距内篇之成书，相去不甚远，而文词清新，尤易传诵，兼之王羲之书以换鹅，播为美谈，自此《黄庭》内篇外经，并行不颇。唐人注书，援引《外景经》文句，直标为《黄庭经》曰，可以知矣。而厥论最堪惊者，乃有将前后倒叙，反流为源。如欧阳修《集古录跋尾·黄庭经四首》云：

> 今《道藏》别有三十六章者，名曰《内景》，而谓此一篇为《外景》。又分上、中、下三部者，皆非也。盖《内

[①] 如云：思道出家，接引众生；今得离苦，得闻道法。

景》者，乃此一篇之义疏尔。
又周必大《益公题跋》（卷十一）《题向芗林家所藏山谷书南华玉篇》亦云：

> 《黄庭外景》一篇，世传魏晋时道家者流所作。自王逸少以来，高人胜士，皆善书之。此三十六篇，乃其义疏，名曰《内景》，盖养生之枢要也。

是并谓三十六章《内景篇》为《黄庭外景》之义疏矣。明按《黄庭外景经》非精约之创论，《黄庭内篇》非为敷绎经说之义疏。二公皆昧于黄庭内外经之成书年代也无疑。欧阳永叔又云："余尝患世人不识其真，多以内景三十六章为本经。因取永和刻石一篇，为之注解。余非学异说者，哀世人之惑于缪妄尔"。按欧公固非好立异说，然实迷于"集古"。因晋永和刻石，为《黄庭外景经》，在相传之《黄庭经》刻石中，虽属古品，但不能因《黄庭外篇》有古刻石，即妄断未曾刻石之《黄庭内篇》为晚出之"义疏"。古道书未经刻石者多矣，讵概断为晚出乎？王羲之书《黄庭外经》，而见于刻石，事属偶然；与先《外景经》而有《黄庭内篇》，当为二事。易言之，不能以《黄庭外篇》有刻石之故，遂妄测其成书年代，亦早于《内景经》也。虽然，欧公臆说，流病已颇深矣。前举周必大说是一例，又如宏一子杨任芳撰《黄庭经阐注》①，矫名黄庭外篇为"黄庭内景玉经"，命内篇为"黄庭内景金经"，以为金经自玉经申演而来。又清光绪中，有邺郡敉斋主人撰《黄庭经笺注》②，亦云："《内景经》当由《黄庭（外景）经》推演而出"，实皆无根之谈也。惟会稽四峰山人董德宁虽未明"老子闲居作七言"句为后人增窜，然谓

---

① 乾隆丙子年镌版。
② 光绪十七年刻于保定府署。

《黄庭外景经》系"隐括内篇之旨,重为解说人身之诸神,以畅达修炼之微义",所见甚确。是《黄庭外景经》乃系《内景篇》之一简明重演也。

最后,《道藏阙经目录》有《上清黄庭二景三皇内谱》,以书缺莫详其内容。二景者,疑指日月之二景,《黄庭内经》所谓"高奔日月吾上道,郁仪结璘善相保",系说吞日气月精之法。《道藏》国字号上有《太上玉晨郁仪结璘奔日月图》一卷,即言存日月二景法。三皇者,殆谓天皇、地皇、人皇,因黄庭外指事,即天中、人中、地中,内指事即脑中、心中、脾中故也。《二景三皇内谱》,盖亦为黄庭学之一衍变欤。

六　王羲之《黄庭》换鹅问题

自《黄庭外景经》继踵《黄庭内景篇》问世,黄庭之学,流风益盛。东晋王羲之书《黄庭外景经》换鹅为艺林韵事,然亦聚众纷纭,各执一是。归纳众说,可分三派:有王逸少书《黄庭经》者,有王逸少书《道德经》而未书《黄庭经》者,有主王逸少曾书《道德经》又写《黄庭经》者。此案滋疑已久,学者辩论纷纭。不明道经历史之人,每混淆《黄庭》内、外景成书先后之观念,据片面记载,妄议整个史实,犹不得丝绪,丝愈治而愈棼也。然细核史事,疑窦庶可冰消。兹援前人诸说,分类论述如下:

(1) 主王逸少书《黄庭经》者　陶弘景与梁武帝论书启云:

逸少有名之迹,不过数首,《黄庭》、《劝进》、《像赞》、《洛神》,此等不审犹得存不?[①]

---

① 见《陶贞白集》,唐张彦远《书法要录》卷二。

梁武答书，陶贞白又启云：

> 逸少学锺，势巧形密，胜于自运，不审此例复有几纸？垂旨以《黄庭》、《像赞》等诸文，可更有出给理？自运之迹，今不复希，请学锺法，① 仰惟殊恩。

逸少有名之迹，以《黄庭》为第一，然真迹难求，因羲之妙学锺繇书法，故陶隐居请梁武直学锺法。唐初，褚遂良撰《晋右军王羲之书目》，计正书都五卷，其中：

> 第一《乐毅论》四十四行书付官奴
> 第二《黄庭经》五十行与阴道士②

是明谓《黄庭经》六十行与山阴道士矣。又武平一《徐氏法书记》称武后曝太宗时法书六十余函，别有一小函，可有十余卷，是《乐毅》、《告誓》、《黄庭》。又徐浩《古迹记》云："臣奏直集贤，令求书画，开宗元五年十一月五日，收缀大小二王真迹，得一百五十八卷，大王正书三卷"。内有："《黄庭经》第一，《画赞》第二，《告誓》第三。臣以为《画赞》是伪迹，不近真。"③ 可见此次搜求天下散佚书画，尚得右军正书黄庭。唐初褚氏《右军书目》、《乐毅论》列第一，缘《乐毅论》亡失于武后长安神龙之际④，故至开元时《黄庭》得列第一。徐氏又云："及潼关失守，内库法书皆散失。初收城后，臣又充使，搜访图书，收获王书二百余卷，访《黄庭经》真迹，或云张通儒将向幽州，莫知去处"。经天宝之乱，《黄庭》真迹既失，故求之者视若国宝。张怀瓘《书估》云："至如《乐毅》、《黄庭》、《太

---

① 《陶贞白集》，"法"作"妙"。
② 《书法要录》卷三。
③ 同上。
④ 见《书法要录》卷四《唐韦述叙书录》。

师箴》、《画赞》、《累表》、《告誓》等,但得成篇,即为国宝。"① 盖张氏估法书之贵贱,以王右军为标准也。

按陶贞白,齐梁时人,言逸少有名之迹,《黄庭》为首。其余张彦远《书法要录》所载褚遂良、武平一、徐浩、张怀瓘诸记录。悉系唐人所撰。谓王羲之书《黄庭经》,所见皆同。故宋程大昌、洪迈诸氏,并信王羲之换鹅经是《黄庭》也。程氏《考古编》卷八《黄庭经条》云:

> 《晋书》谓换鹅者,《道德经》也。世或用为《黄庭》,人辄笑之。按褚遂良、武平一记当时亲见,皆是《黄庭》。遂良仍列正书五卷之二,且曰六十行,与山阴道士者。以是验之,知为《黄庭》不疑。大令书其最为后世贵重者三,《兰亭》、《乐毅》与《黄庭》也。《兰亭》既入昭陵,《乐毅论》开元间已亡,惟《黄庭》非太宗所甚惬意,故更太平不取,得在御府。至潼关失守,真迹为张通儒持向幽州,不知何在。

程氏于《演繁露》卷十二《换鹅是黄庭经条》又云,王羲之本传以书换鹅者《道德经》也,文士用作《黄庭》,人皆谓误;张彦远《书法要录》载褚遂良《右军书目》、武平一《徐氏法书记》及徐浩《古迹记》,只举《黄庭经》,不闻《道德经》,则传之所载却误。洪迈《容斋四笔》② 亦谓皆不云有《道德经》,则知乃晋传误也。案晋传记载《道德经》换鹅,是否有误,乃系一事。王羲之曾否写《黄庭经》,又系一事,二者不必混为一谈。稽诸古籍,不特齐、梁、唐、宋诸贤,先后证说王右军曾书《黄庭经》,晋宋之际,有人已知逸少书《黄庭》矣。唐张怀瓘

---

① 《书法要录》卷四。
② 卷五《黄庭换鹅条》。

《书断》引羊欣《笔阵图》云：王羲之"三十三书《兰亭序》，三十七书《黄庭经》"。是晋永和九年，逸少书《兰亭集序》。越四年，升平元年，又书《黄庭外经》（或当永和十二年）。寻羊欣，晋宋间人，《宋书》卷六十二有传，言其泛览经籍，尤长隶书。时年十二，王献之为吴兴太守，甚知爱之。按献之字子敬，羲之少子，幼学于父，尤工草隶。既雅爱羊欣，则欣所闻见于子敬父子法书之事者，当翔实不误。欣又撰《古来能书人名》，称右军特善草隶，古今莫二[①]。由此以观，王羲之书《黄庭经》，断有其事也。

（2）主逸少书《道德经》而未书《黄庭经》者《晋书·王羲之传》云：

> 山阴有一道士养好鹅，羲之往观焉，意甚悦，固求市之。道士云，为写《道德经》，当举群相赠耳。羲之欣然写毕，笼鹅而归，甚以为乐。

梁中书侍郎虞龢《论书表》云：

> 羲之性好鹅，山阴昙𧄽村有一道士养好鹅十余。王清旦乘小船故往，意大愿乐，乃告求市易。道士不与，百方譬说，不能得。道士乃言性好道，久欲写河上公《老子》，缣素早辦，而无人能书。府君若能自屈书《道德经》各两章，便合群以奉，羲之便住半日为写毕，笼鹅而归[②]。

按持逸少书《道德经》之说者，惟据虞表及晋传为理由。否认逸少书《黄庭经》者，除执晋传虞表为片面理由外，又因《黄庭》真迹亡于天宝，后世所传黄庭法书，率系唐宋摸搨本，不复睹其真迹，故断所传者，悉为伪作，并以为逸少未书《黄

[①] 《书法要录》卷一。
[②] 《书法要录》卷二。

庭》。冯武《书法正传·述名迹源流》云,《黄庭》为逸少正书第一,"其刻于石者:在宋已有二三本,多从唐摸本上石,今之翻本甚多,收藏家得宋石刻,已是绝顶矣"。又近人欧阳辅言:宋刻则有秘阁续帖本,潭帖本,宝晋斋本,越州石氏本,阅古堂本;明刻则余清斋本,停云馆本,秀餐轩本,而颍上井底本,最有名,其余各刻,不胜枚举①。后人见摸揭本是恶札,故一意断为伪造。彼等谓逸少唯书《道德经》者,盖知其一而不知其二。因世传《黄庭》诸摹刻本,新旧混淆,不得其真,而遽断言逸少未写《黄庭》,盖见其近而未明其远也。宋米芾《书史》云:

> 黄素《黄庭经》一卷,是六朝人书,绢完,并无唐人气格,缝有书印字,是曾入锺绍京家……陶谷跋云:"山阴道士刘君以群鹅献右军,乞书《黄庭经》,此是也。此书乃明州刺史李振景福中罢官,过浚郊,遗光禄卿,卿名友文,即梁祖之子,后封博王,王薨,余获于旧邸,时贞明庚辰秋也。晋都梁苑,因重背之。中书舍人陶谷记。"……余跋云:"书印字唐越国公锺绍京也。晋史载为写《道德经》,当举群相赠。因李白诗送贺监云:镜湖流水春始波,狂客归舟逸兴多;山阴道士如相见,应写《黄庭》换白鹅。世人遂以《黄庭经》为换鹅经,甚可笑也,此名因开元后,世传《黄庭经》多恶札,皆是伪作。唐人以《画赞》犹为非真,则《黄庭》内多锺法者,犹是好事者为之耳。"

米氏据晋传,谓逸少写《道德经》,未写《黄庭经》。按《道藏》设字号上宋陈葆光集《三洞群仙录》卷十四云:"晋书羲之爱鹅,时山阴道士好养鹅,羲之往观焉,意甚悦,因求市之。道士云,为我写《黄庭》,举群相赠耳。羲之欣然写毕,笼鹅而

---

① 《集古求真》卷一《黄庭经》。

归"。是乃说晋史载羲之写《黄庭》换鹅矣。余欲声言者，顷举《三洞群仙录》之记载，非图推翻唐太宗、房玄令等所撰晋传王羲之写《道德经》换鹅之说，是冀论者毋偏执《晋书》以否认逸少写《黄庭经》事。若从容博观，知《晋书·王羲之传》及虞表所载，固不纰缪，而未备全；谓逸少曾写《黄庭经》，亦正有理据也，此其一。况晋宋间之羊欣，齐梁之陶宏景，唐之褚遂良、武平一、徐浩、张怀瓘辈，去晋不远，皆称逸少书《黄庭》，先后诸贤，岂悉向壁虚构耶？虽不能据此即谓王右军仅书《黄庭》，至少除相传右军写《道德经》换鹅外，又有写《黄庭经》一事，此其二。米氏又言，因李白送贺监诗，世人遂以《黄庭经》为换鹅经。其实，"当时褚河南已云《黄庭》换鹅矣"①。可见后人不以太白诗而误传也，此其三。所谓六朝人书黄素《黄庭经》者，欧阳辅云："赵文敏所称为杨许旧迹者，乃黄素写本。明言与石本字体绝不相类，大小亦殊，不得因绢本为杨（义和）书，遂谓石本亦杨书。更不得以杨有此书，遂谓右军无此书。"其言甚辩。按《黄素黄庭经》系《内景经》，右军所书系《外景经》，二者迥别，此其四。宋黄伯思《东观余论·跋黄庭经后》云：

《黄庭》世有数本，或响搨，或刊刻，皆正书。盖六朝及唐人转相摹放，所以不同。此卷临学殊工，字势原放欧阳率更，固自合作，殊可佳叹。世传黄庭真帖为逸少书，仆尝考之，非也。按陶隐居《真诰·翼真检》论上清经始末云，晋哀帝兴宁二年南岳魏夫人所授弟子司徒公府长史杨君，使作隶字写出，以传护军长史许君及子上计掾，掾以付子黄民，民以传孔默，后为王兴先窃写之。始济浙江，遇风飘

---

① 冯武：《书法正传》。

沦，惟有《黄庭》一篇得存，盖此经也。仆按甲子岁，逸少以晋穆帝升平五年率，是年岁在辛酉。后二年即哀帝兴宁二年，始降《黄庭》于世，安得逸少预书之？又按梁虞龢《论书表》云，山阴昙礦村养鹅道士谓羲之曰，久欲写河上公《老子》，缣素早办，而无人能书，府君若能自屈书《道德经》两章，便合群以奉，于是羲之便停半日为写毕，携鹅去。而《晋书》本传亦著道士云，为写《道德经》，当举群相赠耳。初未尝言写《黄庭》也，以二书考之，即《黄庭》非逸少书无疑。

按逸少卒于晋孝武帝太元四年，非升平五年也，其所书系《黄庭外景篇》。《道藏》优字号上《黄庭外景经》务成子注序云："后晋有道士好黄庭之术，意专书写，常求于人，闻王右军精于草隶，而复性爱白鹅，遂以数头赠之，得乎妙翰"。黄氏援《真诰》为证，申说《黄庭经》之出世与传授，其事须析辨者二：《真诰》中所云《黄庭》，率指《黄庭内景经》而言，前文释题中已详，其与逸少所写之《黄庭外景篇》不同，此其一。南岳魏夫人卒于晋成帝咸和九年（西元334），下距哀帝兴宁三年（作二年，非，西元365），已历三十二年之久。《真诰》一书，本缘扶鸾而来，是兴宁三年，杨羲扶鸾，魏夫人降神噯经，非此年《黄庭》始降于世也，此其二。而黄伯思竟将《黄庭》内外篇混为一谈，《黄庭内景经》之出世与杨羲扶鸾魏夫人降神授语又混为一谈。是未明《黄庭经》之历史，误解《真诰》之文义，且泥守虞《表》、晋《传》，妄断《黄庭》非逸少书，"甚可笑也"。黄氏又云：

陶隐居与梁武帝启云，逸少有名之迹，不过数首。《黄庭》、《劝进》、《告誓》等，不审犹有存否？盖此启在著《真诰》前，故未之考证耳。至唐张怀瓘作《书估》云，

《乐毅》、《黄庭》，但得几篇，即为国宝，遂误以为逸少书。李太白承之作诗，"山阴道士如相见，应写《黄庭》换白鹅"，苟欲随之耳，初未尝考之。而韩退之第云，"数纸尚可博白鹅"，而不云《黄庭》，岂非觉其谬欤！

按陶贞白与梁武帝启，所言是也。《真诰》记扶鸾事，兴宁三年，魏夫人降神杨家哕语，所载亦是也，盖黄氏误解，非陶隐居未之考证。张怀瓘《书估》之说亦是，张氏又作《书断》，引羊欣《笔阵图》云，逸少"三十七书《黄庭经》"，岂其唐人皆诬，晋、宋、齐、梁之人亦误耶？由是知太白诗，亦非"苟欲随之耳"。

清叶奕苞《金石录补》卷七《晋黄庭经条》，附和黄伯思说，以为《黄庭经》非王逸少书，所举例证，无过黄伯思所论，不复赘辩。宋袁文《甕牖闲评》卷五云：

> 世称李白诗云："山阴道士如相访，为写《黄庭》换白鹅。"夫王羲之换鹅乃写《道德经》，晋史载之甚详。后人遂以为李白之误，然李白集中自有"山阴遇羽客，要此好鹅宾；扫素写《道经》，笔精妙入神"之诗，而李白初不误也。又黄太史作《玉楼春词》末句云："为君写得《黄庭》了，不要山阴道士鹅。"太史似不免有承误之讥。然太史集中，亦有"颇似山阴写《道经》，虽与群鹅不当价"之诗，而太史亦不误也。以此知太史《玉楼春词》与太白前诗相似，恐必为后人赝作。

袁氏虽为李白辩护，但并非了解太白所以咏两诗之原意，先后二诗，一说《黄庭》换鹅，一说《老子》换鹅，自系两事，概无后人赝作，黄诗承太白之意而作，白不误，黄亦不伪。

（3）主逸少曾书《道德经》又写《黄庭经》者　宋董逌《广川书跋》卷六《黄庭经条》云：

> 世疑《黄庭经》非羲之书，以传考之，知尝书《道德经》，不言写《黄庭》也。李白谓《黄庭》换鹅，其说误矣。然羲之自写《黄庭》授子敬，不为道士书，此陶贞白曰，逸少有名之迹，不过数首，《黄庭》为第一，贞白论书最精，不应误谬。

是董彦远信晋传所载，知逸少尝写《道德经》，又钦佩陶隐居卓识，谓逸少有《黄庭》之迹。《道德》、《黄庭》，王右军既兼写之。唯云《黄庭》授子敬，不为道士书也。按董氏说逸少先后写《老子》、《黄庭》，诚持平之论，不可易也。其言《黄庭》授子敬，欧阳辅撰《集古求真》，随之亦云："《黄庭经》后，有'付官奴'三字者，右军书也。官奴是子敬小字"。然褚遂良《右军书目》明言："《黄庭经》六十行，与山阴道士"。是付官奴（子敬）者，原为《乐毅论》而非《黄庭经》矣。综览诸家所论，似不如南宋张淏说之察辨，淏著《云谷杂记》，其卷一中先举黄伯思《东观余论》（大意略如前引）而驳之云：

> 伯思之论，似若详悉矣。以予考之，其说非也。盖《黄庭经》换鹅与《道德》换鹅，自是两事。伯思谓黄庭之传，在右军死后二年，此最失于详审也。道家有《黄庭内景经》，又有《黄庭外景经》及《黄庭遁甲缘身经》、《黄庭玉轴经》，世俗例称为《黄庭经》。《内景经》乃大道玉晨君所作，扶桑大帝君命旸谷神王传魏夫人，凡三十六章，即《真诰》所言者。《外景经》三篇，乃老君所作，即右军所书者，凡六十行，末云，永和十二年五月二十五日在山阴县写，以欧阳《集古录目》校之，与文忠所藏本同，则右军之写《黄庭》甚晓，然缘诸公考之未详，故未免纷纭如此。

是张氏分辨《黄庭》有内外景经之先后，以破伯思之妄说，二人识见之崇卑，相去何止千万里！《云谷杂记》又云：

黄伯思谓与梁武启在著《真诰》之前，此又曲为之辨也。予又尝于《道藏》中得务成子注《外景经》一卷，有序云：晋有道士好黄庭之术，意专写书，尝求于人，闻王右军精于草隶，而性复爱白鹅，遂以数头赠之，得其妙翰；右军逸兴自纵，未免脱漏，但美其书耳。张君房所进《云笈七签》亦载此序，最为的据也。盖《道德经》是偶悦道士之鹅而写，若黄按是道士闻其善书且喜鹅，故以是为赠，而求其书，此是两事，颇分明，缘俱以写经得鹅，遂使后人指为一事，而妄起异论。唯李太白知其为二事，故其诗《右军》一篇云："右军本清真，潇洒出风尘；山阴遇羽客，邀此好鹅宾，扫素写《道德》，笔精妙入神，书罢笼鹅去，何曾别主人。"此言书《道德经》得鹅也。《送贺宾客归越》一篇云："镜湖清水漾清波，狂客归舟逸兴多；山阴道士如相见，应写《黄庭》换白鹅。"此言书《黄庭经》得鹅也。太白于两诗各言之，初未尝误，乃后人自误也。

张氏明辨太白两诗为二事，一为写《道德经》得鹅，一为书《黄庭经》换鹅，所见甚卓。按唐初房玄龄与褚遂良受诏重撰《晋书》，与其事者，有许敬宗、来济、陆元仕、刘子翼、令狐德棻、李义府、薛元超、上官仪等八人，分功撰录，太宗自著宣武二帝纪及陆机、王羲之二传之四论，于是总题云御撰①，唐太宗既为王羲之作传论，房玄龄、褚遂良奉命主修晋史，虽不躬撰，然揆情度事，褚、房二公对《王羲之传》自无不览之理，今《晋书·王羲之传》云逸少写《道德经》换鹅，而褚遂良撰《右军书目》，则云正书《黄庭经》与山阴道士，是《王羲之传》及《右军书目》，褚氏一系躬览，一系亲撰，所以各存而不

---

① 见《旧唐书》卷六十六《房玄龄传》。

废者，因写《黄庭》换鹅为一事，书《道德经》得鹅又系一事，其理昭然。至于晋史《王羲之传》何以独著《道德经》换鹅事，似因唐崇老子，故以《道德经》为尊，况"《黄庭》非太宗所甚惬意"①，史官撰录列传，或近合帝王心理，故舍《黄庭》而著《道德经》欤。至于《右军书目》，所以标载《黄庭经》者，盖褚遂良目睹逸少真迹如此，无容抹杀焉。

事愈辩而愈明，张淏之说，殆为信而有征，故明郎瑛《七修类藁》卷二十《换鹅经条》云："羲之书经换鹅事，张淏《云谷杂记》辩之甚明，但文多而难备录，盖以羲之两次事也。今予略具辩直，著其义于左：一书《道德经》，是偶悦山阴道士之鹅，求市不得，因为之写换也，此出传中所谓'写毕欣然笼鹅而归'；一书《黄庭经》，亦山阴道士好《黄庭》，又知羲之爱白鹅，遂以数头赠之，得其妙翰②。俱缘以写经换鹅，故后人指为一事，辩之纷纷也。"独褚遂良明知为两次事，一备于《晋传》，一存于《右军书目》，李太白亦知之，故赋两诗，各具其事，有识者所见略同。则王羲之写《道德经》得鹅，又书《黄庭经》换鹅，并有其事，殆无疑义矣。

附记：

宋《绛帖》王羲之书《黄庭经》，承劳贞一先生告知。此系《黄庭外景经》文，与今所见本文字颇有异同。帖本首无"老君闲居作七言，解说身形及诸神"两句，末无"大道荡荡心勿烦，吾言毕矣慎勿传"两句，其中文句，并多省略。另有《郁冈斋墨妙》第二《黄庭经》，系《黄庭内景经》文，首题"晋王羲

---

① 见程大昌《考古编》。
② 出张君房《云笈七签》。

之《黄庭经》"七字，字体特大，笔迹与本帖不类，殆系后人妄加。未有万历丁未延陵王肯堂跋，云："此绢本若非杨君始写之本，即是许掾书。"是米芾所谓《黄素黄庭经》并无唐人气格，或是六朝人书欤？

（原载《国立中央研究院历史语言研究所集刊》第二十本，1948年）

论《太平经钞》甲部之伪

范晔《后汉书·襄楷传》楷疏称于吉神书,或号《太平清领书》,即道家《太平经》也。其经以甲、乙、丙、丁、戊、己、庚、辛、壬、癸为部,每部一十七卷,全书总计一百七十卷。明正统《道藏》所收之《太平经》,残阙不全,仅存五十七卷,甲、乙、辛、壬、癸五部全佚,其余诸部中各亡失若干卷。另有《太平经钞》,系唐闾丘方远节录《太平经》而成甲、乙、丙、丁等十部,每部一卷,共十卷。以《钞》校《经》,多相符合,全书除《钞》甲部可疑外,其余《经》及《钞》各部,固难免后人更写增窜,然大体似系汉代之旧也。

《太平经》甲部已亡,今《钞》甲部不知系何人所补,或经文早已散佚,唐闾丘方远姑取他道书之文以抵补之,抑或原来《太平经钞》甲部实间丘氏依经节录,后《经》及《钞》甲部并亡,别有好事者据道典滥钞抵补,以求其全,二者俱有可能,兹难偏断。现查《道藏》太平部《太平经钞》之页数,以甲部为最少,仅占七页有半。今将《钞》各部页数,列表于下,以资比较。

部名	甲部	乙部	丙部	丁部	戊部	己部	庚部	辛部	壬部	癸部
页数	7.5	16	27.5	17.5	15	30	42.5	19	19	13

《钞》甲部之页数虽少，而缮补者欲以伪冒真，洵费一番苦心。今考《钞》甲部文字之来源，以《灵书紫文》为主，《上清后圣道君列纪》并为其采取之材料。《钞》甲部所谓《灵书紫文》，似系一丛书之总名。今《道藏》中收有三书，一为《皇天上清金阙帝君灵书紫文上经》（以下简称《灵书紫文上经》），在洞神部本文类；二为《太微灵书紫文仙忌真记上经》（以下简称《仙忌真记上经》），在洞真部戒律类；三为《太微灵书紫文琅玕华丹神真上经》（以下简称《华丹神真上经》），在洞真部方法类。三书要略，均见于《太平经钞》甲部。另有《上清后圣道君列纪》，在洞玄部谱箓类。署方诸东宫青童君传弟子王远遊。青童君不知何许人，或云即东王公。《太平经》卷末之《太平经圣君秘旨》，云系太平圣君传上相青童君。青童君治方诸山，在东海中，故曰方诸青童君①。青童君又为太平帝君之上相，故曰上相青童君，衔目虽异，其为青童君则一也。按《太平经圣君秘旨》系节钞《太平经》文，宣扬守一之法，其成书年代，当在《太平经》书流行之后；道家以为《秘旨》乃太平圣君传上相青童君者。而今《上清后圣道君列纪》，道家称青童君传弟子王远遊。是《圣君秘旨》系青童君传授之书，《后圣道君列纪》乃系转授之经。则《道君列纪》当在《圣君秘旨》之后，上距《太平经》书之出世，当愈久远。上举《灵书紫文上经》《仙忌真记上经》及《华丹神真上经》，疑三经原系一书，所谓《灵书

---

① 参阅《历世真仙体道通鉴》卷六木公。

紫文》是也①。日后佚乱，各自成编。最易见断章残卷之旧痕者，为《华丹神真上经》。无端无绪，开卷忽来第一句曰："先斋于山林之中四十日"，一见即知与上文截断。至《上清后圣道君列纪》所载，多与《灵书紫文》相牵系，《纪》中举有《上清金阙灵书紫文》之名，似《后圣道君列纪》成书之日，《灵书紫文》一经犹未散乱。兹先略陈《灵书紫文》及《后圣道君列纪》之成书时代，次述《太平经钞》甲部窃取《灵书紫文》及《后圣道君列纪》之情形。

《太平经钞》甲部所谓《灵书紫文》，至少包括《灵书紫文上经》《仙忌真记上经》及《华丹神真上经》（以下简称三经）。《后圣道君列纪》，并为《钞》甲部取材之来源。今欲知三经及《后圣道君列纪》之成书年代，试可能绅其共通之点而稽证之。余疑三经及《后圣道君列纪》当系晋以后之著作。其说如下：

（1）《灵书紫文上经》云："大过被考于三官，小过夺纪以促年"；《上清后圣道君列纪》谓太山三官；《华丹神真上经》云："生则获罪于水火，死则受考于三官。"此三官之名，已成惯语，故缀文时用之甚为娴熟。然三官之名，始见于张衡之五斗米道。《魏志·张鲁传》注引《典略》曰，鬼吏为病者请祷，"请祷之法，书病人姓名，说服罪之意，作三通，其一上之天，著山上；其一埋之地；其一沉之水。谓之三官手书"。张衡创五

---

① 《太平御览》六六四引《金阙圣君传》曰："《灵书紫文》或曰《五老宝经》，有之者尸解，行之者成道。"现检《道藏》中无《金阙圣君传》，但有《五老宝经》，名曰《洞真高上玉帝大洞雌一玉检五老宝经》，全书计58页，在正一部，内容与《灵书紫文上经》《仙忌真记上经》及《华丹神真上经》不同，主要述《大洞真经》，其《九天太真道德经篇目》中有"金阙后圣太平李真天帝上景君道第三十"一行（见第19页）及第56页有"此大洞金华雌一后圣九玄道君外记灵书紫文五老宝经琅玕五石华丹玄腴之法"两行，略可与《太平经钞》甲部相比究耳。又梁陶弘景《真灵位业图》载五老上真仙都老公撰《灵书紫文》云。

斗米道，当在东汉灵帝光和中（西元178—184年）。张鲁雄踞巴汉，垂三十年。至献帝建安二十年（西元215年）鲁降。越五载，魏改黄初。三官之名，盖魏晋之际，方渐流行。抱朴子为晋代道教理论之巨子，博观群籍，尝著《遐览篇》，多志道书名目，亦未见《灵书紫文》及《后圣道君列纪》。或三经及《后圣道君列纪》，为晋以后道士之所作欤？！

（2）《灵书紫文上经》云："一身有三元宫"。三元宫所在，上元宫泥丸中也，中元宫绛房中心也，下元丹田宫脐下三寸也。《仙忌真记上经》第四忌秽慢不盛（净），则精魂不居，三宫生虫。《上清后圣道君列纪》中亦有三元宫之名。三元宫即三丹田，丹田之说，见《黄庭内景经》。曰："三田之中精气微"，"回紫抱黄入丹田"。上丹田为泥丸，《黄庭内景经》云："脑神精根字泥丸。"相传《黄庭经》为西晋魏华存自扶桑大帝所传授，实即魏夫人所撰述。《抱朴子遐览篇》仅著录《黄庭经》，亦无《灵书紫文》及《后圣道君列纪》，似三经及《后圣道君列纪》，为晋以后之著作欤？！

（3）叩齿之法，似始见于东汉末年。《千金方》（八十一）载建安中方士皇甫隆上疏曹公曰："言人朝朝服食玉泉琢齿，使人丁壮有颜色，去三虫而坚齿。"《抱朴子·杂应篇》曰："或问坚齿之道，抱朴子曰，能养以华池，浸以醴液，清晨建齿三百过，永不动摇。"《颜氏家训·养生篇》亦云："吾尝患齿摇动欲落，饮食热冷，皆苦疼痛。见抱朴子牢齿之法。早朝叩（宋本作建）齿三百下为良，行之数日，即便平愈。"按皇甫隆说是否系后人依托，不得而知。是颜之推记抱朴子叩齿法为有效，定可信也。今《灵书紫文上经》中每用"叩齿三通"之法，其说自在抱朴子叩齿法通行惯用以后。

上文证说三经及《后圣道君列纪》为晋代以后之著作，今更进论《太平经钞》甲部窃取三经及《后圣道君列纪》之情形。案《太平清领书》援引古经旧义,皆不注明出处。唯《钞》甲部乃云:"青童匍匐而前,请受《灵书紫文》口口传诀在经者二十有四。"《灵书紫文上经》卷首所言,与《太平经钞》甲部所载,二书文辞,亦大同小异,兹并录于下:

皇天上清金阙帝君灵书紫文上经	太平经钞甲部
方诸东宫东海青童大君,清斋于灵榭丹阙黄房之内三年,时乘碧霞三灵流景云舆,建带飞青翠羽龙帔,从桑林千具上诣上清金阙,请受灵书紫文上经。金阙中有四帝君,其后圣君处其左,居太空琼台丹玕之殿,侍女众真三万人。毒龙雷虎,攫天之兽,备门抱关,蛟蛇千寻,㧖于墙析。飞马奔雀,大翅之鸟,叩啄奋爪,陈于广庭。天威焕赫,流光八朗,风鼓玄旂,回舞旄盖。玉树激音,琳杯作籁,众吹云歌,凤鸣青泰。神妃合唱,鹏舞鸾迈。青童既到,匍匐而前,捧首北面而言曰……	东华玉保高晨师青童大君,清斋寒灵丹殿黄房之内三年,上诣上清金阙,金阙有四天帝,太平道君处其左右,居太空琼台洞真之殿,平玉之房,金华之内,侍女众真五万人,毒龙电虎,攫天之狩,罗毒作态,备门抱关。巨虬千寻,㧖于墙堺,飞龙奔雀,溟鹏异鸟,叩啄奋爪,陈于广庭,天威焕赫,流光八朗,风鼓玄旌,回舞旄盖。玉树激音,琳枝自籁。众吹灵歌,凤鸣玄泰,神妃合唱,麟儛鸾迈,天钧八响,九和百会,青童匍匐而前,请受《灵书紫文》口口传诀在经者二十有四……

较比前录两文,大体相同。最堪注目者,《灵书紫文上经》云:"金阙中有四帝君,其后圣君处其左。"至今本《太平经钞》,依《太平经》义改曰:"金阙有四天帝,太平道君处其左右。"改换之迹甚显,无待赘论。《钞》甲部在文章上直录《灵书紫文》外,更采《后圣道君列纪》之辞,兹分录于下:

上清后圣道君列纪	太平经钞甲部
（1）年五岁，仍好道乐真，言颂成章，常仰日欣笑，对月吟叹，观阳气之焕赫，睹阴道以亏残。于是敛魂研魄，守胎宝神，录精镇血，固液凝筋。乃学于吞光饮霞，咀嚼飞根。行年二十，而有金姿玉颜，遂弃家离亲，超迹风尘。	（1）五岁，常仰日欣初，对月叹终。上观阳气之焕赫，下睹阴道以亏残。于是敛魂和魄，守胎宝神，录精填血，固液凝筋。七岁，乃学吞光服霞，咀嚼日根。行年二七，而金姿玉颜，弃俗离情，拥化救世。
（2）后圣彭君，讳广渊，一名玄虚，字大椿，一字正阳，亦为李，或名彭光，李君学道，人皇时生位为太微左真保皇君，并当受命封校兆民，为李君太师，治在太微北塘宫灵上光台。彭君二千五百年辄易名字，展转太虚，周游八冥，上至无上，下至无下，真官稀有得见其光颜者矣。	（2）后圣李君太师，姓彭，君学道在李君前。位为太微左真，人皇时保皇道君，并常命封授兆民，为李君太师，治在太微北塘宫灵上光台，二千五百年转易名字，展转太虚，周游八冥，上至无上，下至无下，真官希有得见其光颜者矣。
（3）后圣李君上相方诸宫青童君后圣李君上保太丹宫南极元君后圣李君上傅白山宫太素真君后圣李君上宰西城宫总真王君	（3）全同左文

上录文中，第二节《道君列纪》与《钞》文略有差异，然大旨无殊。第一节彼此异文甚少，意义相符。第三节四辅大相之名纯全相同。唐杜光庭《道德真经广圣义》卷五言老君"当生之时，三日出于东方，九龙吐水，以浴其形，因李谷而为姓，名玄元，字子光，乃高上之胄，玉皇之胤，位为长生大主，太平正真太一君金阙后圣九玄帝君"。凡此所云，均引见《太平经钞》甲部第一节二两页，惟句次前后交错，不尽同耳。按杜氏《道德真经广圣义》卷五第三页曾引《太平经》文为证，皆揭示《太平经》

（1）真记谛冥谙忆	仙忌真记上经有仙忌
（2）仙忌详存无忘	见仙忌真记上经
（3）探飞根吞日精	见灵书紫文上经　华丹神真上经
（4）服开明灵符	见灵书紫文上经　华丹神真上经
（5）服月华	见灵书紫文上经（汉武内传：致黄水月华法）
（6）服阴生符	见灵书紫文上经　华丹神真上经
（7）拘三魂	见灵书紫文上经　华丹神真上经
（8）制七魄	见灵书紫文上经　华丹神真上经
（9）佩皇象符	见灵书紫文上经　华丹神真上经真诰
（10）服华丹	见华丹神真上经　真诰
（11）服黄水	见华丹神真上经　真诰
（12）服回水	见华丹神真上经　真诰
（13）食镮刚	见华丹神真上经　灵书紫文上经真诰
（14）食凤脑	见华丹神真上经
（15）食松梨	见华丹神真上经　灵书紫文上经真诰
（16）食李枣	见华丹神真上经　灵书紫文上经真诰
（17）服水汤	见华丹神真上经　真诰④
（18）镇白银紫金	见华丹神真上经　⑤
（19）服云腴	
（20）作白银紫金①	
（21）作镇	
（22）食竹笋②	
（23）食鸿脯③	
（24）佩五神符	

云云。若此老君降生传说亦本于《太平经》，自必道其出处。今杜光庭不言出诸于吉神书，则《钞》甲部可能袭用杜义。或此

---

① 《华丹神真上经》曰"成真银""成紫金"，或系指第二十诀"作白银紫金"。
② 《云笈七签》卷二十三食竹笋鸿脯条云，服日月之精华者，当食此物气感运之。
③ 《华丹神真上经》曰"成真银""成紫金"，或系指第二十诀"作白银紫金"。
④ 《华丹神真上经》作"水阳青映液法"，《真诰》卷五作"水阳青映"。
⑤ 《华丹神真上经》曰"成真银""成紫金"，或系指第二十诀"作白银紫金"。

李君降诞之异迹，系隋唐间神仙家一般之传说，而此传说，颇似袭取释迦传记。盖所谓"九龙吐水"，本为佛陀降生瑞应之一①。佛陀降诞之异迹，见于西晋竺法护译之《普耀经》。是《钞》甲部早不能视为西晋以前之文也。又《钞》甲部所谓《灵书紫文》二十四诀者，今于三经中多见之。梁陶弘景《真诰》亦有所引，皆曰"在《灵书紫文》中"，并未指明出于《太平经》书。可见《钞》甲部窃取之材料，除《后圣道君列纪》外，当为《灵书紫文》。今将《钞》甲部所谓《灵书紫文》二十四诀，一一列名于下，并各标明见于某经，用便探源，至有不能考者阙之。

《灵书紫文》，问题枝节。前录二十四诀，或见于三经，或征于《真诰》，或未明出于何书。而《钞》甲部显言"《灵书紫文》口口传诀在经者二十有四"。则必《灵书紫文》有所残缺，今《道藏》中《灵书紫文上经》《仙忌真记上经》《华丹神真上经》，已各自离散，若合观之，似三经原出一书，所谓《灵书紫文》是也②，然三经犹非系《灵书紫文》之全，盖《钞》甲部所谓《灵书紫文》二十四诀，犹有不见于三经者（如服云腴，作镇，食竹笋食鸿脯，佩五神符），此其一。《真诰·甄命授第一》列仙道十七条，云皆"在《灵书紫文》中"。但其中既不见于三经复不见于《钞》甲部者有十：《飞步七元天纲之经》，《七变神法七转之经》，《大洞真经三十九篇》，《大丹隐书八禀十诀》，《天关三图七星移度》，《九丹变化胎精中记》，《九赤班符封山坠海》，《金液神丹太极隐芝》，《五行

---

① 参阅汤用彤先生《汉魏两晋南北朝佛教史》第五章。
② 如《上清修行经诀》引仙相十败法，小注云"出《上经灵书紫文》"。查此仙相十败法，不见于《灵书紫文上经》而见于《仙忌真记上经》。

秘符呼魂召魄》，《曲素诀辞以招六天之鬼》是也，此其二。综此两层情形，则知《钞》甲部及三经所存之《灵书紫文》，尚未完全。《灵书紫文》者，疑系晋以后梁以前道教经典中之一丛书也。仅就《真诰》中所举之《灵书紫文》，已包括不少成帙之道书，如《七元天纲经》，《神法七转经》，以及《大洞真经三十九篇》等。可见采摭颇广，内容繁富。然《真诰》及他书所言之《灵书紫文》，皆不见于《抱朴子》，则《灵书紫文》之纂集也，殆当《抱朴子》之后；其中囊括道经，据今所见，或系晋以后梁以前一时期间之作品，不能早在《抱朴子》以前所著也。

《灵书紫文》为晋以后之撰述，《道藏》中《太平经钞·甲部》乃后人据《灵书紫文》及《后圣道君列纪》所伪补，上文已约略言之。今更以金丹、符书、文体、暨所用名词四点，证说《钞》甲部不可信为《太平经》之节文。

第一，遍览《太平经》文，并无外丹之说。《钞》甲部云"服华丹""食镮刚"云云，与全书内容不符，盖钞自《灵书紫文》。华丹黄水回水镮刚等，已见于《华丹神真上经》。《真诰》又指华丹镮刚等在《紫文》中，可以为证。

第二，《太平经》只有复文，《钞》甲部所说诸符，亦钞自《灵书紫文》。按两汉史书中所言之"符"，如"虎符"，"符传"，"铜虎符"，"竹使符"等，皆指符信符节之义。至纬候之部所言之符，如"河图会昌符"，"河图赤伏符"，悉属符命。窃疑符之义有三变：初为符玺符节，两器合同，剖而为二，系朝廷用以示信之具，上有印文书名，纯为实物，绝无抽象之神秘性。次为符命，系人君受命之信号，尤为君主禅代之诡术，如王莽刘秀皆托天命造作符箓而得天下者，此种符命，已属天意，诳惑人心，然仅限于政治上之作用耳。最后至道教之符书，纯托神意，既能祛鬼治病，又能通灵长生，言其效至广。抱朴子曰："符皆神明所授。"① 宋萧应叟曰："符箓者，以有象而言，则文字也。以无象而言，则灵气也。"② 所谓以有象之文字言，与汉代符节符命，原无二致。其所以神秘诡奇者，在乎无象之"灵气"。灵气烘托，往往假似字非字之形以象之。汤锡予师以为道教之符，来源有二：一为复文，二为符印。复文为原始之符书，似篆非篆，尚可窥文字之迹，然已化为非字之文，其形式无如后日符书之繁杂。查今《太平经》卷一百四至一百七纯为复文。而《钞》甲部所谓开明灵符，阴生符，皇象符，均见于《灵书紫文上经》，《华丹神真上经》并提及之，皇象符又见于《真诰》，曰："仙道有天皇象符，以合元气，亦在《紫文》中。"则知《钞》甲部诸符，皆非《经》中所本有也。《经》中又有所谓符者，如《经》卷一百九《四吉四凶诀》中短命符续命符，若有符文，殆皆系初期之符，如复文之类叠书而成。《太上三十六部尊经玉清境经》③ 所列《道教经灵符》，笔画简朗，如其中之一符文，上画"中"字，中画"西"字，下画"用"字，合成一体，颇似《太平经》中复文。《太平经钞》己部第二页："天符还精以丹书，书以入腹，当见腹中之文大吉，百邪去矣。"所谓天符，盖系复文之类。丹书者，以丹为字，天符丹书，疑即《太平经》卷九十二《洞极上平气无虫重复字诀》及《经》一百八《要诀十九条》中所谓丹书吞字以除疾病也。道教中所传之符书，始于张陵之造作（《后汉书·刘焉传》），继而张衡张角因有符水以疗病。《太平经》之复文，为张氏符书之滥觞。但此项符书，愈

---

① 《遐览篇》。
② 《元始无量度人上品妙经内义》。
③ 《道藏》洞真部日字号下。

演愈繁，愈繁赜而愈神秘也①。

第三，就内容言，《钞》甲部之金丹符书，与《经》中思想不侔，已具上述。就形式言，《钞》之文体，又与《经》书不类。《钞》甲部云：

> 宝经符图，三古妙法，秘之玉函，侍以神吏，传授有科，行藏有候，垂谟立典，施之种民，不能行者，非种民也。今天地开辟，淳风稍远。皇平气隐，灾厉横流。上皇之后，三五以来，兵疫水火，更互竞兴，皆由亿兆。心邪形伪，破壤五德，争任六情。肆凶逞暴，更相侵凌，尊卑长少，贵贱乱离，致二仪失序，七曜违经，三才变异，妖讹纷纶。神鬼交伤，人物凋丧，眚祸荐至，不悟不悛，万毒恣行，不可胜数。

是缀句联辞，颇显文藻，且尚骈偶，有似六朝人文字，反观《太平经》文则不然。例如《经》卷三十六《三急吉凶法》云：

> 真人已愁矣昏矣。子其故为愚，何壹剧也。实不及，子尚自言不及。何言俗夫之人失计谋？其不及乎是也。唯天师愿为其愚暗解之。然蚑行俱受天地阴阳统而生，亦同有二大急，一小急耳。何谓乎哉？蚑行始受阴阳统之时，同仿佛嘘吸含自然之气，未知食饮也。久久亦离其本远，大道消竭。天气不能常随护视之，因而饥渴，天为生饮食，亦当传阴阳

---

① 陈槃厂先生检示姚振宗《汉书艺文志条理》《执不祥劾鬼物》八卷，梁玉绳《瞥记》据之则云符箓不始于张陵。按《执不祥劾鬼物》一书久佚，内容莫详，似系一种神秘之咒术，盖祝语之起源早于符书故也。梁说尚无明据，未可深信。至后汉《方术传》云，初章帝时，有寿光侯能劾百鬼。未知所施何法。迨顺帝以降，符书流行寖盛。若鞠圣卿为丹书符劾鬼，费长房失符为众鬼所杀，均未知的当年代，或鞠费二氏，系东京末叶之人欤。又《列仙传》涓子"钓于荷泽，得鲤，腹中有符"，按《列仙传》旧题汉刘向撰，前人有疑为魏晋间方士为之，假托于向。余尝疑其书成于东汉桓灵之际，说详拙撰《周易参同契考证》，兹不赘。

统，故有雌雄。世世相生不绝，绝其食饮与阴阳不相传，天下无蚑行之属，此二大急者也。

又经卷百八《灾病证书欲藏诀》云：

请问天师书以何知其欲见行，以何知其欲见逃也？子欲明之邪，以灾病为证也。出而病人即天欲藏也，逃而病人即天欲出行也。以何重明之？以天行四时气生养万物，随天意也。凡物乐出而反逃藏之，大凶矣。凡物欲逃藏而反出之，亦大凶也。悉为逆天命后皆有大灾矣。子欲乐知吾天，天乐行，不以是为占也。

诸如此类，信手翻阅，悉可观之。其文词鄙俚芜蔓，字句謇涩，以视《钞》甲部文字之章偶句俪，相殊远甚。故疑《钞》甲部之文体，或出于东晋后人之手欤。

第四，《钞》甲部所用道释二家之名辞，亦与《经》他部不相类似。道家之名辞如"种民"，只见于《钞》甲部，其言有曰：

昔之天地与今天地有始有终，同无异矣。初善后恶，中间兴衰，一成一败。阳九百六，六九乃周，周则大坏。天地混齑，人物糜溃，唯积善者免之，长为种民。种民智识，尚有差降，未同浃一，犹须师君。君圣师明，教化不死，积炼成圣；故号种民。种民，圣贤长生之类也。

《上清后圣道君列纪》云：

圣君乃随才署置，以为大小诸侯，各皆有秩，以君种民也。

又云：

存慈善者已为种民，学始者为仙使，得道者为仙官。

此所谓"存慈善者为种民"，《钞》甲部云天地沦坏之时，"惟积善者免之，长为种民"，两义相合。前已说《上清后圣道君列纪》为《钞》甲部剽窃材料之一，于此更得印证。今见各书所载有关"种民"之文，如《五岳真形图法》、释玄光《辨惑论》、陶弘景《真诰》、《魏书释老志》等皆有"种民"之辞，除《五岳真形图法》年代或稍早外，余悉系晋宋以后之书。按《五岳真形图》"虽兴于中古，然历世方士，祖袭授受，东晋之世，辑而成书"①。盖《真形图》增窜改编，不止一次，故世间传本不一，有图，有图序，有序论，旧悉题东方朔撰，未足置信。《五岳真形图法并序》②系抱朴子自述其师郑君传授《真形图》之法，其中《受图祭文》云"常舍秽率善，愿为种民"，与《上清圣君列纪》所谓"存慈善者已为种民"之义相符合。是《真形图法》之《授图祭文》及《受图祭文》，似系晋代羽士所作也。

《钞》甲部除用晚起之道家名辞外，又采佛教之名辞，如"本起""三界""十方""受记"等，亦仅见于《钞》甲部。又甲部叙老君降诞之异迹，颇似袭取释迦传记，已如前述。夫《钞》甲部多取佛经名辞，与他部不同，而其所载故事，如采于竺法护之书，则甲部自不能视为西晋以前之文也。大凡道经愈晚，其抄袭佛经愈多。唐玄嶷谓于吉之书，不甚苦录佛经，自为当然之事。今独《钞》甲部释教色彩最浓厚，则其较为晚出，可推知也。

益有进者，《云笈七签》卷四十九《九经所明三一图表》中"第六，太平三一，意神，志神，念神，出第一卷《自占盛衰法》"。案《道藏》太平部首列《太平经》，卷一至卷十七原阙，明正统修《道藏》，误以《太平经钞》十卷抵补首十卷之阙经。

---

① 见《庐山太平兴国宫采访真君事实》卷六《奉安玉册记》。
② 《云笈七签》卷七十九。

不知《钞》每部一卷，合《经》十七卷之文，今《太平经》第一卷已佚，《钞》甲部亦非节录原文。《云笈七签》收《九经所明三一图表》，当有所本，而其言太平三一，"出第一卷《自占盛衰法》"，疑即指出于《太平经》第一卷[①]。所谓《自占盛衰法》，与经中题目如《合阴阳顺道法》，《守一明法》，《分别贫富法》，《盛身却灾法》，酷相类似。但今《钞》甲部绝无类此标题痕迹。则《九经三一图表》中所谓"第一卷自占盛衰法"，盖徵引《太平经》甲部第一卷未佚以前之原文欤。

（原载《国立中央研究院历史语言研究所集刊》
第十八本，1947年）

---

① 查伦敦博物馆藏敦煌出《太平经目录》第一卷有《自占盛衰法》第一，可资证实。（作者补志）

论《太平经》的成书时代和作者

前不久，我和一位外国的同行朋友谈论学术问题。他说，在国外，研究《太平经》的人不少，可是有的学者对《太平经》的成书时代抱着疑惑的态度，有的甚至不敢引用这部古典著作。他征求我有什么意见。现在就针对这个问题，谈谈我个人的一些看法。

早在四十五年前，1935年3月，北京大学教授汤用彤先生曾在《国学季刊》第五卷第一号上发表了《读〈太平经〉书所见》一篇论文，考定《太平经》为汉代旧书。其根据大略有三：(1) 依范晔《后汉书》李贤注及唐王悬河《三洞珠囊》所引，知明正统《道藏》中的《太平经》，唐代已有其书。(2) 现存之经与后汉襄楷、晋葛洪及刘宋范晔所传相符合。(3)《太平经》所载之事实与理论，似皆汉代所已有，而且关于五兵、刑德之说，若非汉人，似不能陈述如此之委悉。

关于《太平经》的成书时代问题，在这篇论文里，我们认为基本上已经解决了。从此以后，在我国学术界，无论搞哲学思想史的，道教史的，或搞社会史的，以及其他有关专题研究上，都把它作为后汉时代的经典来引用。例如侯外庐等同志著的《中国思想通史》第三卷、冯友兰同志著的《中国哲学史新编》第二册、任继愈同志主编的《中国哲学史》第二册、陈国符同志著《道藏源流考》上册，以及最近出版的卿希泰同志著《中国道教思想史纲》第一卷，魏启鹏同志写的《〈太平经〉与东汉医学》等，在这些专著和论文里，都肯定《太平经》是东汉后期的著作。有些学术的争论，也不属于《太平经》成书的时代问题。所以这个问题，似乎是不成问题的问题。

现在，我首先需要说明的：这里有个蹊跷的问题必得搞清楚，就是《太平经钞》甲部之伪的问题。因为翻开影印正统《道藏》的《太平经》，首先接触到的不是《太平经》甲部卷一至卷十七，而是《太平经钞·甲部》。事情不凑巧，偏偏在《钞》甲部出了毛病。如果这个障碍不破除，《太平经》的成书时代便无法说清。

《太平经》原来一百七十卷，明正统《道藏》本残缺甚多，只剩五十七卷。另有唐人间丘方远节录《太平经》而成《太平经钞》，分甲、乙、丙、丁、戊、己、庚、辛、壬、癸十部，每部一卷。《太平经钞》一卷相当于《经》文一十七卷。

《太平经》甲部十七卷已经亡失了。但是现存《太平经钞》甲部，不是从《太平经》经文节钞来的，却是后人窃取晚出的一些道书伪补而成，这是问题的症结所在，是极堪注意的一点。《钞》甲部的文字来源，以《灵书紫文》为主，《上清后圣道君列记》并为其采取的材料。

《太平经钞》甲部所述的《灵书紫文》是一部道书总集，至少包括着《皇天上清金阙帝君灵书紫文上经》[1]、《太微灵书紫文

---

[1] 影印明正统《道藏》第342册。

仙忌真记上经》①和《太微灵书紫文琅玕华丹神真上经》②。以下简称"三经"。

原来《太平经》援引古经旧义，都不著明出处，只有《太平经钞·甲部》却说："青童匍匐而前，请受《灵书紫文》口口传诀在经者二十有四。"这二十四诀绝大部分见于上述"三经"，小部分见于梁陶弘景的《真诰》所引，皆云："在《灵书紫文》中。"

《灵书紫文》的成书时代，笔者在四十年代曾略考为东晋以后梁以前纂集的道书③。《钞》甲部的主要内容既然窃自《灵书紫文》，它跟《太平经》和《太平经钞》（钞甲部除外）的时代不同，文体不同，所用术语不同，等等，不能把《钞》甲部和《太平经》成书的时代相提并论，混为一谈。一句话，不能把《太平经钞·甲部》的时代不予考查不加甄审地推断为《太平经》成书的时代。

《太平经钞·甲部》和《太平经》的主要不同在哪儿呢？就文体而言，《钞》甲部的文字整齐，句子往往骈偶，读起来比较顺口流畅。好像六朝人文字。如云："今天地开辟，淳风稍远，皇平气隐，灾厉横流。上皇之后，三五以来，兵疫水火，更互竞兴，皆由亿兆，心邪形伪，破坏五德，争任六情，肆凶逞暴，更相侵凌，尊卑长少，贵贱乱离。致二仪失序，七曜违经，三才变异，妖讹纷纶。神鬼交伤，人物凋丧，眚祸荐至，不悟不悛，万毒恣行，不可胜数。"而《太平经》的文体，却是迥然不同。如

---

① 《道藏》第77册。
② 《道藏》第120册。
③ 见1947年《国立中央研究院历史语言研究所集刊》第十八本拙撰《论太平经钞甲部之伪》。（梁）陶弘景《真灵位业图》载：五老上真仙都老公"撰《灵书紫文》"。

《经》卷三十五《分别贫富法》云："万二千物俱出，地养之不中伤为地富；不而善养，令小伤为地小贫；大伤为地大贫；善物畏见，伤于地形而不生，至为下极贫；无珍宝物，万物半伤，为大因（困）贫也。悉伤为虚空贫家。此以天为父，以地为母，此父母贫极，则子愁贫矣。"这段《太平经》文，《钞》丙部第一页有所节录，文词鄙俚支蔓，字句謇涩，可以被看做《太平经》典型的文体，这样的文体，在《太平经》书残卷里，随手翻检，可以遇到。比之上引《钞》甲部的文体，差异极远。由此可见《钞》甲部不是从《太平经》节录而来，却窃自《灵书紫文》，大概是东晋以后人的手笔。

此外，《钞》甲部所用道释二家的术语，亦与《经》及《钞》的它部不相类似。道家的术语如"种民"和外丹说，释氏的术语如"本起"、"十方"、"受记"等，都只见于《钞》甲部，不是从《太平经》书节录来的。

或者有人要问，《钞》甲部的文字不是《太平经》甲部的节录，除了上述理由外，还有其他积极的证据吗？有。北宋张君房编纂的《云笈七签》卷四十九《玄门大论三一诀》引孟法师说"九经所明三一"云："第六，太平三一，意神，志神，念神，出第一卷《自占盛衰法》。"按明正统《道藏》太平部首列《太平经》，卷一至卷十七原缺。幸得敦煌出的《太平经目录》，其卷一确存《自古（占）盛衰法第一》的篇目，不但卷一的篇目具在，从卷一至卷十七的篇目都在。单从这些题目来看，已经约略窥见《钞》甲部的内容与《经》甲部的内容绝不相侔。不晓得什么原因，现存的《太平经钞·癸部》就是从《太平经·甲部》节钞而来，经对勘，许多篇目，两两相符。可以说真正的《太平经钞·甲部》已经找到了（不是抄袭《灵书紫文》的《钞》甲部）。真正的《太平经·癸部》另有敦煌出的目录可查。

真正的《太平经钞·甲部》既经找到，将它和正统《道藏》本《太平经钞·甲部》两相对照，很容易发现后者是窃取它书伪撰的。

考订明正统《道藏》的《太平经钞·甲部》是后人伪撰，其重要意义在于避免发生这样的错误：以《钞》甲部的内容、术语等定《太平经》的时代。

《太平经》的成书时代，只能根据《经》的残卷和除"甲部"以外的《太平经钞》的内容来研究和考证。现在分四个方面论述如下：

一　从汉代语言上考察

从汉代常用的口语、名词、词汇等来考证《太平经》是汉代的作品，这是一种比较可靠的方法。例如，

（1）县官　天子称"县官"，为汉代盛行的口语，《太平经》亦常用这个称谓。《史记·周勃世家》云："庸知其盗卖县官器。"马司贞《索隐》："县官，谓天子也。所以谓国家为县官者，夏官王畿内县即国都也。王者官天下，故曰县官也。"《汉书·武帝记》元狩四年："县官衣食振业用度不足。"又京房传："事县官十余年。"《哀帝纪》："没入县官。"《东平王宇传》："今县官年少。"张晏曰："不敢指斥成帝，谓之县官也。"《后汉书·明帝纪》载"巡行汴渠铭"："今兖豫之人，多被水患，乃云县官不先人急，好兴他役"。皆以县官称天子了。《盐铁论》也屡次用县官一词，如《授时篇》云："县官之于百姓，若慈父之于子也。"又《水旱篇》："今县官作铁器多苦恶。"汉小学书《急就篇》云："廪食县官带金银。"汉时民间占卜用之书如《黄帝龙首经·占岁利道吉凶法》："在拘检道县官大凶。"又如《黄

帝金匮玉衡经》云:"县官有兵甲之忧。"杜林请徙张步降兵疏云:"小民负县官,不过身死,负兵家,灭门殄世。"① 王充《论衡》云:"县官事务,莫大法令。"②"县官之法,犹鬼神之制也。"③"史官记事,若今时县官之书矣。"④ 应劭《风俗通》曰:"今县官录囚","里语曰,县官漫漫,冤死者半"。所称县官,都指天子。清俞正燮云:"秦汉称天子为县官,后人文字承用之,所谓不古不今者也。"《汉书·两龚传》云:"使者至县请舍,欲令至廷拜授印绶。舍曰,王者以天下为家,何必县官,遂于家受诏。"《后汉书·刘矩传》云:为雍邱令,告民曰,"忿恚可忍,县官不可入"。县官真县官矣⑤。而《太平经》沿用"县官"二字很多,文理分明。如《经》卷三十七《五事解承负法》云:"天下云乱,家贫不足,老弱饥寒,县官无收,仓库更空。"《经》卷四十七《上善臣子弟子为君父师得仙方诀》:"众仙人之第舍多少,比若县官之室宅也。"又《钞》乙部《名为神诀书》云:"故天地调则万物安,县官平则万民治。"所有这些"县官"词儿,都指天子而言。《太平经》的作者,倘非汉人耳濡目染当代流行的语言,似乎不能用字这样的频繁和谐练。

(2)铢分 《太平经》中"不失铢分"的语句,屡见不鲜。如《钞》乙部《和三气兴帝王法》云:"但大顺天地,不失铢分,立致太平。"又《经》卷五十《天文记诀》:"天地有常法,不失铢分也。"《钞》丁部第六页:"春夏秋冬,各有分理,漏刻上下,水有迟快,参分新故,各令可知,不失分铢。""铢

---

① 《续汉五行志三》注补引《东观书》。
② 《程材篇》。
③ 《讥日篇》。
④ 《正说篇》。
⑤ 《癸巳存稿》卷七。

分"或"分铢"疑亦系汉代流行的语言。《淮南子·天文训》:"十二粟而当一分,十二分而当一铢,十二铢而当半两。"因此语言上有所谓"铢分"或"分铢"的词汇,都是比喻微小的意思。《史记·大宛传》:"其人善市贾,争分铢。"《汉书·食货志》:"耿寿昌习于商功分铢之事。"至于《太平经》所说"不失铢分",《论衡》所谓"不失分铢",其义一也。《论衡·量知篇》云:"御史之遇文书,不失分铢。"又《变动篇》云:"以七尺之细形,感皇天之大气,其无分铢之验,必也。"《周易参同契》:"推度审分铢。"《后汉书·华陀传》:陀精于方药,"心识分铢"。分哟,铢哟,都是汉代权衡上微小单位的名称。汉人说,"不失铢分",犹如今人口语上所谓"不差毫厘"的意思。

(3) 成事 "成事"一词,亦系汉人通用的语言,屡见于王充《论衡》等书,《太平经》亦常用它。《韩诗外传》卷五:"鄙语曰,不知为吏,视已成事。"《史记·秦始皇本纪》:"丞相诸大臣皆受成事,倚办于上。"《论衡·书虚篇》:"成事:桀杀关龙逄,纣杀王子比干,无道之君,莫能用贤。"又《道虚篇》:"成事:老子行之,逾百度世,为真人矣。"《问孔篇》:"成事:康子患盗。孔子对曰,苟子之不欲,虽赏之不窃。"按"成事",谓既成其事,或统下文而言。刘敞云:"汉时人言行事成事,皆谓已行已成事也。王充书亦有之。"[①]《太平经》的用法,意义与《论衡》相符合。如《钞》乙部《名为神诀书》云:"成事:□□不失铢分。"《经》卷四十六《道无价却夷狄法》云:"成事:大□□吾为天谈,不欺子也。"《经》卷七十一《致善除邪令人受道戒》:"成事:乘云驾龙,周流八极矣。"《经》卷九十二《万二千国始火始气诀》:"比若夏秋当力收,冬春当坐食成

---

① 参王念孙《读书杂志·汉书·行事条》。

事。"《太平经》中这类的例子很多。看来王充《论衡》的撰作,与《太平经》的问世,前后年代,相距不远,故各撷拾当时社会上流行的词汇来写作,就不足为奇了。

（4）何等　"何等"二字,是汉代流行的口语,《太平经》中经常用它。举例如下:

1.《经》卷三十五《分别贫富法》："今民间时相谓为富家何等也？"

2.《经》卷三十七《试文书大信法》："乞问天师,上皇神人所问何等事也？"

3.《经》卷四十八《三合相通诀》："真人所疑何等也？"

4.《经》卷五十一《校文邪正法》："子复欲问何等哉？"

5.《经》卷九十《冤流灾求奇方诀》："当冤何等人哉？"

6.《经》卷九十二《万二千国始火始气诀》："请问一绝诀说何等也？今不审知一者,何等也？"

其他例子,还有许多,不胜枚举。"何等"一词,王充《论衡》已常使用。如《道虚篇》云："实黄帝者,何等也？"《语增篇》云："今言男女倮,相逐其间,何等洁者？"《刺孟篇》："名世者,谓何等也？"凡此"何等"二字,皆是汉代常用的语言。《孟子·公孙丑》："敢问夫子恶乎长？"赵岐注云："丑问孟子才志所长何等？"《吕氏春秋·爱类篇》："其故何也？"高诱注云："为何等故也？"赵岐高诱,并是后汉人,桓灵之世,安世高译《阴持入经》亦屡用"何等"二字,如云"何等为三？一为五阴,二为六本,三为从所入"。其他如《后汉书·南匈奴传》载南单于、《后汉纪四》载光武帝、《后汉纪二十一》载桓帝以及

《东观汉记九》载景丹等人,都说过"何等"一词。总的说来,自《论衡》、《太平经》、赵岐、高诱注解以及安世高翻译佛典等,凡书"何等"一词,犹如现今口语上的"什么"。

以上从汉代语言上考察,略举其显著的,说明《太平经》是汉人的著作。

二　从地理名称上考察

(1) 雒·洛　《太平经》卷九十一《拘校三古文法》说:

请问天师之书,乃拘校天地开辟以来前后贤圣之文,河雒图书神文之属。

这里河雒之"雒",《太平经钞》己部第十一页作"洛"。《经》卷四十三《大小谏正法》:"河雒文出。"《钞》丙部第二十七页"雒"亦作"洛"。《经》卷四十一《作古文名书诀》:"河雒出文出图",雒仍作"雒"。按雍州洛水,豫州雒水,其字根本不同。后人写豫州雒水作"洛",这个错误,是从曹魏开始的。黄初元年诏,因汉系火行,火忌水,故洛去水而加佳。魏于行次为土,土,水之牡也,水得土而乃流,土得水而柔,故除佳加水,变雒为洛。此系曹丕改雒为洛,而又妄言汉变洛为雒,以掩己纷更之咎,且自诡于复古。自魏至今,皆受其欺。实则洛与雒,其字分别,自古不紊。《周礼·职方氏》豫州,其川荥雒,雍州其浸渭洛。《左传》凡雒字皆作雒。《尚书》有豫水,无雍水,而蔡邕石经残碑《多士》作雒。郑注《周礼》引《召诰》作雒。是今文古文《尚书》皆不作洛。自魏人书雒为洛,而人辄改魏以前书籍,故或致数行之内。雒洛错出[①]。段玉裁此说很是精

[①] 参清段玉裁《说文解字注》洛字和雒字条。

辟。可以知道魏黄初以前，伊雒河雒之雒，本作雒，未经变更。正统《道藏》本《太平经》中间雒图书之雒仍作"雒"，而《钞》文后出，才改"雒"为"洛"，于此可见《经》文尚有一部分保存魏黄初以前的真相。虽然，自从魏人书雒为洛，而人即改魏以前的书籍，如《汉书》的《地理志》、《郊祀志》亦多改"雒"为"洛"。至于《太平经》，自难幸免。如《经》卷四十七（第十一页），卷四十八（第八页），卷八十八（第一页），卷一百二（第二页，第三页），卷一百十二（第四页）等，举凡河雒之雒，都改为"洛"字了。这里值得注意的情况，就是《经》中"雒"字未改而《钞》改为"洛"字，足以表明《太平经》成书于汉代了。

（2）十三州 《太平经》卷九十三《国不可胜数诀》言天下有八十一域，乃沿驺衍所谓"中国者，于天下乃八十一分居其一分耳"[①]。《经》中又言："帝王有德，忧及十二州，大忧及十三州。"十二州十三州，都是汉代行政区域的制度。《汉书·武帝纪》：元封元年、初置刺史部十三州。十三州的划分是：司隶、并、荆、兖、豫、扬、冀、幽、青、徐、益、交、凉。后汉虽则并省县道侯国，但亦十三州[②]。按汉之前，秦制四十郡。汉之后，晋分天下为十九州，南朝刘宋有二十二州，齐、梁各有二十三州。陈的国土，比梁缩小，但分四十二州。至于北朝，后魏管州一百一十有一，北周则有二百一十州之多。总而言之，一国十三州，只见于两汉罢了。至于十二州，则制于王莽。《汉书·王莽传》云："汉家地广，二帝三王，凡十二州。州名及界，多不应经。《尧典》十有二州，后定为九州。汉家廓地辽远，州牧

---

① 《史记·孟轲荀卿列传》。
② 参《通典》卷一百七十一《州郡典》、《通志》卷四十《地理略》。

行部远者三万余里,不可为九。谨以经义正十二州名分界,以应正始。"原来汉哀、平之际,《包元太平经》之说,风靡一时。哀帝以建平二年(公元前 5 年)改为太初元将元年,号曰陈圣刘太平皇帝。王莽蛊惑其说,并采取十二州。《太平经》也接着承袭他的地理区分,云:"帝王有德,忧及十二州。"从十三州、十二州的地理名称上考察,可见《太平经》是汉代的作品。

三　从社会风尚方面考察

九等的区分,是汉代品评人伦的风尚。《太平经》卷四十二《九天消先王灾法》说:

> 凡天理九人而阴阳得何乎哉?夫人者,乃理万物之长也。其无形委气之神人,职在理元气;大神人职在理天;真人职在理地;仙人职在理四时;大道人职在理五行;圣人职在理阴阳;贤人职在理文书,皆授语;凡民职在理草木五谷;奴婢职在理财货。

九人就是:一、无形委气之神人;二、大神人;三、真人;四、仙人;五、大道人;六、圣人;七、贤人;八、凡民;九、奴婢。九等次第,贤人以上,属于上层人(神)物;凡民以下,属于下层社会。

《太平经钞》丁部第十四页云:"今神人、真人、仙人、道人、圣人、贤人、民人、奴婢,皆何象乎。"这里问的是八等,上层六等,下层二等,没有上举"九人"中的"无形委气之神人"。依《太平经》的理论,认为"真人学不止成大神人,大神人学不止成委气神人"。本来"真人"一个等级,加上"神人"一个等级就够了。为什么还要把"神人"分为"委气神人"和"大神人"呢?这是作者根据当时社会上流行的九等法拼凑而成的。

《太平经》九等之分,盖仿扬雄《太玄》与班固《汉书·古今人表》。《太玄·玄数》把天地人皆分为九。《古今人表》排列的次序是:上上、上中、上下;中上、中中、中下;下上、下中、下下。上上者为圣人,上中者为仁人,上下者为智人,下下者为愚人,而中上至下中五等人的名称都空着。班固序"圣人"为上上,《太平经》则列"委气神人"为第一。由此可见儒道之分,方内方外的区别。《太平经》卷九十八《神司人守本阴祐诀》云:"夫神,乃无形象变化无穷极之物也。"这里所谓"物",犹如《老子》云"道之为物,惟恍惟惚"一般,可以表明"无形委气之神人"的神秘性和极端诡变性。

"九",本是表示多数的称谓。九等的品评,汉代最盛。扬雄班固始以之论人,其后应用的范围逐渐扩大。《太平经》以之论神和人。荀悦著《申鉴》,以之论性。其《杂言篇》云:"性虽善,待教而成。性虽恶,待法而消。唯上智下愚不移。""得施之九品,从教者半,畏刑者四分之三,其不移大数,九分之一也。一分之中,又有微移者矣。"用九品论性,与九品选士都是从班固九等论人法发展而来。到曹魏时,三国鼎立,士流播迁,四民错杂,考核不得其方。于是尚书陈群建立九品官人之法。州郡自置中正,以定其选。这就是所谓九品中正选拔人才的办法。

据正史记载,《太平经》始出现于后汉顺帝之世,继班固之后,受《汉书·古今人表》的影响,分别高下,定人为九等,足以表明它是后汉时代成书的特征之一。

四 从《太平经》的思想内容上考察

一般地说,从思想内容上探索《经》的时代性,比较困难。因为有些思想及其独创的术语,虽仅见于《太平经》书,如有关因果报应的"承负"说，但在同时代的其他典籍里，找不到同样的词儿，因而无法论证它产生的时代。比较能够把握住的是一个时代流行的共同概念、范畴。以某个共同概念、范畴为基础，在这个基础上，有这家这派这样去发挥，自成一个类型的思想；也有那家那派那样去发挥，另成一个类型的思想，但都离不开这共同概念为基础。从这里，可以见到共同时代的特征。

（1）元气说："元气"一词，在先秦的书籍里，未曾见过。与"元气"的意义相仿佛的，在《楚辞·天问》里，有"冯翼"一词。在《庄子·应帝王篇》里有"浑沌"一词，原来的意义也不是指元气说的。《易传》里的"太极"，原来没有明确的意义，汉儒在《易纬》里以及唐人对《易传》的解释才有"元气"的说法。

"元气"一词，殆始见于董仲舒《春秋繁露》。《淮南子·天文训》说："宇宙生气。"①《春秋繁露·天地之行篇》云：国君布恩施惠，"若元气之流皮毛腠理也，百姓皆得其所"。《王道篇》又云："王者，人之始也。王正则元气和顺。"这里贯穿着天人感应的思想。刘歆《钟律书》遂用"太极元气"之名，《汉书·律历志》云："太极元气，函三为一。"按"函三"的"三"，或谓天、地、人，或解说为太初、太始、太素，均通。至于纬书，大谈元气。如《河图括地象》云："元气阊阳为天。"又云："元气无形，汹汹蒙蒙，偃者为地，伏者为天。"②《春秋

---

① "宇宙生气"句，《太平御览》天部一作"宇宙生元气"。我觉得《淮南子》这节文字的上下文颇难通解。上文"冯冯翼翼，洞洞灟灟，已指元气无形之貌。下文又来"虚廓生宇宙，宇宙生元气"云云，文字漫衍，意义重叠。这个"元"字，疑是后人臆增的。

② 《太平御览》一引。

说题辞》云:"元气以为天,浑沌无形(体)。"① 这些都说"天"从元气而生。《太平御览》一引《礼统》说:

> 天地者,元气之所生,万物之所自焉。

《白虎通·天地篇》亦云:

> 天地者,元气之所生,万物之祖也。

这是阐明天地万物都是元气产生的。究竟元气是什么样子,怎样产生天地万物呢?王充《论衡·谈天篇》引说《易》者云:"元气未分,浑沌为一。"儒者又言:"溟涬濛澒,气未分之类也。及其分离,清者为天,浊者为地。"这里溟涬濛澒,就是指元气。元气的状态是浑沌为一,及其分离,轻清的为天,重浊的为地。《幸偶篇》云:"俱禀元气,或独为人,或为禽兽。"《无形篇》:"人禀元气于天。"《论死篇》:"人未生,在元气之中,既死复归元气"。《言毒篇》又说:"万物之生,皆禀元气。"这些说明人和禽兽万物都是从元气产生的。

王充《论衡》之后,王符《潜夫论·本训篇》认为远古的时候,"元气窈冥,未有形兆,万精合并,混而为一"。后来经过自然演化,分别清浊,"变形阴阳。阴阳有体,实生两仪。天地壹郁,万物化淳,和气生人"。就是说,从元气分为阴阳,从而产生天地人万物,这是朴素唯物主义的宇宙论。与《潜夫论》著作年代约略相当的《太平经》,它利用当代流行的元气说的思想材料,从自己的理论系统出发,委细分析,反复阐明,成为原始道教独特的宇宙生成论。

《太平经钞》乙部《和三气兴帝王法》云:

> 元气有三名:太阳、太阴、中和。形体有三名:天、地、人。

---

① 《文选·思玄赋》注引。

太阳、太阴、中和三者之气，是从元气派生得来的，各是元气的一部分，合之称为元气。元气溟濛，"乃包裹天地八方，莫不受其气而生"①，分别来讲，"一气为天，一气为地，一气为人，余气散备万物"②。又说，"元气恍惚自然，共凝成一，名为天也；分而生阴而成地，名为二也；因为上天下地，阴阳相合施生人，名为三也"③。总之，"天地人本同一元气，分为三体，各自有祖始"④。物类如草木，也是受命于元气的。

《太平经》原来是以顺天地、法阴阳为宗旨的。元气呢，为阴阳之所从出，天地人之所自生成，一言以蔽之，它是宇宙万物生成的本原。天道无穷无限，不若一元气的力量大，"元气无形，以制有形"⑤。比如人们的肉眼看到众星亿万，不若一个太阳的光明。这样说来，元气巍然独处于至高无上的地位。《经》卷六十七《六罪十治诀》言十治，第一治是元气治，超然凌驾于自然、道、德、仁、义诸治之上。《钞》乙部《名为神诀书》云："元气、自然，共为天地之性也。"依照以往道家的说法，"自然"是极高的境界。如《老子》第二十五章云："王法地，地法王，天法道，道法自然"。"道"和天、地，都在"自然"之下。而《太平经》的理论，在"自然"之上，还有"元气"。这就是原始道教经义所以跟道家学说不同的地方，也就是《太平经》在汉代元气论笼罩和影响下表现出来的一个时代特征。

（2）五行说：王、相、休、囚、废

王、相、休、囚、废，是根据五行相生而间相胜的原理而

---

① 《经》卷四十《分解本末法》。
② 《钞》癸部第八页。
③ 《钞》戊部第十页。
④ 《经》卷六十六《三五优劣诀》。
⑤ 《钞》乙部《守一明法》。

来，为汉代五行说的重要内容之一。《太平经》卷六十五《兴衰由人诀》说：

> 今天乃自有四时之气，地自有五行之位，其王、相、休、囚、废自有时，今但人兴用之也。安能乃使其生气，而王相更相克贼乎？

本来"五行"，也可以说是"五气"①。所以由五行生尅的作用来称气，则有王气、相气、休气、囚气、废气。这也可叫做五行休王论。《经》卷九十六《忍辱象天地至诚与神相应大戒》云："受王、相气多者为尊贵则寿，受休、废、囚气多者数病而早死。"可见王相气主吉寿，休废囚气主凶死。《经》卷一百十六《某诀》云：帝气象天，乐生好施与；王气象地，常养而好德；相气微气象人，人无常法而数变易；衰死囚亡之气象万物，数变乱而凶恶。可见帝气王气相气囚亡之气分别象天、象地、象人、象万物，发挥着生、养、变、乱的作用。帝气王气合称帝王之气，王气相气合称王相之气，皆主吉主善。休气亦名衰休之气，囚气废气合称囚废之气，有时休、囚、废总名休囚死气，皆主凶主恶。

《太平经》中王相休囚废五气之说，是有汉代五行学说为依据的。董仲舒《春秋繁露·五行相生篇》云："五行者，五官也，比相生而间相胜也。"《淮南子·地形篇》云："木胜土，土胜水，水胜火，火胜金，金胜木。"这叫做五行相胜。故说："木壮，水老，火生，金囚，土死。火壮，木老，土生，水囚，金死。土壮，火老，金生，木囚，水死。"其他则有"金壮，土老，水生，火囚，木死。水壮，金老，木生，土囚，火死"。这就是所谓五行迭次相生而间相胜，所谓"老"，相当《太平经》

---

① 见（汉）刘熙《释名·释天》。

中王相休囚废的"休"。所谓"死",相当《太平经》中的"废"。所以"废气"亦名"死气"。至于《老子》第三十九章河上公注云:"言神当有王、相、囚、死、休、废"。这里把"死"和"废"并列起来,不合通常的五行说。

至于汉代盛行的纬书里,也有王、相、休、囚、死的说法。《春秋运斗枢》云:"四时王者休,王所胜者死,相所胜者囚。假今春之三月,木王,水生木,水休,木胜土,土死,木王,火相,王所生者相,相所胜者囚。火胜金,春三月金囚。"故《白虎通·五行篇》也说:"五行所以更王何?以其转相生,故有始终也。木生火,火生土,土生金,金生水,水生木,是以木王,火相,土死,金囚,水休,王所胜者死。"这里只是以春季为例。隋萧吉《五行大义》续为之说曰:五行休王者:春则木王,火相,水休,金囚,土死;夏则火王,土相,木休,水囚,金死;六月则土王,金相,火休,木囚,水死;秋则金王,水相,土休,火囚,木死;冬则水王,木相,金休,土囚,火死。这样,五行更王,配合四时和六月,成了完整的一套说法了。

王、相、休、囚、废五气的名称,并见于《黄帝龙首经》。《龙首经》为汉代民间流行占卜之书。采五行说以附会吉凶善恶。《太平经》原来"以阴阳五行为家,而多巫觋杂语"。所以它也屡言王、相、休、囚、废诸气。

从西汉的《春秋繁露》、《淮南鸿烈》,谶纬图书以及东汉的《白虎通义》等相继运用王、相、休、囚、废的五行说,在这种神秘主义的思想笼罩下,《太平经》的撰者,也笔之于书,就觉得是自然的事了。

最后,让我简略地谈谈《太平经》的作者问题。

关于《太平经》的作者,据正史记载,后汉人襄楷的话算是最早的了。范晔《后汉书·襄楷传》载:桓帝延熹八年(公元166年），襄楷给皇帝的奏疏说："臣前上琅邪宫崇受于吉神书，不合明听。"又上书说："前者宫崇所献神书，专以奉天地，顺五行为本；亦有兴国广嗣之术。其文易晓，参同经典。而顺帝不行，故国胤不兴。"这里告诉我们：（甲）这部道经称"于吉神书"（于吉作干吉），由于吉传授给宫崇的（宫崇作宫嵩）。（乙）顺帝时，由于吉弟子宫崇把它献给朝廷，没有被理睬。（丙）桓帝时，襄楷又把宫崇所传授的于吉神书献上。

据《襄楷传》文记载，又可以明确下列几个问题：（1）于吉与宫崇的关系是师徒传授的关系。（2）神书有一百七十卷。（3）于吉在曲阳泉（约在今江苏省东海县境内）上得到这部神书。皆缥白素、朱介、青首、朱目、号《太平清领书》。（4）官吏奏宫崇所上的神书，妖妄不经，把它收藏起来。（5）后汉末，太平道的教主、黄巾起义军的领袖张角拥有这部经书。这部道经，自汉至唐，历代都有著录①。到了唐代，《后汉书·襄楷传》章怀太子李贤注说：所谓神书，"即今道家《太平经》也。其经以甲、乙、丙、丁、戊、己、庚、辛、壬、癸为部。每部一十七卷"。这就是明正统《道藏》收存的《太平经》残卷，直到于今。

总的说来，于吉神书就是《太平清领书》，也就是《太平经》。最早把这部"神书"传给宫崇的是后汉于吉（这个于吉，是否就是三国时的于吉，是另外一个问题。至少可以知道，他是东汉顺帝时已经出现的人）。于吉大概是最先撰《经》并传《经》的人，宫崇是最早传授这部经书并加以增演的一人，至于《太平经复文序》说：后圣太平圣君作《太平复文》，"先传上相青童君，传上宰西城王君，王君传弟子帛和，帛和传弟子于

---

① 详见拙编《太平经合校》附录《太平经著录考》。

吉"，这神秘传授的系统，如同其他道书虚构什么"天仙"或"太上老君"传经一样，都是不可轻信的。所谓"帛和传弟子于吉"，疑是虚构臆造。今本葛洪《神仙传》的帛和传，根本没有提帛和与于吉的关系，更没有记载传授《太平经》的事迹。唐王悬河《三洞·珠囊》卷一引《神仙传》云：帛和以素书二卷授于吉，使成一百五十卷，不知此《神仙传》即葛洪《神仙传》否？如果是，何以同书歧出如此之大？我怀疑帛和传经给于吉是一种无稽的传说。因为后汉人襄楷上疏没有提到，刘宋范晔《后汉书》也没有说，今本葛洪《神仙传》的帛和传和宫崇传都没有记载，至于到底帛和病，向于吉求医，于吉传授《太平经》呢？还是于吉病，向帛和求药，并受《太平经》呢？后世道书的说法也是颠来倒去，莫衷一是。如《云笈七签》卷三十七《老君说一百八十一戒叙》载：于君（于吉）传《太平经》一百七十卷。"后帛君笃病。从于君授道护病，病得除差"。这是说帛和病，从于吉求医，于吉授经给帛和的。两说相反。所以不能轻信"帛和传弟子于吉"的说法。一百七十卷"神书"的形成是要有个过程的。一百七十卷的经典在汉代是异常罕见的大部头的书籍。可能先有个秘传的简单的草本，所谓"太平本文"。这种秘传的草本，很难断定是谁写的，以后逐渐增修，宫崇是个重要的编纂者。称它是"于吉神书"，表明他是最早撰写最早传经的一人。实际上，它不是出于一时一人的手笔，可以说是一部集体编写的道书。就现存《太平经》残卷来看，大体上还保存着汉代著作的本来面目。《经》中许多常用的语言、词汇、地名、社会风尚以及哲学概念等，都还保存着汉代的特征。它大抵是公元2世纪前期的作品。

由于这部道书被封建朝廷说是"妖妄不经"而被收藏起来，成为禁书，所以长时期里遭受厄运，没有得到广泛的传播。虽然如此，唐以前有关《太平经》的记载，除前引《后汉书》外，还有不少著录和传述，如后汉牟子《理惑论》，晋葛洪《抱朴子内篇·遐览篇》和《神仙传》，晋虞喜《志林》，梁孟安排《道教义枢》等。还有《太平经复文序》称：南朝陈宣帝时，"周智响善于《太平经》义，常自讲习，时号太平法师"。从此可见，自东汉至南朝末年，虽则屡经离乱，可是《太平经》的流传，始终未曾断绝。入唐以后，种种记述纷繁，更不待言了。

（原载《世界宗教研究》1982年第1期）

《太平经》和《抱朴子》在文化史上的价值

我提出《太平经》和《抱朴子内篇》两部道书在我国思想文化史上的价值，为的是它们先后代表最早两个不同性质道教的类型，非但对道教的形成和发展有着重要的意义，而且对我国思想文化的发展也有着特殊贡献和价值。

《太平经》是后汉时原始道教的经典，流行于民间，属民间道教的性质，它的理论思维基本上代表民间道教类型的特色。

《抱朴子内篇》是晋代神仙道教的代表著作，是在魏晋之际民间道教被官方抑制以后，上层社会门阀士族崇信神仙道教的理论和方术集大成的专著。

原始道教产生的气候和土壤是当时社会、政治、文化、信仰诸矛盾的存在。原始道教的活动家、理论家同世俗的政治活动家、理论家一样，都是企图解决现实社会的矛盾问题，不过所采取的表现方式和途径有所不同罢了。

神仙道教所关心的不是民间的疾苦、现实政治的黑暗腐败等问题，而是统治者的既得利益和地位，想方设法，妄图达到长生不死、永远在天国里享受人间帝王、贵族一般的荣华富贵的生活。这就决定着民间道教和神仙道教性质的不同，后者对前者采取对立和排斥的态度。

一

道教是神学宗教形态的一种。神学宗教最普遍的基本特征就是相信有神。道教是在中国的土壤里生长的，有它自己的特色。首先，原始道教的形成在汉代，因之在原始道教的经典《太平经》里往往反映出汉代社会政治文化思潮的特色。其次，它又是经过较长时间的累积，不同手笔的增修而形成的庞杂体系，兼容并蓄着不少思想文化的精华与糟粕，须要细心剖析，认真评价。在这篇短文里，不能详谈，只能有重点地简略说明几个社会政治思想的问题。

比如，《太平经》里有维护封建统治的言论，这在当时思想界是相当普遍的现象，拥有一百七十卷巨帙的《太平经》并非世外桃源的产物，故也未能例外。也有改良主义的言论，不可忽视。这些言论，与豪门势族的思想不一样，主张任用贤才，公平办事；减省刑罚，避免重刑死法，保障老百姓的生命安全；反对贵族豪家穷奢厚葬，靡费社会上大量财力和物力。又主张沟通民意，下情上达，能使万民直言疾苦和弊害。《太平经》认为，做到这些，这大致符合国家太平的气象。

特别是那些反映农民善良愿望的言论尤为难能可贵，最值得珍视。众所周知，封建社会里生产劳动的主要负担者是广大农民（手工业往往是农民的副业）。所以农民群众主张自食其力是天经地义。"夫人各自衣食其力"，"人自有筋力，可以衣食者"。这是农民群众的生活原则。剥削阶级靠别人供给衣食，绝没有这样的亲身感受和想法。自食其力的反面是四肢不勤地剥削他人，剥削的对象是终日勤劳衣食无着的穷民。《太平经》描写富翁剥削穷人说:"或有遇得善富地,并得天地中和之财,积之乃亿亿万种,珍物金银亿万,藏于幽室,令皆腐涂。见人穷困往求,骂詈不予,既予不即许,必求取增倍也;而或但一增,或四五乃止。赐予富人,绝去贫子。令使其饥寒而死,不以道理,反就笑之"①。富翁们就是这样贪得无厌,狠毒心肠!在《太平经》看来,天地间的财物,原是用以共养众人的,不能让个人或极少数人独占为私有。"此财物乃天地中和所有,以共养人也。此家但遇得其聚处,比若仓中之鼠,常独足食,此大仓之粟,本非鼠独有也,小内之钱财,本非独以给一人也;其有不足者,悉当从其取也。愚人无知,以为终古独当有之,不知乃万户之委输,皆当得衣食于是也"。《太平经》认为天地间的财物应该公有公用,谁也不许独占,即如帝王私人府库里的钱财,原来也是从天下万户百姓那里征调得来的。比如大仓里的米粟,本来不是老鼠所独有的。这个劳动人民自己体验的道理很通俗,很切近实际,可是蕴涵着十分深刻的真理和智慧的光芒。从劳动人民自食其力的主张,到天地间万物共养人的道理一贯性,作为原始道教理论的一个方面,不仅是尔后道教史上绝无仅有的思想,而且其通俗透辟感人肺腑的力量,也是当时世俗的政论家所望尘莫及的。早期民间道教思想的精髓就在于此。

　　这种进步的社会政治思想不是孤立的出现、偶然的流露。它和《太平经》里某些朴素唯物论和朴素辩证法有着血肉相通处。因为该书残缺甚多,现在仅存五十七卷,只能略引一些主要文字,以见一斑。在宇宙生成论方面,主张原初物质——元气产生天地万物,"天地人本同一元气,分为三体,各自有祖始"。又说:"元气恍惚自然,共凝成一,名为天也;分而生阴

---

① 《太平经合校》,第246页。

而成地，名为二也；因为上天下地，阴阳相合施生人，名为三也。"① 天、地、人三才都是从元气自然而然化生而成。这里没有涉及超自然的上帝或其他什么神秘的力量创造天地人和万物。显然，这是吸收了汉代流行的元气论的唯物主义观点。看来似乎有些奇怪，宗教本来宣扬神学，但同时有意无意地宣传唯物论，这个矛盾，令人难以理解，这同汉代谶纬迷信书里出现元气论一样，事情的错综复杂的状况是如此，并不值得大惊小怪。

《太平经》的言论本是以阴阳五行为家，原始阴阳五行学说含有朴素辩证法的因素。它说："天下凡事，皆一阴一阳，乃能相生，乃能相养。"② 相生相养，即对立物的相互联结，是一方面的情况。另一方面，是对立物的相互转化。只要事物的变化达到一定的极限，阴能变为阳，阳能变为阴。所谓"阴极反生阳"，就是这个意思。反之亦然。这在自然界是容易理解的，如气候的变化即是寒极反暖，暖极反寒。但一论及人间社会，受根深蒂固的封建伦常思想的束缚，就难以坚持这个阴阳互相转化的原理了。如1973年长沙马王堆三号汉墓出土的黄老学派的古佚书《经法》，其《四度篇》虽则承认"极而反，盛而衰，天地之道也"。但是强调"君臣易位谓之逆"。指责君臣（包括君民）易位是反悖纲常的大逆。而《太平经》没有受这种礼教的约束，竟有君、民变化无常的思想，断言"一盛一衰，高下平也；盛而为君，衰即为民"③ 这个十六字箴言，在当时正统思想家看来无疑是异端谬说。由此可见汉初黄老之学

---

① 《太平经合校》，第305页。
② 《太平经合校》，第221页。
③ 《太平经合校》，第723页。

与东汉原始道教经典中某些思想有着根本的区别。史称汉顺帝时，有司奏宫崇所上《太平清领书》为"妖妄不经"，把它收藏起来了。这是《太平经》首次遭受不幸的厄运。原始道教经典的这些思想，作为教义教理的一部分，除了对汉末民间道教如太平道、五斗米道和隋以前李氏（李弘等）道的活动有若干影响外，在道教史上毕竟成为绝唱，不再有什么继承发扬和传播的迹象了。因为它同封建统治阶级的利益相冲突，官方舆论和法令不允许。应时而兴的是神仙道教，神仙道教迅速得到广泛的发展。

二

我国神仙思想，起源很早。魏晋时期，继民间道教而兴的神仙道教具有系统的理论和众多的方术，它完成于晋代葛洪的《抱朴子内篇》。

神仙道教的最大目标就是幻想成为长生不死的神仙。民间道教追求的是现世的利益，贫苦人家要求富人减轻剥削，救穷周急；要求穷哥儿们自愿互助互济，有疾病则乞求神灵的符水来解除痛苦，如此等等。他们现世生活的日子很不好过，绝没有想求什么长生不死的快乐。只有帝王贵戚门阀豪族平时享尽荣华富贵而又厌倦这种物质的生活，想到世事变幻无常，人生不免一死；一死，什么都享受不到，精神上感觉无限空虚，内心里发生一阵阵悲凉的情绪。长生不死的神仙信仰，才成为他们的玄思和梦想。抱朴子深信天地间有不少特异的现象，比如夏天草木都在生长，而荞麦枯萎了。冬季草木凋落，而竹柏长青。常言生必有死，而龟鹤能够长存。由此推论，"若夫仙人，以药物养身，以术数延命，使内疾不生，外患不入，虽久视不死，而旧身不改，苟有其道，无以为难也"①。这种似是而非的言论，所谓以药物养身、术数延命，是有可能的；但过此而往，超越延年益寿的界限，妄求长生不死，这就荒谬透顶了。他强调学仙的方法，必须恬愉澹泊，涤除嗜欲；必欲静寂无为，忘其形骸；必欲止绝臭腥，休粮清肠，如此等等。清静无为，恬愉澹泊，止绝臭腥，如果控制适中，对保健身体来说，可能有一定的益处，但欲以此求长生，成神仙，未免想入非非，不可究诘了。

抱朴子提倡神仙道教，在理论上反复申述神仙是可学的。在方术上历举金丹、仙药等方诀，令人勤求道法，相信成仙。方术纷纭，首推金丹为仙道之大要。丹法众多，或得自祖传师授，或亲自搜访所得，详加审核，并做试验。神仙道教的主观愿望——贪求长生不死是荒谬的。但是炼丹术的实验，客观上对原始化学的贡献是不可抹煞的。从炼制金丹的实验中观察到的化学变化，有两句概括的名言："丹砂烧之成水银，积变又成丹砂。"②丹砂就是硫化汞，将丹砂烧炼，其中所含的硫变成二氧化硫，游离出水银。再使水银和硫黄化合，便生成硫化汞。这是抱朴子对还丹总结的话。又如葛洪对于铅的化学变化的认识也是深刻的。他说："铅性白也，而赤之以为丹；丹性赤也，而白之以为铅。"③"铅性白也"，是说铅经过化学变化可以变成胡粉，即铅白。铅白加热后经过化学变化，成为赤色的铅丹。这两句简括的话，正是对铅的化学变化做了一系列实验之后得出的结论。举此二例，可见他对于炼丹过程的观察是严密认真的，具有科学家实验的精神。在这里，他没有以宗教家的玄想代替科学研究，所以在科技

---

① 《抱朴子内篇·论仙》。
② 《抱朴子内篇·金丹篇》。
③ 《抱朴子内篇·黄白篇》。

史上能够做出卓越的贡献。

炼丹家往往兼攻药物学和医学。《抱朴子内篇》的《仙药篇》更详述诸芝、五玉、云母、雄黄、真珠、桂、巨胜等,据说服之可以延年益寿,甚至相信可以成仙。此外,他还撰有《金匮药方》(疑即玉函方)一百卷,《肘后备急方》八卷,《神仙服食药方》十卷等医药书籍多种。就现存《肘后备急方》一书看来,他对传染病如天花、结核病等都有研究,对免疫法也有准确的认识,贡献不小。特别值得重视的,他从化学实验的变化,观察到一些自然物能够以人工的方法来制造。外国科技成果新工艺产品的输入,也给他以启迪。他说:"外国作水精碗,实是合五种灰以作之。今交、广多有得其法而铸作之者。"① 水精本是自然之物,属玉石之类,现在可以用人工方法制成。葛洪进一步认为云、雨、霜、雪是天地间自然物的变化,只要人们掌握自然变化规律的方法,都可以人工制造。他明确地说:"云、雨、霜、雪,皆天地之气也,而以药作之,与真无异也。"② 抱朴子生于一千七百年前的封建社会,已经探索用人工的方法制造人造雨、人造冰、人造雪,真是古代文化史上了不起的科学实验家。

《抱朴子·杂应篇》还有这样的话:"或用枣心木为飞车,以牛革结环剑以引其机。"从这寥寥十余字中,透露了中国最早的关于飞机螺旋桨的原理。这是科学家的巧思,绝不是宗教家的玄想。今人古工艺史家王振铎为此创制了飞车复原图,登载在《中国历史博物馆馆刊》1984年第6期上。

总的说来,《太平经》作为原始道教的经典,它的特点与神

---

① 《抱朴子内篇·论仙》。
② 《抱朴子内篇·黄白篇》。

仙道教的《抱朴子内篇》不同，理论多，方术少。在庞杂的思想体系中，一些有关社会政治的进步言论尤为出色，反映了当时社会政治经济中存在着严重的矛盾。这不但为后来神仙道教所不能言和不敢言，就是比世俗思想家的言论也是更大胆、更深刻，大大超越了一般宗教教义的性质和范围。

神仙道教作为民间道教的对立面而出现，在《抱朴子内篇》里，诸方术加多，有关社会政治思想，偏向维护封建秩序，这是神仙道教的本质和立场所决定的，是消极方面。另一方面，葛洪作为学问渊博的道教学者，注重自然科学技术的探索与观察，客观上做出了积极的有益的贡献，在文化史上的价值也是应该肯定的。

（原载1987年《文史知识》第5期道教与传统文化专号）

从墨子到《太平经》的思想演变

儒家和墨家，在战国之世，并称"显学"。儒学流传，绵延垂二千多年之久。墨学自秦汉以后，几至中绝。究竟墨学的优良传统到哪里去了呢？本文想谈谈这个问题。

墨子姓墨名翟，生于手工业发达的鲁国，是战国初期著名的思想家。他出身于"贱人"阶级，曾经做过车工。他和公输般的手工艺在鲁国都是卓越闻名的。他的思想言论，代表民间手工业小生产者这一阶层，同时也包括自由农民、商贾的利益和要求。所谓"农与工肆之人"，大体上是他所代表利益的范围。

民间个体手工业生产者和自由农民都是小生产者，是劳动群众，也是小生产者。由于小生产者尤其是手工业小生产者的经济地位不稳定，他们的本性倾向于互助、互爱、互利。墨子提倡"兼相爱，交相利"，正是反映了小生产者的要求和愿望。

墨子的全部学说从小生产者的利益出发，主张劳动群众兼爱互助，共同反对奴隶主贵族的压迫，这是富有现实意义的主张。但是他把这个主张扩大到社会上不分贫富贵贱的阶级，都来个普遍地兼爱互利，这是一种不切实际的幻想。为了要实现他的学说，提倡尊天事鬼，更是落到宗教的窠臼里去了。

"天志"和"明鬼"是墨子宗教思想的两大台柱。有意志的天有好恶爱憎的表现。他说:"天欲义而恶不义。"① "天子为善,天能赏之;天子为暴,天能罚之。"② 天的意志,更"欲人之有力相营,有道相教,相财相分也"③。天的意志,实际上就是墨子所代表的小生产者的意志。不过由于当时小生产者还缺乏独立的政治力量,带有软弱性,所以借助"天"这个靠山罢了。

墨子尊天又信鬼。他跟无鬼论者展开辩论,引证许多历史故事。把鬼神说成活灵活现。说鬼能报仇,如周宣王曾杀杜伯,后来杜伯的鬼乘白马素车,戴朱衣冠,把周宣王杀了。又运用他的著名的"三表"的第二表,以众人耳目的感觉证明鬼神是有的,他说:"何不尝入一乡一里而问之,自古以及今,生民以来者,亦有尝见鬼神之物,闻鬼神之声。则鬼神何谓无乎?"④ 当然,这些证明的方法是不科学的。但是由此可以了解他相信鬼神的狂热心情。

应该指明,墨子提倡尊天事鬼,不是为了欺骗蒙蔽老百姓、恫吓老百姓。相反,主观上倒是为百姓万民的利益服务。但是也得承认,由于提倡尚同学说,天下之百姓,皆上同于天子,还须上同于天,客观上就有利于封建专制主义的形成。

"天志"和"明鬼"是宗教思想。尽管他的用意不同,宗教思想总是糟粕。在先秦诸子书中,只有墨子是用专题来反复论证有意志的天和鬼神都是存在的。

宗教思想对墨者团体的组织起过一定的巩固作用。

先秦诸子学派中,只有墨家是有纪律、坚强而严密的组织。

---

① 《天志》上。
② 《天志》中。
③ 同上。
④ 《明鬼》下。

《淮南子·泰族篇》说"墨子服役者百八十人,皆可使赴火蹈刃,死不还踵",这不是虚语。因为墨家原来代表小生产者的利益,有组织,有纪律,又有宗教信念,所以敢于拼命。

墨者的组织的首领叫做钜子。墨家的门徒必须服从钜子的指挥。墨者的组织有严格的纪律,虽是钜子也是必须遵守。《吕氏春秋·去私篇》载:"墨者有钜子腹䵍,居秦,其子杀人。秦惠王曰:'先生之年长矣,非有他子也。寡人已令吏弗诛矣。先生之以此听寡人也。'腹䵍对曰:'墨者之法曰:杀人者死,伤人者刑。此所以禁杀伤人也。夫禁杀伤人者,天下之大义也。王虽为之赐而令吏弗诛。腹䵍不可不行墨者之法。'不许惠王而遂杀之。"这"墨者之法"就是墨家团体里上下人等必须共同恪守的纪律。

墨子崇义,曰:"万事莫贵于义。"① 墨家又重任侠。在战国中叶,后期墨家著作的《墨经》里有些记载。《经上》:"任,士损己而益所为也。"《经说上》解释道:"任,为身之所恶,以成人之所急。"人所急者财,那末助之以财;人之所急者力,那末助之以力。不计较个人的功过得失,慷慨相助,这就是任侠的义气。墨侠就是从这里产生,在战国时很活跃。自从秦汉受了统治者严重打击和禁止以后,他们潜入民间匿迹销声了。

墨侠重慷慨相助,在初期墨家的言论里已见其端倪。墨子提出贤士的三个标准,是:

(1) 有力者疾以助人,

(2) 有财者勉以分人,

(3) 有道者劝以教人。②

---

① 《贵义》。
② 《尚贤》下。

这三个贤士标准特点都是注重慷慨助人。用以助人的范围不拘于力、财、道，只要力能所及，就该勉力相助。这个思想在墨子的言论里占异常重要的地位。所以他在不同的场合，总是从正面或反面说它几番。正面的说法又见《天志》中篇和《兼爱》下篇。反面的提法，并见《尚同》上篇和《尚贤》下篇。正面的说法，如上所述。反面的提法，举例如下：

（1）有余力，不能以相劳；
（2）腐朽（朽，音朽，腐也。）余财，不以相分；
（3）隐匿良道，不以相教。①

墨子认为这些是未有国家刑政之时的纷乱状态。要消除这种状态，必须选择天下的贤者，立为天子。其实，这无非是政治上软弱无力的小生产者依靠当时新兴封建主阶级，幻想实现互助、互利的一种表现。

关于余财相分一项，墨者团体里就曾实行过。墨子使耕柱子仕于楚，"二三子过之，食之三升，客之不厚。二三子复于子墨子曰：'耕柱子处楚无益矣。二三子过之，食之三升，客之不厚。'子墨子曰：'未可知也。'毋几何，而遗十金于子墨子曰：'后生不敢死，有十金于此，愿夫子之用也。'子墨子曰：'果未可知也。'"② 从这个故事中，可见墨者团体里有人作官而富贵起来，对于师长同学，都有分财相助的义务。又《鲁问篇》载墨子批评曹公子在宋国作官有二不祥，其中之一是"多财而不以分贫"。这是因为曹公子积蓄多财而不以分给穷人，是违背了墨者"为贤之道"的标准之一，所以鬼神给他不祥的"报应"。墨

---

① 《尚同》上。
② 《耕柱篇》。

子后学更发挥余财相分的意思道:"据财不能以分人者,不足为友。"① 可见墨者团体里对于余财相分这一项是很重视的。

墨学自秦汉以后如同墨侠一样消沉下去。而它的"天志""明鬼"的宗教思想却在社会上流传开来,被我国土生土长的道教正式吸收进去,这是明显的事。章太炎说黄巾道士,其术远法巫师,近出墨翟②。所说虽非确切,也不完备,但是却有一定的理由。

特别值得注意的,墨子从民间手工业小生产者出发所主张互助、互爱、互利的思想,以及反映劳动人民本性的自食其力的观点,都是墨学的优秀传统。它经过封建统治者严重打击之后消沉下去,黯淡地度过一个相当悠长的时间,到后汉中晚期,又被我国原始道教经典吸收进去,成为民间道教思想精华的一部分。

这里有一个共同之点。墨子的思想代表当时小生产者群众的利益和要求,后汉原始道教经典的作者在这方面是代表被压迫劳动群众的思想,所以后者能把前者的优良思想传统接受过来。这就说明了不同时代的共同的阶级基础发挥着承前启后的作用。

这里所说的原始道教经典的思想是指《太平经》书中部分的社会政治思想。《太平经》原有一百七十卷之多,内容庞杂,有反映劳动人民利益的思想,也有维护统治阶级的思想,大抵成书于后汉中晚期间,不是一时一人所作。从现存五十七卷《太平经》残书里,可以看到它的有关社会政治的一部分言论是从墨子思想演变来的。

首先是劳动人民自食其力的观点。墨子说:"今有人于此,入人之场圃,取人之桃李瓜薑者,上得且罚之,众闻则非之,是

---

① 《修身篇》。
② 《检论》卷三《黄巾道士缘起说》。

何也？曰：不与其劳获其实，已非其有所取之故（孙诒让说，当云：以非其所有取之故）。"① "不与其劳获其实"，是说不参加种植的劳动而得劳动的果实，这叫做不劳而获。墨子认为这种攫取他人劳动果实的行为，应该受到舆论的指责和官吏的惩罚。

墨子还提出"赖其力者生，不赖其力者不生"②的劳动原则。譬如农夫耕稼树艺，妇人纺绩织紝，他们就是赖其力者生。他甚至把"王公大人，早朝晏退，听狱治政"也算做一种劳动分工，这便混淆了统治剥削者与被统治剥削者的分界线，应该加以批判的。不过他重视人们必须劳动才能生活的这个原则，是应该肯定的。

墨子这个劳动原则沉寂了一个长时期以后，到原始道教经典《太平经》里又复活起来，并且有所发挥。《太平经》卷三十五《分别贫富法》说："夫人各自衣食其力。"卷六十七《六罪十治诀》说："夫力本以自动举，当随而衣食。"又说："天生人，幸使其人人自有筋力，可以自衣食者。"这些言论都是强调人们应该靠自己的劳动来维持其生活。它跟墨子所谓"赖其力者生"的精神是一脉相通的。原始道教经典的作者要反映劳动人民的思想，才能接受代表小生产者利益的墨子的言论。如果说任何靠剥削为生的人们会接受自食其力的原则，那真是不可想象的事。

依靠劳动，自食其力，这是小生产者自己由衷的实话。但是小生产者尤其是手工业小生产者，由于经济地位的不稳定，感到单靠自己是不够的，在排除剥削的情况下，他们还要求互助互利。墨子的思想已经由小生产者群众互助互利的要求扩大为普遍的"兼相爱、交相利"的幻想。《太平经》更以宗教的

---

① 《天志》下。
② 《非乐》上。

笔调写道：

> 人积道无极，不肯教人开蒙求生，罪不除也。
>
> 人积德无极，不肯力教人守德养性为谨，其罪不除也。①

这些话与墨子所反对的"隐匿良道，不以相教"的思想相符合。正面的主张，墨子认为天之意"欲人之有力相营，有道相教，有财相分"②。《太平经》亦说："诸神相爱，有知相教，有奇文异策相与见，空缺相荐相保，有小有异言相谏正，有珍奇相遗。"③ 这里表明上帝鬼神都能相爱相助，指望世间人与人能够相爱相助。

"有余力不能以相劳"，是墨子所反对的。《太平经》亦说："或多智反欺不足者，或力强反欺弱者，或后生反欺老者，皆为逆。故天下不久祐之，何也？然智者当苞养愚者，反欺之，一逆也；力强当养力弱者，反欺之，二逆也；后生者当养老者，反欺之，三逆也。"④ 所谓"力强当养力弱者"，相当于墨子所谓"有力相营"。如果有力者不肯相营助，力强者反而欺凌力弱者，《太平经》认为这是无可饶恕的罪逆。

墨子反对"腐朽余财，不以相分"。《太平经》也说："积财亿万，不肯救穷周急，使人饥寒而死，罪不除也。"⑤ 它进一步作了形象性的阐明："或有遇得善富地，并得天地中和之财，积之乃亿亿万种，珍物金银亿万，反封藏逃匿于幽室，令皆腐涂。见人穷困往求，骂詈不予；既予不即许，必求取增倍也；而或但

---

① 《太平经》卷六七《六罪十治诀》。
② 《天志》中。
③ 卷一百六《大功益年书出岁月戒》。
④ 《太平经钞》辛部第十四页。
⑤ 卷六十七。

一增，或四、五乃止。赐予富人，绝去贫子。令使其饥寒而死，不以道理，反就笑之。与天为怨，与地为咎，与人为大仇，百神憎之。"为什么这样呢？它着重说明这里的原故："所以然者，此财物乃天地中和所有，以共养人也。此家但遇得其聚处，比若仓中之鼠，常独足食，此大仓之粟，本非独鼠有也；小内之钱财，本非独以给一人也。其有不足者，悉当从其取也。愚人无知，以为终古独当有之，不知乃万户之委输，皆当得衣食于是也。"① 这里以朴素的文辞所阐明的复杂的事理，不仅限于墨子提倡"有财相分"的意义。它既然描述富人藏匿无数的财物，皆使腐朽了。并写富人发放高利贷敲剥四、五倍的利息，以及对穷人欺诈谩骂的丑恶嘴脸。更在原则上提出富人不该独占天地间用以共养人的财物。这突出地反映了后汉晚期社会的贫富悬殊、被压迫人民在阶级斗争中的实际要求。它的内容比战国初期墨子时代所暴露的社会矛盾要丰富得多，广泛而深刻得多。

战国初期，墨子从小生产者群众的利益出发，主张互爱互助互利。并且幻想把这个要求扩大而为全人类不分阶级差别，大家都实行"兼相爱，交相利"。他的阶级观念是完全模糊的。《太平经》在描述富人藏匿财物亿万种，金银亿万斤，不肯借给穷人，所谓"赐予富人，绝去贫子，令使其饥寒而死"。"赐予富人"，就是富人对富人"锦上添花"的铺张行为。"绝去贫子"，就是富人对穷人死不肯"雪里送炭"，刻画了富人对穷人见死不救的残酷面目。富人既然令使穷人饥寒而死，"令使"二字表明富人对于穷人之死负了不可逃避的责任。所以，富人即"与人为大仇，百神憎之"。富人"与人为大仇"，实质上是说富人跟穷人结成阶级的深仇巨恨。"百神憎之"如同墨子凭借上帝鬼神

---

① 《太平经》卷六十七。

的力量一样，加重穷人对富人仇恨的语气，也就是原始道教经典之所以为宗教经典的一种特色。《太平经》在这方面的描述，直观而朴素地流露了阶级的感情。

墨子提倡有余财以相分，只是简单地说天之意如此，或者说这是士君子为贤之道。《太平经》主张积财亿万的富翁，应当救穷周急。它的提法是温和的。但是它的理由是比较深刻而细致的。其性质已经超出救穷周急的范围了。由此可以了解它所提"救穷周急"，是属于宗教家采取慈善组织的形式。

《太平经》说积财亿万的富翁，不肯救穷周急，使人饥寒而死，是罪不可逃的。理由是："所以然者，此财物乃天地中和所有，以共养人也。"就是说，这些财物是天地中和所共有，用以共养人活的，谁也不能独占私有。犹如仓中的老鼠只供足食，不能独占大仓的粟为私有一般。这就接触到否定私有财产一个重要原则的问题。不管他有意识或者无意识，《太平经》的作者在这个问题上，他总是强调财物不属个人所私有。如说："天地乃生凡财物可以养人者"；"中和有财，乐以养人"；"物者，中和之有"，"此乃中和之财物也"①。中和，是中和之气。人禀中和之气而生。这里所谓中和，盖泛指所有的人。最重要的一点，就是区别于任何个体的私人。但是也可以这样理解：中和能够生人养人，一切财物属中和所有，不属于任何私人所有。无论怎样，这个说法，必然对私有财产起否定和破坏的作用。他甚至攻击皇帝私人的钱财，认为凡是无衣无食的人都可以到皇帝私财储藏的府库里去拿。"小内（小原误作少。小内，天子私财的府库）之钱财，本非独以给一人也；其有不足者，悉当从其取也。"这在封建专制主义统治的王朝里，不能不说是大胆的言论。谁敢说出这

---

① 《太平经》卷六十七。

样藐视天子、攻击私有财产的话呢？是在当时阶级斗争尖锐条件下被剥削被压迫的劳苦人民。《太平经》在这里依傍宗教，代表被压迫人民说了这些异端性质的话。

总的来说，墨子的社会思想从小生产者立场出发，主张劳动、互助、兼爱、交利。自从秦汉以后，沉寂了三百多年，到后汉中晚期，在当时社会生活条件下，这种思想正式披着宗教的外衣，复活起来。并且依照当时阶级斗争的曲折反映，在《太平经》书里变为反对剥削、攻击私有财产、主张自食其力和救穷周急的思想。这里承前启后有个共同的阶级基础，就是不同时代的被压迫的劳动人民。墨学演变为原始道教经典中一部分社会政治思想，它的内容比较丰富和深刻起来。就它思想的继承性说，它是墨学流变。当然，继承不是简单的重复和抄袭，它把以往人类思想中有价值的东西摄取过来，依照当时的思想高度和阶级斗争的需要，加以改造和发展。所以就思想的现实性说，它是后汉这个时代的产物。

（原载1961年12月1日《光明日报》）

试论《阴符经》及其唯物主义思想

《阴符经》一书自从《唐书·艺文志》著录以来,一向归入道家类的典籍里。宋郑樵《通志略》著录《阴符经》的各种本子共三十九部,明《正统道藏》收集《阴符经》注本及发挥阴符余义的书共计二十二种。可是研究哲学思想史的人们极少注意它。其实,这部书中有朴素的唯物论思想,也有些自发的辩证法思想因素。如果认为《老子》和《阴符经》两部书都有唯物主义思想和辩证观念的话,我觉得《老子》书里鲜明的部分是朴素辩证法,《阴符经》里突出的部分是朴素唯物论。《老子》的思想一向被哲学史工作者所重视,这是理所当然的。《阴符经》这份宝贵的先民文化遗产,我们似乎应该珍视它,研究它,批判地接受它,特别是它的唯物主义光辉的学说。

久悬未决的复杂的问题是《阴符经》的作者及其著作的年代。过去诸家的说法,多凭简单的猜测,缺乏比较严密的论据,未能令人信服。笔者从初步研究的结果,试举个人的看法,说明作者及其成书年代问题,接着论述《阴符经》学说产生的背景及其思想的主要内容,以供讨论。

一 《阴符经》的作者及其成书的年代问题

《阴符经》的作者，过去曾有各种各样不同的说法。上自轩辕黄帝，下至唐代李筌，所猜测撰人的时代，相差极远。有的说法显然是不合理的，前人已经否定过，这里略加叙述，不再详细说明。有些说法，似是而非，将着重分析，并且提出个人的意见。

（1）《阴符经》旧题黄帝撰，所以也叫做《黄帝阴符经》。因而有题称伊尹、太公、范蠡、鬼谷子、张良、诸葛亮等注解。这一说，最不合理。宋黄庭坚说："《阴符经》出于唐李筌。熟读其文，知非黄帝书也"，"又妄托子房、孔明诸贤训注，尤可笑。惜不经柳子厚一掊击也"①。好事者说黄帝撰经，并且假托太公、张良等作注，这些都是显明的依托古人说法，不可置信。至于这书是否出于唐李筌，见后文讨论。

（2）说《阴符经》为战国时苏秦所读的书。明胡应麟《四部正伪》引据《战国策·秦策》载苏秦读阴符，至刺股。因而说"此书自战国以前有之"。又说："隋志有《太公阴符钤录》一卷，又《周书阴符》九卷，未知孰是，当居一于斯。"并且认为"此书固非黄帝，亦非太公，其为苏子所读则了然"。但苏秦所读的《阴符》，究竟是什么内容，现在书缺有间，不得而知。《太公阴符钤录》和《周书阴符》二书，属兵家类，跟《阴符经》属道家书的性质不同。这在《四库总目提要》卷一百四十六《阴符经解》条下已经驳辩过了。至于宋代唯心主义哲学家

---

① 《山谷题跋》卷四跋翟公巽所藏石刻。

邵雍以《阴符经》为战国时书，程颐以为非商末即周末[1]，都是率意猜测。近代梁启超说《阴符经》，"其文简洁，不似唐人文字"，"置之战国之末，与《系辞》、《老子》同时可耳。盖其思想与二书相近也"[2]。他臆测是战国末年的书，这一点并不足取。但他把《阴符经》与《易·系辞》、《老子》相提并论，重视它在中国哲学思想史上的地位，这个见解不能不说是正确的。

（3）说《阴符经》是北魏寇谦之作。唐末杜光庭《神仙感迁传》载："李筌，号达观子。居少室山，好神仙之道，常历名山，博采方术。至嵩山虎口岩，得黄帝阴符本经。素书、朱漆轴，缄以玉匣。题云：'大魏真君二年七月七日，上清道士寇谦之藏之名山，用传同好。'其本糜烂，筌抄读数千遍，竟不晓其义理。"因入秦，至骊山下，逢一老母，与筌说阴符之义云云。清姚际恒著《古今伪书考》，根据这个传说，则云："此书（《阴符经》）言虚无之道，言修炼之术，以气作气，乃道家书，必寇谦之所作，而筌得之耳。"（全祖望《鲒埼亭集外编》三十四跋黄氏阴符经附注，也相信《阴符经》就是寇谦之辈所著）我以为这个说法也不可靠。因为魏太武帝太平真君二年（公元441年），魏尚未称"大魏"。到前废帝普泰元年（公元531年）才"以魏为大魏"[3]。可见所谓大魏真君二年，寇谦之藏之名山，用传同好云云，也无非是后人的假托之词。此其一。据《魏书·释老志》说，寇谦之修整道教，"除去三张伪法"，"专以礼度为首"。我们知道东汉晚期原始道教三张的五斗米道，他们的活动是富有革命性的。但是寇谦之所提倡的新道教，针对着三张，取

---

[1] 朱熹《阴符经考异序》。
[2] 《古书真伪及其年代》。
[3] 《魏书》卷十一。

消他们原有的办法，而代之以"礼度为首"。很明显，他是以维护当时统治阶级的封建秩序为出发点来"清整"道教的，不可能产生《阴符经》中那样的唯物主义思想。此其二。寇谦之新道教的重要著作，据记载，有《云中音诵新科之诫》二十卷，《录图真经》六十余卷。这些都属于戒律灵图，未闻著有《阴符经》。同时拘泥于戒律灵图之类的宗教神学，不可能创造唯物主义思想体系。此其三。综合这三点理由，我认为《阴符经》恐非寇谦之所作。

（4）说《阴符经》为唐代李筌所作。杜光庭《神仙感迁传》说李筌是唐玄宗时代的人。他既得《黄帝阴符经》，"基本糜烂，筌抄读数千遍，竟不晓其义理"，因入秦至骊山下，骊山老母为之解说云云。查明《正统道藏》里有题名李筌的《黄帝阴符经疏》三卷，其序云："筌所注阴符，并依骊山母所说，非筌自能。"这是称李筌作注，假托骊山老母所言，以神其说[①]。现今通行七家注本中有李筌注的部分，这是无可怀疑的。或谓《阴符经》就是李筌所自造，如上述宋黄庭坚即认出于唐李筌，朱熹也说是李筌所为。但这一说并无根据，明胡应麟、清姚际恒等都认为非是。可是列举理由皆不足。我也不同意李筌作《阴符经》的说法。理由是：说李筌作经，始于宋人。与李筌同时代的唐人仅知李筌作注，未闻其作经。如唐张果的《阴符经注序》说："近代李筌，假托妖巫，妄为注述。"而且在张果的注文里，时时有驳辩李筌的解说。假使李筌真的自作经兼作注，恐难瞒过同时代的人，张果不能默默无言。这是一点。如果认为七家注本中标名李筌注的部分是真的话，可注意这一点，就是他的

[①] 按李筌只曾作注，未曾作疏。《黄帝阴符经疏》，疑非李筌所作。刘师培《读道藏记》有辩。

注文有些地方与经文的本义不相符合。例如经文："九窍之邪，在乎三要。"大多数名家的注解都以为"三要"指耳、目、口。这是不错的。但李筌的注说："其在三者，神、心、志也。"① 我认为李筌这里的注解不合经文的本义。倘若李筌自作经兼作注，他的注文应与本经相符合。又如《阴符经》说："观天之道，执天之行尽矣。故天有五贼，见之者昌。"这里所谓五贼，就是指金、木、水、火、土五行或五行之气。但李筌的注说："黄帝得贼命之机，白日上升；殷周得贼神之验，以小灭大；管仲得贼时之信，九合诸侯；范蠡得贼物之急，而霸南越；张良得贼功之恩，而败强楚。"这些解说，是不符合本经的意思，不能说李筌自作经文作注。这是第二点。唐吴筠《宗玄先生文集》卷中《形神可固论·守神篇》引《阴符经》，其中"火生于木，祸发必尅"两句，正见于今本《阴符经》。但是"经冬之草，复之不死，露之见伤"云云则不见，从此可知吴筠根据的是不同的本子。按吴筠，唐明皇天宝初召至京师，隶为道士籍，入嵩山，依从潘师正②。那末吴筠与李筌也是同时代的人。吴筠著论引《阴符经》，且有异文。则《阴符经》已经流行于当世，而且有了不同的本子。可见《阴符经》这书在李筌之前早已存在了，并非是他造的。这是第三点。最后，第四点，清周中孚《郑堂读书记补遗》卷三十姜任修撰《阴符经口义》条下云："书后又谓唐初褚登善（遂良）有小字真草阴符，为贞观六年奉敕书。则古有是书，非至李筌始得。按胡氏《少室山房笔丛》已先有是说。然登善之书，仅见于文氏《停云馆帖》，前无称述，未可遽以为

---

① 张果也说李筌解为神、心、志。《阴符经疏》却说是耳、目、口，从这一点也可证明疏非筌作。

② 《历世真仙体道通鉴》卷三十七本传。

据也。"按周中孚说《阴符经》早有其书，非至李筌始得，这是不错的。可是他相信褚遂良书小字真草《阴符》，仅见于《停云馆帖》，前无称述云云，就蹈袭《四库提要》之失了。余嘉锡先生在《四库提要辨证》卷十九《阴符经解》条下指出，宋楼钥《攻媿集》卷七十二《跋褚河南阴符经》云："比岁于都下三茅宁寿观，见褚河南真迹注本。"又云："凡见河南所书三本：其一草书，贞观六年奉敕书五十卷；其一亦楷书，永徽五年奉旨写一百二十卷，及此，盖书百九十本矣。二者皆见石刻。惟此真迹，尤为合作。"可见唐初褚遂良确已写《阴符经》。关于褚遂良《阴符经》墨迹，《百川书屋丛书续编》有影印大字一册，笔力雄劲，可资参证。此外，宋陈思撰《宝刻丛编》，其卷十三《石氏所刻历代名帖》中有褚遂良书小字《阴符经》和草《阴符经》，均在越州。又宋无名氏撰《宝刻类编》，其卷二著录唐褚遂良草书和小字《阴符经》同。这些都是宋人的著录，距离唐代不远，不像《四库提要》卷一百四十六那样说的，到明代中叶，文征明《停云馆帖》忽刻褚遂良小字《阴符经》。唐初，书《阴符经》帖的名家，除褚遂良外，还有欧阳询，见宋岳珂撰《宝真斋法书赞》卷五唐名人真迹，楷书，二十七行。末行题《黄帝阴符经》，贞观十一年丁酉九月□□日书与善奴。岳珂跋云："右太子率更欧阳询，字信本，阴符经真迹一卷。楷庄而劲，严而有法，纸古以香，态崄而绝，真欧笔也。"欧阳询不但写《阴符经》帖，而且在他所撰的《艺文类聚》卷八十八里引《阴符经》其文："火生于木，祸发必剋。"按欧阳询卒于唐太宗贞观十五年（公元641年），贞观十一年写《阴符经》帖。褚遂良在贞观六年（633年）已经写《阴符经》帖，到高宗显庆三年（658年）死。从欧阳询死年（641年）算起，下距玄宗天宝二年（743年）李筌上《阃外春秋》表已经一百零三年，又下距肃宗乾元二年（759年）李筌上《太白阴经》表已经一百一十九年了。唐初欧阳询和褚遂良老早就写过《阴符经》帖，哪里会有到中唐的李筌才撰作《阴符经》的事呢？根据以上这些理由，我们认为李筌只曾作注，未曾依托作经。

此外，明杨慎以为"《阴符经》非黄帝书，盖出后汉末"①。他否认为黄帝书是对的，但说"出后汉末"，理由是他举了唐人文章引用《阴符经》处甚少。据此，就难以确切判断是后汉末的著作。这也只是一种简单的臆测罢了。清顾櫰三《补后汉书艺文志》卷八兵家类著录程遐《阴符经注》一卷。了无说明，不知何所据而云然。

《阴符经》既非所谓黄帝书，又不是战国时书，也不是寇谦之或李筌作。那末究竟是什么时代什么人的著作呢？我觉得把一种久已佚去撰人姓名和年代的古书，在没有确凿的证据以前，简单粗率地判归某一年代和某一个人是不妥当的。可是从一些有关的文字记载来考察，并不是没有线索可寻。毕竟由于材料的缺乏，未能确定绝对的年代，但依据已有的线索，还是可以提供约略的期限。首先肯定这是唐以前的道书，因为唐初欧阳询、褚遂良都已写《阴符经》帖，李筌、张果等已为作注，吴筠且引其文作论。《神仙感迁传·李筌传》托骊山老母说《阴符经》，"观其精微，黄庭八景不足以为学；察其至要，经传子史不足以为文"。这里把后出的《阴符经》跟先前风行的《黄庭经》相比。按黄庭八景之说，见于《黄庭内景经》。《黄庭经》著录于晋葛洪的《抱朴子内篇》，王羲之也曾写过《黄庭经》帖。《黄庭经》大抵始作于魏晋之际②。《阴符经》当是晋以后的著作。

---

① 《升庵全集》卷四十六。
② 关于这个问题，见拙撰《黄庭经考》，现不赘述。

余嘉锡先生在《四库提要辨证》卷十九历举宋明人的著述，证说《阴符经》不是李筌所假托，这是很中肯的话。但他臆测《阴符经》出于东晋杨羲许谧辈所作，这是不足信的。因为《阴符经》和《真诰》不是同类性质的作品。《阴符经》文辞简朴，思精体大，可与《老子》、《易传》相提并论。《真诰》却是神仙家言，凭扶乩片片而出，文辞固然优美，而语涉荒诞，无深刻的哲理可言。杨羲许谧辈只能与《真诰》发生联系，而实无干于《阴符经》的写作。

《列子·天瑞篇》载齐之国氏说："吾闻天有时，地有利，吾盗天地之时利，云雨之滂润，山泽之产育，以生吾禾，殖吾稼，筑吾垣，建吾舍。陆盗禽兽，水盗鱼鳖，亡非盗也。"又载东郭先生说："若一身庸非盗乎？盗阴阳之和，以成若生，载若形，况外物而非盗哉？"这里人盗天地阴阳的思想，正是《阴符经》里"天地，万物之盗；万物，人之盗"思想的渊源。我们知道现行本《列子》是伪书，经多数学者的考定，它大体上是晋代的撰作。《阴符经》既然受伪《列子》思想的影响，那末它的成书当在东晋以后。

所谓"大魏"寇谦之藏之名山，用传同好云云。这虽是后人的假托之词，然而这个假托，却又透露给我们：这书大约出于公元531年"以魏为大魏"之后。531年以前拓跋魏是不称"大魏"的。因此我推测《阴符经》成书的年代，约在公元531年至580年这段期间。到唐初，广开献书之路，所以这久经秘藏的书也出来了。可是它的来历仍然不明，故令人揣测莫定。作者大抵是北朝一个久经世变的隐者，对于天文历算，易老阴阳百家之学多所该涉，对历史事件以及当代事变亦能研综。他在兵荒马乱之中，度无名的隐居生涯。故他所著的书不露姓名。他也讲究养生之道，所谓"食其时，百骸理"，是说人们饮食不失其时，身体自能调理，但是并无超人间的神仙气味。

二 《阴符经》学说产生的背景

《阴符经》里最突出的部分是朴素唯物主义思想。这样的思想不是凭空产生的，而是继承先人文化遗产，并且在一定的自然科学发展的基础上和从历史的、现实的社会斗争经验中的概括。

关于继承先人文化遗产方面，这里只想指出重要的一点。《孙子·虚实篇》说："五行无常胜。"这是说五行递次相尅。五行相尅也可以说五行相杀。《淮南子·兵略篇》说："善用兵者持五杀以应，故能全其胜。"许慎注说：五杀，五行也。《阴符经》所谓"天有五贼"，五贼就是五行。把五行说成五杀或五贼，都是把五行相尅方面突出起来。王充《论衡·物势篇》介绍或者之言："天用五行之气生万物，人用万物作万事，不能相制，不能相使；不相贼害，不成为用。金不贼木，木不成用；火不烁金，金不成器，故诸物相贼相利。"王充否认这个万物相贼相利的辩证道理，反驳说："天生万物，欲令相为用，不得不相贼害也，则生虎狼蝮蛇及蜂虿之虫，皆贼害人，天又欲使人为之用耶？"显然，虎狼蝮蛇等动物固能伤害于人，但是人们也得以利用它们。我们以为王充承认天道自然无为，反对目的论，批判当时社会上流行的阴阳五行的迷信思想，这些都是他的光辉的功绩。但他同时把五行学说中包含相反相成、相制相使、相贼相利的辩证思想也抛弃了，没有从其中撷取合理的因素，这是犯了形而上学的片面性的缺陷。这个缺陷，到《阴符经》里，得到弥补。值得注意的，《阴符经》的作者利用王充所排斥的五行相贼相利的思想材料来构成自己的思想体系的一部分。足见《阴符经》继承先人文化遗产，是多方面的。

前面说过，《阴符经》成书的年代约在公元531—580年期间。当其时，北朝在自然科学方面，象天文历数曾有显著的成就，如信都芳著《四术周髀宗》，又计算浑天、欹器、地动、铜乌、漏刻，候风等精密的仪器，并且巧妙地把"律管吹灰"法试验成功了①。史称姚僧垣医术高妙，为当时所推重，前后效验，不可胜记，著《集验方》十二卷②。这是当时医学经验总结之一例。至于农业方面，贾思勰著《齐民要术》、总结了古代和当时农业生产及农产品加工技术的丰富经验。这类自然科学的智识，在当时南北朝有相互沟通的情况。如祖冲之是南齐最杰出的科学家，他的历法，在北朝的影响甚大。信都芳研究历算，受江南祖暅（祖冲之的儿子）算法的影响，造诣更精密。姚僧垣的医术，也兼行南北。所有这些自然科学的知识，为唯物主义的学说产生和发展创造了有利的前提。

既有自然科学技术发达的条件，结合当时种族斗争和阶级斗争频繁与激烈的社会环境，先进的知识分子才能这样那样反映客观事物的规律。由于时代的限制，当然不可能是完备的。《阴符经》的唯物主义思想大致就在这些背景下产生的。

北魏后期，在鲜卑拓跋族野蛮统治和残酷剥削之下，种族压迫和阶级压迫加紧交织起来，北方广大汉族人民以及边地胡、氐、羌等少数族人民都纷纷起来反抗（这里所谓人民，包括各族上层大姓分子和下层劳动民众）。战火遍及今山东、河北、河南、山西、陕西、甘肃、内蒙古等广大地区。领导起义的首领或称王，称帝，名号不一。从魏孝文帝末年起，如太和二十一年（公元497年），定州民王金钩起义，称应王；幽州民王惠定聚

---

① 《魏书》卷九十一、《北史》卷八十九本传。
② 《周书》卷四十七、《北史》卷九十本传。

众起义，称法明皇帝。魏孝明帝神龟元年（518年），河州民却铁忽起义，称水池王。正光五年（520年），秦州城人莫折太提起义，称秦王；太提死，子念生代立，称天子。武泰元年（528年），幽州平北府主簿邢杲领导河北流民十余万户有青州的北海郡起义，称汉王。起义的事件中规模最大的，算是边镇镇将葛荣领导的起义军。孝昌二年（526年），葛荣称天子，国号齐，年号广安。武泰元年（528年），杜洛周的部队为葛荣所并，起义军号称百万之众。杜洛周本来已经攻占幽州、定州、瀛州，葛荣更陷殷州、沧州，并围冀州。且将直捣魏的京都洛阳。后来，葛荣虽则失败了，但葛荣的余党韩楼又据幽州继续反抗。可见当时广大汉族及其他少数族人民前仆后继、奋力抗击拓跋族的残暴统治与压迫。不久，北魏的政权分裂为东魏和西魏，继之成立北齐和北周。这里除了统治集团间的火并外，统治集团与人民间仍然进行着激烈的斗争。

这些大大小小的轰轰烈烈的反抗种族和阶级压迫的复杂斗争，结果虽然都失败了。《阴符经》的作者从不远的历史事件和当时事变的经验教训中，初步意识到人们的主观愿望和行动不符合客观事物的法则，这是招致失败的主要原因。当兵连祸结、万里朱殷的时代，他从理论上概括地说："天发杀机，移星易宿；地发杀机①，龙蛇起陆；人发杀机，天地反复。天人合发，万变定基。"天地含有五行之气，迭为生杀。当杀机发动的时候，天上的星宿都为移动，陆上的龙蛇都惊跑起来了。这是估计大自然的力量。同时把人为的力量也估计得很高，说人们发动杀机，能使天翻地覆。但是单靠人们的主观的愿望是不成的，必须人们的

---

① 诸本佚"移星易宿，地发杀机"八字。现据《唐褚河南阴符经墨迹》及岳珂《宝真斋法书赞》卷五欧阳询阴符帖补。朱熹《阴符经考异》是。

主观愿望跟客观法则相符合的行动，才能奠定万事成功的基础。所以《阴符经》得出这样的结论："天人合发，万变定基"。天或大自然都是客观存在的东西，人是具有主观意识的，主观的想法与客观法则相符合是创造成功的基础。书名《阴符》，义在"阴者，暗也；符者，合也"。意思是说人们主观愿望和行动应与客观事物法则相暗合。这种主体（人），与客体（天和天道）相暗合，决不意味着所谓"天人感应"那样神秘的意义。因为《阴符经》自己的重要思想之一，鲜明地表示人们"执天之行"和"知自然之道不可违，因而制之"。这是唯物主义思想。对此，下文还要论述，这里就不多说了。

三 《阴符经》的唯物主义思想

意识与物质的相互关系，或者说思维与存在的相互关系，是哲学上的根本问题。一切唯物主义者都承认意识依赖于物质，产生于物质。可是表达的方式各有不同。尤其古代的哲学家，所表述的概念往往并不那末清晰。《阴符经》的作者在这方面作了简明的肯定的表述。他说：

心生于物，死于物；机在目。

这里所谓"心"，是指人的思想意识或精神。意识产生的根源是物质，意识不能离开物质而独立存在。如果离开物质，意识的活动就停止了。所以说："心生于物，死于物"。这是我国先民的光辉的唯物主义的命题，似乎过去的哲学家们还没有这样明白的提过。

"机在目"是什么意思呢？现在我们知道人们的意识活动主要在于大脑。这一点，古人还未了然。而且大脑本身的活动，人们不容易觉察出来。依照从来一般习惯的说法，生人与死人的区别，主要表现的特征在于人的眼睛。譬如说人死去，就说人闭上眼睛；人活着，就说眼睛睁着。当然，这里并没有包括人闭目深思的特殊情态和活人闭目睡觉的另一状态。又有一种习惯的说法，一个人意识活动（通常所谓智慧）的高低，所谓聪明或不够聪明，也可以从眼睛里体察出来。综合这两种说法，主要表现的关键（就是"机"）在于眼睛。生人就有意识以及意识活动的高低，都表现在于目。人死了，眼睛闭上，意识活动也就停止了。所以说："心生物，死于物；机在目"。我们认为"机在目"这句话，由于当时科学技术水平的限制，固然是不能算是科学的说法；但作者朴素而直观地说明意识从物质产生，意识不能离开物质而存在，这个原理是正确的。

《阴符经》又说：

> 天之无恩而大恩生，迅雷烈风，莫不蠢然，制在气。①

天是大自然的别名。无意志的天对于万物的生长，本是"无恩"可言。《老子》所谓"天地不仁，以万物为刍狗"。因为依循自然法则生长万物，这就是无恩之恩，也可以说是"大恩"。迅雷烈风对于万物，是起一定的毁坏作用。迅雷烈风之所以发生，由于气之急剧变化。气之急剧变化是自然而然的，是无意识的，所以叫做"蠢然"。而制伏迅雷烈风，并不是依靠所谓天神上帝，还是依靠气的自然力量。所以说"制在气"。气就是广漠无边的运动着的极细微的物质。这样的理论是说明自然界各种现象的发生，如迅雷烈风、阴晴雨雪等等，无非是物质自身在运动变化着。

物质的运动变化不是漫无规则的。天地间万物诸现象，虽则

---

① 据朱熹：《阴符经考异》黄瑞节附录说：唐褚遂良本这里有"制在气"三字，当以褚本为正。

形形色色，十分复杂，可是都依循自然的法则变化发生。这一点，在《阴符经》里也有所表述：

> 自然之道静，故天地万物生。

这所谓"道"是指天道，天道自然而然，叫做"自然之道。"也就是说客观世界的法则是无为自然的。为什么说它"静"呢？因为客观世界的法则是自然而然，不是人为所能变更，它具有不变性，就这一点说，可以说它"静"。但有些客观法则并不是在任何条件下都发生作用的，就这方面说，说它"静"，显然带有形而上学的性质。

人和自然法则的关系怎样呢？我们知道自然法则是物质自身所具有，是客观存在着的，不依赖人们的意志为转移的。可是人具有认识自然法则的能力，能够掌握自然运动的性能，从而控制它，利用它。《阴符经》的作者当然不可能达到今人认识的水平，可是他确曾用简练的词句初步地不完全地表达这个基本的道理。他说：

> 圣人知自然之道不可违，因而制之。

又说：

> 观天之道，执天之行，尽矣。

"观"是认识，"天之道"就是"自然之道"，也就是自然而然的客观法则。客观法则不以人们的意志为转移，故说"不可违"。"执"是掌握，"执天之行"是说掌握自然界万物运行变化的性能。人所应尽而能尽的职能，就在于认识客观法则的基础上，掌握它变化的性能来制伏自然，利用自然。《阴符经》的作者就这样直观地接触到人的主观能动性与客观事物规律性关系的问题。原来我国道家思想强调自然无为，往往抹杀人的主观能动性。如《淮南子·原道篇》说："达于道者，不以人易天。"这也就是庄子所谓"不以人助天"；又说："万物固以自然，圣人又何事焉。"这是消极听从自然的思想。王充的唯物主义,采用道家自然之说,同时也提出人的作用①,这是比道家原来的说法向前推进了一步。《阴符经》作为道家书籍之一,在人与自然法则关系的问题上,既然提出不能违背自然法则,又指明人要制伏自然。这不能不说已经接触到人的主观能动性的问题。但是它有时把人的主观能动作用过分夸大了,乃至于说:"五贼在心,施行于天;宇宙在乎手,万物生乎身。"把心和身的作用这样夸张起来,这便是犯了主观唯心主义的谬误。

原来阴阳学说的发展,被封建统治阶级的神学家用以附会灾异和祥瑞,就失去了它的合理成分。作为统治阶级帮闲的思想家竭力鼓吹迷信思想,声称:"帝王者,配德天地,协契阴阳,发号施令,动关幽显。"② 因此看到某些稀罕的自然现象,牵强附会地认为是"天下太平"的象征,对封建帝王大事歌功颂德。见到某些奇怪的自然现象,穿凿成为"天下凶乱"的象征,则上书警告帝王,要求统治阶级对面临的危机,早做防备。《阴符经》的作者与统治阶级的神学家相反,认为只有那些愚蠢的人才迷信灾异祥瑞与国家治乱有关,实际上,时之治乱的发生是由于现实政治经济情况的好坏。他有这样概括性的表述:

愚人以天地文理圣,我以时物文理哲。

"愚人"和"我"两种对立的思想已经分明:神学思想家宣传"天地文理",《阴符经》的作者则重视"时物文理"。什么是"天地文理"呢?据李筌解释说:"景星见,黄龙下,翔凤至,醴泉出,嘉谷生,河不满溢,海不扬波;日月薄蚀,五星失行,四时相错,昼冥宵光,山崩川涸,冬雷夏霜。"统治阶级神学思

---

① 《论衡·自然篇》。
② 《魏书·灵征志上》。

想家把它们看做世治世乱的象征。"景星见"以下七句的自然现象，统治阶级思想家叫它做祥瑞，象征太平盛世。"日月薄蚀"以下六句的自然现象，统治阶级思想家叫它做灾异，象征天下大乱。《阴符经》的作者反对灾异祥瑞等迷信，认为那是无稽诞妄之说。他自己以为国家治乱的关键在于"时物文理"。什么是"时物文理"呢？李筌注道："文思安安，光被四表，克明俊德，以亲九族，六府三事，无相夺伦，百谷用成，兆民用康。"这些就是所以致治的"时物文理"。克明俊德，以亲九族，表示政治清明，人人亲爱团结。六府三事，百谷用成，表示生财有道，衣食丰足。由于政治经济的生活都令人满意，所以归结为万民康乐，即所谓"兆民用康"。还有另一种情况，李筌注："昏主邪臣，法令不一，重赋苛政，上下相蒙，懿戚贵臣，骄奢淫纵，酣酒嗜音，峻宇雕墙，百姓流亡，思乱怨上。"这些就是所以致乱的"时物文理"。上有昏主，下有邪臣，上下相蒙，可见人事上腐败已极。"重赋苛政"，统治阶级加重对被统治阶级的封建剥削与压迫，从而使阶级间的矛盾尖锐化。终至于民不聊生，起而反抗和斗争。这也可以说是北魏末期各族人民所以起义的简括的写照。

所有这些"时物文理"，都是就政治经济实际情况的好坏描写。只谈人事，绝不牵强附会什么天意迷信。这是《阴符经》作者唯物主义的态度。实际上他跟那些迷信灾异祥瑞的神学家们进行着对立面的斗争。

《阴符经》里不但包含唯物主义思想，而且有辩证法观念。这种辩证法观念，一方面继承了原始阴阳五行学说中的合理成分，另方面是对自然现象的变化和社会斗争中的综括。《阴符经》里有两句相传的名言：

　　火生于木，祸发必尅。

钻木取火,是火生于木。火发则木为之焚。木生火,却又死于火,是相生而又相克。这是事物变化的辩证关系。《阴符经》又说:

> 生者,死之根;死者,生之根。恩生于害,害生于恩。

生与死、恩与害都是对立的两面。对立的两面,互相联系,互为存在,在一定的条件下,彼此互相转化。生能变死,死能转生。就自然的现象说,比如一般植物,有春夏的生长,则有秋冬的凋落;有秋冬的凋落,又有来年春夏的生长。就社会现象说,比如战争及与国的关系,所谓立之死地而后生,具有正义的必死的决心则生,幸生则死。恩是害的根源,反之,害也是恩的根源。譬如春秋时代,"吴树恩于越而害生";殷周之际,"周立害于殷而恩生"①。吴国对越国表示恩惠,结果吴国被越国灭亡了。对吴国来说,这是害生于恩。殷加害于周,结果殷亡周兴,对周国来说,这是恩生于害。生与死,恩与害都是相反的两方面,如果具备一定的条件,就会从这个方面转化到那个方面去。这就是事物辩证的发展。辩证法思想就是从客观事物变化中反映出来。必须指出,《阴符经》述说了事物转化的道理,但是对于转化的条件缺乏明确的观念。所以这样的辩证思想还是不完备的。

《阴符经》又说:

> 天生天杀,道之理也。天地,万物之盗;万物,人之盗;人,万物之盗。三盗既宜,三才既安。

天地自然生养万物,但亦杀害万物。譬如自然界,春风春雨化生草木,秋风秋霜杀害草木。这是天道运行自然而然,也是自然变化的规律。所以说:"天生天杀,道也理也"。宇宙间的万物,无论有生物、无生物;有生物中,无论胎卵化育,百谷草木的繁

---

① 参看(唐)李筌、宋俞琰注。

生,都受天地阴阳的气以化成其体,如盗窃一般。故曰:"天地,万物之盗。"万物盗天地阴阳的气而生长,人盗万物以养其身。如饥则食稻粱蔬果鸟兽虫鱼之类;寒则衣丝、麻、皮革之属。居则宫室,行则舟车。凡此种种,人们都是盗取万物以养其身。故曰:"万物,人之盗。"人盗万物,反之,万物也能盗人,以生灾患。譬如水火,是人们日常生活不可缺少的东西,故人盗水火以自用,这是有利的方面。但水火成灾,贼害于人。故曰:"人,万物之盗。"怎么说是"盗"呢?朱熹有个综合的说明:"万物生人而亦杀人者也,人生万物而亦杀万物者也。以其生而为杀者也,故反而言之,谓之盗。"① 人与万物的关系,有相生的一面,也有相杀的一面,突出相杀一面,叫做"盗"。

相生相杀的关系,也就是相害相利的关系。《阴符经》说五行为"五贼",三才为"三盗",都是表明人与万物相贼相利的重要观念,在我国哲学思想发展史上,这是进一步弥补了王充《论衡》里所缺少的辩证学说。所谓"盗"和"贼",在用字的形式上虽则有些奇险②,其实只是着重指出相互矛盾的一面。人与天地万物之间互有利与害的关系,矛盾冲突是不可避免的。人们应该发挥主观努力认识事物发展的规律,如何认识彼此间的矛盾,一个个解决它,使之变相害为相利,所以归结为:"三盗既宜,三才既安。"意思是说,天地、万物、人三方面生杀各得其当,则三盗宜,也就是说这三方面相互的矛盾冲突都解决得当了,那末这三方面就都会相安有利。这里作者朦胧地猜测到了人与自然(天地万物)间存在着矛盾以及解决矛盾的重要意义。

---

① 《阴符经考异》。
② 元末明初,刘基撰《郁离子》,以《天地之盗》名篇,大概也受《阴符经》的影响。

必须指出，《阴符经》里有不少形而上学的看法。上文已经提到，所谓"自然之道静"，过分强调了客观规律的不变性。又说："至静之道，律历所不能契"，这里既然把客观规律说成完全静止不变，又认为人们制定的律历不能符合客观规律，这是像怀疑论者的口吻。《礼记·乐记》曰："人生而静，天之性也"，本是儒家唯心论者传统的说教，《阴符经》的作者更进而认为人能"至静"则"性廉"。这样强调客观规律和人性静止不变的观念，是跟他的辩证法思想相矛盾的。这个理论上的自相矛盾观点，混杂在他的学说中。这是《阴符经》中的糟粕。

四　结语

《阴符经》大约成书于公元6世纪中晚期之际，文辞简朴，是一部理论概括性颇强的著作。它的唯物主义思想，在我国哲学史上应占灿烂的一页。我们知道在我国6世纪初期的南朝，有范缜的《神灭论》，卓然发表唯物主义无神论的主张。到6世纪中晚期间，在兵荒马乱的北朝，又有精思杰出的隐者著《阴符经》，宣扬唯物主义，反对天人感应的神秘思想。对于精神与物质的关系、客观自然规律以及人们掌握客观规律的基本原理，都做了概括的表述。而且还有一定程度的辩证法观念，对于先哲王充思想中形而上学的缺点加以适当的纠正。这些不能不说是我国先民在思想领域里作出了卓越的贡献。

范缜的《神灭论》发表之后，被当时统治阶级的理论家视为"异端"，群起而攻之。《阴符经》作者的社会地位，大抵不及范缜。他隐姓埋名，没世而不为人所知。他的格言式似的著作藏之名山，垂数十年。及经发现，初读之下，竟至"不晓其义"。这是跟它的理论抽象概括和文辞简朴隐晦有着联系的。但是后人已经觉察出他的文章"诡谲不经"①。宋代统治阶级的思想家黄震也说："经以符言,既异矣;符以阴言,愈异矣。首云,'观天之道,执天之行,尽矣'。天之道固可观,天之行其可执耶?谓五行为五贼,谓三才为三盗,五行岂可言贼,三才岂可言盗?"又说："言用兵而不能明其所以用兵,言修炼而不能明其所以修炼,言鬼神而不能明其所以鬼神。盖异端之士,掇拾异说,而本无所定见者。岂此其所以为阴符欤!然则人生安用此书为也?"② 可见统治阶级的文人对此书极尽诟骂,正表白对这书的偏颇见解。他觉察这书不是唯心主义理论家的言论,认为"异端之士"所作。因而诬称他"掇拾异说,而本无所定见",妄想完全抹杀这书的价值。

应当指出,《阴符经》接受了古代道家学说的优良传统,但也批判了他们的不合理部分。决不能说它"掇拾异说,而本无所定见"。例如"生者死之根,死者生之根",是摄取了《老子》学说中的辩证法思想。但对庄子所谓古之真人"入水不濡,入火不热"的荒唐之言,则加以驳斥,说："沈水入火,自取灭亡。"对于阴阳变化、五行生尅学说的合理部分,颇加采用。如所谓"阴阳相推,而变化顺矣";"火生于木,祸发必尅"。但对于比附阴阳五行、妄谈灾异符瑞的"天地文理",则加以排斥,认为那是愚人的行径。甚至对后汉王充《论衡》里的某些见解,也有所取舍,不是一味盲从。就这样子构成他自己的唯物主义思想体系。这样的思想体系,难道可以说它"掇拾异说,而本无所定见"吗?

我们肯定《阴符经》里唯物主义思想,同时不能不估计它

---

① (宋)晁公武《郡斋读书志》卷三引黄庭坚语。
② 《黄氏日钞》卷五十八。

的主要缺点。如上文所说，首先由于重视认识客观规律、制伏自然而夸大了人们心和身的作用，从而陷入主观唯心主义的谬误。再者，它虽然具有辩证法思想因素，但是在某些问题上保存着浓厚的形而上学色彩。加以文辞简约质朴，甚至有不少隐晦的辞句，未能充分阐明它的理论，以致读者不容易领会它的意义。例如，就"愚人以天地文理圣，我以时物文理哲"两句来说，所蕴涵的义理很是丰富，而且还是具有批判性的唯物主义思想。但是它的文辞实在太简括，倘使没有适当的诠解，它的重要意义未必令人完全理解。总的说来，缺点和错误是应该批判的，但还遮掩不住它的唯物主义的光辉。

(原载《哲学研究》1962年第5期)

论《无能子》的哲学思想

——唐末农民大起义影响下一部特出的著作

《无能子》是晚唐无名氏的哲学著作。《唐书·艺文志》道家类著录《无能子》三卷，云："不著撰人名氏，光启中，隐民间。"明正统《道藏》太玄部收录《无能子》上中下三卷。《四库全书总目提要》因序中有"不述其姓名游宦"的话，以为"尝登仕籍，非隐民也"。今按无能子前曾作吏，或因不得志，加以正遭世乱，后来退而过隐居生涯。他自从隐居以来，隐姓埋名，他的知心朋友也不给透露姓名和生平事迹，终究没有人知道。可以想见，他当时大概不是什么显著人物。他自述说："无能子贫，其昆弟之子且寒而饥。嗟吟者相从焉。"① 并且从他的《商隐说》和《严陵说》等文章看来，无能子大概是澹泊名利，生活清寒的书生。他的家庭，可能是没落地主或者属于经济生活并不宽裕的富农、小地主阶层。

他的隐居，和唐代一般的士大夫不同，并非想作高官而走所谓"终南捷径"，也不是皈依释教或道教，也不是想过田园诗人

---

① 《无能子·答通问》。

般的闲适生活；而是避乱流转，"不常所处，冻馁淡如也"，"民舍之陋，杂处其间，循循如也"①。

他的哲学思想，具有中世纪的特色；他的社会政治观点，反映了唐末阶级斗争的一个侧面。《无能子》在唐代哲学思想史上有着相当重要的位置，我们哲学史工作者应予重视，加以研究。

一

唐末，阶级斗争日趋尖锐，各地的农民起义不断发展，声势越来越浩大。如懿宗咸通元年（公元 860 年），浙东起义军裘甫自称天下都知兵马使，声震中原。翰林学士刘允章集中地诉说了当时社会的黑暗，政治的腐败，人民生活痛苦的情况。他说："今天下苍生，凡有八苦"："官吏苛刻，一苦也；私债征夺，二苦也；赋税繁多，三苦也；所由乞敛（地方官吏的敲诈勒索），四苦也；替逃人差科，五苦也；冤不得理，屈不得伸，六苦也；冻无衣，饥无食，七苦也；病不得治，死不得葬，八苦也。"②前举一至五苦，属于经济上漫无限度地被剥削被掠夺，包括中央政府繁重的赋税和地方官吏额外的敲剥，包括本户以外还要替逃亡户纳税和服役。同时代的诗人皮日休曾为民谣，揭露这种被剥削的痛苦："山前有熟稻，紫穗袭人香"，"持之纳于官，私室无仓厢。如何一石余，只作五斗量。狡吏不畏刑，贪官不避赃。农时作私债，农毕归官仓。自冬及于春，橡实诳饥肠"③。他又申诉服徭役的冤苦，道："农父冤辛苦，向我述其情。难得一人

---

① 《无能子·序》。
② 《全唐文》卷八百四刘允章《直谏书》。
③ 《皮子文薮》卷十《正乐府·橡媪叹》。

农,可备十人征。如何江淮粟,挽漕输咸京。黄河水如电,一半沈与倾。"① 赋税与徭役两项,一直是唐末老百姓十分苛重的负担。杜荀鹤诗云:"夫因兵死守蓬茅,麻苧衣衫鬓发焦。桑柘废来犹纳税,田园荒后尚征苗。时挑野菜和根煮,旋斫生柴带叶烧。任是深山更深处,也应无计避征徭"②。田园荒废了,还要纳税;纵使逃入深山老林,也是无法躲避被拉派服役。刘允章所说的第六苦属于政治上被压迫伤害,含冤不得昭雪。七、八苦属于生活上饥寒煎迫,贫病交加,不免于死亡。在这样极度惨苦的情况下,加以连年天灾人祸并作,被压榨而无告的农民群众只有起来造反了。懿宗时,"淮北大水,征赋不能办,人人思乱。及庞勋反,附者六七万。自关东至海,大旱,冬蔬皆尽。贫者以蓬子为面,槐叶为齑"。僖宗乾符初年,大水,山东饥荒。"中官田令孜为神策中尉,怙权用事,督赋益急,王仙芝黄巢等起,天下遂乱。"③ 唐末一场轰轰烈烈惊天动地的农民大起义爆发了。

王仙芝聚众起义于先,黄巢紧接响应于后。"民之困于重敛者争归之,数月之间,众至数万。"④ 王仙芝死,以黄巢为首的起义军迅速扩增,转战南北,所向无敌,节节胜利。僖宗广明元年(公元880年),起义军攻入长安。黄巢建立新政权,国号大齐,改元为金统。广大人民群众,天下归心。而当时唐朝统治集团中人,包括高级的文官、武将和宦官,他们热衷于争权夺利,或者暂时互相勾结,或者互相排斥。但对农民起义军都抱着一致的目的,就是务必消灭,虽然彼此采取的策略稍有不同。例如宰相卢携,内则倚靠宦官田令孜,外则以武将高骈为援,专制朝

---

① 《皮子文薮》卷十《正乐府·农父谣》。
② 《全唐诗》卷六百九十二杜荀鹤《山中寡妇》。
③ 《唐书》卷五十二《食货志》。
④ 《资治通鉴》卷二百五十二乾符二年。

政，主张以武力迅速镇压起义军。而当时门下侍郎兼礼部尚书郑畋却主张暂时采取羁縻的策略，不用"全恃兵力"来硬攻。

至于当时一些高级的封建知识分子，有科举功名的士大夫，因社会地位的不同，传统思想教育感受的差别以及对当时阶级斗争形势的实际体验等不同，他们对于农民起义军，大抵抱着两种截然不同的态度。例如王徽、林慎思、司空图、皮日休、刘允章五人，都是或先或后由科举选拔为进士的。但前三人和后两人各属不同的类型。王徽是关中著名的世家望族，曾任户部侍郎同平章事。黄巢入潼关，僖宗仓皇出奔，王徽没有跟上，被起义军所俘获，将授新命，王徽坚决不受，不久逃跑了。这是决意不与农民起义军合作的一个例子。林慎思，咸通进士，官至水部郎中，著《伸蒙子》，主张用严刑峻法镇压人民。黄巢入长安，"骂巢而死"，思想和行为，一贯反动。司空图，河中府人，以诗文著称，任礼部郎中。黄巢入长安，将奔，不得前。恰巧司空图有个佣奴叫段章在起义军当兵，愿意亲为引路，说："我所主张将军，喜下士，可往见之，无虚死沟中！"但司空图誓不肯往[①]。这是坚决拒绝向起义军投诚的又一个例子。不难理解，像司空图在中条山王官谷拥有一大片庄园，生活优裕自得；他的父亲司空舆，唐宣宗大中年间曾为商州刺史；他的忠孝思想，贫富贵贱等级观念，根深蒂固，哪里肯和农民起义军一道共事呢？

但是，那班有科举功名的士大夫中，在面对着当时紧急的严酷的阶级斗争关头，也有发生分化，正视现实，思想开通，迅猛转变立场、归附起义军的。如皮日休，曾为唐朝的太常博士，黄巢攻占长安，他投降了，欣然担任翰林学士。尤其耐人寻味的，他以前写过文章，郑重其事地宣称："疠乎疠乎！有事君不尽

---

① 参《唐书》卷一百九十四《司空图传》，《司空表圣文集》卷四《段章传》。

节，事亲不尽孝，出为叛臣，入为逆子。天未降刑，尚或窃生，尔其疠之！"① 呼呼疠鬼把那些叛臣逆子活活治死。至今当着紧急的政治斗争关头，他毕竟在实际行动上背弃了过去的宣言，毅然决然改变了原来的忠臣孝子的立场，向起义军投降，甘愿作唐朝的"叛臣逆子"。这种事，充分表明了封建地主阶级知识分子内部分化的事实，农民起义军伟大感召的力量！

还有那位刘允章，也是属于皮日休的一种类型。当他为翰林学士的时候，看到唐朝政治腐败透顶，人民生活痛苦已极，整个社会危机四伏，曾经捶胸痛哭，上《直谏书》，条陈"国有九破"，"官有八入"，民有"八苦"，并且万分感慨地说："天下百姓，哀号于道路，逃窜于山泽，夫妻不相活，父子不相救。百姓有冤，诉于州县，州县不理；诉于宰相，宰相不理；诉于陛下，陛下不理，何以归哉？"② 他站在封建地主阶级的立场上，带着一片忠君爱国的热忱和对天下百姓的同情心，渴望唐朝皇帝觉悟过来，改良政治于万一。但是一系列冷酷的事实，深刻地教育了刘允章。当时统治集团中人，已经腐朽透顶了，不可能觉悟；唐朝的政治经济病入膏肓，不可救药。一切弊病，积重难返，无法修修补补。在武装斗争的紧急关头，他于绝望之余，一反其所思，一反其所为。唐僖宗广明元年，他任东都留守时，黄巢进军洛阳，刘允章翻然率领百官迎谒。黄巢入城，"劳问而已，闾里晏然"③。刘允章这样转变立场，欢迎起义军开进洛阳城，算是和平解放，做了一桩有益于人民的重大政治事件。

上述这些士大夫中，可以说王徽、林慎思、司空图属于顽固

---

① 《皮子文薮》卷五《祝疠疫文》。
② 《全唐文》卷八百四。
③ 《通鉴》卷二百五十三。

守旧派，刘允章、皮日休属于开明革新派。在刘允章、皮日休的心目中，以黄巢为首的农民起义军的来临，至少比唐朝那样腐败的政治要好得多，还寄望他们能够解除广大人民倒悬的痛苦哩。

无能子既然不是王徽、林慎思、司空图一类守旧派的人物，也不是刘允章、皮日休一类革新派的同道。他属于另一类，根据他的政治思想来考察，属于中间偏左的隐者，是致力于理论活动的学者，是唐代盛行的儒、释、道三教以外的特殊的思想家。当其时，道教学者像杜光庭在乱离中既漂寓成都，又还京都，但所关心的只是"新旧经诰"的搜集和编次①，政治上他竭诚拥护唐王朝的统治，也骂起义军为"巨寇凌犯"。而无能子的哲学，本质上是与正宗的封建统治思想相对立的。

在当时激烈的武装斗争中，起义军与人民群众始终安然相处。据官方史书记载，如黄巢率众渡淮水，"所过不房掠"；黄巢入洛阳，"闾里晏然"；入长安，"民夹道聚观。尚让历谕之曰：黄王起兵，本为百姓。非如李氏不爱汝曹，汝曹但安居无恐！"被杀的只是一些唐宗室贵族及抱敌对态度的官吏。可是"官军暴掠"，如虎如狼，人民相率逃亡。例如在河东道和河南道一带，"自怀、孟、晋、绛数百里间……田无麦禾，邑无烟火者，殆将十年。河中绛州之间，有摩云山绝高，民保聚其上"②。当其时，避乱逃生，免遭官军的"暴掠"，是应变的急务。人们渴望安居乐业，能够有一个像"日出而作，日入而息，耕田而食，凿井而饮，帝力何有于我哉"的理想境界。

当天下大乱，无能子也"避地流转，不常所处"。唐僖宗光启三年（公元887年），"天子在褒，四方犹兵。无能子寓于左

---

① 见《道藏》洞神部唐杜光庭《太上黄箓斋仪》卷五十二。
② 以上引文，见《通鉴》卷二百五十三至二百五十四，又卷二百五十七。

辅景氏民舍，自晦也"①。这时候无能子过着隐居生涯，日以写作为事。

二

农民起义的最迫切的任务，就是要解决广大穷苦农民不堪忍受的现实生活问题。在封建社会里，农民暴动、农民起义就是一种造反的行为，被统治阶级诬称为叛逆，罪在不赦。被压迫的农民群众要起来造反，不可避免地要否定、推翻为维护封建统治的某些制度；如君臣（包括君民）的名分，尊卑的秩序，忠孝伦理观念，贵贱贫富等级的划分，等等。虽然，在兵荒马乱，武装斗争激烈的当儿，起义军往往只是提出一些简单的政治口号和革命宣言（这里只是说唐代的情况还是如此），还没有形成一种比较有系统的完整的哲学思想体系。近似于这种理论体系，将通过当时一定的思想家，比如某种有文化素养的思想进步的非劳动人民出身的哲学家，在错综复杂的条件的影响下，从侧面曲折地反映出来。因此，还不能说它就是代表农民起义军自己的思想。可是，它的确受了农民起义的深刻影响。无能子未曾参加革命实践，作为当时农民起义运动的躬逢其时的一个从旁观察者和冷静思考者，他的理论脱离实践，决定着他的若干社会政治思想既有积极的一面（主要的方面），但也保持消极的一面，可以说作为唐末农民大起义的一个侧面的曲折的反映。

在唐末农民大起义的影响下，《无能子》思想的几个突出的方面是：否定君臣的名分，反对忠孝伦理道德，抨击"杜乱臣贼子之心"；对贵贱的等级，贫富的差别，尊卑的礼节，都深致

---

① 《无能子·序》。

不满；痛恨"强名"，谴责圣人，甘愿做时代的狂人。所有这些思想的实质，表明对当时现实社会政治的对立和抗争，不期然而然地渗透了叛逆的性格。无能子从事著作，所以隐姓埋名，是有其不得已的苦衷的。虽然，由于他避乱遁世，脱离了当时轰轰烈烈的革命实践，只是在理论方面做了一些既有积极又有消极的反映。这些积极的反映，剥去了传统的道家学派的外衣，可以看出，它的实质，客观上是和农民起义的思想相呼应、相配合的。

在封建社会里，君臣父子的名分，忠孝伦理观念，向来认为是天经地义，神圣不可动摇的。远的不说，近如唐代的韩愈，为了维护封建国家的道统，大声疾呼，反对那些"灭其天常，子焉而不父其父，臣焉而不君其君，民焉而不事其事"① 的人，叫做灭绝天伦和纲常。与无能子同时代的皮日休，在他的作品里，虽然曾经慷慨地声称："后之王天下，有不为尧舜之行者，则民扼其吭，捽其首，辱而逐之，折而族之，不为甚矣。"② 但是在较多的场合，他都强调恪守君臣的名分，如《九讽·正俗篇》云："吾欲以明哲之性，辨君臣之分兮"；《祝疟疠文》更明白严厉地表示了对叛臣逆子势不两立的深仇大恨。无能子则反是，他在理论上深入说明君臣之分、尊卑之礼的产生是社会上强与弱、智与愚相互斗争的结果，并不承认君臣之分、尊卑之礼是天经地义，永远不可改变的。他说："夫天下自然之时，君臣无分乎其间，为之君臣以别尊卑，谓之圣人者，以智欺愚也。"③ 因为"繁其智虑者，又于其中择一以统众，名一为君，名众为臣。一可役众，众不得凌一，于是有君臣之分，尊卑之节"④。选择一

---

① 《韩昌黎集》卷十一《原道》。
② 《皮子文薮》卷三《原谤》。
③ 《无能子·首阳子说》。
④ 《无能子·圣过》。

个有能力的头头来统治大众，这个人便成为寡头的君主。在君主底下的大多数便是臣民。君臣上下严格的区分，表明寡头的君主以强力的手段统治着多数，而多数人不得侵凌寡头。因此在意识形态上大力灌输忠君思想，在刑法上严格防范犯上作乱的行为。封建统治者为了"正人伦之序，杜乱臣贼子之心"，所以"定礼乐，明旧章"。无能子的主张，恰恰相反，认为定礼乐、明旧章，无非崇尚繁文缛节，"人情繁则怠，怠则诈，诈则益乱"①。结果，只有把整个社会搞得更乱了。所以干脆主张废除君臣上下的名分和秩序，根本用不着定礼乐、明旧章一系列的繁文缛节了。

　　君主与臣民之分，也就是标志着贵贱贫富之分。所谓富贵者，足于物耳。无能子说："足物者为富贵，无物者为贫贱。"例如，"富贵之亢极，大则帝王，小则公侯"，帝王则"被衮冕，处宫阙，建羽葆警跸"；公侯则"戴簪缨，喧车马，仗旌旄铁钺"，"夫衮冕羽葆，簪缨铁钺，旌旄车马，皆物也"。所以说："物足则富贵，富贵则帝王公侯。"② 所说衮冕、羽葆、簪缨、铁钺等不过是帝王公侯独占的有限几种服饰住行用的品物，表示他们拥有高贵的身份和煊赫的威仪。就广泛意义上的"物"来说，远远不止这些，而且还没有接触到关系着人们日常生产和分配的物的本质，仅仅略举帝王公侯占用几件具体的品物作为象征性的代表罢了。这里值得特别注意的，他着重指明"物"起决定的作用，"物足则富贵"。世人日夜营求，孜孜为利，为的是多得财物。晋人鲁褒著《钱神论》，以讽刺的口吻描绘钱之为物，"为世神宝"，"失之则贫弱，得之则富强"，"钱多者处前，钱少

---

①　《无能子·老君说》。
②　《无能子·质妄》。

者居后，处前者为君长，在后者为臣仆。君长者丰衍而有余，臣仆者穷竭而不足"，"官尊名显，皆钱所致"①。鲁褒所论的"钱"（货币），与无能子所说的"物"，可以交换，可以满足人们的需要。从而人们争相崇拜钱，崇拜物。鲁褒说："死生无命，富贵在钱。"这跟无能子所说的"物足则富贵"，是同样的意思。钱或物就是攫取功名富贵不可缺少的手段。无能子说："物者，所谓富贵之具也。"② 正如晚唐诗人聂夷中所咏："一行书不读，身封万户侯。"③ 金钱财物就有这样巨大的魔力，所以无能子总括地说："壮哉，物之力也！"

"天下之人所共趋之而不知止者，富贵与美名尔"④。名与利，是人之所欲，而且往往欲而不知足。像皮日休，早年同李中白都有隐居的志向。中白因"时不合己，果偿本心"，而皮日休因"寻求计吏，不谐夙念"。后来皮日休曾到李中白隐居的富阳山（山距江西彭泽东十里），"语及名利，则芒刺生背矣"⑤。可见真正摒弃个人名利的思想不是那末容易的事。"无能子贫，其昆弟之子且寒而饥，嗟吟者相从焉"。无能子毕竟能够看破个人的名利，不追求富贵，宁愿隐逸于民间，对于富贵贫贱，"则忧乐无所容乎其间"⑥。这比之一般封建文人汲汲于名利者已经优胜一筹。尤其值得指出的，他分析所以成为富贵，归根到底，无非"足于物"罢了。而"物"之生产与占有，他朦胧地意识到存在着不合理的现象。他说："富贵者足物尔。夫物者，人之所

---

① 《全晋文》卷一百十三鲁褒《钱神论》。
② 《无能子·答通问》。
③ 《全唐诗》卷六百三十六聂夷中《公子行》。
④ 《无能子·质妄》。
⑤ 《皮子文薮》卷七《通玄子栖宾亭记》。
⑥ 《无能子·答通问》。

能为者也；自为之，反为不为者感之。乃以足物者为富贵，无物者为贫贱。于是乐富贵，耻贫贱，不得其乐者，无所不至。自古及今，醒而不悟。壮哉！物之力也。"① 这里，他阐明了"物"是人们能够生产的，人们自己生产"物"，反而被不从事生产的人所占有和享受去了。由此，却使"足物者为富贵，无物者为贫贱"，这怎么叫人感到公平和合理呢？这里已经初步接触到产生富贵贫贱的社会根源问题，也就是农民起义所想望解决的根本问题。文章虽未充分展开论说，然而它所蕴涵的朴素的精义是可以领会得到，所放射出智慧的光芒也可以约略窥见。

正是由于社会上存在着富贵贫贱悬殊的严重问题，所以农民群众要求均平的思想很是迫切。唐懿宗时，裘甫在浙东领导的农民起义军，改元罗平，铸印曰天平，就是这种均平思想的直接反映。僖宗时，农民起义军领袖王仙芝自称天补平均大将军，盖取补不足均不平的意思。后来黄巢入长安，即帝位，改国号叫大齐。齐，齐平也。大齐，也就是大大的平均、平等的意思。同时，有的思想家也初步提出均贵贱的主张。如晚唐刘蜕说："车服妾媵，所以奉贵也，然而奉天下来事贵者贱。夫有车服，必有杂珮；有妾媵，必有娱乐。圣人既为之贵贱，是欲鞭农父子以奉不暇，虽有杵臼，吾安得粟而舂之？教民以杵臼，不若均民以贵贱。"② 封建主义国家的全部机器，就是要大力维护贵贱尊卑的等级秩序，如果实行均贵贱的话，那就破坏封建社会的等级制度了。

韩愈说："仁与义为定名。"③ 柳宗元说"经"和"权"二

---

① 《无能子·质妄》。
② 唐《刘蜕集》卷二《山书》。
③ 《韩昌黎集》卷十一《原道》。

者都是"强名"①。无论"定名"或"强名"都是人们约定成俗的名称。无能子以为原始社会里"人"和"虫"本来是不分的(人亦属于裸虫),后世有"圣人"出,把"人"从"虫"里区分开来,"强名之曰人"。原始的人本来"无卑无尊,孰谓之君臣"?后世有"圣人"出,"强分之,乃君乃臣"。君臣既立,"强分贵贱尊卑以激其争,强为仁义礼乐以倾其真,强行刑法征伐以残其生"②。他又说:"自古帝王与公侯卿大夫之号,皆圣人强名,以等差贵贱而诱愚人尔。"③ 无能子认为,所有这些造说和规定,都是"强名",都是"圣人"犯下莫大的错误,是应当统统推翻的。

韩愈又说:"古之时,人之害多矣。有圣人者立,然后教之以相生之道,为之君,为之师","如古之无圣人,人之类灭久矣"。按照这样的说法,"圣人"就是保护人类免受一切灾害祸患的大救星、大恩主,他就是君,就是师,也就是帝王。因为"帝之与王,其号名虽殊,其所以为圣一也"④。在韩愈看来,圣人、帝王造福人类,功垂百代,都是神圣不可侵犯的。柳宗元对于圣人的教化也是推崇备至。他说:"圣人之为教,立中道以示于后。曰仁曰义曰礼曰智曰信,谓之五常,言可以常行者也。防昏乱之术,为之勤勤然书于方册,兴亡治乱之致,永守而不去也。"⑤ 圣人之教,直接与封建皇朝的兴亡治乱息息相关,所以必须永保勿失。与无能子同时代的在政治思想上反动的林慎思,

---

① 《柳河东集》卷三《断刑论》下。
② 《无能子·圣过》。
③ 《无能子·严陵说》。
④ 以上引语,皆见韩愈《原道》。
⑤ 《柳河东集》卷三《时令论》下。

一方面歌颂"圣人以恩信临人",另方面毒骂"叛民"瞀于恩信①。就是在政治上进步的皮日休,早年也曾说过:"若圣人者,天资也,非修而至也。"② 这是说圣人是天生的特殊人物,不是一般平凡的人所能学得。但是轰轰烈烈的农民起义军就是要向"天生"的圣人挑战,向神圣不可侵犯的帝王造反。唐末农民起义军的来势之猛,如洪潮澎湃,巨浪滔天,所向无敌,摧枯拉朽,势不可当。无能子在这种革命形势的强烈影响下,才敢于把当时社会上所有不合理的现象,人间的不平,都归咎于圣人,加以严词谴责,统统"谓之圣人者之过也"③。在举世一片颂扬圣人的喧声中,无能子独排众议,谴责圣人和帝王,不能不说是一种叛逆的思想。

我们知道,像柳宗元,是唐代大文学家,又是唯物主义的思想家,政治上他图革新,在当时也是比较进步的。但是对唐王朝的封建统治还是竭力维护,没有任何动摇的。他的时代条件,毕竟与无能子不同,所以没有叛逆思想,是容易理解的。而与无能子同时代的皮日休是文学家,虽则行动上骤然转变,投降农民起义军,这应当加以肯定和赞扬;可是,也许由于时间短促,理论思维跟不上,连叛逆思想的片言只语也没有。可见事情是错综复杂的,不可一概而论。因此,比较起来,无能子的叛逆思想,在唐代是异军崛起,独树一帜,别开生面,更觉得难能可贵了。

具有叛逆思想的人,甘冒天下之大不韪,是非常危险的。只有狂人吐言,庶几可以无罪。无能子托为狂言,表述他的真实思

---

① 《仲蒙子·远化》。
② 《皮子文薮》卷九《鹿门隐书》。
③ 《无能子·圣过》。

想;愿为狂人,为狂人辩白,表明世人束于礼乐,拘于名教,倒是反常的现象。像陆龟蒙说的:"奴颜婢膝真乞丐,反以正直为狂痴"①。无能子有一篇描述狂人的文章,叫做《纪见》,算是唐末狂人日记,很是别致,饶有意趣,现录如下:

> 樊氏之族有美男子,年三十,或被发疾走,或终日端居不言。言则以羊为马,以山为水。凡名一物,多失其常名。其家及乡人狂之,而不之罪焉。无能子亦狂之。或一日,遇于蘩翳间,就而叹曰:"壮男子也,貌复丰硕,惜哉病如是!"狂者徐曰:"吾无病。"无能子愕然曰:"冠带不守,起居无常,失万物之名,忘家乡之礼,此狂也,何谓无病乎?"狂者曰:"被冠带,善起居,爱家人,敬乡里,岂我自然哉?盖昔有妄作者,文之以为礼,使人习之至于今,而薄醨固醇酎也,知之而反之者,则反以为不知,又名之曰狂。且万物之名,亦岂自然哉?清而上者曰天,黄而下者曰地,烛昼者曰日,烛夜者曰月;以至风云雨露,烟雾霜雪;以至山岳江海,草木鸟兽;以至华夏夷狄,帝王公侯;以至士农工商,皂隶臧获;以至是非善恶,邪正荣辱,皆妄作者强名之也。人久习之,不见其强名之初,故沿之而不敢移焉。昔妄作者,或谓清上者曰地,黄下者曰天,烛昼者月,烛夜者日,今亦沿之矣。强名自人也。我亦人也,彼人何以强名,我人胡为不可哉?则冠带起居,吾得以随意取舍;万状之物,吾得以随意自名。狂不狂吾且不自知,彼不知者狂之亦宜矣。"②

这是一篇大胆批判封建礼俗的文章,鄙弃名教秩序的文章。从自

---

① (唐)陆龟蒙:《笠泽丛书》卷一《散人歌》。
② 《无能子》卷下。

然界的天地日月、风云霜雪、江海山岳、草木鸟兽之名谈起,一直到人类社会的华夷种族,帝王公侯,四民之分,皂隶之别,以及是非善恶、邪正荣辱等名称,都是因为从前有妄作者"强名之",而且"文之以为礼,使人习之至于今",这个古老的传统和顽强的习惯势力,一代一代保守沿用下来,谁也不敢触动它、变革它。如果有人知其妄而反对它,就被说是神智失常,"名之曰狂";不然,也会被诬为非圣无法,离经叛道,罪不容赦。尤其关于帝王公侯,士农工商,皂隶臧获,以至是非善恶、邪正荣辱之名,是关系着整个统治者与被统治者、剥削者与被剥削者的名分纲常问题,社会秩序问题,贫富贵贱的阶级界线问题,以及由于压迫者与被压迫者的对立而导致是非善恶的标准问题。一旦陈陈相因的传统和习惯势力被动摇、推翻,所有旧礼俗随之土崩瓦解,旧秩序也会被颠倒过来。在封建社会里,只有农民起义、农民革命战争才能做到。无能子的狂人日记,他的叛逆思想,不是凭空而来,恰恰是在唐末农民大起义的影响下,从侧面反射出来闪烁的折光。

三

人类社会的进化,由蒙昧时代到野蛮时代,再到文明时代,就是在矛盾状态中向前发展的。人类起源于动物界,最早人兽(也说是人虫)杂居,然后"人虫乃分"、"人猿相揖别",而成为先进的高等动物,"其名曰人,以法限鳞、毛、羽、甲诸虫"。进入野蛮时代,农业上知道植物的种植,"相教播种以食百谷,于是有耒耜之用"。而且还"结置罘网罗,以取鳞、毛、羽、甲诸虫",驯养动物,成为畜群,学会了经营畜牧业。然而生产向前发展了,人的物质欲望也随之逐渐扩张了。所以"濠淳以之散,情意以之作"①。从前原始社会自然发生的共同体的濛濛淳淳的特性也逐渐消失了。

恩格斯说:"这种自然发生的共同体的权力一定要被打破,而且也确实被打破了。不过它是被那种在我们看来简直是一种堕落,一种离开古代氏族社会的纯朴道德高峰的堕落的势力所打破的。最卑下的利益——庸俗的贪欲、粗暴的情欲、卑下的物欲、对公共财产的自私自利的掠夺——揭开了新的、文明的阶级社会;最卑鄙的手段——偷窃、暴力、欺诈、背信——毁坏了古老的没有阶级的氏族制度,把它引向崩溃。"② 无能子所谓"濛淳以之散",就是古老的自然发生的氏族共同体被打破了。所谓"情意以之作",就是意味着"最卑下的利益——庸俗的贪欲、粗暴的情欲、卑下的物欲、对公共财产的自私自利的掠夺"。无能子对于"物欲"在文明社会里的作用是有相当认识的。

进入文明时代,是"学会对天然产物进一步加工的时期"。在这时期里,人类开始出现了人剥削人、人压迫人的现象,出现了阶级对立。第一个阶级统治的奴隶制国家出现了,其次,代之以兴的是封建制国家。国家是一个阶级镇压和剥削另一个阶级的组织。"繁其智慧者"在统治阶级中选择一个人来统治大众,这个人叫做君主。君主之下有被支配的广大的臣民。寡头的君主为了少数人的利益,可以奴役广大的臣民,广大臣民不得凌犯君主,于是严格规定了"君臣之分,尊卑之节"③。作为统治阶级总代表的君主,首先想方设法,采取种种措施,维持君臣上下尊卑的等级秩序。这时期,社会财富的生产是逐渐加多起来了,但

---

① 《无能子·圣过》。
② 《家庭、私有制和国家的起源》,《马克思恩格斯选集》第四卷,人民出版社1972年版,第94页。
③ 《无能子·圣过》。

大多数创造财富的劳动者丧失了自由,不能享受它,生活陷于贫困。只有少数寡头及其集团任意剥削和宰割他人,过着穷奢极欲的生活。恩格斯说:"由于文明时代的基础是一个阶级对另一阶级的剥削,所以它的全部发展都是在经常的矛盾中进行的。生产的每进一步,同时也就是被压迫阶级即大多数人的生活状况的一个退步。对一些人是好事的,对另一些人必然是坏事,一个阶级的任何新的解放,必然是对另一阶级的新的压迫。"① 对立阶级的利益就是这样发生直接的冲突。

贫富生活的悬殊、阶级利益的冲突导致彼此互相仇视,甚至发生流血战争。"人世难逢开口笑,上疆场上彼此弯弓月。流遍了,郊原血。"探本溯源,从历史上考察,人类生活全是一种现实欲望的扩张。文明时代的人们,由于社会产品逐渐加多,欲望也越发扩张,争夺愈益激烈,于是统治者采取一系列的办法,如等级限制,道德教育和刑罚制裁。无能子说:"降及后世,又设爵禄以升降其众,于是有贵贱之等用其物,贫富之差得其欲","既而贱慕贵,贫慕富,而人之争心生焉"。"于是立仁义忠信之教,礼乐之章以拘之"。又说:"降及后代,嗜欲愈炽,于是背仁义忠信,逾礼乐而争焉","不得已乃设刑法与兵以制之"②。无能子这些话,在历史线索上,大体接近恩格斯下述的基本原理:文明时代"完成了古代氏族社会完全做不到的事情。但是,它是用激起人们的最卑劣的动机和情欲,并且以损害人们的其他一切秉赋为代价而使之变本加厉的办法来完成这些事情的。卑劣的贪欲是文明时代从它存在的第一日起直至今日的动力;财富,财富,第三还是财富,——不是社会的财富,而是这个微不足道

---

① 《家庭、私有制和国家的起源》,《马克思恩格斯选集》第四卷,第173页。
② 《无能子·圣过》。

的单个的个人的财富,这就是文明时代唯一的、具有决定意义的目的"①。贪欲的对象是财富。财富就是物。无能子注意到贪欲的不断扩张和财富的莫大魔力,简直无法形容,所以惊叹道:"壮哉,物之力也!"

无能子朦胧地猜测到人类社会变迁的一些基本情况,初步领会贪欲的动力和物(财富)的巨大作用是文明时代的两大特征,是导致原始氏族社会的解体,即所谓"醨真淳,厚嗜欲而包争心矣"。这就自发地接触到历史辩证法因素的问题,是值得我们注意的一点。虽然,他没有详细论述,当然,更没有也不可能有科学的说明。由于时代和科学水平的局限,他对这些在矛盾中发展的现象,颇为惶惑、忧虑,看不出也不可能看出人类社会向前发展的进程和动向。

"一切已死的先辈们的传统,像梦魇一样纠缠着活人的头脑"。无能子当考察社会历史发展中产生矛盾现象而觉得困惑不解的时候,也要召唤先辈的亡灵,借用它的名字和语言。他借用道家老子的自然主义作为自己的基本观点。企图用这个自然主义的观点,否定、批判文明时代人们的贪欲的不断扩张,激烈地争夺财富,形成富贵贫贱的对立,等级名分森严地划分,仁义道德的说教,刑律军警的镇压,认为所有这一切,都是违背"自然",都是造成广大人民痛苦的原因。

试看:太古的时候,人与"鳞、毛、羽、甲杂处,雌雄牝牡,自然相合,无男女夫妇之别,父子兄弟之序",只是"任其自然,遂其天真,无所司牧,濛濛淳淳,其理也居且久矣"。后来人猿分居,"濛淳以之散"。降及后世,"嗜欲愈炽",争夺财富,越来越激烈,仁义道德,礼乐忠信等说教不起作用了,于是

---

① 《家庭、私有制和国家的起源》,《马克思恩格斯选集》第四卷,第173页。

设立刑法监狱和军队来镇压，这样，"缧绁桎梏鞭笞流窜之罪充于国，戈铤弓矢之伐充于天下，覆家亡国之祸，绵绵不绝；生民困穷夭折之苦，漫漫不止"①。无能子考察社会上发生这些罪恶的现象，但未能也是不可能探究出所以发生罪恶的本质和究极原因，却用道家自然主义的观点，赞赏太古之时"任其自然"、"无所司牧"，是多么美好的社会。显然，这就不知不觉陷入了倒退了的历史观。

诚然，我国道家老庄的理论传统，从某种意义上说，它批判现实社会的不合理的统治制度和抨击封建礼俗是比较突出的。例如《庄子》杂篇《盗跖篇》，以寓言的方式，假托"盗跖"批判孔丘，是比较早的了。再如晋代倡导无君论的鲍敬言②，就是从老庄之书而引出异端的思想。无能子同鲍敬言相类似，他在唐末农民大起义的影响下，大胆批判当时社会政治伦理和习俗等方面的积极意义应该肯定，同时必须指出，他也没有发展进化的历史观，向往的只是一种未开化的、濛濛淳淳的原始社会。

与"自然"紧密相联系的，还有"无为"的思想。大体说来，无能子的"无为"的概念，蕴涵着两层意思。一层意思是不要人为地制造许多礼乐典章等繁文缛节，搞乱人情，"诱动人情"，免得"人情失于自然，而夭其性命"。因为"治大国若烹小鲜，蹂于刀几则烂矣"③。还有一层意思是：顺着自然的理势行事，不固滞于有为，无心于有为，也就是无为。首先用自然现象来说："天地，无为也。日月星辰，运于昼夜；雨露霜雪，陨于秋冬，江河流而不息，草木生而不止。故无为则能无滞。若滞

---

① 《无能子·圣过》。
② 葛洪：《抱朴子外篇·诘鲍》。
③ 《无能子·老君说》。

于有为，则不能无为矣。"① 再以社会现象而论："夫无为者，无所不为也。有为者，有所不为也。"只要无心无欲，没有什么私心杂念，就可以无所不为。所以"圣人宜处则处，宜行则行。理安于独善，则许由善卷不耻为匹夫，势便于兼济，则尧舜不辞为天子，其为无心一也"②。这便含有顺应环境的自然变化和时势的推移行事，不是无条件地绝对排斥有为了。

四

无能子把他的自然主义应用到自然观上，形成元气自然论，也就是气一元论。他说："天地未分，混沌一气。一气充溢，分为二仪。有清浊焉，有轻重焉。轻清者上，为阳为天；重浊者下，为阴为地矣。天则刚健而动，地则柔顺而静，气之自然也。"③ 天地阴阳，都由气的自然变化而来。又说："天地既位，阴阳气交，于是裸虫、鳞虫、毛虫、羽虫、甲虫生焉。人者，裸虫也，与夫鳞、毛、羽、甲虫俱焉，同生天地，交气而已，无所异也。"④ 这个天地人万物生成的学说，是以"混沌一气"为始基的，所谓"人与鸟兽昆虫，共浮于天地中，一气而已"⑤。气一元论是承认天地万物都是从原始物质的自然演变和发展而来，并非有什么超物质的天神上帝来开天辟地，创造万物。这是朴素唯物主义的自然观。比如有一个流行的传说：时序到了春天，一声雷响，黄河里的大鱼跃进龙门，"则化为龙，于是拏云拽雨

---

① 《无能子·文王说》。
② 《无能子·答华阳子问》。
③ 《无能子·圣过》。
④ 同上。
⑤ 《无能子·文王说》。

焉",究竟云雨与鱼跃龙门有什么关系呢?无能子认为:"云雨来随蒸润之气,自相感尔,于彼何有哉?"① 这就说明云和雨是随着地面包括江河湖海蒸润的气变化而生,它对鱼跃龙门"则化为龙"是了不相干的。这个说法是根据自然现象自身变化的原因来说明问题,是符合气一元论的唯物主义的观点。

有了唯物主义的自然观,就能破除世俗的迷信。例如,枭,古代的人视为凶鸟。迷信者认为"人家将凶则枭来鸣,杀之则庶几无凶"。无能子对枭鸣是凶兆的迷信进行批驳,道:"人之家因其鸣而凶,枭罪也。枭可凶人,杀之亦不能弭其已凶。将凶而鸣,非枭忠而先示于人邪?凶不自枭,杀之害忠也。"这是一层意思。还有一层意思更是深刻,他说:人与毛群羽族,"俱生于天地无私之气,横目方足,虚飞实走,有所异者,偶随气之清浊厚薄,自然而形也,非宰于爱憎者也。谁令枭司其凶邪?谥枭之凶,谁所자邪?天地言之邪?枭自言之邪?谥枭之凶,不知所自,则羽仪五色,谓之凤者未必祥,枭未必凶"②。无能子在这里阐明了人和枭都是从"天地无私之气"自然演变生成的,所谓万物"同出于一,所为各异:有鸟有鱼有兽,谓之分物"③。既然从原始物质形成各种各类的分物,大自然对谁都没有爱憎的感情。那末,谁叫枭管凶呢?枭鸟自己没有说,天地没有说,还不是迷信的人自己虚构出来的吗?所以世俗相传枭鸣是凶,无非是一种愚昧迷信罢了。

说人和天地万物最初都是起源于一种共同的原始物质——气,所以说万物"同出于一"。从这个意义上讲,所谓"人,物

---

① 《无能子·鱼说》。
② 《无能子·纪见》。
③ 《淮南子·诠言篇》。

也","人与虫一也",当然是朴素唯物主义的气一元论。但是自然界在不断演变,人类社会在不断进化,尤其是人类同攀树的猿群分手以后,还片面地强调人和其他裸虫鳞虫毛虫羽虫甲虫"无所异也",这就成了问题。

有一种主张:人类不同于鳞、毛、羽、甲诸虫,就是因为他们能够运用"智虑"和"语言"的缘故。无能子不赞同这种说法,说:"自鸟兽迨乎蠢蠕,皆好生避死,营其巢穴,谋其饮啄,生育乳养其类而护之,与人之好生避死,营其宫室,谋其衣食,生育乳养其男女而私之,无所异也。何可谓之无智虑也邪?"这是否认"智虑"为人跟其他动物区别的特征之一。接着又说"语言"也不是人类独有的特征:"夫自鸟兽迨乎蠢蠕者,号鸣啅噪,皆有其音,安知其族类之中非语言邪?人以不喻其音,而谓其不能言,又安知乎鸟兽不喻人言,亦谓人不能语言邪?则其号鸣啅噪之音必语言尔。"他的结论是:"智虑语言,人与虫一也,所以异者形质尔。"①

无能子这番议论,似是而非,问题的实质是混淆了人与其他动物的界限,抹杀了人和其他动物存在着质的区别。我国最早的医经说过:"天复地载,万物悉备,莫贵于人。"② 战国时杰出的唯物主义哲学家荀况说:"水火有气而无生,草木有生而无知,禽兽有知而无义,人有气有生有知,亦且有义,故最为天下贵也。"③ 人比天地间任何其他动物的体质构造都复杂得多,生理活动都发达得多,心理等活动都高级得多。东汉王充说:"夫倮虫三百六十,人为之长。人,物也。万物之中有智慧者也。"④

---

① 《无能子·圣过》。
② 《素问》卷八《宝命全形论》。
③ 《荀子·王制》。
④ 《论衡·辩祟篇》。

唐朝刘禹锡也说："人，动物之尤者也"；"动类曰虫，裸虫之长，为智最大"①。他们先后都着重指出：人类是所有动物中特异的动物，能感觉又能思维，在裸虫之中智慧最发达，是最高级的动物。其他一切动物，虽然也能好生避死，营其巢穴，但都只是一成不变的先天的智力或本能的动作，不能制造工具，不能劳动，"没有一只猿手曾经制造过一把哪怕是最粗笨的石刀"②，"人类社会区别于猿群的特征又是什么呢？是劳动"③。制造工具，从事劳动，是人类异于其他一切动物具有决定意义的特征。其他动物纵使某一天然器官特别发达，某一本能极为突出，终究不及人类制造工具，效用无穷。我们看到"鸟飞于空，鱼游于渊，非术也，自然而然也"④。正因为鸟和鱼不能创造发明哪怕是最原始最低级的技术，不能利用工具劳动，所以始终只是停留在自然状态的本能动作罢了。而人类在已往历史上，固然暂时不能像"鸟飞于空，鱼游于渊"，但是随着长时间的不断劳动，凭借科学技术的进步，制造出许许多多日新月异的工具，也能够高飞空中，深潜海底，这就是人类比其他动物特异的地方。这个特异之点，无论从"智虑"或"语言"方面考察，都是人类所独有的。智慧、思考能力是人从劳动中发展起来的，语言也是从劳动中并和劳动一起产生出来的。其他一切动物，受着自身生理条件等等的限制，只有本能，或受简单动作的训练和某些条件反射，不可能有像人所具有的智慧和语言。人脱离了其他动物界，

---

① 《刘宾客文集》卷五《天论》上、下。（唐）王真：《道德经论兵要义述》第一章也说："灵于万物者谓之最灵，灵于最灵者谓之圣人。"
② 《劳动在从猿到人转变过程中的作用》，《马克思恩格斯选集》第三卷，第509页。
③ 同上书，第513页。
④ 《无能子·真修》。

有了智慧和语言，是动物从低级到高级的进化，是类人猿在发展过程中的质的飞跃。认为事物只有量变而没有质变，忽视或抹煞事物质的变化，忽视或抹煞事物由低级到高级的转化，那就违背了辩证法，那就是形而上学。无能子这个"智虑语言，人与虫一也"的论断，是形而上学，不是辩证法。这恰好说明了哲学发展史上一个重要的事实，就是古代的辩证法转化为中世纪的形而上学。直到近代，才由形而上学转化为近代的辩证法。

从这里，还可以说明另一个历史事实，那是无能子的朴素唯物主义的自然观是带有很浓厚的形而上学的特色。历史上，唯物主义的哲学观点虽则是正确的，但由于缺乏辩证法的思想，不能在诸方面贯彻唯物主义的观点而又陷入了错误。

（原载《中国哲学史论》，山西人民出版社 1981 年版）

论老子兵书

——兼谈《道德经论兵要义述》的两个特点

《老子》是先秦一部道家的著名哲学著作。它里头有不少章节是论用兵的,包括一些战术思想和战略思想的概括。《汉书·艺文志》道家类著录《太公》二百三十七篇,其中有《兵》八十五篇,但此书已经散佚了。汉刘向《说苑·指武篇》引《太公兵法》云云,据清代学者的考证,大概就是它的部分佚文。就这些佚文看来,它的理论并没有什么出色的地方。但从这里可知道家与兵家往往相通,而今本《老子》中关于论兵的地方,它总结了古代兵家丰富的经验,确有卓越独到的见解。如第六十九章征引古兵家的话:"吾不敢为主而为客,不敢进寸而退尺。"先举兵叫"主",后应兵叫"客",不敢进寸,宁愿退尺,表明在战术上要十分重视敌人,并且提出严重的警告:"祸莫大于轻敌。"第六十八章主张"善为士者不武,善战者不怒,善胜敌者不与",第五十七章强调"以奇用兵",这些都是在战术上宝贵经验的总结与概括。

《老子》有个"贵柔"、"守柔"的总看法,从不同的角度,在许多章里反复阐明这种思想。如第五十二章说的"守柔曰强"，七十六章云："人之生也柔弱，其死也坚强；万物草木之生也柔脆，其死也枯槁。"四十三章说："天下之至柔，驰骋天下之至坚。"七十八章云："天下莫柔弱于水，而攻强此莫之能胜。"从人生到物理，都贯穿着这个"贵柔"的看法。第三十六章更概括为"柔弱胜刚强"，同时把它应用到战略思想上。七十六章明确断言"兵强则灭，木强则折"①。它还认为"弱之胜强，柔之胜刚，天下莫不知，莫能行"②，俨然把"柔弱胜刚强"作为天下人人皆知的道理，但是谁也没能实行。《老子》这样大力宣扬"柔弱胜刚强"的思想，不是孤立的偶然出现的观念，而是与守柔、守雌、守辱、不争等一系列的思想紧密相联系的，也是与作者没落奴隶主阶级的属性分不开的。

先秦诸子论兵，除《老子》外，别的书里没有这种"柔弱胜刚强"的思想。著名兵家孙武的《孙子》和新近从山东临沂银雀山出土的《孙膑兵法》里都没有。《孙子·虚实篇》只说："夫兵形若水。"水的形，避高而就下；兵的形，避实而击虚。"水因地而制流，兵因敌而制胜"。由于水没有固定的形状，所以用它比喻"兵无常势"是恰当的。其目的是在说明因敌制胜，变化无穷。清魏源《孙子集注序》说："《老子》其言兵之书乎！'天下莫柔弱于水，而攻坚强者莫之能先'，吾于斯见兵之形。"③可见这里只讲兵形如水的变化，根本没有论所谓"柔弱胜刚强"的思想。儒家论兵较多的算是荀况，刘歆《七略》在兵书略权谋家里原有《孙卿子》的书，班固撰《汉书·艺文志》，因为它同诸子略儒家的书重复，所以把它删掉。见于今本《荀子》的，

---

① 这两句话依据《淮南子·原道篇》和《列子·黄帝篇》的引文。长沙马王堆汉墓帛书《老子》作"兵强则不胜"，与王弼本同。
② 第七十八章。
③ 《魏源集》上册。

专门有《议兵篇》，强调治国之道，"好士者强，不好士者弱；爱民者强，不爱民者弱；政令信者强，政令不信者弱；民齐者强，民不齐者弱"等等，绝无柔弱胜刚强的议论。墨家也没有。至于法家，像魏国李悝注重富国强兵的学说，秦国商鞅大讲奖励耕战的重要性，都没有《老子》这种思想。如果把《老子》作为一种兵书来看，自然有它的特点。它的可贵思想，在于朴素辩证法；表现在一系列战术思想方面，在于以奇用兵，变化如神。如"将欲弱之，必固强之；将欲废之，必固兴之；将欲夺之，必固与之"[①]。体现着以智用兵，军不厌诈的意思。

《老子》的"道"的概念，是它的唯心主义世界观的核心。在《老子》的理论体系里，辩证法与唯心主义本质上是相矛盾的。因此它的战术思想与战略思想也是分裂的。所谓"柔弱胜刚强"的战略思想是以唯心主义为基础的。但前些年，有人发表文章，大肆鼓吹《老子》的"柔弱胜刚强"的战略思想，说它是对"高岸为谷，深谷为陵"的社会大变动一个概括。我看这绝不符合逻辑和历史的事实。因为从"高岸为谷，深谷为陵"的自然现象变迁来观察，得出社会政治上"社稷无常奉，君臣无常位"的结论是进步的。《老子》的作者对当时社会大变动的现象是深恶痛绝的，哪里会有这样的思想呢？但因大势已去，无可奈何，怀着恐惧的心理，采取消极对抗的方式，提倡无为、不争、守柔、守辱等信念。他认为"水"所具有的几种性能，又接近于"道"。第八章所谓"上善若水，水善利万物而不争，处众人之恶，故几于道。"首先，水能守柔，说柔胜刚，增加自己对失败了的居于劣势的阶级的信念。再者，水能守辱，即水居下流之地，纳污藏垢，甘受众人之所恶。最本质的性能是不争。因

[①] 第三十六章。

为没落阶级从斗争中已经失败，眼看再斗争也无希望，所以采取不争的方针。用"水"比喻"道"，水的性能也就是"道"的性能。这是跟他的没落奴隶主阶级的世界观紧密相连的。在《老子》思想里，绝没有像我们今天通常说的"新生的事物终究战胜腐朽的貌似强大的事物"的意思。相反，它处处排斥新生事物，竭力维护远古社会的落后的风俗习惯和制度。第八十章描写的"小国寡民"的情景就是很好的说明。

正因为《老子》论用兵有它自己的特点，隋以前，大概南北朝的时候，就有人撰述老子论兵的书。《隋书·经籍志》兵家类著录《老子兵书》一卷，不著撰人名氏。南宋郑樵作《通志略》，再著录于兵家。此书已经失传了。《通志略》道家又著录《道德经兵论要义述》四卷，不著撰人。这就是明正统《道藏》洞神部玉诀类《道德经论兵要义述》四卷，《四库全书未收书目》也著录此书，并云唐王真撰。这是一部颇具特色的古兵书。《道藏》本署"朝议郎使持节汉州诸军事守汉州刺史充威胜军使赐绯鱼袋臣王真上"。卷首有唐宪宗元和四年（公元 809 年）王真进书状一篇，次元和手诏，次王真《叙表》一篇，次本文，保存完帙无缺。朝议郎，唐代属吏部，正六品下的文官。汉州，唐代属成都府。高祖武德元年，改太守为刺史，加使持节。威胜军使，武职。看来王真是以中央政府一个文职官员（朝议郎）出为地方官，担任汉州刺史兼掌军事。他对于文治武功的基本看法是："文者，武之君也；武者，文之备也。斯盖二柄兼行，两者同出，常居左右，孰可废坠。故曰，忘战则危，好战则亡。是知兵者可用也，不可好也；可战也，不可忘也。"① 如果单看《叙表》，这是一种文武并重的持平的议论，并没有令人发生特异的感觉。

---

① 见《叙表》。

历史上，唐人纷纷论兵事。如开国之初，著名的有李靖《卫公兵法》（清汪宗沂编的《卫公兵法辑本》比较可信），属兵家言。肃宗时，李筌著《太白阴经》，亦属兵家言。他又注《孙子》和《阴符经》，发挥兵家和道家的学说。文宗时，杜牧注《孙子》三卷，亦属兵家言。终唐之世，兵家的书还有多种。至于王真撰《道德经论兵要义述》，形式上虽则依循《老子》八十一章立论，但是发挥的主要不是《老子》的思想，相反，却以儒家的基本观点修正《老子》的本意。西汉司马迁曾经说过："世之学老子者则绌儒学，儒学亦绌老子，道不同不相为谋，岂谓是耶！"① 唐代大文学家和思想家韩愈为了维护儒家的道统，大力排斥老子和佛。直到近代魏源在《老子本义》中也说："老子与儒合乎？曰：否，否。"所以王真这部名叫论述《老子》的兵书，实际上以儒学解释道书，这是异乎寻常的事，殊堪注目。儒家所谓道德，指仁、义、礼、信、忠、恕等；《老子》所谓道德，则指无为、自然、无知、无欲、柔弱、不争等，并且坚决主张"绝仁弃义"、"绝圣弃智"，这是和儒家思想根本不相容的。但王真"少习儒业"，正当唐朝皇帝姓李、冒认李唐是老子李耳的后裔、尊奉老君为太上玄元皇帝的时代，他又职掌地方军事，故以《道德经》论兵为主题，用儒家的基本观点进行论述，糅合成为这部儒道合璧的兵书。宋代进步思想家叶适带着惋惜的口吻说："老子论道犹可也，何必及兵？！"② 而王真以儒解道，对《老子》的学说做了重大的修正。这是王真著作的重要特色。现在依照《道德经》分章的次第，选录若干《老子》本文和王真的论述，对照如下：（有黑体字的句子，是儒家的原文。括弧内

---

① 《史记·老庄申韩列传》。
② 《习学纪言序目》卷十五。

的话，是个人的简单说明。）

《老子》本文	《道德经论兵要义述》
第一章：玄之又玄	盖天地之道，**四时行焉**，百物生焉。（见《论语·阳货》孔子语）是为一玄也。圣人之道，代天理物，**各正性命**。（见《周易·乾卦·彖辞》）复为一玄也。故曰玄之又玄。（按：这样以儒释老，与原意大相径庭。）
第三章：不尚贤，使民不争。	夫圣人之理，不伐其善，不显其长，上行其风，下承其化，既绝矜尚，遂无斗争。非谓其不用贤能而使人不争也。且自三皇五帝，至于五霸，未有不上尊三事，下敬百寮，外资卿相之弼谐，内有后妃之辅助，此奚谓其不尚贤乎哉？必不然也。（此以儒家尊贤的论调反驳老子不尚贤的主张。）
第七章：不以其无私邪，故能成其私。（据傅奕本）	若夫人君**克己复礼**，**使天下归仁**，既得亿兆欢心，蛮夷稽颡，自然干戈止息，宗庙安宁。故曰非以其无私邪，故能成其私。（克己复礼，天下归仁，是《论语·颜渊》孔子的话，老子根本没有这种思想）。
第八章：上善若水，水善利万物而不争。夫唯不争，故无尤。	且夫争城，**杀人盈城**；争地，**杀人满野**。（见《孟子·离娄上》）语曰：君子无所争。（见《论语·八佾》）又曰：**在醜不争**，**争则兵**。（见《孝经·纪孝行章》）（按所引皆是儒家的话，与《老子》的观点和含义不同。）
第九章：功遂身退天之道。	此言身退者，非谓必使其避位而去也，但欲其功成而不有之耳。（按儒者对从政的态度与道家绝异，功成并不身退，故有此解。）
第十九章：绝圣弃智，民利百倍。绝仁弃义，民复孝慈。	此言绝有迹之圣，弃矜诈之智，则人受大利矣。又仁生于不仁，义生于不义，今欲令绝矫妄之仁，弃诡谲之义，俾亲戚自然和同，则孝慈复焉。（按王真据儒家观点，实不赞同绝圣弃智，绝仁弃义的言论，所以在"圣"、"智"、"仁"、"义"之前，加上几个形容词，以示不同的性质，将无条件的弃绝改为有条件的否定，其意义就大不一样了。）

续表

《老子》本文	《道德经论兵要义述》
第二十四章：跂者不立。	此论躁竞之徒举兵动众，皆不得中正之道也。（这里的"中正之道"以及第二十七章所谓"守中"，二十八章所谓"中正之极"等，都是儒家的中庸思想。）
第二十六章：重为轻根，静为躁君。	**君子不重则不威**（《论语·学而》孔子说），又静者仁之性也（语本《论语·雍也》孔子说仁者静。这些引证，压根儿与老子本意风马牛不相及。）
第三十六章：柔弱胜刚强。	柔弱胜刚强，此亦非谓使柔弱之徒必能制胜刚强之敌，直指言王侯者已处刚强之地，宜存柔克之心耳。（这里，王真以儒家的观点纠正老子柔弱胜刚强的本旨，最为直截了当。）
第三十七章：天下将自正。	《论语》云：**子率以正，孰敢不正**。（《颜渊篇》孔子语），其是之谓乎！
第四十一章：上士闻道而勤行之。	文宣王曰：**朝闻道：夕死可矣**。（见《论语·里仁篇》。孔子所闻之"道"，非《老子》所说的"道"。）
第五十七章：以正治国，以奇用兵。	治国者以政。政者，正也。**君率以正，孰敢不正**！（孔子说）（按《老子》所谓"以正治国，以奇用兵"，正与奇相对。第五十八章有"正复为奇"的话，恰好说明辩证的转化。本章《老子》的话，原来没有先正己而后正人的意思。王真恣意引用儒家的政治概念来论述罢了。）
第六十五章：以智治国国之贼，不以智治国国之福。	凡众庶之徒，恒性浅劣……一凶首谋，万人随唱。征伐之举，恒必由之。此亦非谓其用智治国，既为国之贼也。言其使众庶之徒多智，即尽能为国之贼害也。（这里，不但改变了《老子》的论点，而且把矛头指向人民群众。言统治者讨伐众民，可以用智。人民群众若用智造反，即为国之贼害。这是担任汉州军事长官王真的现身说法。）
第六十八章：善用人者为之下。	夫王者**节用而爱人，使民以时**……故曰善用人者为之下。（这里引用《论语·学而》孔子的话来解说《老子》。）

续表

《老子》本文	《道德经论兵要义述》
第七十四章：民不畏死，奈何以死惧之。	既不畏死，如何更以罪罪之，**民免而无耻**，其在兹乎！若人君以道德化之，则人必怀生而畏死，自然**有耻且格**。（这里用《论语·为政篇》崇尚德治的话来论民不畏死，意义迥然不同。王真在前第六十五章主张用刑杀，讨伐人民群众；这里则重视德政。可见儒冠治国，刑德二柄不偏废。）
第七十七章：天之道损有余而补不足，人之道则不然，损不足以奉有余。孰能有余以奉天下，唯有道者。	《易》曰：**何以聚人曰财，理财正辞，禁人为非曰义**。（见《周易·系辞下》）且成财者，耕织之人也。破财者，军旅之人也。夫成者寡而破者众，此其所以长损不足以奉有余也。 若使化兵为农，损上益下，则自然无偏无党，平施大同。故曰，孰能以有余奉天下，唯有道者。（王真以儒释道，化兵为农，向往大同，显然非《老子》之意。）
第七十八章：受国之垢，是谓社稷主。受国之不祥，是谓天下王。	此所谓**百姓有过，在余一人，万方有罪，罪在朕躬**。（语见《论语·尧曰》。《老子》的作者以没落奴隶主阶级的身份主张亡国之君，应忍辱受垢。儒家则主张衰世的君主，应谦恭下诏罪己，用以笼络民心。二者旨趣不同。）

试看上表所列对照的文字和按语，可以了解王真始终坚持儒家的观点。以儒家的观点阐释《老子》的论兵，糅合儒道两家思想于一体，实际上是以儒家修正道家思想，这是《道德经论兵要义述》的一个令人注意的特点。

还有一个特点，属于哲学史上重要的问题之一，就是以唯物论的观点解释老子的唯心论。这在先秦，曾经有过，例如韩非的《解老》。唐代王真又是一个例子。《老子》的"道"，原来是独立于客观世界之外永远不可改变的精神实体，它能生一（指混沌的气），生二（阴阳二气），生三（阴气、阳气、冲气），三生万物，"可以为天下母"。但是王真把"道"解释为物质性的气，它能化生天地万物，是构成宇宙万物的本原。这是王真自己的思想，不是对《老子》做历史的如实的考察。《道德经论兵要义述》第二十一章说：

> 道之为物，惟恍惟惚。惚兮恍兮，其中有象，言太初之气，从无入有之象。恍兮惚兮，其中有物，言太始之气，因有成形之谓，窈兮冥兮，其中有精，言男女媾精，万物化生……又言万物始生，皆自于恍惚窈冥之中。

这里说"太初之气"成象，"太始之气"成形，都是阐明从原始物质的气产生天地万物这个基本原理。在《老子》书中，与"道"的概念相通的一个哲学术语叫做"朴"。王真怎样解释呢？他说："朴者，道之实。"① 又说："朴者，元气之质也。"② 这是把"朴"解释为"道之实"，也就是"元气之质"，表明"道"就是元气。他在第四十二章就"道生一，一生二，二生三，三生万物"阐说得更清楚："夫元气始生，生生不已，故有万物盈乎天地之间。"这是一种朴素唯物主义的解释，并无上帝创造天地人万物的宗教神学的语言，也不是说精神主宰一切的唯心论。唐释法琳《辩正论》说："君子曰，原道所先，以气为体。何以明之？案《养生服气经》（卷八）云：道者，气也。"又说："道本无形，但是元气。《养生经》云：道者，气也。"③ 案释法琳，唐朝初年名僧，他撰《辩正论》所引的书，可能唐以前早已存在，唐初已经流行了。明正统《道藏》洞神部方法类《太上养生胎息气经》一卷，不著撰人，亦云："道者，气也。"这可能就是法琳所引的《养生经》或《养生服气经》里的话。王

---

① 《道常无名章》第三十二。
② 《知其雄章》第二十八。
③ 卷十，据1913年常州天宁寺刊本。

真在前人或者同时代人的学说影响下，把《老子》中的"道"解释为"气"或"元气"的。就这方面说，他客观上似乎扩大了唯物论传统的范围，不过他同中世纪的其他哲学思想家一样，缺乏对辩证法的爱好和兴趣，把原来具有朴素辩证法思想的《老子》洗刷、改造成为那末简单的形而上学唯物论了，这是王真书中的又一个特点。

道家古籍存佚和流变简论

一 道家的起源

道家流派的名称，形成虽则较晚，到汉代才成立。但其渊源可上溯至西周初年的太公望。以《汉书·艺文志》为中心的道书著录就有《太公二百三十七篇》，其中有《谋》八十一篇，《言》七十一篇，《兵》八十五篇。《淮南子·要略》云："文王之时，纣为天子，赋敛无度，杀戮无止，康梁沈湎，宫中成市，作为炮烙之刑，剔孕妇，天下同心而苦之。文王四世累善，修德行文，处岐、周之间，地方不过百里，天下二垂归之。文王欲以卑弱制强暴，以为天下去残贼而成王道，故太公之谋生焉"。这就说明了太公之谋产生的时代背景。

《汉志》所著录的道书，正如《隋书·经籍志》所指出："汉时诸子、道书之流，有三十七家，大旨皆去健羡，处冲虚而已，无上天官符箓之事，其《黄帝》四篇，《老子》二篇，最得深旨"。这就把诸子道书和后来道教经典区别开来，不相混淆。本文所论道书存佚的情况，正是指诸子道书而言的。

二　道书存佚概况和流变

道家古籍的代表作，就只有《老子》和《庄子》等几部。其他道书，绝大部分已经亡佚。《文子》也是佚、残、杂。《汉志》道家三十七部，九百九十三篇，如《伊尹》五十一篇，《太公》二百三十七篇，《管子》八十六篇，均亡。《老子》无本文，只著录《老子邻氏经传》四篇，《老子傅氏经说》三十篇，《老子徐氏经说》六篇，《刘向说老子》四篇，亦均已亡佚。其他著名道书，如《列子》《关尹子》《鹖冠子》等已亡，虽经后人伪撰，然非本来原著，只能算是道家的流变。所谓伪书，只是成书时代问题，不能目为原来的书籍，若放在一定时代来考察，不失为有一定学术价值的文献。《列子》，大多数学者认为是魏晋时人伪托；《关尹子》，大率是唐宋人依托，均有理致，不能因为后人伪托而废弃不顾。古人著书，每喜依附前贤而作，不爱夸耀自己的名字，著书如此，注书亦复如尔。如《阴符经》系晚出道书，不知成书时代和作者①。而《集注阴符经》七家注题黄帝撰，竟有伊尹、太公、范蠡、鬼谷子、张良、诸葛亮诸贤注，所有这些，无疑是伪托的，不可轻信。非但此也，为了取信于人，今见通行本《关尹子》，并有汉刘向叙录和晋葛洪序的依托。

现在考察道书存佚的概况。

---

① 我曾考《阴符经》成书时代，约在公元531—580年这段期间。到唐初广开献书之路，这部久经秘藏的书也出来了。作者大抵是北朝一位久经世变的隐者，对于天文历算，易老阴阳之学，多所该涉，对历史事件及当代事变，亦能研综。他在兵荒马乱之中，度无名氏的隐居生涯。故他所著书不露姓名。该书唐初欧阳询、褚遂良已写成《阴符经》法帖。到中唐李筌才撰《阴符经》注。参拙著《道家和道教思想研究》第146页。《阴符经》是道家书，李筌注也是以道家观点写的，张果注乃是发挥神仙家的说法。

《汉志》道家类著录37家，993篇，绝大部分早已亡佚。儒家著录53家，836篇。两相比较，儒家多出16家，而篇数则少157篇。其中属先秦部分，儒道两派存佚约相等，各存二家（《论语》归六艺略），而儒家亡29家，道家亡30家。属于汉代部分，儒家存、残、亡计21家，而道家仅著录5家，均亡。两相比较，道家则猛跌，大大落后了，不足儒家的四分之一数。由此可见自从汉武帝独尊儒术、罢黜百家以后，形势顿起变化，道家大受排斥和压抑，所以道家书数，相形见绌远甚。

到《隋书·经籍志》，儒家著录62部，530卷。道家著录78部，525卷（其中大多数系老子、庄子义疏之类。还有其他少数诸子道论。间杂道教典籍，如《抱朴子内篇》。总的说来，基本上还是道家书。）两相比较，道家多16部，而卷数则少5卷。到《旧唐书·经籍志》，儒家著录28部，凡776卷；道家（包括神仙道教）则增至125部，960卷（内老子61家，庄子17家，道释诸说47家）。《唐书·艺文志》儒家著录69家，92部，791卷；道家类著录137家，74部，1240卷（包括神仙家），还是道家居大多数。这是因为唐朝皇帝姓李，认李老聃为远祖，大力尊崇老子为道教教祖，兼褒庄子，朝廷上下，纷纷注释《老子》《庄子》等，成为一时代的风尚。此风至宋代未衰，世俗学者著名的有王安石、王雱父子，司马光、苏辙等，道教学者有陈景元、褚伯秀辈，都是杰出的代表人物。

到《清史稿·艺文志》，儒家著录422部，2502卷；《清史稿·艺文志补编》，儒家著录229部，733卷；道家仅著录95部，351卷（内除《老子》、《庄子》、《阴符经》注说外，并窜入道教典籍多种及马国翰辑佚道书17种）。儒道两相比较，儒家则居绝大多数的优势，单是部数就多出六倍有余，卷数则多九倍有余。这是因为满清王朝提倡理学、揄扬儒家所致。而道家则处于被压抑和冷落的境地，只在民间潜伏。

三 关于道书中几个问题

这里值得提出的几个问题：（1）《淮南鸿烈》一书，本是道家书籍，但是从《汉志》开始，就归入杂家类，这是没有什么道理的。《淮南鸿烈》虽是淮南王刘安邀集宾客所作，但组织周详，上自天文，下至地理，中涉历法、人事、政治、人伦诸项，如《要略》所叙，都贯穿着道家的原理原则，刘安也是有学问的道家学者。（2）《汉志》道家类著录《黄帝四经四篇》，亡；《黄帝铭六篇》，残；《黄帝君臣十篇》，亡；《杂黄帝五十八篇》，亡。这些所谓黄帝书，亡佚已久。太史公《史记》记载申不害之学，本于黄老而主刑名；韩非亦喜刑名法术之学，而其归本于黄老。我们对先秦黄老道书，只闻其名，未见其实。道书之难窥全豹，有如是者。1973年，长沙马王堆三号汉墓出土大批帛书道经，其中有佚书四种，即是《经法》、《十六经》、《称》和《道原》，整理佚书的同志总称它为《经法》。《经法》这部古佚书，从来没有著录，也没有征引过。它的发现，震撼了学术界。我国黄老学派形成于战国，到汉初曾博取窦太后、汉文帝的高度重视，而成为占统治地位的意识形态。黄老之学盛行，除了有相传的《老子》五千文外，别无其他文献的依据。这次帛书道经的发现，为所谓黄老学说填补了一个空白。据唐兰先生考证，认为《汉志》载黄帝书中有《黄帝四经》四篇，从篇数说，与古佚书的四篇正相符合。如果此说成立，所谓黄老刑名之学，就有了着落了。无论如何，新出土的古佚书是属于黄帝老子学说的道书是没有疑问的。古佚书四篇，首篇是《道法》，总论"道生法"。道是宇宙万物的法则。《十六经》很多关于黄帝讲刑名的学说。这是没有经过文人润饰的原始资料,很是宝贵。(3)汉武帝独尊儒术以前,道书繁多,亡佚亦多。所有后人伪补的道书,不与原书相符合,只能算是道家流变的书。有些名家的注说,如王弼何晏注《老子》,向秀郭象注《庄子》,皆依附玄学而成。《列子》的张湛注亦自成体系。唐代成玄英的《庄子义疏》,杂取佛道诸说。这些都属于道书的流变。若分别研究,可以反映时代精神及其发展的特点。(4)《阴符经》是晚出道书的上乘。《隋书·经籍志》著录有《太公阴符钤录》、《周书阴符》列入兵家,已亡。但此书恐非彼书,因书名类似而生疑窦,实际上并无确凿的证据。自《黄帝阴符经》问世之后,因书中义理精蕴,用辞遣句简练而奇峻,唐初著名书法家欧阳询、褚遂良相继写成字帖,注释则代不乏人。中唐李筌首先是注释《阴符经》的名家,或谓李筌自作书,复自作注,此说却不可信。同时有神仙家张果根据道教学说作了注。据《唐书·艺文志》道家类载《集注阴符经》一卷,其中还有李淳风、李筌、李治、李鉴、李锐、李晟诸家,皆是唐人。与李筌同时代的吴筠,在其《宗玄先生文集》卷中《神仙可固论》引了《阴符经》。宋郑樵《通志略》著录《阴符经》注及其经诀,计有39部,54卷,真是洋洋大观。明正统《道藏》收录《阴符经》注本及发挥经义的著述共计22部。到《清史稿·艺文志》著录《阴符经》注六部,其中徐大椿系清代道家学者和著名的医生,撰有《阴符经注》,其自序作于乾隆二十五年,见《徐灵胎十二种全集》。他大体上是以道家观点写的,比较朴素谨严,并无神仙家气味。《阴符经》虽是晚出道书,然而理论概括性很强,甚有特色,在学术思想界影响很大,可以媲美《老子》。

四 道书在历史上的重大影响和总结意义

道家文化渊源于西周初年，距今已经有三千余年的历史。到春秋时期，出了一个李老聃，他是著名的道家代表人物，儒家孔丘曾经问礼于老聃。老聃教导孔丘说："吾闻之，良贾深藏若虚，君子盛德，容貌若愚。去子之骄气与多欲、态色与淫志，是皆无益于子之身，吾所告子，若是而已。"孔丘回去，告诉他的弟子们，说："吾今日见老子，其犹龙耶！"表示非常钦佩。到了战国，道家文化与黄老刑名相结合，提出"道生法"的指导思想。自从《太公》书二百三十七篇以来，《老子》八十一章也是，其中都有许多兵家的言论，战略战术的概括。道家与兵家法家由此结不解之缘，丰富了政治经济及军事的理论。到汉初，窦太后、汉文帝当政，黄老道曾居思想文化界统治的地位。司马谈《论六家要旨》对道家评论甚高，以为"其为术也，因阴阳之大顺，采儒墨之善，撮名法之要，与时迁移，应物变化。立俗施事，无所不宜。指约而易操，事少而功多"。但至窦太后死，汉武帝竭力推行独尊儒术、罢黜百家的政策，道家则遭受严重的打击，不得不退居隐晦的地位，潜伏在民间活动。例如严君平，隐居成都市，以卖卜为生。但道家学说，并未息灭。他们窥视着儒家思想文化发生严重危机的时候，出来宣扬破旧更新的言论，如东汉王充著《论衡》，根据道家自然的学说，高举"疾虚妄"的批判大旗，对汉代新儒家天人感应的乌烟瘴气从事扫荡廓清的工作。到东汉末，封建王朝的政治腐败透顶，民不聊生，农民起义军领袖张角借太平道的活动，组织动员民众，叫道民诵习《老子》五千文，以为政治号召。到了三国，张鲁在汉中的反抗封建统治的活动虽则失败，接着在晋代，农民暴动在江东等地此起彼伏。有鲍敬言其人，好老庄之书，治剧辩之言，首倡无君论，以为"曩古之世，无君无臣，穿井而饮，耕田而食，日出而作，日入而息，汎然不系，恢尔自得，不竞不营，无荣无辱。势利不萌，祸乱不作，干戈不用，万物玄同"。"安得聚敛以夺民财，安得严刑以为坑阱"。这是对封建君主残酷统治的控诉。到了晚唐，农民起义军王仙芝、黄巢等在全国风起云涌、所向无敌的时候，有无能子，隐姓埋名，避地流转，昼卧不寐，随以笔札，发挥老庄自然的宗旨，配合起义军，作《无能子》，大胆倡导"非圣无法"的言论，概括封建帝王的罪恶统治叫做"圣过"，就是公然谴责"圣君"的最大罪过。又作《纪见》篇，假借狂人的口吻，抨击社会上存在一切陈旧的不合理的习俗和制度，从上而天，下而地，"以至华夏夷狄，帝王公侯；以至士农工商，皂隶臧获；以至是非善恶，邪正荣辱"各种名目，以为"皆妄作者强名之也。人久习之，不见其强名之初，故沿之而不敢移焉"。这样否定一切陈旧习俗和制度，还不是"无法无天"的异端表现吗？到了宋代，著名改革家王安石生平最爱读《老子》书，曾作《老子注》，广事理论阐释。到了近代，神州大地沦为半封建半殖民地社会，国势衰颓，危在旦夕，爱国志士，纷纷思欲起而挽救。魏源为杰出爱国主义思想家，作《老子本义》，寄托忧思。其《论老子》直云："《老子》救世书也"，大声疾呼世人注意《老子》五千文。满清封建王朝最后推崇《老子》的两人中，另一个是严复，他生当多灾多难的旧中国，早年曾经向往西方资本主义的新说，翻译了许多名著，如赫胥黎的《天演论》，亚当斯密的《原富》，孟德斯鸠的《法意》等。他曾经积极宣传进化论，早期也向往西方民主的政治。这样一位重要思想家，他在中国传统文化遗产中，特别重视道家《老子》，曾经评点过《老子》，认为"中国未尝有民主之制"，反复强调"《老子》

者，民主之治之所用也"。以为《老子》第80章所描绘的就是"古小国民主之治"。当19世纪末，我国思想界，像严复试图改革现状，不在其他诸子百家去寻找"民主之治"，偏要在《老子》书里去找，这是值得特别深思的事。我时常想，也在不同的场合时常说：自从汉武帝独尊儒术以后，约两千余年的历史，真正道家书籍很少，又长期处于被压抑的劣势，然而在历史上各个关键时期所焕发出来的能量的确不小，影响很大，如上所述。它们都是针对着封建势力统治下的政治文化危机而发，想改变现状，但又提不出更切合实际的主张，只是憧憬着一种幻想。这是历史的限制，也是历史的悲剧。但它绝非偶然发生的现象，道家老庄书的学说中，确实包含有不寻常的积极因素，所以令人反思。因为缺乏新的生产力和生产关系的机制作为前进的动力，尤其在满清王朝末期，在国际帝国主义、国内封建地主阶级和买办阶级三座大山联合高压下，若不首先谋求全民族政治上的解放，那末任何美妙的梦想到头来只能是竹篮子提水一场空。

据历史记载，道家者流，盖出于史官，"历记成败、存亡、祸福、古今之道。然后秉要执本，清虚以自守，卑弱以自持"。这就要求客观地全面地总结历史的经验教训，清虚自守，立于不败之地。《老子》这部道书确实具有这样的特点。从辩证法的正反两方面看，对立物相互依存和转化，不回避否定，不讳言生和灭的必然过程，清虚自守，胜利了不至于冲昏头脑，挫折或失败了也不至于气馁。

道家文化研究的领域，源远而流长，有广阔的天地。道家学说，包括法家的政治经济学，所谓"道生法"。"执道者，生法而弗敢犯也，法立而弗敢废也"。道家学说，又兼涉兵家的战略战术，《太公书》、《老子》和《阴符经》里都有。所以道家书和孳乳流派，在历史上发生过重大影响，不容忽视，值得深入研究和总结，以为现代文明建设的借鉴。现今海内外研究道家的学者日益增多，国内有陈鼓应先生牵头，主办《道家文化研究》这样一个专门刊物，是学术界空前的创举，欣见在这片肥沃的土地上，盛开灿烂的花朵，结出累累的硕果来，我为此表示衷心地祝贺。

1991年初冬时节
（原载《道家文化研究》创刊号）

下 篇

周初齐鲁两条文化路线的发展和影响

当今学术界，谈传统文化的如雨后春笋，喜逢一片蓬勃景象。我在这里，借鉴于历史，谈一点不成熟的想法。远古的不去说，只举西周初年两个同时分封的侯国齐和鲁的情况来比较和评述，可能有利于总结经验而得到一些启示。

周武王继文王之业灭了殷商而建立周王朝，有两位关键性的卓越军事家和政治家在起作用。一位是太公望吕尚，一位是周公旦。太公望吕尚，东海人，其先祖有功，封于吕，姓姜氏。吕尚当处士隐海滨，后归周西伯昌（即文王）。文王死，武王即位，太公望为师，周公旦为辅。武王既灭殷，于是大封功臣谋士，而"师尚父为首封"，封尚父于营丘（今山东省临淄境），这就是齐国；封弟周公旦于曲阜（今山东省曲阜县），这就是鲁国（《史记·周本纪》）。《淮南子·要略》说：

> 文王之时，纣为天子，赋敛无度，杀戮无止，康梁沈湎，宫中成市，作为炮烙之刑，剖谏者，剔孕妇，天下同心而苦之，文王四世累害，修德行义，处岐周之间，地方不过百里，天下二垂归之，文王欲以卑弱制强暴，以为天下去残除贼而成王道，故太公之谋生焉。

《史记·齐太公世家》亦云：

> 吕尚阴谋修德以倾商政，其事多兵杖与奇计。故后世之言兵及周之阴权，皆宗太公为本谋（中略）。天下三分，其二归周者，太公之谋计居多。

可见吕尚在文王时已屡建奇谋。文王死，武王即位，太公为师尚父。既而武王平商而王天下，又是"师尚父谋居多"（同上）。武王既封太公于齐营丘，营丘与东方莱夷接壤，当时周王初定，未能统一远方，所以莱夷与太公争国。"太公至国修政，因其俗，简其礼，通商工之业，便鱼盐之利，而人民多归齐，齐为大国"（同上）。这是太公封于齐以后取得显著的政绩。

《史记·货殖列传》又说：

> 太公封于营丘，地潟卤，人民寡，于是太公劝其女功，极技巧，通鱼盐，则人物为之，繦至而辐凑，故齐冠带衣履天下，海岱之间，敛袂而往朝焉。

这是说，太公的封疆原是一片盐碱地，人口又是稀少，自然条件很差。但是太公大力谋划生产，奖劝女工，重视手工艺技巧，通工商之业，收鱼盐之利，所以远近人民都纷纷归朝于齐，这是太公首先重视功利、发展生产的必然结果。

鲁国和齐国虽则同时受封于山东，而且鲁公为周天子的皇亲，齐太公为周室的军师，二人均有巨大的功勋。但是周公治鲁和太公治齐，二人奉行不同的路线。《吕氏春秋·长见篇》有一段重要的记载：

> 吕太公望封于齐，周公旦封于鲁。二君者甚相善也。相谓曰：何以治国？太公望曰：尊贤上功。周公旦曰：亲亲上恩。太公望曰：鲁自此削矣。周公旦曰：鲁虽削，有齐者亦必非吕氏也。其后齐日以大，至于霸，二十四世而田成子有齐国。鲁公以削，至于觐存，三十四世而亡。

伯禽代周公治鲁，执行一条"亲亲尚恩"的政治路线和思想路线；太公望治齐，执行的是"尊贤尚功"的政治和思想路线。这两条不同路线直接或间接影响到尔后三千余年中华民族传统文化的多元发展，是中国传统文化的两大干流，其他许多支流和分派都曲曲折折汇归于这两大干流里奔向世界浩瀚的海洋。

《史记·鲁周公世家》又言：

> 鲁公伯禽之初受封之鲁，三年而后报政周公。周公曰：何迟也？伯禽曰：变其俗，革其礼丧，三年然后除之，故迟。太公亦封于齐，五月而报政周公。周公曰：何疾也？曰：吾简其君臣礼，从其俗为也。及后闻伯禽报政迟，乃叹曰：呜呼！鲁后世其北面事齐矣。夫政不简不易，民不有近，平易近民，民必归之。

这里说明太公治齐的根本方法，简政从俗，注重功利和效益，办事速度快，工作效率高。伯禽治鲁，重视繁文缛节，变其礼俗，推行三年之丧，办事速度慢，效率低，忽视了人民实际所得的利益。只有为政简易，便民从俗，才能使人民亲近归附。齐鲁两国当年非但推行的基本路线有所不同，而且在工作方法上亦有繁简、效率亦有高低的显著差别。

伯禽治鲁路线的重要特征是以维护和巩固宗法社会情感为宗旨，周公叫做"亲亲尚恩"。恩多则迁就照顾人情多，缺乏法治精神，威武不行，威武不行故削弱。但宗法社会的结构长期不加改革，亲亲尚恩的情感就容易滋长，作为一条政治路线和思想路线就会长期延续下去。后来儒家思想的形成正是继承这个传统文化而发展。所谓"亲亲仁也"，正是道破孔子仁学思想的命根。伯禽治鲁的政治路线和思想路线所以得到贯彻，三年之丧的礼制得以推行，以及后来儒家相继发挥"亲亲仁也"的基本原理，都是根据宗法情感的需求和满足为前提。《淮南子·要略》说：

"周公受封于鲁,以此移风易俗。孔子修成康之道,述周公之训,以教七十子,使服其衣冠,修其篇籍,故儒者之学生焉"。从周公到孔子的思想传统一脉相承的发展,都离不开宗法情感的基础,离不开亲亲血缘的灌溉和培养。

太公望治齐路线的特征是"尊贤尚功"。尊贤才,尚功利。不讲究宗法情感和血缘亲疏的关系。《周书阴谋》云:"凡治国有三常,一曰君以举贤为常,二曰官以任贤为常,三曰士以敬贤为常。"这是尊贤的具体施政纲领。又云:"夫天下,非常一人之天下也;天下之国,非常一人之国也。莫常有之,惟有道者取之。"有道之人就是贤者,也就是不以亲亲画线的贤者。《金匮》强调"天道无亲,常与善人"[①],也就是这个意思。尊贤尚功学说,孕育着后来道家、墨家、法家、兵家等某些特点。

《汉书·艺文志》道家类著录:《太公》二百三十七篇,包括《谋》八十一篇,《言》七十一篇,《兵》八十五篇。《谋》即太公的《阴谋》;《言》即太公的《金匮》;《兵》即太公《兵法》。《太公》是它的总名称,《谋》《言》《兵》就二百三十七篇分别来说。按《太公》书已亡,不得其详。依据后世史家所记,其为道家性质,殆无疑义。道家的含义,如司马谈所论:"道家,使人精神专一,动合无形,赡足万物。其为术也,因阴阳之大顺,采儒墨之善,撮名法之要,与时迁移,应物变化。立俗施事,无所不宜。指约而易操,事少而功多。"(《论六家要旨》)。这虽论汉代黄老之学,《太公》书既属道家一类,它大体上包含后来儒、墨、名、法、兵、阴阳诸家的某些说法,就不足为奇了。

---

① 今见《周书阴谋》、《金匮》、《六韬》等古文献,大概战国时人托诸太公所作,盖多兵家言,大率与太公路线的基本精神相符,属道家类。

太公路线的纵向发展，影响所及，在先秦时期，曾经开了两朵花，结了两个果。一、到春秋时，完成了齐桓公和管仲的霸业；二、到战国时，产生以齐都临淄稷下为文化中心的学派。秦汉统一，法家和道家一度占据主导地位。秦以法治，汉初文景主要以黄老治，时间都很短。等到汉武帝当政以后，儒术定为一尊，法家则退居次要地位，黄老之说，湮没不彰。

管子学说，既属道家，又属法家，又包含儒家某些道德因素，如云礼义廉耻，国之四维。管仲既任用于齐，齐桓公以霸，九合诸侯，一匡天下，管仲之谋也。这是他在国际交往方面的显著业绩。至于内政方面，他对齐制国的规划方案，《国语·齐语》里有详细的记载。管仲相齐，"以区区之齐在海滨，通货积财，富国强兵，与俗好恶，故其称曰：仓廪实而知礼节，衣食足而知荣辱，上服度则六亲固，四维不张，国乃灭亡。下令如流水之原，令顺民心，故论卑易行。俗之所欲，因而予之；俗之所否，因而去之。其为政也善，因祸而为福，转败而为功，贵轻重，慎权衡"（《史记·管晏列传》）。这是包含法家所推行的通货积财富国强兵的政策；注重经济与道德的密切关系，提倡礼义廉耻四维的教育，比后来儒家片面强调伦理道德更有实效。其所谓"俗之所欲，因而予之；俗之所否，因而去之"，正是齐太公"因其俗，简其礼"政治路线的继续。其所谓"其为政也善，因祸而为福，转败而为功"，又是符合《老子》辩证思维的具体应用。由此观之，管仲足智多谋，使齐桓公国富兵强，称为霸主，绝非偶然。

到了战国，齐国经济继续发展，临淄成为一个经济繁荣的大都市。齐宣王时，齐地方二千里，带甲数十万，粟如丘山。"临淄甚富而实，其民无不吹竽鼓瑟，击筑弹琴，斗鸡走犬，六博蹴鞠者。临淄之途，车毂击，人肩摩，连衽成帷，举袂成幕，挥汗成雨，家敦而富，志高而扬。"(《战国策·齐策一》)临淄经济繁荣，稷下是临淄的城门，文化最为发达。当时齐国学士皆云集于稷门之下，建筑高门大厦，招纳天下诸侯贤士，皆命曰列大夫，称稷下先生，著名的有淳于髡、慎到、环渊、接子、田骈、驺奭等。而赵人荀卿，齐襄王时尊为老师，在稷下三为祭酒（《史记·孟子荀卿列传》）。当时稷下这个文化中心，便有许多不同学派的文化人，"各著书言治乱之事，以干世主"，施展社会政治活动。其中有法家，如慎到、环渊、接子、田骈，均属道家；驺奭，属阴阳家。荀卿，属儒家。淳于髡，齐人，博闻强记，学无所主，不好归到哪个学派。这就是战国时期齐国稷下学术昌盛、百家争鸣的概况。

秦始皇统一天下，厉行法治。有敢藏诗书百家语者，悉诣守尉杂烧之；有敢偶语诗书，弃市；以古非今者族。于是坑杀诸生在咸阳者四百六十余人。儒家第一次遭受严厉的打击。

汉初，孝文帝本好刑名之言，及至景帝不任儒者，而窦太后又好黄老之术，儒者赵绾王臧皆得罪自杀。这是儒家第二次遭到严厉的打击。但不久，窦太后死，田蚡为丞相，罢黜黄老刑名百家言，延揽文学儒者数百人，而公孙弘以《春秋》白衣为天子三公，天下之士靡然乡风矣（《史记·儒林列传》）。自汉武帝开始，采纳董仲舒的建议定儒术为一尊，这是我国政治文化史上的一大转折，关系后世极大。之后，历朝君主大抵以明经取士，定为制度，经学的盛行，与夫儒生之醉心仕途，实由朝廷以功名利禄为诱饵。

本来，西周初年齐鲁两国各自实行不同的路线和政策，它的性质的不同，显而易见。只因各自为谋，还未见正面冲突，当时齐国尊贤尚功的政策，已经隐约孕育着后来道家和法家的学说。鲁国亲亲尚恩的政策，已经比较明显地看出就是后来儒家学说的端倪。然而"道不同不相为谋",可能成为一条相当普遍的规律。就日后发展的情况来观察,儒家和道家总是不免互相排斥,所谓"世之学老子者则绌儒学,儒学亦绌老子"(《史记·老庄申韩列传》)。《庄子·盗跖篇》已经假借盗跖之口大骂孔丘的激烈言论。秦始皇以法治天下,则有焚书坑儒之举。汉初窦太后好黄老之术,逼令儒者赵绾王臧自杀。至武帝信用儒术,尊宠公孙弘,而学黄老言的汲黯则常诋毁儒者。公孙弘怀恨汲黯,武帝亦不悦,欲诛之以事(《汉书·汲黯传》)。可见这时候儒家和道家已经有了摩擦和斗争。董仲舒对策,推尊孔子之术,罢黜百家,皆绝其道,武帝采用了它。而法家之学,原本于黄老而主刑名,道家和法家则往往互相贯通。在法家看来,"儒以文乱法,侠以武犯禁"(《韩非子·五蠹》),法家与文学之士的政见又不免相左,各执是非。西汉中叶,盐铁会议上的针锋相对的辩论,文学代表儒家,大夫代表法家,儒家和法家在盐铁专卖政策上的斗争是一桩突出的例证。

我国自汉武帝独尊儒术以后,儒、道、法几个主要学派的力量虽有不同程度的起伏与升降,但有一点是明确的,就是二千余年来,儒术始终是居于统治的地位。它紧紧依附于宗法封建社会,得到帝王们的大力支持,根深蒂固异乎寻常。儒家的创始人孔子被尊为至圣先师,晋封为文宣王,各地都设文庙,定时隆重祭拜,成为我国传统文化独一无二的偶像。这个特殊的畸形发展的现象,作为中国整个文化史来研究,不能不引起人们严肃认真的思考:究竟儒术基本内容的最显著的标志是什么,它比其他学派有哪些长处和缺陷,独尊儒术后对中国文化的发展有哪些不良的影响?

早期儒家的代表人物是孔子,孔子是儒家思想的总源头。儒术最注重政治伦理的学说,其基本内容是一套如何修身、齐家、治国、平天下的理论。孔子的政治思想是比较保守的，就是极力维护已经发生动摇了的旧社会的伦常和秩序，提倡正名：君君、臣臣、父父、子子。孔子标榜"为政以德"，反对刑政，就是维系旧氏族贵族的统治方式，排斥新兴阶级的法治。旧社会的宗法情感特别重视亲亲和血缘亲疏的关系，儒家倡导"亲亲仁也"，正是适应这种政治伦理的需要。它的流弊，在于只知有家，不知有国，家庭成员犯了法，父为子隐，子为父隐，层层包庇，姑息养奸，遗毒蔓延，至今仍未弊绝风清。孔子的天命思想也是保守落后的，对天道观说得甚少，比他的前辈郑子产、齐晏婴都差得远。但孔子作为伟大的教育家，他在求知论和人生审美情操方面有着卓越的见解和特殊的贡献。他非但以学而不厌诲人不倦的精神首开"有教无类"的局面，还以身作则强调学习和思考并重，不耻下问，多闻缺疑，坦率承认，知道就知道，不知道就不知道。在人生态度上，坚持有过失必定改正。并且赞赏学生曾点言志，当暮春三月，"与童子六七人，浴乎沂，风乎舞雩，咏而归"的乐得其所的情趣。孔子的思想情操，长处应当肯定，它的短缺也必须指明批判。虚心求知和审美教育，是其长处。短处在政治和天命思想落后，道德伦理意识偏至，这些都是关键性的问题。尤其是缺乏国民生计的功利观念，最为严重。孔子说："君子喻于义，小人喻于利"，把"义"和"利"对立起来，只讲义，不讲利，如同在刑德问题上只鼓吹"德"的偏重，而抹煞刑法的应有作用（在刑德问题上，孔子比周公主张"义刑义杀"后退了许多）。孔子排斥功利的思想，流弊深远，成为正统儒家根深蒂固的通病。战国时孟子论治国方针，偏执"王何必曰利，亦有仁义而已矣"。汉代大儒董仲舒云："夫仁者，正其谊不谋其利，明其道不计其功。"北宋著名道学家程颢就十分赞赏董仲舒这两句箴言式的口号。南宋时理学集大成者朱熹更断言：义是天理，利是人欲。在其《四书章句集注》中广为宣传，影响甚坏。排斥功利的恶果，势必导致轻视国民生产、使经济萎缩，文化偏枯。与此相联系，排斥功利，则使科学工艺技巧遭受歧视、压制和惩罚，如儒家经典《礼记·王制》明文规定：凡"奇技奇器以疑众，杀"，把"奇技奇器"和"执左道以乱政"视为同样犯罪行为而受到极刑的处决。这跟太公望治齐的路线鼓励女工极技巧的政策完全背道而驰，形成两条路线相反的鲜明对照。幸赖有处于非统治地位的学派与之相抗衡，起了一定的缓冲作用，保持了国民文化的生机。

片面反对功利观念，是正统儒家异于其他几个重要学派如道家、墨家、兵家、法家等的致命弱点，是儒家道德偏至论的突出标志。就社会生活而言，齐国太公望已经观察到"天下攘攘，皆为利往；天下熙熙，皆为利来"（《六韬》）。治国者注意到社会物质生活和道德行为的密切联系，所以说，仓廪实而知礼节，衣食足而知荣辱。礼生于有而废于无。实践表明，自从太公治齐，通工商之业，便鱼盐之利，而人民多归齐，齐为大国而富强。至春秋时，齐国农业上已经用铁制的农具耕种，政治上齐桓公得称霸主。战国时，临淄成为经济、政治、文化的中心，人才辈出。至汉代，齐带山海，膏壤千里，宜植桑麻，兼擅盐铁之利，人民多文彩布帛，"其俗宽缓阔达，而足智好议论"（《史记·货殖列传》）。齐人邹阳也说："邹鲁守经学，齐楚多辩知。"（《汉书·邹阳传》）齐地经济所以这样繁荣，文化所以这样昌盛，看来是贯彻尊贤才、尚功利路线的结果。这个功利学说，当然属于历史上狭隘功利主义的范畴，有它的局限性，但不能视为损公肥私的自私自利，旧题《太公六韬》强调"不以私害公"，表述了道家和法家的基本精神所在。历史事实表明，它有利于生产，在一定程度上也有益于人民。

总而言之，周初齐鲁两条路线的发展及其影响，作为历史的经验教训，可以总结和借鉴。

(原载《哲学研究》1988年第7期)

再论齐文化的发展

长期以来，我国学术界对鲁文化尤其是儒家的思想阐发特多，这是从汉代以后儒术定为一尊的缘故。独尊儒术是历代帝王为了巩固封建统治而大力提倡的结果，以致其他学术流派在不同程度上遭受歧视或压抑，相形见绌。

学术界对齐文化的注意较少，尤其对周初齐文化这个源头不甚了了。它的发展有哪些支流分衍，也不很了然。

笔者曾撰《周初齐鲁两条文化路线的发展和影响》一文，发表在《哲学研究》1988年第7期上。觉得意犹未尽，现在续缀数章如次。

齐文化在学术流派上的孳乳，总的说来，主要表现为道家思想（它的范围比后来黄老、老庄的思想要广阔得多），包含某些兵家、法家、墨家等重要学派的理论特点。在先秦，道家的名称尚未出现，但不能说没有道家的思想言论。《庄子·天下篇》说："天下之治方术者多矣"，古之所谓道术者，无乎不在。这个"道术"，包括关尹、老、庄等许多学术流派。到西汉，《淮南子·要略》首先提出太公之谋和周公之训，隐隐含着道家和儒家的思想渊源。在司马谈《论六家之要指》里，才揭橥"道家"的名称。并且总括道家学说的基本内容。到刘歆撰《七略·诸子略》,沿用道家之名,而为九流十家之一,从此成为班固《汉书·艺文志》上通用的名称。由此可见,历史上道家的思想源远流长,而"道家"这个术语和名称是在漫长的岁月里逐渐形成的。因此道家言论的内容,比较错综复杂,并不像儒家那样单纯明了。

道家的思想言论,包括兵家和法家等某些思想,从下述情况可以得到说明。《汉书·艺文志》道家类著录《太公二百三十七篇》,其中《谋》八十一篇,《言》七十一篇,《兵》八十五篇。《谋》即太公的《阴谋》;《言》即太公的《金匮》;《兵》即《太公兵法》。又据《汉书·艺文志》道家类著录,在《太公》书之前,还有《伊尹》五十一篇。伊尹为商汤王相,《史记·殷本纪》载伊尹言素王及九主之事。刘宋裴骃《史记集解》引刘向《别录》说:九主者,有法君、专君、授君、劳君、等君、寄君、破君、国君、三岁社君,凡九品,图画其形。唐司马贞《史记索隐》谓素王指太素上皇,其道质素,故称素王。这些,大概都是战国时人依托的政治言论,实际上应当属于法家。把殷周之时伊尹、太公的兵谋秘计和政论属于道家,这个道家的内涵就庞大了。

齐文化的发展,自太公望之后,到春秋时有管仲。管仲相齐桓公,为霸之首,九合诸侯,一匡天下,管仲之谋也。《汉志》道家类著录《管子》八十六篇,已佚。《史记正义》引《七略》云,《管子》十八篇在法家。《隋志》改列在法家之首。可知原来的《管子》,它的言论性质,既属道家,又属法家。道家和法家确有极为密切的关系。齐文化道家的特征,至少有下列几项:(1)任用贤才,不依氏族宗法情感定亲疏;(2)提倡功利,重视国计民生,不片面鼓吹仁义道德;(3)表现特殊的军事才能和政治经济的谋略，它的学术思想包括后来所谓兵家和法家的主要内容。所以道家和法家、兵家紧密联系在一起。《鹖冠子·兵政篇》说："道生法"。1973年长沙马王堆汉墓出土的帛书《经法·道法篇》也说："道生法"，"故执道者生法而弗敢犯也，法立而弗敢废也"。《管子·君臣上》云："此道法之所从来，是治本也"。又云："治民有常道，而生财有常法"，阐述了道与法的理论联系。

道家学说又称黄老之学，法家思想也称刑名法术之学。战国时，史称申不害之学"本于黄老而主刑名"。韩非亦"喜刑名法术之学，而其归本于黄老"（《史记·老庄申韩列传》）。今按《韩非子》有《解老》、《喻老》二篇，显系崇尚黄老道家的铁证。《史记》又说：法家慎到，赵人；田骈、接子，齐人；环渊，楚人。尽管他们生活的地域不同，但"皆学黄老之术"（《孟子荀卿列传》），各著书有所论列。

至于道家与兵家的关系也很密切。道家姜太公的谋略，多半属兵家言。《老子》一书，既是道家言，又有兵家的理论。秦汉之际的张良，善用兵，曾在下邳得《太公兵法》，辅佐汉王刘邦灭秦成帝业。后来欲从赤松子游，"乃学辟谷导引轻身"的法术（《史记·留侯世家》）。这是道家兼兵家的人物。史称乐毅贤好兵，乐氏之族有乐瑕公、乐臣公（臣公一作巨公）。乐臣公善行黄帝老子之言，显闻于齐，称贤师。太史公曰："乐臣公学黄帝老子，其本师号曰河上丈人……河上丈人教安期生，安期生教毛翕公，毛翕公教乐瑕公，乐瑕公教乐臣公，乐臣公教盖公，盖公教于齐高密胶西，为曹相国师。"（《史记·乐毅列传》）按高密正是齐胶东之地。乐氏好用兵，又善黄老之学。自战国至汉初，这个传授系统厘然清晰，历世不衰。这是汉武帝定儒术为独尊以前齐文化流传的史迹，很值得注意。后来《黄帝阴符经》一书也是道家言，又是兵书。该书的注解，无论是六家注本（集太公、范蠡、鬼谷子、张良、诸葛亮、李筌六家注）、七家注本（除与六家注相同外，又加伊尹一家）；《新唐书·艺文志》还有十一家注本，比六家注多出李淳风、李治、李鉴、李锐、杨晟五家。值得注意的是，这三个集注的本子都有太公、范蠡、张良、诸葛亮、李筌等一系列卓越的军事思想家和政治家。我们姑且不管这些注解是否都是他们做的，如果说其中有些注或是后人假托，为什么不去假托他人，偏偏假托这些人物呢？这里一定有它不可忽视的原因。至少表明周初齐文化这个学术传统经过这些人一直不断传播与发扬光大。当然，在时间上推移愈久，在空间上愈不受原来齐国地域性的限制，而成为全国性传统文化重要的学派。不过，饮水思源，追根究底，还是要从西周初年齐文化的开山祖太公望说起。

现在说齐文化的主要历史人物。齐人司马穰苴，齐景公时为将军，撰《司马兵法》，见《隋书·经籍志》著录。《史记·司马穰苴列传》则称古有《司马兵法》，齐威王使穰苴之法附于其中，因号曰《司马穰苴兵法》。今本《司马法》，疑非穰苴所自撰。

我国现存最古的兵书，首推《孙子》十三篇。春秋时齐国杰出的军事理论家孙武撰。《史记·孙子吴起列传》载孙子以兵法见吴王阖庐，阖庐曰："子之十三篇，吾尽观之矣。"十三篇古兵书流传至今，为"百代谈兵之祖"[1]，蜚声中外，为世界古代第一兵书。它不仅总结了历代战略战术的许多具有规律性的经验，而且阐发了精粹的哲学思想。孙武死后百余年，有孙膑。膑亦孙武后世的裔孙，齐威王以孙膑为军师，"坐为计谋"，大破

---

① 明胡应麟《少室山房笔丛》卷二十七《九流绪论上》。

魏军，马陵战役中，魏将庞涓死，孙膑以此名显天下。《孙膑兵法》在失传一千七百余年之后，1972年从山东临沂银雀山汉墓中发现《孙膑兵法》残简。它比《孙子兵法》的论点发展了不少。比如，关于战争观，《孙子·计篇》只说"兵者，国之大事，死生之地，存亡之道，不可不察也"。《孙膑兵法·见威王》则进一步指出，战争是除暴乱、禁争夺，实现国家统一的重要手段。因此，认为战争是不可完全避免的。又如攻战问题，由于春秋以前，战争以车兵为主，而车兵不宜攻城，《孙子·作战篇》认为"攻城则力屈"；至战国时，战争发展至以步兵为主，车骑为辅，所以孙膑提出了"必攻不守"（《威王问》）的战略思想。历史表明，战国时期攻城的战略思想是很成功的。再如，古代的阵法问题，《孙子·势篇》云："凡治众如治寡，分数是也（曹操注：部曲为分，什伍为数）；斗众如斗寡，形名是也（杜牧注：形者，阵形也；名者，旌旗也）。"并未对阵法展开详细地论述，《孙膑兵法》的《八阵》和《十阵》两篇论述战争布阵的原则和阵法较详。十阵就是方阵、员阵、疏阵、数阵、锥行之阵、雁行之阵、钩行之阵、玄襄之阵、火阵、水阵十种阵形的用途和布列方法，各有说明[1]。由此可见孙武、孙膑二人先后对古代军事学都有卓越的贡献，这是齐文化遗产极其宝贵的一部分。

《汉书·艺文志》兵书略兵权谋除了著录《孙子兵法》和《孙膑兵法》外，还有《公孙鞅二十七篇》、《吴起四十八篇》、《范蠡二篇》等。他们都是受齐文化熏陶很深的杰出人物。其源可上溯至道家《太公》书。而"道"又生"法"，则道家、法

---

[1] 参看邓泽宗、陈济康《略谈〈孙膑兵法〉对〈孙子兵法〉的发展》，载《古籍整理出版情况简报》1988年第195期。关于古八阵法，张震泽有《八阵考》一文，载张著《孙膑兵法校理》，可参阅。

家、军事理论家构成一体，同条共贯。

公孙鞅是秦国变法的著名人物，少好刑名之学，以强国之术说秦孝公，主张"三代不同礼而王，五伯不同法而霸"，置县制，为田开阡陌封疆而赋税平，平斗桶权衡丈尺。行之五年，秦人富强，诸侯毕贺。而秦国宗室贵戚的特权大受限制，故多怨望。今本《商君书》，未必出商鞅之手，但大意可观，其政治主张以耕战富国强兵为特点。《荀子·议兵篇》也曾指出：秦之卫鞅，是世俗之所谓善用兵者也。

吴起也是战国时期变法的人物，又善用兵。魏文侯用为将，击秦拔五城，任西河守。魏文侯卒，吴起事其子武侯，有"治国在德不在险"的警语。后吴起惧得罪，去魏之楚，楚悼王素闻吴起贤，至则相楚，明法审令。于是南平百越，北并陈蔡，却三晋，西伐秦，楚国大强，诸侯都害怕起来。《汉志》兵书略著录《吴起四十八篇》，已佚。今本《吴子》，疑系伪书。

范蠡为春秋时越王勾践的谋臣。越是小国，勾践困于会稽之上，乃用范蠡，卧薪尝胆，报复了吴仇，卒灭吴国，观兵中国，勾践以霸，这主要是范蠡的功绩。范蠡既雪会稽之耻，不恋功名利禄，运用道家功成名遂身退的处世哲学，乘扁舟，变名易姓，逃往齐国，利用齐国的有利条件，经营货殖，财产遂至巨万，故言富者皆称陶朱公。其所以弃仕经商，以为大名之下，难以久居；而且看透勾践为人，"可与共患难，不可与共乐"。这个洞察和决断，确是他比同僚大夫种高明的地方，也是道家精神的应用。诸葛亮有《论让夺》一文，亦言"范蠡以去贵为高"。他不但具有杰出的政治军事才能和货殖本领，而且有一套深刻的理论。《国语·越语》载范蠡对越王勾践说："持盈者与天，定倾者与人，节事者与地……天道盈而不溢，盛而不骄，劳而不矜其功。夫圣人随时以行，是谓守的。天时不作，弗为人客。人事不起，弗为之始。"范蠡把这套理论运用到政治军事上，毕竟使越王勾践伐吴取得决定性的巨大胜利。范蠡不失为道家、兵家、法家传统齐文化中的继承和发扬光大的比较全面的人物。

到了汉代，这个齐文化的传统继续蔓衍。由于时势的变迁，所以具体表现的方式也不一样。前面提到的张良是其中的一种。东汉末年，由于政治经济发生了空前的危机，以太平道首领张角组织的黄巾起义军一举摧毁了汉封建帝国的政权，同时群雄割据，混战不已。当其时，出现了两个杰出的人物，运用齐文化传统的精神和智慧，在激烈的交争中，取得部分的统一，奠定了三国鼎立的局面，这就是曹操和诸葛亮。他们二人的为人作风和品格，相距很远，历来评论各异。但在生平事业和思想表现上却有几个共同点：精通兵法，各有奇特的军事指挥才能，此其一；具有法治思想，延揽人才，赏罚分明，此其二；曹操有道家神仙的思想，诸葛亮虽无神仙观念，但原先有身处乱世、不求闻达的栖隐山林思想。后世小说传奇中把诸葛孔明描绘成羽扇纶巾、能呼风唤雨、神机妙算的人物，在民间传说中仿佛就是神仙模样，此其三。现再分述如下：

曹操精通《孙子兵法》，现存最古的《孙子》注，是曹操撰的，列在通行本《十一家孙子注》之首。他在战争实践中表现出非凡出色的指挥本领。如《三国志·魏武帝纪》载：关中诸将马超韩遂等与曹军交战，超、遂等败走凉州，杨秋奔安定，关中平。诸将或问曹军所以取胜的道理，曹操作了回答，并且着重指出："所谓疾雷不及掩耳，兵之变化，固非一道也。"裴松之注引《魏书》云："议者多言'关西兵强，习长矛，非精选前锋，则不可以当也'。公谓诸将曰：'战在我，非在贼也，贼虽习长矛，将使不得以刺，诸君但观之耳。'"从这里，可见曹操足智多谋，对指挥军事的主观能动性的高度运用。《魏书》又曰:"太祖自统御海内,芟夷群雄,其行军用师,大较依孙、吴兵法。而因事设奇,谲敌制胜,变化如神。自作兵书十余万言,诸将征伐,皆以《新书》从事,临时又手为节度。与虏对阵,意思安闲,如不欲战然。及至决策乘胜,气势盈溢,故每战必克,军无幸胜。"这些论述,文辞上虽则不免有些溢美,但亦大体合于实际情况。诸葛亮亦深究兵法,精算谋,《隋书·经籍志》著录《诸葛亮兵法五卷》,已佚。史称诸葛亮推演兵法,作八阵图。后世依托诸葛亮其他兵书还有不少,如《心书》、《阴符经注》等。诸葛孔明的军事奇谋,不仅发挥了兵战的才能,而且能妙用心战。他有《南征教》云:"用兵之道,攻心为上,攻城为下;心战为上,兵战为下。"由是取得南征孟获的彻底胜利,致令当时西南少数民族和后世人士感激无已,赞颂备至。诸葛亮生平好为《梁甫吟》,诗云:"步出齐城门,遥望荡阴里。里中有三坟……二桃杀三士,谁能为此谋,国相齐晏子。"按晏子为齐国著名贤者,即此可见孔明的思想深受齐文化的影响。唐代大诗人杜甫作《咏怀古迹》云:"诸葛大名垂宇宙,宗臣遗像肃清高;三分割据纡筹策,万古云霄一羽毛;伯仲之间见伊、吕,指挥若定失萧、曹。"也以齐文化道家的伊尹、吕望相赞许。明胡应麟对此评论说:"杜诗'伯仲之间见伊、吕',盖千载论孔明者至是始定。"[①] 这是历史上几家共同的认识。

曹操有法治精神,年二十,举孝廉为郎,除洛阳北部尉,初入尉廨,造五色棒,悬四门左右各十余枚,有犯禁者,不避豪强,皆棒杀之。后数月,灵帝爱幸小黄门蹇硕叔父夜行,曹操遂即杀了他。由此京师敛迹,莫敢犯者。后迁为济南相,国有十余县,长吏多阿附贵戚,贪赃犯法,于是奏免其八,禁断淫祀,奸

---

① 《少室山房笔丛》卷十六《史书佔毕》。

宄逃窜，政教大行，一郡肃然。有一次，行经麦田，下令："士卒无败麦，犯者死。"曹操自己骑的马腾入麦中，敕主簿议罪。主簿不敢加罪。曹操说："制法而自犯之，何以制下？然孤为军师，不可自杀，请自刑。"遂即拔剑割发以置地。他持法严峻，往往趋于极端，对下属猜忌太甚，以致"酷虐变诈"，令人生怨。

曹操几次下令求贤，强调"唯才是举"，不计德行，说："若必廉士而后可用，则齐桓其何以霸世？今天下得无有被褐怀玉而钓于渭滨者乎？又得无盗嫂受金而未遇无知者乎？"又说："有行之士，未必能进取，进取之士，未必能有行也。"并且指明："陈平岂笃行，苏秦岂守信耶？而陈平定汉业，苏秦济弱燕。"这又是一个极端。曹操这种求才不拘德行的思想影响颇大。当时建安七才子之一徐幹撰《中论·智行篇》就说才智之士，能够"殷民阜利"立功于世，如："汉高祖数赖张子房权谋，以建帝业；四皓虽美行，而何益夫倒悬？"后来晋朝葛洪撰《抱朴子·仁明篇》也阐述"明智"比"德行"更为重要，主张"舍仁用明"。且以为"介洁而无政事者，非拨乱之器；儒雅而乏治略者，非翼亮之才"（《博喻篇》），认为虽有德行不如才智发挥实效。

诸葛亮确是著名的法家。朱熹说，孔明之学，出于申韩。章炳麟《訄书·正葛》亦言"葛氏亦法家也"。但他与商鞅、吴起辈有所不同，和曹操亦异其趣。孔明曾说："治世以大德，不以小惠。"胡应麟据此认为："斯言即周、孔亡以易矣。吾故标而暴之，为千古法家之准。"[①] 诸葛治蜀，主张严刑峻法，但亦不废"大德"，这是一个特点。他《答法正书》云："蜀土人士，

---

① 《少室山房笔丛》卷二十七《九流绪论上》。

专权自恣,君臣之道,渐以陵替,宠之以位,位极则贱,顺之以恩,恩竭则慢。所以致弊,实在于此。"现在"威之以法,法行则知恩,限之以爵,爵加则知荣;恩荣并济,上下有节,为治之要,于斯而著"。针对当时蜀中官吏骄横狡诈、诽谤伤人的恶劣情况,故断然绳之以法。如李严,当诸葛亮进军祁山,李严催督运事,值天霖雨,运粮不继,呼亮来还,亮承以退军。李严闻军退,乃更佯惊说:军粮饶足,何以便归!欲以解己不办之责,显亮不进之罪。亮具出其前后手笔书疏本末,上表揭发,废李严为民。又如廖立,刘先主时为侍中,刘后主立,迁为长水校尉。廖立自谓才名宜在诸葛亮之贰,常心怀不满。又讪谤丞相掾李邵、蒋琬。诸葛亮上表揭露廖立诽谤先帝,诋毁众臣,遂废为民。诸葛亮北伐,使马谡督军在前,与张郃战于街亭。谡违孔明节度,失了街亭要地,为张郃所破。于是诸葛亮忍痛斩马谡以谢众,上疏自贬三等,以明"咎皆在臣,授任无方"之责。这些都是法家精神的表现。后来习凿齿加以评论云:诸葛亮既死,廖立闻之垂泣;李严闻之,发病致死。盖水至平而邪者取法,镜至明而丑者无怨,以其无私也。"法行于不可不用,刑加乎自犯之罪,爵之而非私,诛之而不怒,天下有不服者乎?诸葛亮可谓能用刑矣。自秦汉以来,未之有也。"这个评论,符合诸葛亮自己说的:"吾心如秤,不能为人作轻重。"(《杂言》)"孙、吴所以能制胜于天下者,用法明也。"(《论斩马谡》)诸葛亮用刑无私,既循法,又以真情感人,所以得人心,在传统法家中最为明睿公允。

曹操平定了汉中张鲁,迁移张鲁一伙及五斗米道道徒于河北。并招引四方术士如左慈、甘始、封君达等,集中于魏,不使游散。他自己又好养性法,《神龟虽寿》诗云:"盈缩之期,不但在天;养怡之福,可得永年。"不但怡情养性,而且渴慕神仙,《气出唱》云:"仙人玉女,下来翱游,骖驾六龙饮玉浆";东到蓬莱山,赤松相对,四面顾望。"愿得神之人,乘驾云车,骖驾白鹿,上到天之门,来赐神之药。"《陌上桑》云:"济天汉,至昆仑,见西王母谒东君,交赤松,及羡门,受要秘道爱精神。食芝英,饮醴泉,拄杖枝……寿如南山不忘愆。"这种神仙意识是曹操道家思想又一极端化。

诸葛亮只有道家的人生修养,并无神仙思想。他的《戒子书》云:"非澹泊无以明志,非宁静无以致远"。澹泊、宁静是道家的养性工夫。有志建功立业的人,往往热衷于功名利禄,但诸葛亮早年隐居隆中的时候,本来怀着"既全性命于乱世,不求闻达于诸侯",这是澹泊宁静的表现。他既然答应刘备出山,就负起"兴复汉室"的重任,为蜀汉创业立功,南征北战,在整个形势危难的局面下,以出攻代坐守,不计成败利钝,但愿"鞠躬尽力,死而后已"。这是意志坚贞不拔的表现。魏源《论老子》云:"孔明澹泊宁静,法制严明,似黄老而非黄老,手写申韩教后主而实非申韩。"他是综合继承并体现齐文化最全面最出色的历史人物,所以令人觉得难以形容描写:似黄老而非黄老,似申韩而又非申韩。

齐文化主要是道家的文化。西周初年,以太公望为代表。鲁文化主要是儒家的文化,以周公旦为代表(伯禽代周公执行鲁文化路线)。到了春秋战国,诸子蜂起,百家争鸣,道家文化以老聃为代表,儒家文化以孔丘为代表。儒、道两家文化的起源同样古远,道家流派繁衍,像兵家、法家的理论思维和实践活动都与道家密切不可分。可以说,儒、道二者本来人均力敌,旗鼓相当。论理论思维,《老子》比《论语》似乎更深刻、更浓厚些。汉武帝独尊儒术以前,道家文化的影响,实居于优势。汉武帝独尊儒术以后,道家的地位则骤然下降。但道家的思想,仍潜流不息，而且产生杰出的人物。

或者有人要问："'半部《论语》可以治天下'，《老子》能做些什么呢？"我们回答："如果相信半部《论语》可以治天下，那末我们敢言'半部《老子》可以革天下'。"请看下列历史的事例：（1）汉末，天下大乱，太平道组织农民起义军，推翻汉王朝，宣称"苍天已死，黄天当立"，明确规定由祭酒令人诵习《老子》五千文。由此可见《老子》能起革天下的作用。（2）汉自武帝以后，儒术定为一尊。两汉经学，盛极一时，阴阳五行、谶纬灾异的学说，像乌烟瘴气一般，弥漫整个学术界。而东汉王充，坚持黄老自然的观点。高举疾虚妄的大旗，进行扫除廓清，把矛头直接对准儒家的孔子和孟子（《论衡》有《问孔》、《刺孟》二篇）。这是两汉学术思想界革新的创举。（3）晋朝有个鲍敬言，生当乱世，与葛洪同时，著《无君论》，以为古时无君无臣，穿井而饮，耕田而食，日出而作，日入而息，泛然如不系之舟，恢尔自得，没有剥削劫夺，没有兼并，没有攻伐，向往一个自由快乐的世界。他的思想渊源是"好老庄之书"（《抱朴子外篇·诘鲍》）。（4）唐末无能子，与黄巢起义军同时，隐姓埋名，著《无能子》，其《圣过篇》云："降及后代，嗜欲愈炽，于是背仁义忠信，逾礼乐而争焉。谓之圣人者悔之，不得已乃设刑法与兵以制之，小则刑之，大则兵之，于是缧绁桎梏鞭笞流窜之罪充于国，戈铤弓矢之伐充于天下，覆家亡国之祸，绵绵不绝，生民困贫夭折之苦，漫漫不止。"（《圣过》第一）其说原本于道家老庄自然的宗旨，认为社会上所以纷争不止，闹到这个地步，都是由于"圣人"的过错。对历史上所谓"圣人"，严加谴责。他又有一篇狂人日记。在《纪见》中借托狂人的口吻说："被冠带，节起居，爱家人，敬乡里，我岂自然哉？清而上者曰天，黄而下者曰地，烛昼者曰日，烛夜者曰月；以至风云雨露，烟雾霜雪；以至山岳江海，草木鸟兽；以至华夏夷狄，帝王公侯；以至士农工商，皂隶臧获；以至是非善恶，邪正荣辱，皆妄作者强名之也。"这样大胆的反常的言论，是当唐末农民起义军势如破竹的时候说的，不能不说它具有否定和破坏一切封建统治秩序的作用。所谓帝王公侯，士农工商，皂隶臧获，是非善恶，邪正荣辱等，都是封建社会规定的礼俗和伦常制度。无能子在这里批判现实社会不合理的统治制度和抨击封建礼俗是很突出的，犹如《庄子·盗跖篇》以寓言的方式，假托盗跖批判孔丘一样，其中蕴涵着改革旧社会传统文化的异端思想。（5）到了宋代，在政治文化上出了一位著名改革家王安石，他的变法运动在政治上推行一系列新法，在学术上推行新学。这是法家精神的一种表现。他撰有《老子注》，继承并运用辩证法思想，强调事物相反相成的道理。并且在《字说》中提出了"新故相除"的观点，作为变法的理论依据。改造《老子》学说中消极无为的因素而成为积极有为，提出"待人力而后万物以成"的观点批判《老子》的无为好静，所以"不能无言也，无为也"。圣人以礼、乐、刑、政四术以成万物。"今知'无'之为车用，'无'之为天下用，然不知所以为用也……'无'之所以为天下用者，以有礼、乐、刑、政也"（《临川先生文集》卷68《老子》）。这里礼、乐、刑、政是泛指变法革新以成万物的内涵。（6）中国到了近代，原来的封建社会沦为半封建半殖民地社会，内忧外患交迫，政治经济上积弊甚深，国运衰颓，岌岌可危，所以有志之士救弊革新的心情异常迫切。魏源是我国近代史上早期的著名爱国思想家，著《老子本义》，在《论老子》一文中，认为《老子》是"救世书"，说古今"气化递嬗，如寒暑然。太古之不能不唐、虞、三代，唐、虞、三代之不能不后世，一家高曾祖父子姓，有不能同。故忠、质、文皆递以救弊，而弊极则将复返其初"。他推崇《老子》为救世书,把它作为革新救弊的宝典,这是历史上从未有过的新说,但也正是把《老子》作为革天下的传统文化的继续。为什么从汉、唐、宋直至晚清近代,当封建王朝发生严重危机的时候,却没有人再讲"半部《论语》治天下",似非偶然。

纵观我国整个历史文化,历代国家的兴亡,朝代的改换,天下一治一乱,由分而合,在多数情况下,莫不以战争解决问题。战争大约分为两大类:一类是正义的战争,包括对内除暴安良,对外抵抗侵略,保卫人民生命财产,这种战争是得人心的,所谓得道者多助,最后必定胜利;另一类是非正义的战争,对内残酷镇压本国人民,对外穷兵黩武,疯狂侵略别国,丧尽人心,结果必败。还有一种情况,双方为了争夺土地和人口资源而发动战争,这种战争也是属于不义的一类。如交战的一方由实力对比得居优势,可能暂时取胜;但也可能因势均力敌,两败俱伤。不论是正义的战争或非正义的战争,都不免互相残杀。古代战争是这样,从世界现代史看,第一次世界大战和第二次世界大战也是这样。特别是不发达的弱国不能不有忧患感和危机感,从而提高警惕,有所准备。国不论大小,应当联合起来,防止战争,保卫和平,这是长期的神圣职责。正因为战争总是要死伤很多人,要消耗大量物资的,所以战争本身并非好事。《老子》说过:"兵者不祥之器,非君子之器,不得已而用之。"所谓"不得已而用之",历史事实告诉我们,在一定的时候和条件下,不管人们愿意不愿意,战争殆难避免。战争既难避免,而战争又是"国之大事,死生之地,存亡之道"(《孙子·计篇》)。一句话,战争是关系着国家民族存亡的大事,势必要求审慎从事和重视研究工作,所以历代军事学家、政治学家都钻研战争的复杂情况及其变化的规律,以达到以战止战的最终目的。我国军事学的研究起源甚古，远的不说，西周初年以姜太公为代表的齐文化，就包含着很大比重的兵家言。后来发展至管仲、孙武、孙膑、司马穰苴、范蠡、张良、曹操、诸葛亮等，继续步步发挥和应用，这个文化传统纵贯古今，遍及全国四方。齐文化的另一个因素是法家言，包含富国兴邦的政治经济理论和实践，注重功利，都与国计民生密切相关。原先的法家人物如太公望、管仲并不排斥伦理道德的应有作用，只是轻重点有所不同罢了。到战国时某些法家如商鞅，则流于偏宕的一面，走上极端的途径。可是至三国时，蜀汉诸葛亮这个法家人物，执法严明公平，不废"大德"，以情感人。兵家言、法家言，统归于齐文化道家的总名下，源远而流长，体大而用宏，不尚空谈。历代国家治、乱、兴、衰的复杂诸矛盾，离开了它的理论和办法，问题似乎就解决不了。所以这个齐文化的发生和发展的历史值得人们认真研究、总结和借鉴。

（原载《中国哲学史研究》1989 年第 3 期）

《周易·咸卦》新解

《周易》为儒家五部著名经典著作之一，分经和传两部分，蕴涵着丰富的哲学思想，尤其是传。卦、卦辞、爻辞属经，时代较早，大约编撰于周初；传包括所谓十翼，时代较晚，并非一时一人的手笔，大抵写于春秋末年至战国时期，主要发挥了儒家的哲学思想，也吸收了别家的一些学说。

《易经》向来号称难读。有些卦爻辞，到如今还是难以解释清楚。因为古代社会的民俗和生活，和现今迥然不同，难得了解全貌，一也。古文字太简，诸家的训诂，往往歧异，出入很大，难得通解，二也。《易》本占筮之书，爻辞每借历史的和民间生活的故事缀合成章，占筮的人就这样那样说起吉凶休咎来了。到儒家说《易》，是怀着一定的政治目的，就是以伦理道德思想教育为主要内容，这跟原来经文的意义相距甚远，有的其至完全不相符合。但儒家旧说，久已深渗学者的观念里，难得跳出陈旧的樊笼，别出新裁，三也。现在研究《易经》的工作，对于一些难题，首先需要搞清它原来的意义，还它一个本来面目。为了把《咸》卦经文诠释明白，现分总说、经解、译文和余论四部分，撰次如下。

总　　说

　　《周易·咸卦》，旧时儒家的说法，以为讲的是夫妇之道，礼义所由生。《荀子·大略篇》说："《易》之《咸》，见夫妇。夫妇之道，不可不正也，君臣父子之本也。"《周易·序卦传》也说："有天地，然后有万物。有万物，然后有男女。有男女，然后有夫妇。有夫妇，然后有父子。有父子，然后有君臣。有君臣，然后有上下。有上下，然后礼义有所错。"这些议论的阐发，强调君臣父子上下的伦常秩序，是造端乎夫妇。只有夫妇之道正，君臣父子上下的伦常才有巩固的基础。这是儒家重视礼义的根本。《周易·咸卦》的经文并无这个意思。

　　近世学者对本卦经文的解说，也不令人惬意，有的根本不符合古代社会的风俗，反而讲些大杀情景的话。其实，《咸》卦卦辞确是筮问娶女，这是没有疑问的。但是，《咸》卦爻辞六条，是利用旧有的筮辞编集而成①，我认为它是素描一个有趣的民间故事，本来没有其他的意思。

　　这是一对少男少女相亲相悦的民间故事，恋爱的情节是：他（她）俩幽会的当儿，彼此偎倚在一起，年轻人情不自禁，显露出一副动手动脚，粗鲁而天真的姿态。

　　本卦"咸"字，都作动词用，就是"动"的意思（详见下文经解）。在不同的身体部位，施展不同的动作。试瞧少男对少女，开头儿捏她的脚拇趾，接着拧她肥嫩的脚肚，又摸她的大

---

　　① 我同意这样的说法："卦爻辞之编纂，有大部分是编录旧有的筮辞，有小部分是编者的著作。""卦爻辞编纂年代，当在西周初叶。"（见李镜池：《周易筮辞考》，载《古史辨》第3册第226页）《咸》卦的爻辞就是周初人编录旧有的筮辞。

腿,逐步依次向上,摸她的喉间梅核(在口之下,心胸之上),一直到亲她的面颊,吻她的嘴儿。全部动作的过程,由下而上,从足趾到头面,一着紧接一着,终至达到亲嘴的高峰。其间的动作,有轻轻的,如摸她的喉间梅核,所以没有妨害。也有在不知不觉间使劲过度,害得对方痛不可忍,如拧她的小腿肚,使她痛得几乎要逃跑了。即六二爻辞所谓"咸其腓,凶"。幸而用好言好语安慰和劝释,终算留住,所谓"居吉"。

整篇爻辞,文字异常简练,结构缜密,描绘朴素,只有直叙动作和情景,并没有点滴议论。跟后来说《易》的人发挥所谓礼义之道本来不相关涉。从开头到末了,几项动作,紧相衔接。六二爻是个关键,是情节紧张的一幕。上六爻达到了美满的高潮。

经　　解

䷞ 艮下
　　兑下　咸。亨,利贞,取女吉。

这里包括卦象、卦名和卦辞,属于《周易》经文的一部分。艮下兑上是卦象。咸是卦名,亨至取女吉,是卦辞。

《咸》卦的卦象,艮下兑上。艮为男,兑为女,是说男女相亲的事。清朱骏声说:"男下女者,亲迎之义,初昏之所以为礼也。"(《六十四卦经解》卷五《咸》卦)《乾卦·文言》曰:"亨者,嘉之会也。""嘉会足以合礼。"嘉会,为喜事举行宴会,就是办酒食,宴请喜宾。朱骏声又云:"亨,享同字,百嘉会聚而通也。""五礼有吉、凶、军、宾、嘉,故以嘉合于礼也。"(《六十四卦经解》卷一《乾》卦)按嘉礼包括婚礼。这是说,古人将举行婚礼,曾筮问遇得《咸》卦,所以云"亨"。亨即

"享"字，假借为"飨"。筮问婚事有利，故云"利贞"。筮得此卦，默示娶女吉祥，故云"取女吉"。

这是作《易》者编成《咸》卦的卦辞，就是本卦的主题。以下是《咸》卦的爻辞，描述少男少女幽会恋爱的故事。

初六，咸其拇。

这里的"初"，表示爻数的开始，也就是爻辞——故事的开始。初六和以下六二、九三、九四、九五、上六都是爻名。阴爻称六，阳爻称九。初、二、三、四、五、上，自下而上，标明爻数的先后次序，也就是爻位。爻名以下，就是爻辞，属于《周易》经文的主体。

《咸》，《彖》传云："感也"。唐李鼎祚《周易集解》卷十七引虞翻、郑玄皆说："咸，感也。"清李道平《周易集解纂疏》五云："咸，感古今字也。""咸"读作"感"。《尔雅·释诂》："感，动也"。"感"字直训为"动"，《广韵》的解说同。咸、感古今字，那末，"咸"就是"动"的意思。《说文》："感，动人心也。从心咸声。"窃按动人心为"感"，触动人体亦谓之"感"。"感"古文作"咸"。"感"与"撼"通。今人通常的用法，凡动内心以"感"字，动外物以"撼"字。有的同志说《咸》卦之"咸"，即今之"砍"字；"本卦咸字，皆斩伤之义"（见《周易古经今注》和《周易大传今注》）。我认为这个说法是不正确的，因为它不能通解《咸》卦卦爻辞本来的意义。

拇，《经典释文》云："马、郑、薛云：足大指也。子复作踇，荀作母。"《周易古经今注》云："拇本字，拇俗字，母借字。"所说是。

六二，咸其腓，凶，居吉。

腓，《经典释文》云："荀作肥"。唐李鼎祚《周易集解》引崔憬曰："腓，脚膊。"宋朱熹云："腓，足肚也。"（《周易本义》）清朱骏声也说是足肚，"在胫上股下"（《六十四卦经解》）。由此可见腓就是小腿肚。

"凶，居吉"，这是化凶为吉，详见上文总说。

九三，咸其股，执其随，往吝。

李鼎祚《周易集解》引崔憬云："股，胜，而次于腓。"股，俗称大腿，在膝的上部。"执其随"，朱骏声云："《诗》：'赤芾在股，邪辐在下'。胫本曰股，足膝曰下，似下亦足膝之名（按'下'当作'随'）。"① 从此可见"执其随"有"执下"之义，足膝曰下，"执其随"即握住她的膝盖。"往吝"，不好意思跑开了。

九四，贞吉。悔亡。憧憧往来，朋从尔思。

憧，音童。憧憧，《经典释文》："马云，行貌。王肃云，往来不绝貌"。朋从，多人相从。思，语辞。但《系辞传下》把"朋从尔思"的"思"字，当作思虑的"思"，大肆发挥议论，道："天下何思何虑，天下同归而殊涂，一致而百虑，天下何思何虑。"真是纵笔疾书，离题万里，与经文的本义毫不相干，只是各说各的罢了。

---

① 朱骏声《六十四卦经解》（古籍出版社1958年排印本）第138页作："胫本曰股，足膝曰下，似下亦足膝之名。"疑有讹字。窃按"足膝曰下"，已将"下"字古训说了，接着又说"似下亦足膝之名"，义殊重复。推其上下文意，当作"似随亦足膝之名"，"下"为"随"字之误。

九五，咸其脢，无悔。

《玉篇》："脢者，心之上，口之下。"《经典释文》："脢，音每，心之上，口之下也。"朱骏声云："脢在口下心上，即喉间梅核，今谓之三思台是也。或曰，背也，非是。"按旧训"脢"为背上的肉，不足取，应作"喉间梅核"解。

上六，咸其辅颊舌。

李鼎祚《周易集解》引虞翻曰："耳目之间称辅颊。"《经典释文》："辅，马云，上颔也。虞作酺，云：耳目之间"。朱骏声说："辅，上颔也。颊，耳目之间也。兑为口舌。"（《六十四卦经解》卷五）。

译　文

䷞ 艮下
　 兑上　咸卦。享礼，有利于筮问，娶女吉祥。

初六爻，少男捏少女的脚拇趾。

六二爻，少男使劲拧她的脚肚子，她觉痛得很，企图逃跑；幸而好言劝慰，留下来，安吉。

九三爻，轻轻摸她的大腿，紧握住她的膝盖，不好意思跑了。

九四爻，筮问吉利。要想逃跑，觉得难为情。瞧这么多的人往来不绝，都跟着你哩！

九五爻，抚摸她的喉间梅核，不碍事。

上六爻，亲她的脸儿，吻她的嘴和舌。

余 论

《咸》卦爻辞原是描绘一对青年男女相爱的故事，《咸》卦卦辞也只是表明筮问娶女吉利而已。本卦经文的本义，并无讲明人伦之始，礼义所由生。到《易传》里，经儒家说《易》，才发挥出那末多的天地万物、男女夫妇、父子君臣上下的大道理，并且着重指出："有上下，然后礼义有所错。"这说明我国先哲立论的一个突出的特点，尤其是儒家，标榜五经或六艺，依附五经或六艺来发挥自己的理论。比如《诗经》的《关雎》，明明是一首优美的抒情的歌谣，诗序却说是"《关雎》，后妃之德也"。还说什么："周南召南，正始之道，王化之基，是以《关雎》乐得淑女以配君子，爱在进贤，不淫其色，哀窈窕思贤才而无伤善之心焉。"这些话语，并不是在那里说诗，而是宣扬政治伦理道德的教义。又如《春秋》经，本是鲁国的史记，记载着极其简单的历史事实，被王安石讥为"断烂朝报"。儒家为了惩恶劝善，规定义例，然后"其微显阐幽，裁成义类者，皆据旧例而发义，指行事以正褒贬"（晋杜预《春秋序》）。《春秋》经以一字为褒贬，加上传文依数句以为断，这些都是先后由儒家苦心搞出来的。

"经"书的地位被儒家捧得很高，所谓"经"是"恒久之至道，不刊之鸿教"，因此后世的思想家立论，往往依附某一古代经书，发挥自己的学说，就不足怪了。一直到17世纪，我国杰出的唯物主义哲学家王夫之，他的许多重要的哲学著作，也往往是借助古经来阐发自己卓越的见解。例如《周易外传》、《周易内传》、《尚书引义》等都是。

《咸》卦的经和传，它们的时代先后不同，内容很不一致。

爻辞说的男女相爱的故事，可以作为古代社会民俗学和文学的研究资料，是非常有价值的。《咸》卦的传文，作为儒家思想的一部分来探讨，也是很好的材料。我们研究《周易》的经文，还它历史的本来面目，不与后来的说法相混淆，这是历史学的研究工作。研究《周易》传文，结合着一定的历史背景，阐明儒家思想的内涵及其发展，这又是一种史学研究工作。二者需要分别对待，但是并行不悖。

(原载《中国哲学》第7辑，1982年，生活·读书·新知三联书店出版）

墨子兼爱尚贤论透析

一　春秋、战国之际社会政治制度发展的概况

周代是以姬姓氏族贵族为领导核心和其他同姓的异姓的氏族贵族集团（即诸侯）联盟的政治。周王是姬姓的及异姓的氏族贵族集团——即各国诸侯的共主。王兴诸侯之间，确定了君臣的关系。但这种关系，开始就不很坚固。到春秋时期，这种关系逐渐动摇解体。到战国时期，周王已经形同虚设。从春秋到战国，各氏族贵族集团间发生许多矛盾和斗争，各氏族贵族集团的内部也发生许多矛盾和斗争，氏族贵族与人民间又发生许多矛盾和斗争。它的趋势，愈来愈激烈。城乡自由民的力量逐渐发达，氏族贵族终至没落。代之而兴的是新的统一的王权和官僚机构的政治。

墨子生在春秋、战国之际，这段时期的历史，文籍记载，很是缺略。春秋和战国两个时期社会政治制度和思想意识形态的变化，根据春秋和战国的史料，一般发展的情况，大体上还是可以了解的。农业生产是进步了，但农民的生活，因受氏族贵族的剥削而不得改善。工商业逐渐发达，一般自由民首先是城市自由民

的力量逐渐抬头,士人的活动日盛一日,氏族贵族的势力逐渐没落。关于政治制度和意识形态等方面,在战国不同于春秋时期的,像顾炎武说:

> 春秋时,犹尊礼重信,而七国则绝不言礼与信矣;春秋时犹宗周王,而七国则绝不言王矣;春秋时犹严祭祀,重聘享,而七国则无其事矣;春秋时犹论宗姓氏族,而七国则无一言及之矣;春秋时犹宴会赋诗,而七国则无有矣。邦无定交,士无定主。①

总括顾氏所说,可分为三点:

(一)从春秋到战国,以姬姓氏族贵族为领导核心和诸同姓的及异姓的氏族贵族集团联盟的贵族政治崩坏了。

(二)维持宗周的氏族贵族政治组织的道德和礼制象礼与信、祭祀与朝聘等都破坏了。

(三)士人活动的兴盛。

现在把上列三点分开细说,先说第一点:

原来周初封诸侯,有与王室同姓的亲族、异姓的功臣及"明德"(如所谓尧、舜、禹)的后裔。到春秋时,有的是旧的封国,有的是新兴民族建立的国。姬姓的如鲁、郑、晋、燕等分布于四方。异姓的,如:东有齐,姜姓;南有陈,妫姓;西有秦,嬴姓;至于蛮夷,其较著的,南有楚,后来东南有越,都是芈姓②。这些姬姓的和异姓的诸国,各在不同的领域上建立氏族贵族集团的政权。一个氏族贵族集团,在发展过程里,就有不少

---

① 《日知录》卷十三周末风俗条。
② 《国语·郑语》:"芈姓夔越。"韦昭注:"夔越,芈姓之别国也。"《世本·氏姓篇》、韦昭《吴语注》等皆云越,芈姓。《史记·越世家》以越为夏禹后,此乃后起越人自托之说;因此有以越为姒姓,误。(参吴其昌《金文世族谱》第九篇"嬬姓谱")

氏族贵族，如：在鲁，有孟孙氏（亦称仲孙氏）、叔孙氏、季孙氏占有很优越的势力，他如臧孙氏也相当有势力；在晋国，范氏、荀氏、栾氏、郤氏等贵族的力量很不小，后来韩氏、赵氏、魏氏也占有很大的势力；在齐国，有高氏、国氏、陈氏等大贵族；在楚国，斗氏、芳氏、屈氏等贵族是著名的①。这些氏族贵族在政治上大率是占据卿大夫的地位。他们与国君（即氏族贵族集团的首长）之间有矛盾和斗争，即所谓私门和公室的斗争。卿大夫彼此间也有矛盾和斗争，即墨子所谓"大夫之相乱家"②。各氏族贵族集团即诸侯间也有矛盾和斗争，也就是墨子所谓"诸侯之相攻国"。在春秋时期，周王的实权和地位已经衰微了，齐桓公首先称霸，名义上虽还尊王，然而天下征伐的命令已经不是从天子出。如鲁庄公三十年，齐桓公北伐山戎；鲁僖公四年，桓公又南伐楚；僖公九年，桓公盟会诸侯于葵丘。既盟之后，周公宰孔先归，路遇晋侯说："齐侯不务德而勤远略，故北伐山戎，南伐楚。"言下表示很不满意，叫晋侯不必赶去参加盟会③。继齐桓公称霸的是晋文公，《春秋》僖公二十八年："天王狩于河阳。"杜预注："晋实召王。"换句话说，就是晋文公把周襄王叫了去的。可见春秋前期礼乐征伐已自诸侯出了。还有一件事，说明晋文公的心目中已经没有天子与诸侯间君臣的名分了，如襄王黜狄后，狄人伐周，"王乃出居于郑，晋文公纳之。晋文公既定襄王于郑，王劳之以地，辞，请隧焉，王不许"。依韦昭的解释，隧谓六隧，天子郊远之地，有六卿，"外有六隧，掌供王之贡赋，唯天子有隧，诸侯则无也"。可见晋文公以诸侯的身份，

---

① 参阅顾栋高《春秋大事表》十一至十二"春秋列国姓氏表及春秋卿大夫世系表"。
② 《兼爱上》。
③ 参《左传·僖九年传》，《国语·晋语二》。

请周王所独有的隧，这已经不顾君臣的名分了①。在春秋齐桓公、晋文公迭相称霸的时候，周天子的实力和名分已经动摇衰微成这样，到春秋末期，周天子的地位更加破落了。《左传》昭公三十二年载：周敬王畏子朝乱党的威胁，请晋侯修成周的城，说："伯父若肆大惠，复二文之业，弛周室之忧，徼文武之福，以固盟主，宣昭令名，则余一人有大顾矣。"又说："今我欲徼福假灵于成王，修成周之城，俾戍人无勤，诸侯用宁，蛮贼远屏，晋之力也！其委诸伯父，使伯父实重图之，俾我一人，无征怨于百姓，而伯父有荣施，先王庸之。"说了一番乞怜（如"肆大惠"）和夸奖（如"晋之力"、"有荣施"）的话，总算感动了晋侯，晋派魏舒、韩不信到京师，合诸侯的大夫于狄泉，"寻盟，且令城成周，魏子南面"。"南面"即居"君位"，卫彪傒批评魏舒"干位以令大事"。从上举几个例子看来，春秋时诸氏族贵族集团虽还名义上宗奉周王，可是已经一天不如一天了。

至于各氏族贵族集团即大小列国，延及春秋之初，还存有一百二十四个，可是经过春秋时期二百四十二年的斗争，如楚国陆续吞并四十二国，齐国兼并十国，晋国所灭有二十国之地，其他比较小的国像鲁与宋，都是直接和墨子言论行动有密切关系的，鲁在春秋时，就兼并九国之地，宋也兼并六国之地。从春秋入战国的过渡时期里，当然还有许多吞并。在这些吞并的过程中，有一种趋势是值得注意的，就是把许多小国夷灭为邑乃至裂为郡县，如楚灭申、息两国为县，后来晋国也有四十县。顾栋高说："终春秋之世，而国之灭为县邑者强半天下，而诸国卒以强盛。则当日之势，较之周初，已稍异矣。虽盛王复起，不得不变其制

---

① 参阅《国语·周语中》、《晋语四》、《春秋左氏传·僖公二十五年》，《国语》详而《左传》略。

也。"这种变制，就是把氏族贵族所寄生的制度破坏了。墨子从表面现象上观察，说："诸侯各爱其国，不爱异国，故攻异国以利其国。"① 其实，从许多原始的小国（即小氏族贵族集团）的割据分裂局面到改变为小的行政单位，隶属于某个大国，这是春秋、战国社会发展中一种必要的改革。像水利、交通、度量衡、文字等，都需要一个统一的局面，建立新的划一的制度。在这样发展的趋势之下，所以到战国时期，只剩下七雄并立，最后归于新的统一。至于各氏族贵族集团内部君臣间的斗争，就是卿大夫与国君的斗争，也就是"怙富而卑其上"的类型，它的发展情况是政自大夫出。如春秋襄公十四年，孙林父、宁殖逐卫侯；春秋襄公二十五年，齐崔杼弑其君光；《左传》昭公二十年，宋国华定、华亥等杀诸公子并劫元公；《左传》昭公二十五年，鲁季孙意如逐其君。这些都是破坏了君臣的名分。至于卿大夫（即氏族贵族）间的斗争，例如栾氏在晋国是一大的氏族，《左传》襄公二十一年载：栾桓子娶了范宣子的女儿，名叫栾祁，生栾盈。桓子死，盈母与州宾私通，淫乱得一塌糊涂，栾祁怕栾盈讨伐她，遂在范宣子面前控诉说："盈将为乱"，"盈好士，士多归之"。范宣子畏其多士，遂逐栾盈。盈出奔楚，又奔齐。鲁襄公二十三年，齐庄公使人偷偷地把栾盈送归曲沃，栾盈帅甲入绛攻范宣子，不克，奔回曲沃。后来范宣子反攻，克曲沃，杀栾盈，灭栾氏②。这段晋国氏族贵族间斗争的历史，表明范氏、栾氏两贵族找执政权的斗争，从范宣子畏栾盈多士一点可以看见，栾祁淫丑的事不过是这次斗争的导火线罢了。栾氏这一系，从栾叔、栾宾直至栾盈，已经八世，这次被灭，是晋国氏族贵族集团内部

---

① 《兼爱上》。
② 参《国语·晋语八》。

互相斗争的结果。至于人民与贵族间的斗争，人民因被氏族贵族剥削压迫的结果，穷得饥无食、寒无衣，有许多人被迫逃亡，"铤而走险"，在过去的官书上，这些穷民往往被称为"盗贼"。如《左传》里有一段记载：昭公二十年，郑子大叔为政，"郑国多盗，取人于萑苻之泽"，大叔"兴徒兵以攻萑苻之盗，尽杀之，盗少止"。这些"盗贼"，经过"尽杀之"后，仅达"少止"的程度，可见被压榨的穷民，还是在不断地起来抗争，不能杀尽。被榨取被压迫者还是同榨取和支配的贵族阶级继续做斗争。

以上所述各种类型的斗争，大体都能在争夺经济利益的原因中去了解。如《左传》庄公十九年载："周惠王即位，取芳国之圃以为囿；边伯之宫，近于王宫，王取之。王夺子禽、祝跪与詹父田（杜注：三子，周大夫），而收膳夫之秩（膳夫是石速）。故芳国、边伯、石速、詹父、子禽、祝跪作乱，因苏氏（杜注：苏氏，周大夫，桓王夺其十二邑以与郑，自此以来遂不和）。秋，五大夫奉子颓以伐王，不克，出奔温（温，苏氏邑）。苏子奉子颓以奔卫，卫师、燕师伐周。"这件事表示周王与他的大夫争田，大夫不服，起而作乱。又《左传》闵公二年："公傅夺卜齮田，公不禁。"结果闵公死于鲁大夫卜齮之手。这是私门为了经济利益和公室的斗争。至于卿大夫间彼此争夺私产的，如范宣子与和大夫争田①，晋邢侯与雍子争鄐田②，先是晋郤锜夺夷阳五田，郤犨与长鱼矫又争田，酿成晋杀三郤——郤锜、郤犨、郤至，郤氏这一族算是被灭了；而栾书、中行偃杀了晋厉公，形成

---

① 《国语·晋语八》。
② 《左传》昭公十四年。

晋国氏族贵族集团内部激烈的斗争①。至于民众与贵族间矛盾和斗争,看农民劳动生活的情形就可知道。《国语·晋语一》记晋大夫郭偃的话:"其犹隶农也,虽获沃田,而勤易之,将不克飨,为人而已!"这些农民,都是种田的奴隶,虽终年勤耕苦作,但不得享用自己劳动的果实,都是为贵族阶级生产罢了。这种残酷剥削的生产关系,必然引起"民弃其上"②的结果。这就是被压榨的"隶农"向那些靠剥削寄生的贵族反抗和斗争。

总之,以上各种类型的矛盾和斗争,它的发展趋势是氏族贵族政治逐渐衰落而至于灭亡。随着氏族贵族政治组织的动摇和崩溃,一切服务于氏族贵族的道德和礼制也因之破坏了。

现在说第二点:

春秋时所谓礼与信是维系氏族贵族政治的上层建筑。到春秋中叶,申叔时犹说:"信以守礼,礼以庇身,信礼之亡,欲免得乎?"③这种礼是依不同的身份分别若干的等级。《左传》昭公七年芊尹无宇说:"天子经略,诸侯正封,古之制也。封略之内,何非君土?食土之毛,谁非君臣?故诗曰:普天之下,莫非王土;率土之滨,莫非王臣。天有十日,人有十等:下所以事上,上所以共神也。故王臣公,公臣大夫,大夫臣士,士臣皂,皂臣舆,舆臣隶,隶臣僚,僚臣仆,仆臣台,马有圉,牛有牧,以待百事。"原来氏族贵族政治的阶层组织是这样严密的,但至春秋时期,逐渐动摇破坏,周王固然没有实力支配诸侯,诸侯的实权也渐渐为卿大夫所替代。所谓礼乐征伐不自天子出,降至自诸侯出,再降至自大夫出。这种发展的情形,到春秋后期,表现得非

---

① 参《左传》成公十七年、十八年,《国语·晋语六》。
② 《左传》昭公二十年。
③ 《左传》成公十五年。

常明显。例如鲁国吧,《左传》昭公五年叔齐谓晋侯道：今鲁政在家,"公室四分,民食于他"。杜预注："他,谓三家也,言鲁君与民无异。"当时三家四分公室,鲁君如民,求食于三家。叔齐说："礼所以守其国,行其政令,无失其民者也。"可是鲁君既不能行政令,又失其民,国政落在大夫手里,因此说鲁君不知礼。其实,上层氏族贵族非不要礼,只因腐败无能,已经不能维持旧氏族贵族中心（公室）的礼,加以新兴显贵的富强,就把旧社会的礼制破坏了。所谓"无礼而好凌人,怙富而卑其上"①,正是指这种情形说的。因此鲁"大夫不止僭诸侯而旅泰山,以雍徹僭天子矣；陪臣不止僭大夫,而窃宝弓、祀先公僭诸侯矣"②。这种情形,若依"家施不及国"的礼来衡量,也是非"礼"的。但当公室尽量搜刮的时候,大夫之家能隐救穷困,因之甚得民心,如鲁季平子那样,也不能不使史官就事论事,不拘于礼了。《左传》昭公三十二年晋史墨道："王有公,诸侯有卿,皆有贰也。天生季氏,以贰鲁侯,为日久矣。民之服也,不亦宜乎？鲁君世从其失,季氏世修其勤,民忘君矣。虽死于外,其谁怜之？社稷无常奉,君臣无常位,自古以然。"史墨所谓"社稷无常奉,君臣无常位",显然承认历史的变迁而不泥守于礼了。至于朝聘的礼,到春秋时期,也破坏了上下尊卑的体统,顾栋高说："东迁而后,王政不纲,诸侯放恣,于是列邦不修朝觐之礼,而天王且下聘矣,归赗矣,锡命矣。终春秋之世,鲁之朝王者二,如京师者一；而如齐至十有一,如晋至二十,甚者旅见而朝于楚焉。天王来聘者七,而鲁大夫之聘周者仅四。其聘齐至十有六,聘晋至二十四。而其受列国之朝,则从未尝报聘焉。由鲁

---

① 《左传》昭公元年。
② 参《论语》八佾篇,《左传》定公八年,《困学纪闻》卷六春秋篇。

以知天下，而王室之微，诸侯之不臣，概可见矣。"① 春秋时期，各国争霸权忙，交结霸主忙，诸侯对周王并无什么"比年一小聘，三年一大聘，五年一朝"②，——事实上等于贡赋性质的礼了。到战国，霸统废绝，连诸侯间聘问会盟的礼也很少了。

现在接着说第三点，关于士人的活动：

士人的活动是跟着氏族贵族的政治礼制破坏而来的。春秋晚年，孔子及他的门人是一种士人活动；春秋、战国之交，墨子及他的门弟子又是一种士人的活动。原来所谓士，"大抵皆有职之人"③，《国语·晋语四》说："大夫食邑，士食田。"士是受公田的。《礼记·王制》："诸侯之下士视上农夫，禄足以代其耕也。中士倍下士，上士倍中士。"但"春秋以后，游士日多"，而"战国之君，遂以士为轻重"④。所谓游士，不是食公田的有识的士，而是学习道艺作自由政治活动的士人。因为他学习道艺，懂得许多历史掌故，又关心当时的社会政治，有他自己的见解和主张。那些见解和主张是能反映一定阶级的社会意识形态。无论游士的出身阶级怎样，他大抵总是脱离劳动生产而从事观念活动的人，这就是所谓劳心者。士或士君子所活动的不外是治人的事或治人的理论。他的职业在于仕，所谓"士之仕也，犹农夫之耕也"⑤。士的兴起是当氏族贵族政治的世卿制度动摇破坏之时。春秋末期，孔子以士人活动为鲁司寇，孔子弟子仕于各国的也很多。春秋、战国之交，"墨子是士的大师"⑥，相传做过宋

---

① 见《春秋大事表》十七春秋宾礼表叙，参《困学纪闻》卷六春秋篇"公如京师"条，周王与鲁侯的君臣尊卑的名分已经不明了。
② 《礼记·王制》。
③ 《日知录》卷七士何事条。
④ 顾炎武语。
⑤ 《孟子·滕文公下》。
⑥ 见范文澜先生《中国通史简编》第四章第八节。

国大夫,他的尚贤学说,就是希望"有贤良之士,厚乎德行,辩乎言谈,博乎道术",来做"社稷之佐"①。墨子教授弟子,就以"吾将仕子"相劝诱。他的弟子仕于各国的着实不少,而且师弟子间经常保持联系。墨子劝告当时贵族养士,贵义篇里有一节记载:墨子对卫大夫公良桓子说:"今简子之家,饰车数百乘,马食菽粟者数百匹,妇人衣文绣者数百人。吾取饰车食马之费与绣衣之财以畜士,必千人有余。若有患难,则使百人处于前,数百(人处)于后,与妇人数百人处前后,孰安?吾以为不若畜士之安也。"战国时候,贵族畜士是一种新的风气,但在春秋末年,士的身份并不怎样尊贵,还只能同贵族门庭中的妇人争长计短。战国时的情形就大不相同了,如《战国策·齐策四》载齐宣王见颜斶,王曰:"王者贵乎?士贵乎?"对曰:"士贵耳。"这可反映士的地位已经大大提高了。

从春秋晚年到战国时期,氏族贵族政治的世卿制度在动摇崩坏,于是出现士人的活动。这种变化,究竟是在什么经济条件下造成的呢?春秋时期,铁制的工具已经使用了。这对于农耕和手工业的发展,起了很大的促进作用。随着工农业的逐渐发展,剩余的生产品即作为简单商品而交换,尤其是手工业,已成为专门的行业。如鲁国的手工业是很发达的,《左传》成公二年载:"楚侵及阳桥(鲁地),孟孙请往赂之:以执斲、执针、织纴皆百人"以请盟,楚人许和。这里就包括木匠(也许还有金石匠在内)、针绣和织缯布的女工。单就木工说,据《周礼·考工记》即可分为七项:轮、舆、弓、庐、匠、车、梓。主要是关于战争用的车工和弓工等。还有《晏子春秋》谏下篇载:"景公为履,黄金之綦,饰以银,连以珠,良玉之绚,其长尺。"这样

---

① 《尚贤·上篇》。

华贵的鞋子就是鲁工制的,晏子嫌太奢靡,"令吏拘鲁工,令人送之境,使不得入"。这个故事也可反映鲁工的精巧。与墨子同时的公输般,就是鲁国极著名的巧匠。墨子鲁人,他的手艺也很不错。《论语·子张篇》子夏说:"百工居肆,以成其事。"子夏,卫国人,从孔子游学于鲁,他所说的百工,可能是指鲁国的百工。要不然就是卫国的百工,春秋晚期卫国的工商业也是很发达的。《左传》定公八年载:晋师将盟卫侯于鄟泽,卫侯受辱,卫大夫王孙贾欲以激怒国人,说:"苟卫国有难,工商未尝不为患。"国人皆曰:"晋五伐我,犹可以能战。"遂叛晋。可见工商业者在卫国人中的重要性。这里还须注意的是,所谓"百工居肆"的工人,大率是城市里以手工艺为生的自由民,不是那"处工就官府"① 的工奴了。随着小商品生产的发达,作为一般商品即货币的流通量也扩大了。如《国语·周语下》载周景王二十一年(公元前524)铸大钱,当时单穆公虽然表示反对,但是大钱既行,史称"百姓蒙利焉"②。又像郑国的商业发达得很早,郑桓公与商人立盟曰:"尔无我叛,我无强贾。"③《左传》僖公三十三年载:秦师欲袭郑,"郑商人弦高将市于周,遇之,以乘韦先牛十二犒师"。秦师以为郑国有准备,遂不攻郑。可见郑国弦高是做国际贸易的大商人,而且能够从事政治上的应变。又秦范雎说,天下的君王,不如郑贾的聪明④,这些都可以说明郑国商业的发达。又齐国本有渔盐之利,商业也很发达,如"临淄甚富而实,其民无不吹竽鼓瑟,击筑弹琴,斗鸡走犬,六博蹋踘者,临淄之途,车毂击,人肩摩,连衽成帷,举袂成幕,

---

① 《国语·齐语》。
② 《汉书·食货志下》。
③ 《左传》昭公十六年。
④ 《战国策·秦策三》。

挥汗成雨，家敦而富，志高而扬"①。又如晋国，绛的富商，"能金玉其车，文错其服，能行诸侯之贿"②。商人在政治地位上虽然低微，而实力却有那末雄厚。有资本的士人既经商，又从事政治活动，如："子赣既学于仲尼，退而仕于卫，废著鬻财曹、鲁之间，七十子之徒，赐最为饶益。""子贡结驷连骑，束帛之币，以聘享诸侯。所至国君，无不分庭与之抗礼。夫使孔子名布扬于天下者，子贡先后之也。"③ 范蠡也是从政治上退下来而去经商的大富商。吕不韦也是一个做国际贸易的大商人，他从图利的观点出发，进而做政治上的生意。《战国策·秦策五》：濮阳人吕不韦贾于邯郸，见秦质子异人，归而谓父曰："耕田之利几倍？"曰："十倍。""珠玉之赢几倍？"曰："百倍。""立国家之主赢几位？"曰："无数。"曰："今力田疾作，不得煖衣余食；今建国立君，泽可以遗世，愿往事之。"④ 珠宝的商人可能赢利百倍，至于一般商贾的赢利，《诗经》里就说"如贾三倍"。战国初，墨子说："商人之四方，市贾倍蓰，虽有关梁之难，盗贼之危，必为之。"⑤ 按蓰通蓰，五倍曰蓰，可见一般商人的赢利，能达到五倍光景。单就墨子所处的时代说，商人在某些方面已经与士相提并论，并且士还有自惭不如的感觉。《墨子·贵义篇》："子

---

① 《战国策·齐策一》。
② 《国语·晋语八》。
③ 《史记·货殖列传》。
④ 所谓"今力田疾作，不得煖衣余食"，这可反映当时农民的生活是很穷苦的。主要原因当然是多数被贵族统治阶级榨取之故。至于商人，大概被剥削轻些，同时商人还会剥削农民，所以赢利颇厚。《战国策·秦策四》顿弱说："有其实而无其名者，商人是也。无把铫推耨之劳，而有积粟之实：此有其实而无其名者也。无其实而有其名者，农夫是也。解冻而耕，暴背而耨，无积粟之实：此无其实而有其名者也。"所以司马迁说："用贫求富，农不如工，工不如商。"（《史记·货殖列传》）
⑤ 《墨子·贵义》。

墨子曰,今士之用身,不若商人之用一布之慎也。"又说:"士之计利,不若商人之察。"到战国时期,商人在营利方面表现的聪明才智,非但为士所不及,而且天下君王也是不如的。《战国策·秦策三》:"是天下之王,不如郑贾之智也。"这些城市里自由的商人和工人等,在春秋、战国的史料里,就叫做"国人"。《墨子·尚贤》上篇:"国中之众,四鄙之萌人。"《周礼·地官》:"小司徒之职,掌建邦之教法,以稽国中,及四郊都鄙之夫家。"这些所谓"国中",都指城郭之中的意思。《左传》襄公二十八年:"以其棺尸崔杼于市,国人犹知之,皆曰崔子也。"是可证国人在城市中。《左传》昭公十三年传楚右尹子革曰:"请待于郊,以听国人。"是说待于郊外,听城中市民的意见。《左传》闵公二年:"狄人伐卫,卫懿公好鹤,鹤有乘轩者。将战,国人受甲者,皆曰使鹤,鹤实有禄位,余焉能战?"结果卫师败绩,狄人遂灭卫。可见"国人"(即市民)在战时是武装的队伍,他们的向背,对战争的胜负能起决定性的作用。到战国时期,孟子很重视"国人"的意见,所谓"国人皆曰贤,然后察之,见贤焉,然后用之";"国人皆曰可杀,然后察之;见可杀焉,然后杀之"[①]。"国人"在政治上的要求,是春秋、战国时代日渐发展的趋势。

二 墨子所代表的阶级性

上节所述的"国人",是城市中的自由民,他们的成分大体包括商人和手工艺的工人。尤其富商,凭其在经济上的势力,已经从事政治的活动。这在氏族贵族政治未崩坏以前是不可能的

---

① 《孟子·梁惠王下》。

事。墨子生于春秋末年战国初期的时代，城市中自由民的力量已经抬头，市民入仕的过渡身份是士，自由农民入仕的过渡身份也是士，士是脱离劳动生产而诵习道艺的人，士与君子同类，也可以称君子，"君子劳心，小人劳力"①，或"君子务治，而小人务力"②。墨子常把"士君子"连称，有时还说"王公大人士君子"，士与统治阶级已经很接近。所谓礼不下庶人刑不上大夫，士是介于庶人与大夫之间的一个阶层，他是居四民之首，固然有可能代表庶人的意见，可士是已经脱离生产劳动而准备务治的人，向上爬一层，即可为统治阶级。士当其未爬上统治阶级的时候，对上层统治者说，都算是贱人。范雎对秦王说："臣，东鄙之贱人也。"③ 这是述说他入仕于秦前的情形。《战国策·秦策一》："贵贱不相信。"高诱注："贵谓卿，贱谓士。"又《战国策·齐策四》："今夫士之高者，乃称匹夫，徒步而处农亩，下则鄙野监门闾里，士之贱也亦甚矣。"郑康成解《周礼》诸文："贵贱相对，皆以为贵谓卿大夫，贱谓士。"④ 不但士称"贱人"，即下层统治者对上层统治者也自称"贱人"，如《左传》昭公二十七年载楚大夫郤宛曰："我贱人也，不足以辱令尹。"郤氏虽官大夫，但比令尹，又显得贱了。又《左传》昭公三十一年传："邾黑肱以滥来奔，贱而书名，重地故也。"黑肱虽是大夫，但"非命卿，故曰贱"（杜注）。《墨子·尚贤》下篇说："今也天下之士君子，皆欲富贵而恶贫贱。"可见士未能爬上统治阶级以前，还是贫而贱的。孔子说："吾少也贱。"《墨子·贵义》篇说：

---

① 《左传》襄公九年，《国语·鲁语下》。
② 《国语·鲁语上》。
③ 《战国策·秦策三》。
④ 见《周礼·地官》小司徒之职贾公彦疏。

> 子墨子南游于楚，见楚献惠王。献惠王以老辞，使穆贺见子墨子，子墨子说穆贺，穆贺大说，谓子墨子曰，子之言则成善矣；而君王，天下之大王也，毋乃曰，贱人之所为，而不用乎？子墨子曰，唯其可行。譬若药然，草之本，天子食之，以顺其疾，岂曰，一草之本而不食哉？今农夫人其税于大人，大人为酒醴粢盛，以祭上帝鬼神。岂曰，贱人之所为而不享哉？故虽贱人也，上比之农，下比之药，曾不若一草之本乎？且主君亦尝闻汤之说乎？昔者汤将往见伊尹，令彭氏之子御，彭氏之子，半道而问曰，君将何之？汤曰，将往见伊尹。彭氏之子曰，伊尹，天下之贱人也，若君欲见之，亦令召问焉，彼受赐矣。汤曰，非汝所知也。（下略）

这里穆贺说墨子为贱人，就是因为他是贫贱的士。这士所代表的阶级性，很可能是城市中从事工商的自由民及自由耕稼的农民。墨子说："今农夫人其税于大人。"这农夫必是居于鄙野的自由的农民。《墨子·尚贤》上篇说：

> 然则我不可不为义，逮至远鄙郊外之臣，门庭庶子，国中之众，四鄙之萌人，闻之，皆竞为义。

又说：

> 古者圣王之为政，列德而尚贤，虽在农与工肆之人，有能则举之。

这里所谓"农与工肆之人"，"工肆"即所谓"百工居肆"，是指手工艺的工人，"农"即是"四鄙之萌人"，如"鲁之南鄙人有吴虑者，冬陶夏耕，自比于舜"[①]。"国中之众"就是以前所述的"国人"，即城市中自由的工商业者。这些自由的农工

---

① 《墨子·鲁问》。

商人，就是墨子以士的身份所代表的阶级性。其实，墨子所代表的阶级还只是一部分自由民，是一部分小有产者。春秋、战国之交的自由民，一部分是政治觉悟较高的，富有积极性的进步分子，以李悝、吴起辈为代表，他们的政治经济政策，是改革腐朽的氏族贵族制度，在实践中是起了推动社会发展的作用。另一些自由民，以墨子为代表，是比较软弱的，保守的，尽管在言论上也表示不满意氏族贵族，但是仅仅要求参预政治，改良政治，并非从根本上改革氏族贵族的政治经济制度。相传墨子做过宋国大夫，这姑且不论，他的嫡传弟子仕于各国的实在不少，但没有一个在政治上实行过贵族制度的改革，这绝不是偶然的事。对氏族贵族政治在崩坏过程中所发生的许多矛盾，他们是取改良主义的调和态度。这反映于墨子的思想里，非常显明。

三 墨子"兼爱"论透析

小有产者自由民的改良主义，幻想"安居乐业"，厌忌任何社会矛盾和斗争。他们的思想，不是针对现实，解决矛盾，而是对现实的矛盾加以调和。在第一节里已经说过，春秋时期，氏族贵族政治渐渐动摇解体，在贵族政治动摇崩坏的过程中，各氏族贵族集团（即诸侯）间发生许多矛盾和斗争，各氏族贵族集团中部的贵族彼此间也发生许多矛盾和斗争，氏族贵族与人民间又发生许多矛盾和斗争。这些类型的矛盾和斗争爆发的时候，必有首先发动的，这首先发动的一方，即墨子所谓"攻"。墨子非攻的学说，就是针对从春秋入战国时期社会上所发生的各种类型的矛盾和斗争而加以反对。现在约举墨子时代及其稍前稍后各种斗

争的情形如下①:

周敬王三十六年（公元前484）	齐伐鲁，吴兴鲁败齐。
敬王三十九年（前481）	齐田常杀简公，相平公，专国政。
元王元年（前475）	晋荀瑶（知伯）伐郑。
元王四年（前472）	越灭吴。
定王三年（前466）	鲁悼公元年，三桓胜，鲁如小侯。
定王十六年（前453）	赵襄子败知伯晋阳，与魏、韩三分其地。
定王二十二年（前447）	楚灭蔡。
定王二十四年（前445）	楚灭杞。
考王元年（前440）	墨子止楚攻宋，约当此时或稍前。
考王十年（前431）	楚灭莒。
威烈王三年（前423）	郑幽公元年，韩武子伐郑，杀幽公。
威烈王六年（前420）	"盗"杀晋幽公。
威烈王十二年（前414）	越子朱勾伐郯。
威烈王十四年（前412）	齐伐鲁、莒及安阳。
威烈王十五年（前411）	齐伐鲁，取都。
威烈王十七年（前409）	魏伐秦。
威烈王十八年（前408）	齐伐鲁取郕。魏伐中山，又西攻秦至郑。

---

① 参《竹书纪年》、《史记·十二诸侯年表》、《史记·六国年表》、孙诒让《墨子年表》及钱穆《先秦诸子系年》等。

威烈王二十年（前406）	魏灭中山。
威烈王二十三年（前403）	魏、韩、赵始列为诸侯。史称战国时期从此始。
威烈王二十四年（前402）	"盗"杀楚声王。
安王元年（前401）	秦、魏交战。
安王四年（前398）	楚败郑师，郑人杀其相子阳。
安王六年（前396）	郑子阳之徒，杀其君繻公。
安王八年（前394）	齐伐晋，取最。
安王九年（前393）	楚伐韩，取负黍。
安王十一年（前391）	秦伐韩宜阳，取六邑。
安王十二年（前390）	鲁败齐平陆。
安王十三年（前389）	秦侵晋。
安王十六年（前386）	齐田和始列为诸侯。魏袭邯郸，败。
安王十七年（前385）	齐伐鲁，破之。韩伐郑，取阳城；伐宋，到彭城，执宋君。
安王十九年（前383）	魏败赵兔台。
安王二十二年（前380）	齐伐燕，取桑丘。魏、韩、赵伐齐。
安王二十三年（前379）	齐康公卒，田氏并齐。

从春秋入战国初期的一段时间里，史文记载，颇为缺佚，仅看以上简表，知道公元前5世纪至前4世纪间的攻伐征战之事是很频繁的，杀君之事也屡见不鲜。《墨子·非攻》下篇说："今天下好战之国：齐、晋、楚、越。"又《节葬》下篇说："圣王既没，天下失义，诸侯力征。南有楚越之王，而北有齐晋之君，

此皆砥砺其卒伍,以攻伐并兼为政于天下。"现在举"攻国"——即一个氏族贵族集团攻伐另一个氏族贵族集团为例,如越攻吴而灭之,墨子是表示反对的,《非攻》中篇就述说这件事:"东方有莒之国者,其为国甚小,间于大国之间,不敬事于大,大国亦弗之从而爱利。是以东者越人夹削其壤地,西者齐人兼而有之。计莒之所以亡于齐越之间者,以是攻战也。"像莒这样一个旧氏族贵族集团所割据分立的小国,在一般大小氏族贵族集团彼此互相斗争中,为了实现新的统一的局面,被兼并灭亡,是不可避免的事。可是墨子还想以很勉强的办法,维持旧社会的矛盾。他不但非议大国之攻小国为弗兼爱,同时责备小国不"敬事"大国也是不义呢。墨子基于调和主义的观点,对于历史上的事情是这样评论,对现实问题也持同样的见解。《鲁问》篇载:鲁君谓子墨子曰:"吾恐齐之攻我也,可救乎?"子墨子曰:"可。""吾愿主君之上者尊天事鬼,下者爱利百姓。厚为皮币,卑辞令,亟遍礼四邻诸侯,驱国而以事齐,患可救也,非此,顾无可为者。"这所谓"驱国而以事齐",正是竭力调和齐、鲁两国间利害矛盾的办法。虽则调和矛盾,而矛盾依然存在着。鲁大夫子服景伯说:"小所以事大,信也;大所以保小,仁也,背大国不信,伐小国不仁。"① 墨子的见解,基本上是和子服景伯的说法如出一辙。至于荀子的意见,却与墨子相反。《荀子·富国》篇说:"持国之难易,事强暴之国难,使强暴之国事我易。事之以货宝,则货宝单而交不结;约信盟誓,则约定而畔无日。割国之锱铢以赂之,则割定而欲无厌,事之弥烦,其侵人愈甚,必至于资单国举然后已。虽左尧而右舜,未有能以此道得免焉者也。"这是采取一种比较不调和妥协的态度。

---

① 《左传》哀公七年。

至于家与家相并，即氏族贵族彼此间的斗争与灭亡，墨子的举例和见解如下：

> 昔者晋有六将军，而智伯莫为强焉。计其土地之博，人徒之众，欲以抗诸侯，以为英名。攻战之速，故差论其爪牙之士，皆列其舟车之众，以攻中行氏而有之。以其谋为既已足矣，又攻兹范氏而大败之，并三家以为一家而不止，又围赵襄子于晋阳，及若此，则韩魏亦相从而谋曰，古者有语，唇亡则齿寒，赵氏朝亡，我夕从之。赵氏夕亡，我朝从之。诗曰，鱼水不务，陆将何及乎？是以三主之君，一心戮力，辟门除道，奉甲兴士，韩、魏自外，赵氏自内，击智伯，大败之。是故子墨子言曰，古者有语曰，君子不镜于水，而镜于人：镜于水，见面之容；镜于人，则知吉与凶。今以攻战为利，则盖尝鉴之于智伯之事乎？此其为不吉而凶，既可得而知矣。①

智和中行原来是晋国氏族贵族集团里荀氏的二族，智伯兼并中行氏，是同一个氏族内部的斗争，智伯攻范氏又围赵襄子，是荀氏族对其他氏族的斗争。这是氏族贵族政治没落过程中的现象。墨子的意思，是想维持氏族贵族间固有的局面。所谓"不吉而凶"，也是氏族贵族内部的凶事。氏族贵族间的矛盾和斗争，必然有的胜利，有的败亡。可是做整个氏族贵族的剥削统治阶级看，从春秋到战国，它必然走上崩溃和灭亡的道路。

至于家门和公室的斗争，如《左传》昭公三年载齐晏婴与晋叔向的谈话，晏子说齐国"公聚朽蠹，而三老冻馁，国之诸市，屦贱踊贵"。但是大夫陈（田）氏呢，大斗出贷，小斗收回，"山林如市，弗加于山，鱼盐蜃蛤，弗加于海"，较之"民

---

① 《墨子·非攻》。

参其力,二入于公,而衣食其一"的被剥削情形,的确好得多了,无怪乎晏子承认"公弃其民而归于陈氏"。陈氏在齐国的经济政治上都占很大的势力,陈僖子乞在鲁哀公六年杀其君荼,乞的儿子陈成子恒(常)在哀公十四年杀其君简公于舒州。照氏族贵族的旧礼说:家施不及国,而弑君罪大。但是陈恒毕竟在政治上甚得民心,当时民歌唱道:"妪乎采芑,归乎田成子。"① 及齐康公死,陈氏终并了齐。叔向说晋国公室衰落及私家兴起的情形,它就是在斗争中发展而来的。又如《左传》昭公二十九年载:"晋赵鞅、荀寅帅师城汝滨,遂赋晋国一鼓铁,以铸刑鼎,著范宣子所为刑书焉。"按赵鞅辈所为,可以反映当时新兴的有产者的要求。铸刑书于鼎,宣示百姓,这是明确规定了自由民私有财产的权利。表现在政治斗争上,必使"贵贱无序"。到鲁定公十三年,赵鞅入于晋阳以叛,荀寅与士吉射入于朝歌以叛。这次斗争赵是胜利者,结果韩、魏请赵鞅归于晋,盟于公宫。从此可见,无论大夫之相乱家,或家门与公室的斗争,都能反映一定的政治经济上的斗争。墨子对于这些斗争所表现的攻伐或"叛乱",都一律加以反对。如《非儒》篇极力攻击孔子"劝下乱上,教臣杀君",而他自己却取"务合其君臣之亲,而弭其上下之怨"的调和态度。郭沫若先生说:墨子是反对乱党的,"乱党是什么?在当时都要算是比较能够代表民意的新兴势力"②。这是很平允的见解。

至于人民与氏族贵族间的斗争,例如晋国大夫伯宗的妻说:"民恶其上。"③ 可见晋国上层氏族贵族的剥削的情形很利害,人

---

① 参《左传》哀公六年、十四年,《史记·田敬仲世家》。
② 见《十批判书》第 80 页孔墨的批判。
③ 《左传》成公十五年。

民向上层贵族反抗斗争的结果，使上层贵族政权转移到下层贵族手里，因为下层贵族比较能够适应人民的要求。如叔向说："虽吾公室，今亦季世也，戎马不驾，卿无军行。公乘无人，卒列无长。庶民罢敝，而宫室滋侈。道殣相望，而女富溢尤。民闻公命，如逃寇雠。"人民对于上层贵族统治阶级的命令，视同寇仇一样的逃避，这就是表示反抗与斗争，这也就是所谓"民弃其上"①的行为。在氏族贵族统治压迫之下，"民弃其上"以后的出路，如果不是依附比较开明的下层贵族来反抗其上，就是直接行动，去做"寇乱盗贼"。《左传》宣公十五年说："民反德为乱。"可见被压迫的人民起来反抗压迫者的统治，加以统治集团内部的矛盾，于是"大臣背叛，民为寇盗"②。《墨子·明鬼》下篇说：

> 民之为淫暴寇乱盗贼，以兵刃毒药水火，退无罪人乎道路，夺人车马衣裘以自利者，有鬼神见之。

这所谓"寇乱盗贼"，是指那些不堪被压迫的非自由的人民。他们被剥削的结果，穷得饥无食，寒无衣，不得不为"寇乱盗贼"。他们所劫夺的对象是拥有"车马衣裘"的人，这些"人"显然是少数富贵的特殊阶级。说特殊阶级的人"无罪"而遇劫，反之，劫夺特殊阶级的"寇盗"自然是犯罪了。墨子对于这些"寇乱盗贼"，表示要镇压除灭的。《节用》上篇说：

> 其为甲盾五兵何？以为以圉寇乱盗贼。若有寇乱盗贼，有甲盾五兵者胜，无者不胜。

甲盾五兵即用以镇压"寇乱盗贼"的，这种论调近于"唯武器论"，而忽略了被压迫的人民团结反抗的力量。墨子这种站在拥

---

① 《左传》昭公二十三年。
② 《春秋·穀梁传》僖公十九年。

护私有财产制的"别"的立场上,基本上是和郑大叔采取杀的手段来对付"萑苻之盗"一般,这和他的兼爱学说的精神是根本相反的。同时可以了解兼爱学说,正是调和不同阶级利益的矛盾,具有空想主义的性质。

《非攻》下篇说:"昔者禹征有苗,汤伐桀,武王伐纣,此皆立为圣王,是何故也?子墨子曰,子未察吾言之类,未明其故者也。彼非所谓攻,谓诛也。"这是墨子想用攻诛异类说来弥补其非攻论的缺陷。他承认"禹征有苗"等既成史实,犹如孟子说禹不传于贤而传于子是"天舆"之意一样的勉强。墨子虽用攻诛异类说勉强解释历史上的事变,但对于现实问题,他就解决不了,把原来调和主义的立场很显明地表露出来了。《鲁问》篇载鲁阳文君将攻郑,子墨子闻而止之。

> 鲁阳文君曰,先生何止我攻郑也?我攻郑,顺于天之志,郑人三世杀其父,天加诛焉,使三年不全,我将助天诛也。子墨子曰,郑人三世杀其父,而天加诛焉,使三年不全,天诛足矣。今又举兵,将以攻郑。曰,吾攻郑也,顺于天之志。譬有人于此,其子强梁不材,故其父笞之,其邻家之父,举木而击之,曰,吾击之也,顺于其父之志,则岂不悖哉?

鲁阳文君攻郑,为的是"郑人三世杀其父",墨子也承认"郑人三世杀其父"为不义,不过以为只待"天诛足矣",用不着鲁阳文君举兵而伐之。所谓"天诛足矣",完全是唯心的遁词,实际上等于没有任何物质力量去诛伐。换句话说,还是维持其非攻的主张,不过拿形而上的"天"来搪塞人的行为。不然,就只有承认"郑人三世杀其父"是义;可是墨子一贯的论调,决不会承认"郑人三世杀其父"是义的。至于墨子取譬:有人之子强梁不材,用不着邻家之父举木而击之。照这样说来,"汤伐桀,武王伐纣",也如邻家之父举木击邻家不材之子一样的不义,这显然是墨子非攻理论中很严重的矛盾。这矛盾的根源,非攻是墨子根本的主张,不过对于历史上像"汤伐桀、武王伐纣"的事解释不通,所以补充声明非攻而不非诛的说法,结果在联系现实问题上又无法解决其矛盾。墨子真正的态度,就是调和矛盾。《耕柱》篇说:

  子夏之徒问于子墨子曰,君子有斗乎?子墨子曰,君子无斗。子夏之徒曰,狗豨犹有斗,恶有士而无斗矣?子墨子曰,伤矣哉,言则称于汤文,行则譬于狗豨,伤矣哉!

"君子无斗",这是墨子真正的态度,它和非攻的主张完全一致。看他批评子夏之徒所带感伤的语气,很像一个彬彬有礼的调和主义者。所以《庄子·天下》篇批评墨子:"其道不怒。"孙诒让《墨子闲诂·自序》批评墨子说:"至其接世,务为和同",这些都是很中肯的话。至于墨子"自处绝艰苦,持之太过,或流于偏激",乃是另一回事,跟他的调和主义不相冲突的。因为墨子虽有"苦行"的精神,但根本上不是代表当时被压迫的非自由民的利益,他只是代表当时一部分中间阶级的自由民,以非斗的协调的态度,要求参预政治罢了。

  对于调和派的非攻救守之说,到战国晚期的学者便有所批评。如《晏子春秋·问下》篇说:"其用兵为众屏患,故民不疾其劳。"如果晏子春秋是墨子学派的书①,那末墨子后学对墨子非攻说已有所修正。《吕氏春秋·荡兵》篇说:"古圣王有义兵,而无有偃兵。"又《禁塞》篇说:"取攻伐者不可非,攻伐不可

---

① 柳宗元:《辩晏子春秋》云:"吾疑其墨子之徒有齐人者为之。""为是书者,墨之道也。"(《增广注释音辨唐柳先生集》卷四)。宋晁公武《郡斋读书志》、明宋濂《诸子辩》皆赞同柳宗元的说法。

取；救守不可非，救守不可取，惟义兵为可。兵苟义，攻伐亦可，救守亦可；兵不义，攻伐不可，救守不可。"这是综合诸家的说法，以义为准，辩证事之可与不可，比较算是针对问题解决问题的议论，但墨子偏主"攻伐不可取"，"而疾取救守"，这是无条件的非攻论。因为墨子所处的时代，正是各氏族贵族集团内外矛盾齐发的时候，小氏族贵族集团处于崩溃的前夕，所以墨子虽则提倡贵义，而实际上，像《吕氏春秋》批评的："在于不论其义，而疾取救守。"这就表明墨子的思想，基本上是维持氏族贵族政治下的矛盾，并非想根本改革当时疾趋没落的氏族贵族的政治经济制度。

从春秋晚期入战国时代，社会上一切矛盾和斗争，可用三句话来描写：（1）"怙富而卑其上"，（2）"民弃其上"，（3）"天下遍用兵"。所谓怙富而卑其上，是那些代表新兴的有产者向上层氏族贵族的斗争。所谓民弃其上，是下层民众不堪上层氏族贵族的压迫，起而反抗的表示。所谓天下遍用兵，是指旧氏族贵族集团内外的矛盾日益激烈，斗争普遍地展开。在这些情形下，墨子以调和主义的态度，坚决主张非攻。从调和现实的一切矛盾斗争的非攻思想出发，进而提倡兼爱主义以为非攻的理论根据。先有非攻的思想实际，后有兼爱的理论说明[①]。换句话说，墨子先从反对斗争的实际出发，然后孕成一种反对斗争调和矛盾的理论。反对斗争的另一面，是维持社会现状的"刑政之治"。"刑政之治"的基础是上下差别的政治经济制度。在上下差别的制度上谈"兼相爱，交相利"，实质上是调和不同阶级利益的口号。假如忽视了这一点，单独看重"兼相爱，交相利"几个字

[①] 关于墨子先提倡非攻说，进而更倡兼爱，方授楚氏的《墨学源流》一书第75页已经说到。

面,就认为墨子主张人类平等,那是大谬。墨子非攻的主张已见于他的行动,如止楚攻宋、止鲁阳文君攻郑,但是兼爱只是空想的理论罢了。《兼爱》上篇开宗明义地说:

> 圣人以治天下为事者也。必知乱之所自起,焉能治之。不知乱之所自起,则不能治。譬之如医之攻人之疾者然,必知疾之所自起,焉能攻之。不知疾之所自起,则弗能攻。治乱者何独不然?必知乱之所自起,焉能治之。不知乱之所自起,则弗能治。圣人以治天下为事者也,不可不察乱之所自起。当察乱何自起,起不相爱。

《兼爱》中篇又说:

> 是故诸侯不相爱,则必野战;家主不相爱,则必相篡;人与人不相爱,则必相贼;君臣不相爱,则不惠忠;父子不相爱,则不慈孝;兄弟不相爱,则不和调;天下之人,皆不相爱,强必执弱,(众必劫寡)富必侮贫,贵必傲贱,诈必欺愚。凡天下之祸篡怨恨,其所以起者,以不相爱生也。

墨子不厌反复地说明乱的起源,其结论是:"起不相爱"。但是我们认为"不相爱"是一种人对另一种人的心理活动,是一种人对另一种人所表示怨恨或憎怒的行为,并不是乱之所发生的根源。何况在阶级社会里,怎么有普遍的相爱呢?马克思和恩格斯在《共产党宣言》上说:"压迫者与被压迫者,始终是处于互相对抗的地位,进行着不断的、有时是隐藏、有时是公开的斗争。"墨子以兼爱主义为非攻的理论根据,本质上还是唯心的说法。唯心的说法不能解决由社会变化所发生的问题。《兼爱》下篇说:

> 当今之时,天下之害孰为大?曰,若大国之攻小国也,大家之乱小家也,强之劫弱,众之暴寡,诈之谋愚,贵之傲贱,此天下之害也。

墨子认为这是"别"而不"兼"的害处。《天志》中篇又说：

> 尧、舜、禹、汤、文、武，焉所从事？曰，从事兼，不从事别。兼者，处大国不攻小国，处大家不乱小家，强不劫弱，众不暴寡，诈不谋愚，贵不傲贱。

这里所谓"别"，显然是指不同的社会阶层的状况；所谓"兼"，是指调和混合不同社会阶层的状况。大小、强弱、众寡、诈愚（应该说是知愚）都是表明不同社会阶层的力量的对比。这些不同社会阶层的力量在相互斗争过程中不断地变化，他们的力量的对比，也随着客观情况的发展而改变。春秋时代所谓诸国，无非是代表某些氏族贵族集团的政权。从春秋初年还存在一百二十四个大小氏族贵族集团，经过长期斗争并吞的结果，到战国只剩七雄交争，最后出现了新的统一的局面，这难道不合于社会进步的要求吗？所谓"大家"、"小家"，都是指强弱不同、众寡不同、知愚不同的卿大夫，他们在彼此斗争的过程中，看谁能代表新生的力量，即决定谁是胜利者。如季氏在鲁，田氏在齐，都能努力把新兴的力量团结到自己的周围，所以能得"众"，能"强"。只有那些企图保守固有特殊地位和利益的氏族贵族，漠然不顾人民群众的要求，陷于孤立无助而至于变成众矢之的，结果不免自取灭亡，这才是"愚"。所以说，氏族贵族力量的强弱，氏族贵族所拥有人民的众寡，在他们互相斗争的过程中不是一成不变的。如果不问谁能代表新兴的力量，谁是代表保守落后的势力，只是勉强维持固有的强弱众寡的局面，谁也不许谁干犯既得利益的现状，把这样维持现状的办法叫做"兼"，实际上就是调和不同社会阶层的矛盾和斗争。这样的"兼"法，对春秋战国时期社会的发展，绝不会起推进的作用。看见社会中各种矛盾和斗争的现象，就一律否定它；对于对立面的斗争，不问孰是孰非，不问谁是朋友，谁是敌人，只是笼统抽象地要求大家"兼爱"，这是社会上中间阶层的消极分子维持矛盾取消问题的态度。墨子纵有"救世"的主观愿望，以自苦为极，努力调和当时社会上的各种矛盾，结果不免徒劳而无功。所以荀子批评道：

> 故墨术诚行，则天下尚俭而弥贫，非斗而日争，劳苦顿萃而愈无功，愀然忧戚非乐而日不和。①

墨子面临社会上各种尖锐矛盾和激烈斗争的时代，他的主观愿望是调和矛盾，消弭战争。可是依他的非攻和兼爱的主张，客观的效果，是会"非斗而日争，劳苦顿萃而愈无功"的。《庄子·天道》篇也批评"兼爱"是迂阔的话，虽说无私，实质上还是为了私的。总之，墨子的兼爱学说，恰是反映当时一部分小有产者在各种激烈斗争的场面下的幻想。从厌恶现实的攻伐征战出发，首先主张非攻，更进而幻想兼爱，以调和社会上不同阶级和阶层的矛盾和斗争。

四 墨子"尚贤"论透析

墨子代表当时一部分自由民，关心政治，要求参预政治，改良政治。他的全部学说的重心，差不多都集中在政治学说之上。《墨子·鲁问》篇说：

> 子墨子曰，凡入国，必择务而从事焉：国家昏乱，则语之尚贤尚同；国家贫，则语之节用节葬；国家熹音湛湎，则语之非乐非命；国家淫僻无礼。则语之尊天事鬼；国家务夺侵凌，即语之兼爱非攻。故曰择务而从事焉。

"兼爱非攻"是墨子学说中极重要的部分，前面已经透析过了。"尚贤尚同"也是墨子政治思想中极重要的主题。尚贤与尚同二

---

① 《荀子·富国》。

者的关系极为密切。现在先分析他的尚同说，随后评判他的尚贤论，其中"辅佐"说是构成尚贤论很重要的部分。"兼爱"论是从非攻出发的一种根本的理论，"辅佐"说是从尚贤论引申出来一种很重要的方法。"兼爱"与"辅佐"在这里表示两种不同范畴的意义。这"辅佐"说的名称，是取"尚贤"中下两篇里"承嗣辅佐"、"群属辅佐"的两个现成字汇。辅佐说的目的就是要帮助王公大人们的统治。《尚同》上篇说：

> 夫明虖天下之所以乱者，生于无政长。是故选择天下之贤可者，立以为天子。天子立，以其力为未足，又选择天下之贤可者，置立之以为三公。天子三公既以立，以天下为博大，远土异国之民，是非利害之辩，不可一二而明知，故画分万国，立诸侯国君。诸侯国君既已立，以其力为未足，又选择其国之贤可者，置立之以为正长。

《尚同》中篇说：

> 设以为万诸侯国君，使从事乎一同其国之义。国君既已立矣，又以为唯其耳目之请，不能一同其国之义，是故择其国之贤者，置以为左右将军大夫，以远至乎乡里之长，与从事乎一同其国之义。天子（下）诸侯之君，民之正长，既已定矣。天子为发政施教曰，凡闻见善者，必以告其上；闻见不善者，亦必以告其上。上之所是，必亦是之。上之所非，必亦非之。己有善，傍荐之。上有过，规谏之。尚同义其上，而毋有下比之心。

这样，"里长既同其里之义，率其里之万民，以尚同乎乡长"，乡长"有率其乡万民，以尚同乎国君"，国君"有率其国之万民，以尚同乎天子"，天子更"尚同乎天"。其政治组织的系统如下表：（向左的指标，表示尚同；向右的指标，表示自上而下的统治）

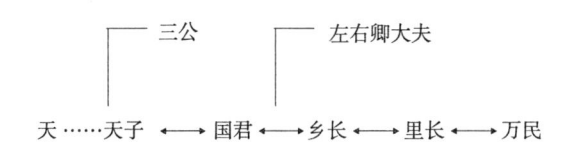

```
         ┌── 三公        ┌── 左右卿大夫
天……天子 ⟷ 国君 ⟷ 乡长 ⟷ 里长 ⟷ 万民
```

万民是最下层的被治的人民，最下层的正长是里长，稍高些是乡长，里长乡长都代表下层的统治者。至于上层统治阶级是天子诸侯，也就是墨子所谓王公大人。至于三公、左右卿大夫在名位上是上层统治阶级的辅佐之官。三公是帮天子的忙，所以我在上列的表中，不把他们列入直系正统的政长里。所谓左右将军大夫，据孙诒让注："将军，谓卿也。《周礼·夏官》，军将皆命卿。春秋、战国时，侯国亦皆以卿为将，通谓之将军。"所以将军大夫即谓卿大夫，是帮助诸侯国君来统治的官，在上列表中，也列入旁系，不算正宗的政长。三公、左右卿大夫虽不属于正宗的政长，然而仍不失为统治阶级的代表。墨子的意思，欲求乡里治，国与天下治，须"上同而不下比"，最后尚同于形而上的天（表中以虚线表示天与天子以下的关系），仰赖天的意志，这是富有宗教的特色和作用。现在需要注意的，就是尚贤论与政治组织的关系，是要进贤良之士做帮助天子诸侯的三公左右卿大夫，也就是举贤士为帮助王公大人即上层统治阶级的辅佐之官，《尚贤》上篇说：

> 故士者，所以为辅相承嗣者也。故得士则谋不困，体不劳，名立而功成，美章而恶不生，则由得士也。是故子墨子曰，得意贤士不可不举，不得意贤士不可不举，尚欲祖述尧、舜、禹、汤之道，将不可以不尚贤。夫尚贤者，政之本也。

士之用就是做"辅相承嗣"，或"承嗣辅佐"，一句话，就是帮王公大人的忙。既然要贤士帮王公大人的忙,那就要"高予之爵,重予之禄,任之以事,断予之令"。所以墨子的尚贤论的用意,基本上是要维持和巩固王公大人(即当时天子诸侯)的政权,绝没有想根本改变当时氏族贵族的政权。《尚贤》中篇开首很显明地说:

> 子墨子言曰:今王公大人之君人民,主社稷,治国家,欲修保而勿失,故不察尚贤为政之本也?

这社稷,这国家,无疑的是王公大人的社稷和国家。尚贤的目的,就是要使王公大人的社稷和国家"修保而勿失"。像历史上晏子历事齐灵公、庄公、景公,称为"社稷之臣"。当崔杼因庄公通其妻而杀庄公,晏子立于崔氏的门外,说:"君民者,岂以陵民,社稷是主。臣君者,岂为其口实,社稷是养。故君为社稷死,则死之;为社稷亡,则亡之。若为己死而为己亡,非其私暱,谁敢任之?"启门而入,哭之成礼而去。及崔杼立景公,杼与庆封为左右相,盟国人于大宫。晏子又说:"婴所不唯忠于君,利社稷者是与。"① 晏子所谓社稷,是指代表氏族贵族集团的政权,不止对于君主的个人。对氏族贵族阶级的政权的国家负责,并不仅是等于对个别的君主负责。春秋晚期,晏子的贤人政治,对于墨子的影响是不小的。晏子和墨子的贤能政治,尽管有些方面和程度上的不同,可是有一共同之点,就是都要为保存王公大人的社稷国家而努力。我们试看鲁国季孙意如叛昭公的故事,晋国史墨对赵简子说:"鲁君世从其失,季氏世修其勤,民忘君矣,虽死于外,其谁矜之?社稷无常奉,君臣无常位,自古以然。"② 史墨的见解,所谓"社稷无常奉,君臣无常位",这是

---

① 《左传》襄公二十五年。
② 《左传》昭公三十二年。

晏婴、墨翟辈所意想不到的议论。后世史家，拥护封建统治阶级，也还批评"史墨之对，何其悖哉！"① 晏婴自承为社稷之臣，墨翟尚贤，也只想做王公大人的"社稷之佐"。墨子书中有两句名言是有些学者所特别重视的，所谓"官无常贵，而民无终贱"，殊不知这所谓官，是指"社稷之佐"的官，是做量功分禄的三公或卿大夫等，贤士的目的，仅想参政，在王公大人之侧改良政治，而不是想从根本上改革贵族的政治经济制度，更谈不上君臣易位，做社稷之主。所谓"民无终贱"，是在氏族贵族政治崩坏过程中必然的事，如《左传》哀公二年说，克敌者"庶人工商遂"。杜预注："得遂进仕。"克敌有功的农工商人可以得仕，墨子也说"虽在农与工肆之人"，量功而分禄，使民无终贱，历史发展的趋势，的确如此。《尚贤》上篇说：

> 有贤良之士，厚乎德行，辩乎言谈，博乎道术者乎。此固国家之珍，而社稷之佐也。

贤良之士，固可为"社稷之佐"，还要王公大人"富之贵之，敬之誉之"。《尚贤》中篇就以汤举伊尹、武丁举傅说为例，这些都是在上的治者举在下的贤者。士够为"社稷之佐"的条件是一回事，王公大人举士为"社稷之佐"又是一回事。尚贤的学说，一方面要求王公大人举士为社稷之佐，不受原来富贵亲近之人的范围的限制。"虽在农与工肆之人，有能则举之"，就这一点说，墨子的学说是有其进步性的一面。但墨子向王公大人要求举贤士参预政治，做"承嗣辅佐"，做"社稷之佐"，基本上是帮王公大人的忙。所以墨子要求忠臣做到这样：

> 上有过，则微之以谏。己有善，则访之上，而无敢以告。外匡其邪，而入其善，尚同而无下比。是以美善在上，

---

① 《困学纪闻·左氏篇》。

而怨雠在下；安乐在上，而忧戚在臣。此翟之所谓忠臣也。①

为王公大人服务的忠臣要做到"尚同而无下比"，"美善在上，而怨雠在下；安乐在上，而忧戚在臣"，他这样强调君臣上下利害苦乐的不同，《天志》上篇说："天子者，天下之穷贵也，天下之穷富也。"显然是以在上的王公大人的利益为前提。在这一方面，表现墨子不彻底的改良主义的缺点。

墨子提倡王公大人尚贤，希望氏族贵族畜士。由此一方面士可得参政，开辟出路；另方面，氏族贵族政治得以改良，氏族贵族的政权——社稷和国家得以巩固。当然，大批士人参政的结果，客观上逐渐会使氏族贵族政治起变化，走到官僚政治的路上去。所谓尚贤，事实上，与墨子同时代的上层氏族贵族已经礼贤下士。如鲁缪公尊贤者子思、泄柳、申详②；魏文侯师卜子夏，友田子方，礼段干木，又任用李悝、吴起③，都是举贤任能的证明。墨子在鲁缪公、魏文侯时代的风气里，提倡尚贤，对于士这一阶层是很有利的；因为士人有了参预政治的出路。同时一般士人为争出路，彼此不免矛盾和斗争，道家就持反对的态度，老子说："不尚贤，使民不争。"《庄子·庚桑楚》篇也说："举贤则民相轧。"法家主张法治，更反对贤人政治，如《韩非子·忠孝篇》说："废常上贤则乱，舍法任智则危。故曰，上法而不上贤。"我们观察历史上真正改革氏族贵族制度的，正是法家。如吴起在楚，商鞅在秦，都曾与氏族贵族做不调和的斗争。"吴起

---

① 《墨子·鲁问》。
② 参《孟子》公孙丑下、滕文公下、万章下、告子下。
③ 参《吕氏春秋》举难篇、察贤篇、期贤篇，《史记·平准书》，《汉书·食货志》等。

为楚悼罢无能，废无用，损不急之官，塞私门之请，壹楚国之俗。"①"废公族疏远者，以抚养战斗之士"，"故楚之贵戚，尽欲害吴起"②，及楚悼王死，吴起遂被射杀。参与这次反攻吴起的贵族中有阳城君，而墨者钜子孟胜，正为阳城君所重任，孟胜以死为阳城君守，弟子死者百八十三人③。这事虽闹得轰轰烈烈，且在墨家故事中播为美谈，但透视它的内容，无非以孟胜为首的一群墨者忠事反动贵族的一幕悲剧罢了。至于"商君为孝公平权衡，正度量，调轻重，决裂阡陌，教民耕战，是以兵动而地广，兵休而国富，故秦无敌于天下，立威诸侯"④。变法之后，"秦民大说，道不拾遗，山无盗贼，家给人足，民勇于公战，怯于私斗，乡邑大治"⑤。商鞅变法，人民固然很欢喜，但贵族怀恨，孝公死，商君遂被车裂。总之，吴起、商鞅的变法，都是在与氏族贵族斗争中所得到的极重要的改革。如秦孝公十二年，"初取小邑为三十一县，令为田开阡陌"⑥。这种改采邑为县，就是把世禄的贵族制度变革了。吴起、商鞅的政治措施，跟改良主义的贤能政治显然有本质上的区别。

墨子的尚贤使能的政治学说，基本上是帮王公大人即上层氏族贵族的忙。换句话说，墨子主张贤良之士参政，基本上还是改良主义的政治。贤人只是在"王公大人之侧"做"群属辅佐"。《尚贤》中篇说：

> 古者圣王，唯毋得贤人而使之，般爵以贵之，裂地以封

---

① 《战国策·秦策三》。
② 《史记·吴起传》。
③ 《吕氏春秋·上德》。
④ 《战国策·秦策三》。
⑤ 《史记·商君列传》。
⑥ 《史记·六国表》。

之，终身不厌。贤人唯毋得明君而事之。竭四肢之力，以任君之事，终身不倦。

墨子的辅佐说，就是要贤人"竭四肢之力，以任君之事"，即是贤人辅助王公大人的统治。《非命》下篇说：

> 今也卿大夫之所以竭股肱之力，殚其思虑之知，内治官府，外敛关市山林泽梁之利，以实官府，而不敢怠倦者，何也？曰，彼以为强必贵，不强必贱；强必荣，不强必辱，故不敢怠倦。

从王公大人那里得到荣华富贵，就是士君子努力"为贤"的目的。这是代表当时一部分小有产者自由民从个人利益出发的要求。《尚贤》下篇说：

> 今也天下之士君子，皆欲富贵而恶贫贱。曰，然。女何为而得富贵而辟贫贱，莫若为贤。

为贤之道将奈何？说：

> 有力者疾以助人，有财者勉以分人，有道者劝以教人。

上层贵族统治阶级的首领是需要得众贤之助的，《尚同》中篇说：

> 天子之视听也神。先王之言曰，非神也。夫唯能使人之耳目，助己视听；使人之吻，助己言谈；使人之心，助己思虑；使人之股肱，助己动作。助之视听者众，则其所闻见者远矣；助之言谈者众，则其德音之所抚循者博矣；助之思虑者众，则其"谈"谋度速得矣；助之动作者众，即其举事速成矣。

天子这样得到多方面的帮助，"所以济事成功，垂名于后世"。实际上，他是靠许多人帮助其统治的。《尚同》下篇又说：

> 是故古者天子之立三公诸侯卿之宰乡长家君，非特富贵游佚而择之也，将使助治乱刑政也。故古者建国设都，乃立

后王君公,奉以卿士师长,此非欲用说也,唯辩而使助治天明也。

不论天子立三公也罢,诸侯设卿大夫也罢,都是在于帮助实施刑政之治。贤者之为天子(或诸侯)打算,无异孝子之为其亲打算一般。孝子为其亲打算,"无敢舍余力,隐谋遗利"①。(孙注:隐谋,谓隐匿其智谋)"仁者之为天下度",亦"无敢舍余力,隐谋遗利"。这所谓"天下",即指天子的天下,所谓普天之下,莫非王土。因为尚同的缘故,天之志也"欲人之有力相营,有道相教,有财相分也"②。就是要天下士君子都能尽忠事上,不要隐匿余道余力。《非儒》下篇说:

> (儒者)又曰:"君子若钟,击之则鸣,弗击不鸣。"应之曰:"夫仁人事上竭忠,事亲得孝,务善则美,有过则谏,此为人臣之道也。今击之则鸣,隐知豫力,恬漠待问而后对,虽有君亲之大利,弗问不言。若将有大寇乱,盗贼将作,若机辟将发也,他人不知,已独知之。虽其君亲皆在,不问不言,是夫大乱之贼也。"

所谓"隐知豫力",隐知就是隐匿智谋,豫力就是舍余力,这些行为都是不利于王公大人的统治,间接助长了"寇乱",墨子都表示强烈的反对。

在士人方面说,应该尽其为贤之道:就是要"有力者疾以助人,有财者勉以分人,有道者劝以教人"。在王公大人方面说,也应该做到贤的当赏,暴的当罚。不然的话,则:

> 其所赏者,已无故(功)矣,其所罚者,亦无罪。是以使百姓皆攸心解体,沮以为善,垂其股肱之力,而不相劳

---

① 《墨子·节葬》。
② 《墨子·天志》。

来也；腐臭余财，而不相分资也；隐匿良道，而不相教诲也。若此，则饥者不得食，寒者不得衣，乱者不得治。①像齐国的处士钟离子是能"助王养其民"，叶阳子能"助王息其民"②。依照墨子的尚贤说，都应该"高予之爵，重予之禄"。假如对贤士不授爵分禄，个别的士人不得富贵倒是小事，一般士人从此不辅助君主，不与君主合作，那问题就关系很大了。墨子的社会历史观，以为"古者民始生，未有刑政之时"，"天下之百姓，皆以水火毒药相亏害。至有余力，不能以相劳；腐列余财，不以相分；隐匿良道，不以相教"③。是说没有阶级没有刑政的社会，是"别"的相乱的世界；有了阶级对立有了刑政之治以后，才有"兼"的帮助。《墨子·兼爱》下篇说：

> 子墨子曰，别非而兼是者，出乎若方也。今吾将正求与天下之利而取之，以兼为正。是以聪耳明目，相与视听乎！是以股肱毕强，相为动宰乎！而有道肆相教诲。

墨子这辅佐说，主要是针对当时"怙富而卑其上"的新兴有产的显贵和"民弃其上"的被迫反抗的人民而言。新兴有产者和被迫反抗的人民对当时上层氏族贵族往往取离叛的行动，使上层氏族贵族不得有效地统治。"辅佐"说就是在于使孤立无援的上层氏族贵族得到多方面的帮助，得到多方面的合作，这就是人们有了刑政之治以后的所谓"兼"。其实，这所谓"兼"，在"上同而不下比"的差别制度上，哪里是真正普遍的"兼"呢？本质上还是"别"。《墨子·明鬼》下篇说，"民之为淫暴寇乱盗贼"，"夺人车马衣裘以自利者"，这"人"显然指少数富贵的特

---

① 《墨子·尚贤》下。
② 《战国策·齐策四》。
③ 《墨子·尚同》上。

殊阶级而言。

墨子既然要求士君子实行"为贤之道",才能得到富贵爵禄。墨家自己的团体里,大概就有合于"为贤之道"的公约之类,尤其关于余财相分一项,在墨子的书里还保存了显明的记载。《耕柱》篇说:

> 子墨子游荆("荆"是衍文,当删)耕柱子于楚,二三子过之,食之三升,客之不厚。二三子复于子墨子曰,耕柱子处楚无益矣,二三子过之,食之三升,客之不厚。子墨子曰,未可智也。毋几何,而遗十金于子墨子曰,后生不敢死,有十金于此,愿夫子之用也。子墨子曰,果未可智也。

墨子"游耕柱子于楚"即使耕柱子仕于楚。从这个故事里,可见墨者团体里有人做官而富贵起来,对于师长同学,都有物质上帮助的义务。《鲁问》篇又有一个故事说:

> 子墨子出曹公子于宋,三年而反,睹子墨子曰,始吾游于子之门,短褐之衣,藜藿之羹,朝得之,则夕弗得,祭祀鬼神(孙诒让注:"祭祀"上疑当重"弗得"二字)。今而以夫子之教,家厚于始也,有家厚(享),谨祭祀鬼神。然而人徒多死,六畜不蕃,身湛于病,吾未知夫子之道之可用也。子墨子曰,不然,夫鬼神之所欲于人者多,欲人之处高爵禄,则以让贤也;多财,则以分贫也。夫鬼神岂唯攫季(王引之说,季,盖黍字之讹。)拑肺之为欲哉?今子处高爵禄,而不以让贤,一不祥也;多财而不以分贫,二不祥也。

曹公子仕于宋,算是"始贱卒而贵,始贫卒而富",但是他多财不以分贫,是违犯了墨者"为贤之道"的公约之一,所以鬼神也给他不祥的"报应"。墨子后学更发挥余财相分的意思道:

> 据财不能以分人者，不足与友。①

《晏子春秋·问下》篇说："积多不能分人而厚自养，谓之吝；不能分人又不能自养，谓之爱。""吝爱者，小人之行也。"这指斥"积多不能分人"的行为是"小人之行"，就是和墨子余财相分的教义相符合。但墨子并不仅看重余财相分这一点，《鲁问》篇说：

> 鲁君谓子墨子曰，我有二子，一人者好学，一人者好分人财，孰以为太子而可？子墨子曰，未可知也……吾愿主君之合其志功而观焉。

士是诵习道艺而务治的人，所以很注重有余道以相教，《鲁问》篇又说：

> 鲁之南鄙人有吴虑者，冬陶夏耕，自比于舜。子墨子闻而见之，吴虑谓子墨子（曰）：义耳义耳，焉用言之哉？子墨子曰，子之所谓义者，亦有力以劳人，有财以分人乎？吴虑曰，有。子墨子曰，翟尝计之矣，翟虑耕而食天下之人矣，盛，然后当一农之耕，分诸天下，不能人得一升粟；籍而以为得一升粟，其不能饱天下之饥者，既可睹矣。翟虑织而衣天下之人矣，盛，然后当一妇人之织，分诸天下，不能人得尺布；籍而以为得尺布，其不能煖天下之寒者，既可睹矣。翟虑被坚执锐，救诸侯之患，盛，然后当一夫之战；一夫之战，其不御三军，既可睹矣。翟以为不若诵先王之道，而求其说，通圣人之言，而察其辞，上说王公大人，次匹夫徒步之士。王公大人用吾言，国必治；匹夫徒步之士用吾言，行必修。故翟以为虽不耕而食饥，不织而衣寒，功贤于耕而食之，织而衣之者也。

---

① 《墨子·修身》。

墨子这番话，把务治不务力的士君子的本色完全暴露出来了。坐而论道的务治的士君子，其功是贤于务力的耕织之人与被坚执锐的战斗之士。总之，墨子的意思，以为诵习道艺而务治的士人，要比从事劳动生产和实际战斗的人优胜得多。由此可以了解墨子毕竟属于游士这一类型，他的言论，虽则基本上能代表一部分小有产者自由民，可是就墨子改良主义理论的本质来认识，他是代表那些具有妥协性保守性的小有产者。代表那些小有产者的士人，很可能上升为旧社会服务的统治阶级。墨子自己说"上无君上之事，下无耕农之难"①，所谓"无耕农之难"，正是脱离了生产劳动；虽"无君上之事"，然而墨子全部学说，所议论的都不离"君上之事"。务治的事或务治的议论，其出发的立场和观点都是一致的。贤士预备做"承嗣辅佐"或"社稷之佐"，游于墨翟之门的弟子，墨子也首先答应"吾将仕子"。墨子是很重视刑政之治的士人，他的主观愿望为求士人参政，改良王公大人的政治，基本上是维持并帮助了上层贵族统治阶级的政权。

五 结论

墨子生于春秋末年战国初期的时候，当时氏族贵族政治崩坏，社会上各种矛盾一齐迸发，他是代表一部分比较软弱的小有产者自由民，以士的身份出现，对于各种矛盾和斗争，都想加以调和。他的学说，主要是从非攻出发，进而提倡兼爱，以为非攻或非斗的理论根据。所谓"兼相爱、交相利"，无非是在上下差别的制度上调和不同阶级利益的口号。墨子眼见当时氏族贵族政治所表现的腐败无能而至于崩溃的现象，认为非尚贤不足以挽救

---

① 《墨子·贵义》。

危亡的局面，非尚贤不能永保王公大人的社稷和国家，所以竭力提倡举贤任能，改良王公大人的政治，同时也正适合士人参政的要求。他的"辅佐"说——有余力以助人，有余财以分人，有余道以教人——是作为"为贤之道"而特别提出来的，这是改良主义的贤能政治论极重要的方法。他不采取任何斗争的方式来实现贵族政治的改革，而是要求士君子具备帮忙的条件，得上层氏族贵族的赏识，把他选拔到政治舞台上来。贤士的希望，在于做"承嗣辅佐"或"社稷之佐"。当那些代表新兴有产者"怙富而卑其上"和被压榨的人民叛离其上的时候，墨子的主意，以为必须有辅助合作精神的贤士出来，不辞劳瘁，调和各种尖锐的矛盾和激烈的斗争，实行尚同的刑政之治，使新兴的有产者和叛弃其上的民众，对上层氏族贵族即王公大人们，转变离心为向心，转变叛离为合作，达到所谓"内者万民亲之，贤人归之"的地步。这是墨子以为王公大人的利益也就是百姓万民的利益之调和的说法。

（原载《史学集刊》第 7 期第 1、2 分合刊，1950 年）

清初市民阶级的政治思想家唐甄

一 清初的社会经济概况

约当16、17世纪之际,中国封建社会内商品经济已经有了迅速的发展,在各重要市镇里孕育着资本主义经济因素的萌芽。但是到17世纪50年代至18世纪初年,正当清师入关侵略中国到逐渐稳定地统治着中国的时期,他们对中国人民的生命、财产,残忍地屠杀和劫掠。无论城市的或乡村的社会经济,都遭受了惨重的破坏。随野蛮的征服之后,接着就实行高压和怀柔政策相结合的统治。可是中国人民一面坚持抗清的斗争,一面辛勤劳动,使社会生产逐渐恢复和趋向发展。在逐渐恢复生产的阶段,清政府对中国人民更进行残酷的封建剥削,形成了中国广大人民与清朝封建统治者新的矛盾。

就农业生产说,清顺治八年(公元1651年)的全国耕地面积总数,田地、山荡、畦地合计2908607顷又41亩[①],到康熙元

---

① 《东华录》顺治十七。

年（1662年），增至5311358顷又14亩①，到康熙三十九年（1700年），就扩增至5986985顷又54亩②。这些耕地面积虽则还没有恢复到明朝万历初年全国耕地面积7023976顷的数额③，但在这50年间，前后比较，已经增加到一倍有余。这说明清初这一时期里在农业生产上的恢复是相当快的。随着农业生产的恢复和发展，田地的价格也步步上涨。"顺治初，良田不过二三两；康熙年间，长至四五两不等"④。这期间的田价，前后也约涨一倍。同时土地兼并的现象日甚一日。初则清朝贵族任意圈占民间田地，这是靠政治特权来强夺的，此外，清初大臣和各地豪家，也大量兼并土地。如江南松江府的大地主有一户而拥田数万亩，次则也有三、四、五万至一、二万亩的⑤。又如大官僚大地主徐乾学买"无锡县田一万顷"，又在"苏州、太仓、昆山、吴县、长洲、常熟、吴江等州县，俱系徐府房屋田地"⑥。至于山东富豪之家，亦田连阡陌⑦。穷民无田，只得租地耕种，受超经济的封建剥削。顺治年间，清廷征索钱粮也逐步加严。如顺治八年，增江苏之吴县、长洲、嘉定、昆山、常熟、吴江、华亭、上海、青浦、武进、宜兴、无锡、江阴；浙江之嘉兴、秀水、海盐、崇德、嘉善、桐乡、平湖、归安、乌程、德清、长兴管粮主簿各一⑧。这些管粮主簿的增置，显然是为了进一步搜刮人民所负担的赋税。到顺治末年，如江南的苏州、松江、常州、镇江四

---

① 《东华录》康熙二。
② 《东华录》康熙六十六。
③ 《续通典》卷三《食货》三。这是明神宗万历六年至八年丈量的数目。
④ 钱泳《履园丛话》卷一《旧闻田价》条。
⑤ 叶梦珠《阅世编》卷一《田产篇》一。
⑥ 《东华录》康熙四十四。
⑦ 《东华录》康熙四十五。
⑧ 《东华录》顺治十七。

府，凡是拖欠钱粮的，"不问大僚，不分多寡，在籍绅衿，按名黜革；现在缙绅，概行降调"。到康熙初年，仍继续追索。所谓"止欠一厘而降调"，"欠七丝而黜革"①。对于帮助清朝统治的缙绅尚且如此苛细征敛，对于一般老百姓严追欠赋的情况，可想而知了。

后来康熙帝渐渐懂得笼络豪绅地主，稍稍给些优待。但是却使一般农民额外加重负担，因此更困苦不堪。如康熙元、二、三年间，差役四出，"里中小户，有田三亩五亩者，役及毫厘"，因之破家荡产。而中人之产，亦"化为乌有"②。又从当时清朝统治者的口中述说山东的情形："凡绅衿贡监户下，均免杂差，以致偏累小民。富豪之家，田连阡陌，不应差役。遂有奸猾百姓，将田亩诡寄绅衿贡监户下，希图避役……若不力为禁革，小民困苦，何日得除？"③农民在这种超经济的封建剥削之下，无法生活，只得流徙他乡。如康熙四十六年七月戊寅谕中说："今巡行边外，见各处皆有山东人，或行商，或力田，至数十万之多。"④这边外的许多流民绝不是一年半载之间去的，而是在若干年间陆续到了的，不过康熙帝在这次巡行时才见到罢了。穷苦无告的农民除了一部分跑到边外谋生外，还有一部分流入城市，或从事手工业生产，或经营小本生意，甚至还有过着流浪汉生活的。

工商业城市中，像苏州、杭州、江宁三府为丝织业中心，松江府为棉织业生产的主要地区。松江府的棉纺织业明代已经旺盛。据康熙二年刊《松江府志》载："纺织不止乡落，虽城中亦

---

① 叶梦珠《阅世编》卷六《赋税篇》。
② 《阅世编》卷一《田产一篇》。
③ 《东华录》康熙四十五。
④ 《东华录》康熙八十。

然。里媪晨抱纱入市，易木绵以归。明旦复抱纱以出，无顷刻闲。织者率日成一匹，有通宵不寐者。田家收获，输官偿息外，未卒岁，室庐已空。其衣食全赖此。"① 这里有木棉布、云布、兼丝布、三棱布等品类，而三梭布、漆纱、剪绒毯等皆是"天下第一"。郊西尤墩布轻细洁白，"市肆取以造袜，诸商收鬻，称于四方"。清初上海叶梦珠说："棉花布吾邑所产，已有三等，而松城之飞花、尤墩、眉织不与焉。上阔尖细者曰标布，出于三林塘者为最精，周浦次之，邑城为下，俱走秦晋京边诸路。每匹约值银一钱五六分，最精不过一钱七八分至二钱而止。"到顺治八年，每匹价至三钱三分，十一年十二月间每匹价至四五钱。又有比标布稍狭而长的叫做中机，走销湖广江西两广诸路，价与标布等。"前朝标布盛行，富商巨贾，操重赀而来者，白银动以数万计，多或数十万两，少亦以万计。以故牙行奉布商如王侯，而争布商如对垒。牙行非借势要之家，不能立也。中机客少，赀本亦微，而所出之布亦无几。"至清初，标布的生意回落，中机布的行情一度转盛。康熙二十三年，因棉花价贱，中机布销路不畅，都改作木棉标布。最上等的每匹价格纹银二钱上下，粗的每匹只有一钱三四五分光景②。可见清初松江府棉纺织业在恢复的过程中是相当困难和迂缓的。

至于丝织业，织造的规模较大，在手工业中的地位也较重要。江宁、苏州、杭州都有官营丝织局。除官营的外，民间经营的丝织业虽能逐渐恢复，但在趋向发展的道路上，还存在着严重的矛盾。

---

① 《松江府志》卷五引顾清《志》。参顾公燮《消夏闲记摘抄》卷中《芙蓉塘》条。

② 《阅世编》卷七《食货五》。

单就苏州一府说，民间丝织业原先是很繁盛的。像冯梦龙在《醒世恒言》里所描写，明朝嘉靖年间，苏州府吴江县盛泽镇，镇上居民稠密，都以蚕桑为业。"男女勤谨，络纬机杼之声，通宵彻夜。那市上两岸䌷丝牙行，约有千百余家，远近村坊织成䌷匹，俱到此上市。四方商贾来收买的，蜂攒蚁集，挨挤不开，路途无伫足之隙。乃出产锦绣之乡，积聚绫罗之地。江南养蚕所在甚多，惟此镇处最盛。"其中如施复原是个小户儿，不上十年，居然发展到三四十张䌷机①。这个故事主要反映了当时苏州府丝织业和经营丝织品的商业是很发达的。到清初，苏州府所属各县的丝织业在清侵略军的摧残之后逐渐恢复起来。唐甄说吴江县的"震泽之蚕半稼，其织半耕"，"一亩之桑，获丝八斤，为䌷二十匹"②。这里把从事养蚕和织䌷的劳动成果合计起来，就相当于震泽整个户口农耕的生产了。他又说："吴丝衣天下，聚于双林（它的地理位置在震泽西南）。吴越闽番，至于海岛，皆来市焉。五月载银而至，委如瓦砾。吴南诸乡，岁有百十万之益。是以虽赋重困穷，民未至于空虚。室庐舟楫之繁，庶胜于他所，此蚕之厚利也。"③像吴南诸乡，虽有蚕丝之利，但在恢复整个丝织业生产过程中，由于清朝"赋重"，以致人民"困穷"。这给扩大再生产和商品经济发展的道路上以严重的阻滞。

自从顺治十二年（1655年）清政府害怕郑成功在海上坚持抗清的斗争，严立海禁，"毋许片帆入海，违者立置重典"④。直到康熙二十三年（1684年）开放海禁⑤，其间禁止沿海居民从

---

① 冯梦龙《醒世恒言》第十八卷《施润泽滩阙遇友》。
② 唐甄《潜书·惰贫篇》。
③ 《潜书·教蚕篇》。
④ 《东华录》顺治二十四。
⑤ 《东华录》康熙三十四。

事海外贸易和海上交通的几达 30 年之久。这显然阻止了海外商业的恢复和发展。海禁开放的明年（1685 年），上海始设海关。从此"往来海舶，俱入黄浦编号。海外百货俱集，然皆运至吴门发贩。海邑之民，殊无甚利。唯邑商有愿行货海外者，较远人颇便。大概商于浙闽及日本者居多"①。从这里可知：（一）海禁开放后，沿海地区的商业还没有得到顺利的开展；（二）海外百货到上海报关后，皆运到吴门发贩，那末吴门势必成为当时一个繁盛的商业都市。它一面为外货散销的市场，一面为附近土产发售的中心地方。唐甄就曾在这个繁盛的吴市里参加了仅只"日食不匮"的商贾生活。《潜书·食难篇》说唐甄为牙于吴市，"贾客满堂，酒脯在厨，日得微利以活家人；妻奴相保，居于市廛，日食不匮，此救死之术也"。

从以上所述清初 50 余年间农工商业主要方面的几个重点，大致的情况是：中国社会经济在被清朝严重破坏和摧残的基础上，由于中国人民的勤劳，有的恢复较快，但是封建剥削也加重，如农业；有的恢复较慢，如棉纺织业；丝织业在恢复生产过程中也存在着严重的困难。而商业呢，由于海禁 30 年之久，断绝了海外贸易；又因当时税重，大吏贪聚银两，市面上货币极少流通，以致"百货不行，良贾失业"②，这表明一方面中国人民力图恢复和发展生产，通其市易；另一方面清朝统治阶级却加以残酷的封建剥削，使中国广大人民陷于十分贫困，结果严重地阻滞了经济恢复和发展的道路。这种社会现实的矛盾，首先反映在当时市民阶级③的先进的思想里。

---

① 《阅世编》卷三《建设篇》。
② 《潜书·更币篇》。
③ 这个市民阶级的阶层基本上包括城市里中等阶级破产分子、流入城市的贫苦农民乃至没落破产的小地主改操工商业者以及原有的手工业工人和一般商贾等。

二 唐甄的社会地位和阶级的转化

唐甄,原来的名字叫做大陶,字铸万,别号圃亭。原籍为四川省夔州府之达州。生于明崇祯三年(公元1630年)。死于清康熙四十三年(1704年),活了75岁。8岁时(崇祯十年,公元1637年),父为南京苏州府吴江县令,唐甄跟着到了吴江。后来因农民起义军张献忠入四川,遂家于吴。15岁的时候(1644年),明朝被清灭亡了。

唐甄的家里,原有下等的田四十亩,佃人租谷四十一石。据他计算:"赋十五,加耗加斛及诸费又一焉,为二十三石。大熟则余十八石,可为六口半年之用。半熟则尽税无余,岁凶则典物以纳。尝通七岁计之,赋一百五十四石。丰凶相半,佃之所获,不足于赋。典物以益之者六斛,而典息不与焉。于是有田而无食,且有害于食,将及于冻馁矣。"怎么办呢?"今欲假布粟于亲戚而不可得,假束藁于邻里而不可得,或得担粟于朋友而不可为常。"①摆在面前的问题,是如何"救死"。从这里可见唐甄的家庭,原是一户小地主。但由于清政府赋税苛重的缘故,至于"有田而无食",且将不免于饿死。这表明了当时那些中产之家的没落。这种情形,当然不只唐甄一家,而是相当普遍的现象。所谓"数十年以来,富室空虚,中产沦亡,穷民无所为赖"②。在这种情形之下,唐甄首先考虑到要卖掉田地。听说丝的买卖可做,"于是贱鬻其田,得六十余金。使衷及原贩于震泽(属吴江县),卖于吴市,有少利焉。已而经之,得失不常。乃迁于城

---

① 《潜书·食难篇》。
② 《潜书·富民篇》。

东，虚其堂，已居于内不出，使衷、原为牙主经客，有少利焉"①。这就是唐甄迫于衣食，决计抛弃了没落小地主的生活，转到"为牙于吴市"，过那种"居于市廛，日食不匮"的市民阶级的生活。

清顺治十四年（1657年），唐甄28岁，归四川，中举人试。曾任山西省潞安府长子县的知县，但只做了十个月，因"逃人诖误去职"②。他在长子县任内，主要做了这些事：（一）首先教民种桑养蚕。他自己亲自下乡劝导，一月之间，植桑80万株之多，使民生财致富。（二）长子风俗好斗狠累讼，素号"多奸"，当一般官吏习用重刑统治的时候，唐甄十个月的政事，重教化，轻刑罚，所谓"夹棍非刑，废置不用"，使县内的老百姓，得以安居乐业。从第一点看，是为人民增加生产；从第二点看，并没有干虐害人民的事情。

十个月地方官的生涯，是唐甄平生第一次也是最后一次的出仕。这是他历史上的一条分界线。在此以前，唐甄是列于士大夫之林的。在此之后，唐甄却转降为老百姓了。这在唐甄的自我意识里是非常明朗而深刻的。他说："吾为贫而仕，为知县十月而革为民。吾犹是市里山谷之民也，不敢与大夫士论尊卑也。"③在封建社会里，向称"士为四民之首"，已经跻上士大夫之列的，没有人自己想退而为平民。可是唐甄从历史上观察，认为贫士降志屈身，追求富贵，实在可耻；而当今之世，士亦实不可为。所以不愿再做士大夫，也就脱离了封建统治阶级利益的维护者，而愿做老百姓。这就表示他的社会地位和身份的转变。

---

① 《潜书·食难篇》。
② 王闻远《西蜀唐圃亭先生行略》。
③ 《潜书·守贱篇》。

从家庭的阶级成分看,唐甄已经从小地主阶级没落、转变为市民阶级了。从社会地位和身份看,唐甄也由士大夫、官吏转变为"市里山谷之民"了。唐甄的政治经济思想,是反映了当时先进的市民阶级的观点。这种市民级级的观点,绝不单是替自己的狭隘利益着想。他曾穷到无以为生,每餐吃的是七分糠、三分碎米,邻人见而吊之。唐甄回答说:"子曷以吊我者,吊天下乎!"① 可见他观察社会问题是从当时广大人民的忧乐出发的。

三 唐甄的政治经济思想

(一) 市民阶级的自我觉醒及民主思想的萌芽

唐甄的政治思想,从市民阶级的观点出发,表露了个人主义的自我觉醒,否定了腐朽的封建伦理关系。他引《礼记·中庸篇》所谓君臣、父子、夫妇、昆弟、朋友之交的五达道说:"自古有五伦,我独阙其一焉",这就是"君臣之伦,不达于我也",从而"不敢言君臣之义",坦率地承认"吾犹是市里山谷之民"②。他决不依附腐朽的封建统治阶级,跟他们同流合污,宁可"伏于户牖,食于贱业,保其妻孥,不慕荣贵,所以守璞也"③。

作为市民阶级先进的代言人,唐甄认为徇名、徇爵、徇财都是人生的大患,所以主张自爱。他说:

> 我不自爱,孰能爱我?我不自憎,孰能憎我?不能爱我者,不能辱我。不能憎我者。不能杀我。④

这是说,独立的市民阶级的人要做到自爱,才能防止他人污辱

---

① 《潜书·大命篇》。
② 《潜书·守贱篇》。
③ 《潜书·受任篇》。
④ 《潜书·独乐篇》。

我；要辨别自己憎恶的东西，不要上当，才能防止他人陷害我。譬如被养畜之士不可为①，富贵之家不可客②。士和客都是自爱的人憎恶的东西，如果为士为客，就会像奴隶般的受辱受害。自爱自立，倒不如从事其他自由民的职业如商贾。做了商贾，虽然"人以为辱其身而不知所以不辱其身也"③，就是因为可以过自由的独立的生活。

当时的市民阶级，是比较进步的阶级，所以他们的言论，是代表一般人民的利益和要求的。唐甄说他自己著书的动机："不忧世之不我知，而伤天下之民不遂其生，郁结于中，不可以已，发而为言。"④ 这"天下之民"，包括农人、百工和商贾。而特别强调农和贾⑤。因为当时的一般手工业在较大程度上还是和农业相结合的，资本主义社会存在的工业与农业分离的现象，在这阶段上述只表现于萌芽的状态中。

市民阶级以自己的观点代表着全体人民说话，表达民本也即孕育出近代民主主义的思想⑥。唐甄明白地提出"众为邦本"⑦。他很重视占人口绝大多数的农民，说"农民者，王后之本"⑧。一切居统治地位的寄生阶级都是依靠农民养活的。所谓"自天子至于县丞史，皆食于农"⑨，无论大官小吏都是"民养之"⑩。

---

① 参《潜书·食难篇》。
② 《潜书·养重篇》。
③ 同上。
④ 《潜书·潜存篇》。
⑤ 参《潜书·善施篇》、《达政篇》、《厚本篇》。
⑥ 参侯外庐《近代中国思想学说史》上册，第337页。
⑦ 《潜书·卿牧篇》。
⑧ 《潜书·太子篇》。
⑨ 《潜书·制禄篇》。
⑩ 《潜书·明鉴篇》。

国家的一切生产建设事业都是靠广大人民的劳动,例如"封疆,民固之;府库,民充之"①。既然人民对国家的负担如此之重,那末"虽官有百职,职有百务,要归于养民"②。一切制度要随时变更,有一个原则必须遵守,就是"归于百姓之便利"③。如果统治者一意暴虐,"无道于民。虽九州为宅,九川为防,九山为阻,破之如榷雀卵也。虽尽荆蛮之金以为兵,尽畿省之籍以为卒,推之如蹶弱童也"④,可见人民群众反抗黑暗统治的力量是多么巨大啊!

(二) 平等观念

唐甄从市民阶级的自我觉醒及萌芽状态的民主思想出发,认为人都是平等的。在现实社会里,虽有贵、贱、知、愚区分的现象,但是并非一成不变的。只要有信心,不妄自菲薄,在实际奋斗中,"皂人可以为圣人,丐人可以为圣人,蛮人可以为圣人"⑤。一国之内,"天子虽尊,亦人也"⑥,把专制的君主拉到跟一般人民同样看待,自然否定了神权统治下把君主看做"天帝大神"那样的尊严。

人是平等的,男人女人都是人,但在封建社会里,男人和女人显然是不平等的,对此唐甄表示反对。例如封建社会里重男轻女,所以生男则抱而庙见,生女则不然。唐甄反对这种歧视女性的行为,他自己生女必抱而庙见⑦。我们别管"庙见"的行为应

---

① 《潜书·明鉴篇》。
② 《潜书·考功篇》。
③ 《潜书·匪更篇》。
④ 《潜书·远谏篇》。
⑤ 《潜书·格定篇》。
⑥ 《潜书·善游篇、抑尊篇》。
⑦ 王闻远《唐圃亭先生行略》。

该不应该，这是次要的问题；重要的是从这里可以了解他的男女平等的观念。

正由于社会上存在着对女性的歧视，因而表现在夫妇关系上也是不平等的。他说："今人多暴其妻，屈于外而威于内，忍于仆而逞于内，以妻为迁怒之地。不祥如是，何以为家？"他愤慨"人伦不明，莫甚于夫妻"①。有人对唐甄说，你有贤妻，"故能相和以处。妇人智窒而见不通，尝不顺于其家，非尽夫之过也"。唐甄回答说："不然。天之生物，厚者美之，薄者恶之，故不平也。君子于人，不因其故，嘉美而矜恶，所以平之也。"②所谓"妇人智窒而见不通"，并非是妇人天生的缺陷，而是在封建社会里被歧视的结果。而且所谓妇人之"见不通"、"不顺于其家"，还是男人站在封建家长制上面片面的要求。这些，唐甄由于历史条件的限制，虽然未曾加以辨明。但是唐甄同情妇女，平等看待妇女，这一点是完全正确的。

因为同情妇女，所以对于历史和传说上被谴责的妇女则提出新的看法。封建士大夫发抒政论，说"桀之亡于妺喜"、"纣之亡于妲己"、"幽王之亡于褒姒"，往往表示十分痛恨女人。但唐甄认为不是这样，他说："然女子微也弱也，可与为善，可与为不善。"假使这三个女子"生于文王之世，入于文王之宫"，那末这三个女子都会变成"窈窕之淑女"了③。这样从时代环境生活之不同，解释女子可与为善，也可与为不善，在当时还是进步的看法。

由于数千年来男女不平等的积习难返，所以唐甄特别强调爱

---

① 《潜书·内伦篇》。
② 《潜书·夫妇篇》。
③ 《潜书·女御篇》。

恤妇女。他说："均是子也，乃我之恤女则甚于男。"因为"今之暴内者多，故尤恤女"①。这言论只能看做矫枉过正的一番用心，但不能认为他偏偏爱恤女子。

这种男女平等的思想，跟唐甄同时的颜元，也有相似的言论。颜元说："世俗非类相从，止知斥辱女子之失身，不知律以守身之道；男子之失身，更宜斥辱也。"② 从此可见当时反对男女不平等思想的一斑。

（三）猛烈反对封建帝王及其爪牙的残酷剥削与统治

唐甄从自身生活的体验和当时"百姓困穷"普遍现象的认识，以为社会上最不平的事，莫如贫富阶级生活的悬殊。他说：

> 天下之大，生民之多，饥无食，寒无衣，父母不得养，兄弟妻子离散，婴儿之委于草莽者不知其数矣。当是之时，天地不能容其生，鬼神不能救其死，心为之痛而手不能援。吾其如彼何哉？③

唐甄眼见天下百姓从饥寒交迫的境地到死亡的缘边，切感"心为之痛而手不能援"，这种强烈的同情心是完全可以理解的。他在《潜书·存言篇》更说得具体而又概括：

> 清兴五十余年矣。四海之内，日益穷困：农空、工空、市空、仕空。谷贱而艰于食，布帛贱而艰于衣，舟转市集而货折赀，居官者去官而无以为家，是四空也。金钱，所以通有无也。中产之家，尝旬月不睹一金，不见缗钱，无以通之。故农民冻馁，百货皆死，丰年如凶，良贾无筹。行于都

---

① 《潜书·夫妇篇》。
② 《颜实斋先生言行录》卷上《理欲》第二，四存学会校刊《颜李丛书本》。
③ 《潜书·恤孤篇》。

市，列肆焜耀，冠服华胹，入其家室，朝则熄无烟，寒则蜎体不申。

因此，如"吴中之民，多鬻男女于远方，男之美者为优，恶者为奴。女之美者为妾，恶者为婢，遍满海内矣"。问题不在于年荒岁饥的时候，百姓穷困，因为年荒岁饥毕竟是偶有的自然灾害的影响。问题的严重性，在于"年谷屡丰"的时候，而一般人民日益穷困，以致农工商各界都空虚了。这是社会上一个极严重的问题，亦即"天下之大忧也"。论理说，"清兴五十余年矣"，又当"年谷屡丰"，社会上各种生业应该很快地恢复并加以发展，但是由于清朝统治阶级的虐政害民，所以使社会生产和市易应该恢复的没有恢复，应该发展的没有发展，从而四海之内，发生"日益穷困"的现象。这种思想意识，反映在唐甄的言论里是非常明显的。他说：

征之在昔，天下既定，苟无害民之政，未有一二十年而民不丰殖者也。

这就是清朝的"害民之政"与当时中国人民的利益和要求的矛盾。

这害民之政的最根本的表现是残酷地剥削人民。就是所谓"虐政亟行，厚敛日加"[1]。这是广大人民贫困的原因，也是广大人民起而武装斗争的原因。作为物质财富代表的钱财，是"国之宝也，民之命也"。但是钱财不在人民的手里，而"输于倖臣之家，藏于巨室之窟。蠹多则树槁，痈肥则体敝，此穷富之源，治乱之分也"[2]。"倖臣"和"巨室"都是封建帝王的爪牙，他们之所以富，是由于虐取的结果。他又说：

---

[1]《潜书·厚本篇》。
[2]《潜书·富民篇》。

> 虐取者取之一金，丧其百金；取之一室，丧其百室。

"虐取"就是凭政治的强制力量实行强取豪夺。所谓"取之一金，丧其百金"，举例说，兖州东门外边，"有鬻羊餐者，业之二世矣。其妻子佣走之属食之者十余人。或诬其盗羊，罚之三石粟。上猎其一，下攘其十，尽鬻其釜甑之器而未足也，遂失业而乞于道"。至于说"取之一室，丧其百室"，例如潞安府西山中有苗姓人家，"富于铁冶，业之数世矣，多致四方之贾。椎凿鼓泻担轹，所借而食之者，常百余人。或诬其主盗，上猎其一，下攘其十，其冶遂废。向之借而食之者，无所得食，皆流亡于河漳之上"。这种虐取的行为，竟使生产破坏，人民失业。虐取于民者是谁？是贪暴的官吏。"天下之大害莫如贪，盖十百于重赋焉"。因为贪虐是无止境的，如填深谷大壑，没有满足的一天。所以

> 数十年以来，富室空虚，中产沦亡，穷民无所为赖。妻去其夫，子离其父，常叹其生之不犬马若也。①

这是一方面的情形。另一方面，"今之为吏者，一袭之裘，值二三百金，其他锦绣视此矣。优人之饰，必数千金，其他玩物视此矣。金钱银罂珠玉珊瑚奇巧之器，不可胜计"。单就贪吏的奢侈用品而言，已经如此繁富；但是人民穷困到无衣无食，濒于死亡。唐甄更论当时封建大吏竞相敛藏银货币的现象：

> 当今之世，无人不穷。非穷于财，穷于银也。于是枫桥之市，粟麦壅积；南濠之市，百货不行；良贾失业，不得旋归。万金之家，不五六年而为窭人者，予既数见之矣。夫财之害在聚。银者，易聚之物也……人所贪爱。囊之橐之，为物甚约；一库之藏，以钱则百库，虽尽四海，而不见溢也。

---

① 《潜书·富民篇》。

大吏则箕畚斗斞，岁运月转，轻于隼逝。①

一方面官吏大量敛藏银货币，成为死货；另方面，广大人民穷不见银，市易不通。两相对照，社会上存在着如此穷富悬殊的现象，这是最不平的事。唐甄说：

> 天地之道故平，平则万物各得其所。及其不平也，此厚则彼薄，此乐则彼忧。为高台者必有洿池，为安乘者必有茧足。王公之家，一宴之味，费上农夫一岁之获，犹食之而不甘。吴西之民，非凶岁，为麋粥杂以收秆之灰，无食者贝之，以为是天下之美味也。人之生也，无不同也。今若此，不平甚矣。②

造成这些不平社会现象的，是腐朽的封建统治剥削阶级。种种残酷剥削人民的社会经济制度，主要集中表现于政治。执行封建制统治的有各级大官小吏，而帝王或君主正是一国最高的统治者，他是封建统治阶级最高的代表。所以国家的一切罪恶，都应该归咎于他。唐甄说："四海困穷之时，君为仇敌。"③ 这把君主看做跟老百姓对抗的敌人了。《潜书·室语篇》更痛快淋漓地说：

> 自秦以来，凡为帝王者，皆贼也。

理由是：

> 今也有负数匹布或担数斗粟而行于涂者，或杀之而有其布粟，是贼乎？非贼乎？曰，是贼矣。唐子曰，杀一人而取其匹布斗粟，犹谓之贼，杀天下之人而尽有其布粟之富，乃反不谓之贼乎？

这就是黄宗羲所谓"今也天下之人，怨恶其君，视之如寇仇"

---

① 《潜书·更币篇》。
② 《潜书·大命篇》。
③ 《潜书·明鉴篇》。

的意思①，而语气更激烈。唐甄又说天下有种种杀人的人，实质上都归结于天子这个大剑子手。他说：

> 大将杀人，非大将杀之，天子实杀之。偏将杀人，非偏将杀之，天子实杀之。卒伍杀人，非卒伍杀之，天子实杀之。官吏杀人，非官吏杀之，天子实杀之。杀人者众手，实天子为之大手。

据唐甄自己说，《室语篇》的意思从来没有告诉过他人，因夜间在家里饮酒乐甚，只偷偷地告诉家人罢了。从这里我们可以理解，唐甄生当清朝兴文字狱的时候②，他这样仇恨专制君主的话，自然不可公然告诉他人。同时反映了《室语篇》的言论是站在当时广大人民的立场上很大胆很彻底地说出来了。别处还有类似性质的言论，似乎还没有那样彻底。如《潜书·全学篇》说：

> 近者二三十年，屠绝百城，荆棘千里。杀人之事，盗贼居其半，帝王居其半。大乱既定，君臣安荣，海内之男女死者已十六七矣。

《潜书》中有"清兴五十余年矣"③和"行年六十二矣"④等语，所谓"近者二三十年"，毫无疑问是指清入关以后的初期而言。原来清入关后，明室诸王及各地义军纷纷起而反抗。但清师四出"征讨，历十有八年，翦除殆尽。四方屠戮之苦，惨不可言"⑤。那末所谓"杀人之事"，实际上清朝帝王不只"居其半"了。这虽则没有像《室语篇》那样全面肯定天子杀人，但仍是大胆的

---

① 《明夷待访录·原君篇》。
② 参清顾公燮《消夏闲记摘抄》卷上《朱佑民谋财之报》条。
③ 《潜书·存言篇》。
④ 《潜书·病获篇》。
⑤ 《消夏闲记摘抄》卷上《明末杀运循环》条。

言论。(《全学篇》)又说：

> 自秦以来，屠杀二千余年，不可究止。嗟乎，何帝王盗贼之毒，至于如此其极哉？

他从历史上观察，"古之用兵，皆以生民，非以杀民。后之用兵者，皆以杀民，非以生民"。"自二千年以来，时际易命，盗贼杀其半，帝王杀其半，百姓之死于兵者，不可胜道矣，可不哀乎？"① 又说：

> 悲哉！周秦以后，君将豪杰，皆鼓刀之屠人。父老妇子，皆其羊豕也。处平世无事之时，刑狱冻饿，多不得毕命。当用兵革之时，积尸如山，血流成河，千里无人烟，四海少户口。岂不悲哉？岂不悲哉？②

这里所谓"周秦以后"、"二千余年"以来，意即指封建社会。腐朽的封建统治阶级的罪恶已被暴露出来了。从这些言论里，反映了当时市民阶级对于封建君主及其爪牙屠杀人民的仇恨。就这一方面说，他是代表着广大人民的心声。这是积极的方面，也是他伟大的进步的地方。就另方面说，市民阶级基本上属于小私有者，还重视个人的生命财产，畏惧激烈的农民战争，所以他屡次提到明末张献忠起义军入蜀时杀人之多③，这不能不说是受了阶级局限性的影响。

封建统治阶级的政治措施处处抛弃人民、虐害人民。试看那些高高在上的官吏，位既"显荣"，但"观其境内，冻饿僵死犹昔也，豕食丐衣犹昔也，田野荒莽犹昔也，庐舍倾圮犹昔也"。不管他们有"才"没有"才"，究竟是贪是"廉"，都是一丘之

---

① 《潜书·仁师篇》。
② 《潜书·止杀篇》。
③ 参《潜书·仁师篇》、《止杀篇》。这还受了封建主阶级恶意宣传的影响。

貉。概括说来，"天下之官，皆弃民之官；天下之事，皆弃民之事"①。因为他们压根儿"心不在民"，所以"虽田园荒芜，庐舍倾倒而不一顾也。虽父兄冻饿，子弟死亡，而莫之恤也"②。举凡口头上纸面上欺骗人的"仁政"，结果"岂徒无益，必有大害"。如清朝初年统治中国人民，口头上纸面上也说严禁酷虐之刑，但事实上处处用酷刑镇压中国人民。唐甄以其所了解和亲见的事例说明当时刑法的残酷。他说：山东惯用重刑，杖用大竹连根做的，长八尺，头径六寸，厚五寸。狱卒必选长大有强力的人，临用杖时，剥开犯人的袴，狱卒"大呼跃进，身杖俱下，乃一挞之。不闻挞声，但觉地动。一卒一杖，挞二十则易二十人，挞三十则易三十人"，唯恐一人再挞，气力就会减小了。纵使发现犯人中有被冤枉的，可以免死，也"必挞而后释之"，经过杖挞二十，抬出去也就死了。这是山东重刑的情形。

至于江南的情形，例如"吴民号为柔弱，习用轻刑"。但是唐甄亲见巡抚杖罚一个伪造荐书的人，"血肉飞溅四旁，四旁方丈之间，青草皆为赭地。此亦何轻于山东者？"可见清朝统治者镇压中国人民，地无分南北，事实上都是用重刑的。

又有一种叫做夹棍的刑法。用夹棍后，"异日复夹，胫肿如股，不可入，卒举踵踏入，复夹之"。更挞一杖，"皮不少损而内肉糜烂，如腐瓜之瓤"③。出狱后虽经医治，十人中至少要死去一半。这也是重刑之一法。

唐甄从人道主义出发，反对清朝统治者的酷刑峻法。他当年在山西省长子县十个月任内，真正实行了减省刑罚。他说"山

---

① 《潜书·考功篇》。
② 《潜书·达政篇》。
③ 关于重刑的叙述，均见《潜书·省刑篇》。

西之民,非弱于山东也。长子之民,又号多奸。唐子为吏一年,夹刑非刑,废而不用"。只有"治群杀数人之狱二,狱成未尝加一杖于杀人者之身"。内司谏以过宽,唐甄说:"不然,彼杀人者岂其始念则然哉?逞一时之忿,自陷其身于死,而不徐为之虑也。既以一死抵一死,亦足以蔽其辜矣。又从而杖之,是淫刑也。吾不加一杖者,是为至平,不为过宽。"① 对一定的杀人犯,不得已以一死抵一死,不用杖刑,这是人道主义的宽刑的具体表现。

对人民讲人道主义,但对那些虐害人民的封建统治者就不能讲人道主义。唐甄说:"刑不可为治也,而亦有时乎为之者。"② "刑不可为治",指对人民而言。"有时乎为之者",乃指对虐害人民的官吏和一定的杀人犯而言。他明白主张"以刑狐鼠之官,以刑豺狼之官,而重以刑匿狐鼠养豺狼之官"③。不但对狐鼠豺狼之官用刑,至于封建帝王"无故而杀人,虽百其身,不足以抵其杀一人之罪"④,自然也应该加重的用刑。这就是主张严厉惩办虐害人民的封建统治者。

四 富民的主张

清初顾炎武有"富国之策"的议论,又有"藏富于郡国"的思想,但不主张发展城市⑤。黄宗羲却认为城市里工商业都是

---

① 关于重刑的叙述,均见《潜书·省刑篇》。
② 《潜书·权实篇》。
③ 同上。
④ 《潜书·室语篇》。
⑤ 《亭林文集》卷一《郡县论六》,《日知录》卷十二《财用》条、《人聚》条。

本，不是末①。唐甄的主张跟这种思想很接近。

唐甄一方面反对当时清朝封建统治阶级虐民的政治，迫切要求改变当时社会上"农空、工空、市空"的穷困的现状。所以另方面积极地提出富民的主张。他说：

> 立国之道无他，惟在于富。自古未有国贫而可以为国者。夫富在编民，不在府库。若编户空虚，虽府库之财，积如丘山，实为贫国，不可以为国矣。国家五十年以来，为政者无一人以富民为事，上言者无一人以富民为言。至于为家，则营田园，计子孙，莫不求富而忧贫。何其明于家而昧于国也？②

这里显明地说，所谓富，不是极少数的大官僚、大地主高度集中土地和大量聚敛货币的富，也不是官府仓库的富足，而是应该使一般编户平民人人富有起来。换句话说，"为政之道，必先田市"。如果"农安于田，贾安于市"，则财用足。如果"农不安田，贾不安市，其国必贫"③。这里所谓田市，包括两个概念，田是指农业的乡村，市是指工商业的城市。在城市里，唐甄把商贾的地位特别突出地提出来，这是一反封建社会轻视商人的思想。原来封建社会末期，商品经济有长足的发展，但是受到封建制的阻碍，这是一种矛盾现象。反映在唐甄的思想里是重视商贾，要求通其市易。同时唐甄本人行贾，一些抱有封建社会传统观念的人鄙视他操此"贱业"，劝他改图生计。他却自慰说："吕尚卖饭于孟津，唐甄为牙于吴市，其义一也。"④ 所以他特别有意提高商贾的行业，把它与农业相提并论。如从历史传说上说

---

① 《明夷待访录》《财计三》。
② 《潜书·存言篇》。
③ 《潜书·善施篇》。
④ 《潜书·食难篇》。

"神农氏为耒耜,为市货"①。如果当今治国有道,应该使"农贾乐业,衣食滋殖"②。所谓"农贾",实际上简括百工在内。如当时的丝织业本身是一种手工业,但它和农民的蚕桑业不可分离。唐甄的文章里屡次论说发展蚕桑业③,它在广义上包括丝织业在内。所谓"震泽之蚕半稼,其织半耕"。如"一亩之桑,获丝八斤,为绸二十匹"④。由桑饲蚕,由蚕获丝,由丝成绸,一系列的生产,总名蚕丝事业。

在唐甄的思想里,农业是占有首要的地位。他说养民之善政十有八项,上善政六,中善政六,下善政六。如"勤农丰谷,土田不荒芜,为上善政一。桑肥棉茂,麻苧勃郁,为上善政一。山林多材,池沼多鱼,园多果蔬,栏多羊豕,为上善政一。"⑤ 所谓"桑肥棉茂,麻苧勃郁",桑、棉、麻、苧都是农业上商品作物。棉、麻、苧直接是纺织手工业的重要原料。由桑得丝,更是丝织业唯一原料。有了丰产的纺织原料,才能谈到纺织手工业的发展。顾亭林说纺织之利,为人民致富之一术⑥,唐甄也有发展纺织业的思想。如果农业繁荣了,手工业如纺织业发达了,其次就要讲究市易,发展商业。所以唐甄说:"居货不欺,商贾如归,为中善政一。"⑦ 商业昌盛,反过来,也可刺激农工业的生产。无论农工商业的发达,总的利益,唯在富民。

---

① 《潜书·有归篇》。
② 《潜书·厚本篇》。
③ 参《潜书·权实篇》、《惰贫篇》、《教蚕篇》。
④ 《潜书·惰贫篇》。
⑤ 《潜书·达政篇》。
⑥ 《日知录》卷十《纺织之利》条。
⑦ 《潜书·达政篇》。

只有民富以后,才可以谈礼义廉耻等道德。所谓"财用足,礼义兴"①,"衣食足而知廉耻"②。反之,"节之立不立,由于食之足不足",如"荆士骆子之不能守其节者,食不足也"③。"冻饿偪矣,不可以言礼"④。腐朽的封建统治阶级既不为民谋富,但行虐民之政,置民于穷困和死亡的境地,又片面提倡所谓"礼义廉耻",来束缚、麻醉人民反抗的思想。唐甄对这种倒行逆施的封建统治表示深切的反对,又从理论上加以大胆的否定。这在当时不能不说是进步的思想。

五 简短的结语

约当16、17世纪之际,中国封建社会的商品经济已有迅速的发展。在各重要市镇里渐有资本主义经济因素的萌芽。由于清军入关,野蛮地征服了中国,残酷地统治着中国人民,使刚刚萌芽的资本主义经济因素,受到摧残和窒息。作为清政府统治下市民阶级觉醒的代表者唐甄,深深地感到中国农工商业恢复和发展道路上的最大障碍,就是腐朽的封建统治阶级。封建统治阶级中直接危害人民的是各级贪暴的官吏,最后归结于最高的封建统治者帝王。唐甄对这班贪暴的官吏和杀人的魔王,都给以大胆的猛烈的抨击。他认为所有的人,无论男女,都是平等的。最大的不平,莫过于封建剥削阶级和被剥削人民间贫富的悬殊。从而积极地提出增加生产、通其市易的富民的主张,为发展中国社会新生的经济因素开辟道路。唐甄的卓越的政治经济思想,它的积极作

---

① 《潜书·善施篇》。
② 《潜书·厚本篇》。
③ 《潜书·养重篇》。
④ 《潜书·交实篇》。

用，就在于此。

唐甄这些进步的政治经济思想，有些是跟他同时代而稍早的黄宗羲（1610—1695年）的思想很接近。他们的思想言论都是当时客观现实的反映，各自从当时社会发展的情况中观察和体验得来。很难看出，黄宗羲对于唐甄存在着什么影响。唐甄所交游的朋友里有顾景范、王昆绳、魏叔子等，可是没有黄梨洲。他晚年讲学论道，服膺知行合一之教（参阅《潜书·法王篇》、《知行篇》），这方面又与黄梨洲宗阳明良知之学相似，但在他的著作中，从无彼此关涉的地方。

无可讳言，唐甄晚年讲学论道，是宣扬唯心主义的。它跟讲学以前的政治思想言论是不一致的。他认为少年不能学道，壮年也不能学道。"壮之所学者闻见，非道也"。及至"血气既衰，五欲与之俱衰"，"且以来日不长，心归于寂"，始可求道（《潜书·七十篇》）。他把见闻之学排斥于学"道"范围之外，在认识论上就把所见所闻的客观现实跟主观的感受映象割裂开来，于是得出这样主观唯心主义的结论：所谓"时有穷达，心无穷达；地有苦乐，心无苦乐；人有顺逆，心无顺逆"（《悦人篇》）。这就想把客观实在的遭遇同主观意识上的反映完全隔绝了。这种用"悦人"的方法使"心归于寂"，就是一种脱离现实的自我麻醉。这与他在讲学以前"多见不平，多见非理"的现实主义精神是相矛盾的。这方面的问题，因与本文主题牵涉较远，这里无需多述。

总之，唐甄的政治经济思想是有他的阶级局限性的，例如他反对封建统治阶级的剥削和压迫，可是畏惧农民战争。他的世界观的发展，也有缺陷，如晚年讲学论道，宗孟子之言，效王阳明之说。但这些比较是次要的。值得注意的重要问题，是他在清初封建社会里，从市民阶级的立场出发，表述了这样大胆的卓越的政治经济思想和其所起推动资本主义因素发展的积极作用。

1955 年 7 月

（原载《中国历史人物论集》，三联书店 1957 年版）

中国道家到道教的演变和若干科学技术的关系

先秦道家著作《老子》思想体系的核心是"道"。"道"是凌驾于一切之上的绝对精神。所谓"道法自然",是说"道"是顺从自然而然的精神本体,不是任何人为的力量所能改变的。

到了汉代,新的封建国家统一以后,黄老学派主张推行清静无为的政治。《史记·曹相国世家》记载:汉初,胶东有盖公,善治黄老的学说,"言治道贵清静,而民自定"。他这一套黄老学,曹参为齐国丞相时,用了它,齐国因之大治。后来曹参被调到汉中央政府担任相国,也是采取这种理论去施政,结果老百姓很高兴,纷纷歌颂他。黄老学是一种治国的理论和方法,大约起源于战国,盛行于汉初。这种学说的内容,过去不大清楚。到了最近,1973年在湖南省长沙市马王堆三号汉墓出土了大批帛书,其中有古佚书四种,反映了黄老的思想。例如《道法》篇说:"道生法"。这就明确地把"道"和"法"紧密联系起来。以"道"治国,意味着以"法"治国,这就是所谓黄老刑名之学。又如《君正》篇强调"(省)苛事,节赋敛,毋夺民时,治之安"。这种理论,在汉初黄老之治,大体上清静安定的局面下,广大人民能够从休养生息中得到体现。

从《老子》原来的"道"的概念到汉初黄老学派的论"道"是一个演变，从汉初黄老学派论"道"到后汉《河上公章句》对"道"的阐释，又是一个重要的演变。

《河上公章句》对于《老子》的"道可道，非常道"两句话所作的阐释如下：

道可道——谓经术政教之道也。

非常道——非自然长生之道也。

这里把"自然长生之道"和"经术政教之道"对立起来。"经术政教之道"，指汉初黄老学派的治国理论和方法。"自然长生之道"是道教鼓吹治身不死的方术。显然，他是有意识地贬低经术政教的道，抬高自然长生的道，认为只有"自然长生之道"才是"常道"。这是一个演变。这个演变是从先秦的道家，经过汉初的黄老学派，直到后汉的道教才形成的。

在理论上，从道家到道教，"道"的概念有这些主要的变化。在若干科学技术方面，从道家到道教，也可以看出一些继承和发展的关系。

先秦道家庄子就有一套养生的说法，所谓"保身"、"全生"、"尽年"（《庄子·养生主》）。又说："养形足以存生。"（《庄子·达生》）《庄子·刻意篇》更述一些养生的具体方法："吹呴呼吸，吐故纳新，熊经鸟申，为寿而已矣。此道引之士，养形之人，彭祖寿考者之所好也。"导引是一种健身的体育活动，动摇关节，流通血脉，促进深呼吸。战国时期还有石刻文字《行气玉佩铭》，记述深呼吸运动，是导引的方法之一，也就是一种气功。又如湖南长沙马王堆三号汉墓出土的帛画《导引图》，有立、坐、蹲、卧各种姿态的导引形象，甚为逼真。比庄子更早，春秋时期，晋国有良医扁鹊能诊察心、肺、脾、肝、肾五脏的症结。秦国有医缓及医和,医术也是很高明的。以后,秦汉的方士还寻求长生不老的仙药。所有这些,把它们综合起来,构成《汉书·艺文志》方技略的基本内容。

方技略包括四个方面:医经、经方、房中、神仙。这里说个概略。其中"医经",如《黄帝内经》,是中国最早医学理论的经典,具有丰富的朴素辩证法思想和朴素唯物主义观点,是一部杰出的医学理论著作,在中国医学史上享有极为崇高的位置。它完整地保存在15世纪40年代编纂的《道藏》——也就是现在流传的明正统《道藏》太玄部里。至于"经方",凡是人体内五藏六府患风湿的痹症,就有专门治病的医方;五藏六府患心腹气的疝症和患黄瘅病的各有医方。妇女和婴孩患病,还有《妇人婴儿方》,以及其他等等,可见分科已经相当细密。所有这些医方,都是长期累积前人诊治不同类型疾病的经验,写成专门的著作。这些著作,为后世医师们临床所应用和传授。至于"神仙",其中有三家值得特别注意:《黄帝岐伯按摩》是一家,所谓按摩,是从头到脚包括五官、四肢、胸、腰、腹、腿等部位的摩擦方法。勤操按摩,可以使人无病,患慢性病的人也能减轻以至于痊愈,达到保健长寿。《黄帝杂子芝菌》又是一家,它是教人服食芝菌的方法。芝菌是中国草药里所谓灵芝草,是一种滋补强身的名贵的药材。人们对它怎样采集、加工和服饵,依照一定的方法,才能发生良好的效果。《泰壹杂子黄冶》又是一家。黄冶,就是冶铸黄金,道家所谓冶炼丹砂可以变成黄金。它属于金丹黄白术,是化学实验的前驱。后世炼丹家在实验过程中,除了观察丹药本身的变化和反应以外,还把硫黄、硝石和木炭混合在一起,无意地能起火药的作用,例如唐初孙思邈的"伏火硫黄法",这在化学史上的意义特大。可见这里所谓"神仙",不一定完全是宗教神话的玩意儿,像上述三家,只要加以分析说明,便可以了解它们是有合理的内容和一定科学的意义。

《汉书·艺文志》的方技略共计三十六家。它们的中心内容是教人治病养生延命的理论和方法。早在二千多年以前，中国道教尚未正式成立，就已经被人们所注意。等到道教成立以后，方技略的基本内容，就为道教学者所继承并且加以发展。

中国的道教，是崇拜多神的宗教。它的显著的特征就是神。我们知道，上述《汉书·艺文志》的方技略中，无论"医经"或"经方"里所说的五藏六府，都是切中人们的身体内生理组织而言。但到道教的经典里就不同了，它突出一个"神"字，认为五脏藏五神，这就是宗教信仰之所以成为宗教信仰一个显明的标志。例如道教原始经典《太平经》卷七十二《斋戒思神救死诀》说："此四时五行精神，入为五藏神，出为四时五行神精"；并且按照五行（金、木、水、火、土）的方位和颜色，把五方神像描述出来。《老子河上公章句》说："人能养神则不死，神谓五藏神也。肝藏魂，肺藏魄，心藏神，脾藏意，肾藏精与志，五藏尽伤则五神去。"（第六章）这里所谓"神"，开始还是对"形"说的。到了大约3世纪成书的《黄庭经》，便大肆鼓吹五脏神，成为早期道教著名的经典之一。《黄庭经》除描写五脏神外，还有所谓发神、脑神、眼神、鼻神、耳神、舌神、齿神，等等。文章以七言为句，写得像诗一般。作者深信歌咏万遍，千灾可消，百病可痊，能够却老延年，上升三天。他完全陶醉于宗教信念之中。到了唐代，孙思邈撰有《五脏傍通导养图》，则属医方类；到9世纪40年代，有见素女子胡愔著《黄庭内景五藏六府图》，它的目录次序是：先图说，次修养法，次相病法，次医方，次治脏腑六气法，次月禁食忌法，次导引法。所论述的是五藏六府的生理及其病状，主张以药物治其标，行气导引固其本，所言极少神秘的宗教性质，可以说是实际摄生的医经。所以北宋王尧臣等撰的《崇文总目》把它归入医书类。《黄庭经》本来把人的五藏六府同宗教神话糅合而为一，但《黄庭内景五藏六府图》却力图摆脱道教迷信而复归于医术。远在上古时代，原来巫与医不分，后来医学与巫术逐渐分途。等到道教成立后，某些医术又比附道教方术和神话。再往后发展下去，医学又与巫术分离了。这种由巫医不分，到分而合，合而分的变化过程，正是体现了科学技术本身终究趋向独立发展的道路。但这绝不是说，中国的医药学与道教就没有关系了。实际的情况是：中国医学和药物学的发展，同道教学者的关系是十分密切的。因为他们认为"上药令人身安命延"，"中药养性，下药除病"（《抱朴子内篇·仙药》）。所以像早期道教的理论家葛洪（公元283—363年）兼攻医学和药物学，著有《金匮药方》一百卷，《肘后救卒方》四卷，等等。这些都是离开道教的方术而独立研究的成果。又如著名的道教徒陶弘景（公元456—536年）在药物学方面的贡献也是很大的。原来《神农本草》经过汉晋时期的乱离散失，只剩了四卷，分类异常混乱，冷热的性能也搞错了。他针对着当时本草经这些严重的错误和缺点，参考了大量有关的图籍，加以整理研究，确定《神农本草经》三百六十五种为主外，还增加了名医别录三百六十五种，合为七百三十种，撰成《本草经集注》，写了有名的《叙录》，合为七卷。这是一部有条理、有系统、内容丰富的药物学名著。隋唐以后的本草学专家们，都利用这部有科学价值的文化遗产。此外，陶弘景还撰有《药总诀》、《肘后百一方》、《效验方》等专著，对于医学和药物学都有卓越的贡献。又如唐初的孙思邈（公元581—681年），是一个长寿的道教信徒，精通医学和药物学。他的医学名著有《千金方》三十卷，《千金翼方》三十卷，又有《千金髓方》二十卷。他论述病理，除根据《黄帝内经》外，还采纳后来医家的学说。他临床应用的方剂，兼采古医方和当时治疗有效的单方和杂方。前面提到过《汉书·艺文志》经方中著录《妇人婴儿方》，孙思邈对妇人科和小儿科更加深入研究，在医药卫生方面作了科学的处理。他是历史上极享盛名的民间医生，医德高超，精巧勤劳，跋山涉水，亲自采集药材，总结经验，写出符合科学价值的说明。后世的人们尊称他为药王。

人们有了疾病，用医药来治疗，这是一个方面。未患疾病，为了保持健康，增强抵抗力，采取措施，预防疾病，又是一个方面。葛洪在《抱朴子内篇·极言》中说：世人"唯怨风冷与暑湿，不知风冷暑湿不能伤壮实之人也。徒患体虚气少者，不能堪之，故为所中耳"。比如有几个人，年纪老壮相同，服食厚薄相等，都到沙漠之地，冒守严寒之夜，上降白雪，下结厚冰，寒风凛冽，咳唾凝成珠粒，"其中将有独中冷者，而不必尽病也，非冷气之有偏，盖人体有不耐者耳"。这样看来，人在平时，如果不注意养身锻炼，体质已经亏损了，一下子遇到风寒暑湿，就会生病。倘使"正气不衰，形神相卫，莫能伤也"。这里所谓"正气"，近似我们现在通常说的人体的抵抗力。怎样增强抵抗力呢？葛洪举例说："知龟鹤之遐寿，故效其导引以增年"（《抱朴子内篇·对俗》）。早在3世纪时，著名医生华陀说：人体要经常动摇，动摇则食物消化，血脉流通，病不得生。并且他用"户枢不朽"的比喻，就是继承先秦养生家所谓"流水不腐，户枢不蠹"（《吕氏春秋·尽数》）的说法。他提倡"五禽"的游戏，就是一种导引的方法。5—6世纪间的陶弘景著《养生延命录》，强调导引、按摩诸方法；他又撰《导引图》。7世纪的孙思邈为了养生强身，经常做按摩、导引和气功。8世纪的司马承祯也很注意服气和导引。上述葛洪、陶弘景、孙思邈等都是中国著名的道教信徒和学者。他们既精通医药学，治疗疾病；又重视导引、按摩，增强抵抗能力，预防疾病。中国医学上有一个悠久的优良传统，就是注重预防疾病，所谓"不治已病，治未病"（《素问·上古天真论》）。道教学者们继承这个优良的传统，除医疗疾病外，在预防疾病方面，加以提倡和推广，是有其不可磨灭的功绩。到如今，我国人民为了增强体质，祛除疾病，努力工作，实现四个现代化的建设，纷纷自愿地经常做保健按摩或者导引如打太极拳之类的体育活动，不能不说是批判地继承并发扬光大祖国优秀的科学文化遗产。

（这是王明先生 1979 年 9 月出席瑞士苏黎世第三次国际道教学术会议的论文）

道教与中国传统文化

一 引言

一个民族或多民族国家的传统文化是经过长期积累演变而成的。在每个历史阶段,由于一定生产力和生产关系的限制、民情风俗习惯的相互制约、时代潮流的影响,逐渐形成不同的生活态度、价值观念和宗教信仰等。其中有比较进步的优良传统,也有比较落后的腐臭的沉渣,精华和糟粕纷然杂陈,很难笼统地说历史上那种思想文化都是纯粹完美无缺,万古常新;而另一种思想文化都是腐臭不堪,应该完全肃清抛弃。所以对待历史上各种传统文化,应该具体剖析,区别对待。通过大量的分析和批判工作,辨别哪些带有科学性和民主性的精华,哪些是迷信和专断,阻碍着前进的道路,从而总结思维经验和教训,为现代文明建设提供借鉴。其中一个至关重要的问题,就是要从本国现实需要出发,在辩证唯物主义思想指导下,不断地发现问题,逐步探索,深化认识,去伪存真,去粗取精。剖天地之古今,熔万物于一炉,广开众流,不囿门户之见,广泛地吸收和借鉴古今中外一切优秀文化的成果,为创建有中国特色的社会主义文明而努力。这个现代化建设，是当今时代赋予我们理论工作者和学术界整个文明建设的使命。

道教文化是我国思想文化组成的一部分，是体现着传统文化的渊源和演变。上自天文，下至地理，中涉社会政治理想和人生种种修炼方术，包括今天有关自然科学和社会科学的好些方面的问题。内容庞杂而多端，值得认真发掘和研究。

贯穿道教理论和方术的总的思想是变的观念。变的观念主要渊源于中国传统文化思想《易》、《老》和阴阳五行学说，这是我国传统文化思想的一个主要特点。

就道教文化来说，它主要接受传统思想变的观念并加以发展。道教的宇宙观是变的哲学。原始道教经典《太平经》认为："天下凡事，皆一阴一阳，乃能相生，乃能相养，一阳不施生，一阴并空虚，无可养也。一阴不受化，一阳无可施生统也。"[1] 以为宇宙万物的生成和变化是由于阴阳二对立物的交合而成。它更进一步说："阴气阳气更相摩砺，乃能相生。"（《合校》727页）"摩砺"指事物的矛盾运动的一种状态。凡百事物都由于对立物自身运动而变生其他东西。《太平经》还说："夫阳极者能生阴，阴极者能生阳，此两者相传，比若寒尽反热，热尽反寒，自然之术也，故能长相生也。"[2] 又说："极上者当反下，极外者当反内。故阳极当反阴，极于下者当反上；故阴极反阳，极于末者当反本。"[3] 无论阳极反阴，阴极反阳；上极反下，下极反上，都是表明对立物依照一定的条件（所谓"极"）向它的相反一面转化。这个变的哲学影响着道教诸派别的各个方面的思想。

---

[1] 《太平经合校》，第221页。
[2] 同上书，第44页。
[3] 同上书，第96页。

晋朝著名道教学者葛洪（公元283—363年）集晋以前道教理论和方术之大成，著《抱朴子内篇》，它的总的指导思想就是变的哲学。他认为天地万物变化的现象是很复杂和微妙的，有各种各样不同的情况，不可一概而论。"夫存亡终始，诚是大体。其异同参差，或然或否，变化万品，奇怪无方，物是事非，本钧末乖，未可一也。夫言始者必有终者多矣，混而齐之，非通理矣。谓夏必长，而荞麦枯焉。谓冬必凋，而竹柏茂焉。谓始必终，而天地无穷焉。谓生必死，而龟鹤长存焉。盛阳宜暑，而夏天未必无凉日也。极阴宜寒，而严冬未必无暂温也。百川东注，而有北流之活活。坤道至静，而或震动而崩弛。水性纯冷，而有温谷之汤泉；火体宜炽，而有萧丘之寒焰；重类应沉，而南海有浮石之山；轻物当浮，而牂牁有沉羽之流。万殊之类，不可以一概断之，正如此也久矣。"① 说明客观世界的事物变化多端，超出寻常认识范围之外。倘若以动、植物变化为例，因"受气皆有一定，则雉之为蜃，雀之为蛤，壤虫假翼，川蛙翻飞，水蛎为蛉，荇苓为蛆，田鼠为驾，腐草为萤，鼍之为虎，蛇之为龙，皆不然乎?"② 动、植物中的变化有这些多的情况，人是高等动物中的最灵者，他们的变化更是复杂得很。他举了牛哀成虎，楚妪为鼋，枝离为柳，秦女为石，死而更生，男女易形，老彭之寿，殇子之夭，等等不同的例子，企图说明长生不死的仙人是可以修炼而成的。葛洪又说："若夫仙人，以药物养身，以术数延命，使内疾不生，外患不入，虽久视不死，而旧身不改，苟有其道，无以为难也。"③ 他认为这个道理，"拘俗守常"的浅见之徒是不

---

① 《抱朴子内篇·论仙》。
② 同上。
③ 同上。

会理解的。只要根据变的指导思想,以坚强的意志,巧妙的方法,人就能改变自己的寿命,提出"我命在我不在天"的口号,也就是《西升经》说的"我命在我,不属天地"。这个依仗人力改变常态的变动哲学,道教徒们是深信不疑的。一直到宋代张伯端作著名的《悟真篇》也还是说:"药逢气类方成象,道在希夷合自然。一粒灵丹吞入腹,始知我命不由天。"炼丹家无论外丹或内丹,都抱有这样的信念。这个信念,虽属幻想的成分居多,然亦不无蕴涵着某些合理因素的一面。首先他们相信人的意志和力量可以改变某些事物的本性,因此人的一般寿命必定由生到老而死,但在特殊的条件下,也可能改变为长寿和返老还童。这个超现实的大胆设想,是和儒家宣扬的"死生有命,富贵在天"传统观念相对立。这是极堪注意的一点。一般说来,宇宙间芸芸万物,都在不停地变动,只有在变动中生生不息;变化不止,认识也无止境,这个道理是不能否定的。

早期道教的丹经《周易参同契》,东汉魏伯阳撰。它描写炼丹的原理,就是把传统的《易》、《老》里变化的思想具体应用到炉火之事上。《易》取阴爻阳爻的错综变化,由八卦而至六十四卦,每取相反成对,如乾与坤成对,泰与否成对,坎与离成对,损与益成对,革与鼎成对,巽与兑成对,既济与未济成对,等等,都是在对立面中显现变化。《说卦》云"观变于阴阳而立卦",泰卦九三爻辞所谓"无平不陂,无往不复"是也。《系辞传》指出:"日往则月来,月往则日来,日月相推而明生焉。寒往则暑来,暑往则寒来,寒暑相推而岁成焉。"并且强调:"易穷则变,变则通。"足见变的观念在《周易》中起了多么重要的作用。炼丹就是要从药物变化中修炼人的生命,延长人的寿命,幻想达到永生的境地。《参同契》说:"巨胜尚延年,还丹可入口。金性不败朽,故为万物宝。术士服食之,寿命得长久。"

"金砂入五内，雾散若风雨，薰蒸达四肢，颜色悦泽好。发白皆变黑，齿落生旧所。老翁复丁壮，耆妪成姹女，改形免世厄，号之曰真人。"认为金液还丹之所以可贵，因为金性永远不会败朽，服食金丹，也可以使人体生理组织永不衰败和死亡，从而改形易貌，变为长生不老的真人。当然，这只是炼丹家的幻想和信念。

至于《老子》一书，论证变化的道理是很深刻的。它从正反两方面观察事物的变化，"有无相生，难易相成，长短相形，高下相倾，音声相和，前后相随"（第2章），得出这样的结论："天下皆知美之为美，斯恶已；皆知善之为善，斯不善已。"这是合于朴素辩证的观点。它认为天、地、人、万物都在不停地变动之中，"飘风不终朝，骤雨不终日，孰能为此？天地。天地尚不能久，而况于人乎？"（23章）变的观念，在《老子》书中是很突出的。但是《老子》也有神秘的语言，渗透着战国神仙家的思想。如云："盖闻善摄生者，陆行不避兕虎，入军不被甲兵，兕无所投其角，虎无所措其爪，兵无所容其力。"（50章）又有所谓"死而不亡者寿"（33章），"长生久视之道"（59章），相信人能长寿不死。所以《参同契》用《周易》原理为主旨，混合黄老、炉火之事为三相类，同条共贯，构成金液还丹的理论。所谓"大易情性，各如其度，黄老用究，较而可御，炉火之事，真有所据。三道由一，俱出径路"。就是描述这个意思。同时，在老聃被逐渐神化的过程中，《老子》一书也有托名为河上公的章句，把《老子》的大义解释为道教修炼长生之道。如云："治身不害神明，则身体安而大寿"[①]、"治身者爱气则身

---

① 《仁德》第35章。

全"①、"当湛然安静,故能长存不亡"②、"魂静志道不乱,魄安得寿延年"③、"中士闻道,治身以长存"④、"和气潜通,故得长生也"⑤。它用以修炼的主要方法,是传统的呼吸导引、爱精养气、除情去欲,保养精神等内养法,这就是内丹家所谓精、气、神三宝的练养工夫。与《周易参同契》强调靠金丹外物改变人体组织成分的外丹法大异其趣。不过无论内丹法或外丹法,都有一个共同的目标,就是要变,企图变暂短的人生为长存不死的仙人。整个神仙道教都是在这样一个神秘目标指引下展开各种精神活动。《汉书·艺文志》已有不少术数方技书的著录。桓谭《新论·辨惑篇》云:汉元帝时,王仲都能忍寒暑,隆冬盛寒日,令袒衣,载以驷马,于上林昆明池上环冰而驰,卧于池台上,瞵然自若,此耐寒也。至夏大暑日,使曝坐,又环以十炉火,不言热而身不汗出,此乃耐暑也。后汉以来又有许多方术之士神异的活动,如徐登善为巫术,能禁溪水,水为不流;赵炳能为越方禁咒,以气禁于人,人不能起,禁虎伏地,低头就缚;又以大钉钉柱入尺余,以气吹之,钉即跃出射去,如弩箭之发。又如左慈知补导之术,又能在铜盆贮水,以竹竿饵钓,立刻引一鲈鱼出。后曹操欲捕杀左慈,左慈混入市中,见者又欲捕之,而市人皆变形与左慈同,莫知谁是。又解奴辜、张貂皆能隐沦出入,不由门户。解奴辜能变易物形,以诳幻人。王真能行胎息胎食之方,嗽口下泉咽之,断谷二百余日,肉色光美,力过数人⑥。董仲君少

---

① 《能为》第 10 章。
② 《无源》第 4 章。
③ 《能为》第 10 章。
④ 《同异》第 41 章。
⑤ 《道化》第 42 章。
⑥ 《后汉书·方术传》并注。

时行气炼形,曾犯罪系狱,佯死数日,目陷虫出,既而复生,尸解而去。"彼仲君者,乃能藏其气,尸其体,烂其肤,出其虫,无乃大怪乎?"① 又如甘始以药含生鱼,而煮之于沸脂中,其无无药者,熟而可食,其衔药者,游戏终日,如在水长中也②。则知天下之事,不尽可知,而以臆断之,不可任也。道教的方技方术的核心思想在于崇尚变化,其中充满着怪诞幻想的成分,但亦蕴涵着某些可能合理的因素。这些合理的因素,能扩大人们的想像力,若在一定的条件下,引导发展到科学技术创新的思路上去,说不定会产生意想不到的效果。

二 道教哲学思想与中国传统文化的关系

(1) 本体论

道教本体论的核心是"道",它的来源出自道家。先秦《老子》、《庄子》都曾论道,其他思想家亦论道。两汉魏晋以降,学者亦纷纷论道,但说各不同。特别是从宇宙万物生成的观点论道,纷然杂陈,差异甚大。《老子》说:"道生一,一生二,二生三,三生万物,万物负阴而抱阳,冲气以为和。"这是一种较早的具有代表性的说法。"道生一",应理解"一"是"道"之子。那末,"一"是什么,"道"是什么,一连串问题发生了。《管子·内业篇》云:"凡道,无根无茎,无叶无荣,万物以生,万物以成",肯定"道"生万物。《韩非子·解老篇》说:"道"是"万物之所然也。万理之所稽也。理者,成物之文也。道者,万物之所以成也"。这是把"道"说成万物生成的规律。这是韩

---

① 曹植《辩道论》。
② 曹植《释疑论》。

非个人的见解，未必与《老子》本意相符合。《鹖冠子·兵政篇》和《经法·道法篇》都说"道生法"，这是黄老刑名法术家的说法。西汉淮南王刘安撰集《淮南鸿烈》，首列《原道》，以为"道"是"覆天载地，廓四方，柝八极，高不可际，深不可测，包裹天地，禀受无形"。言宇宙万物未形成之前，皆生于无形的"道"。这无形的"道"的性质，还不清楚。《天文篇》云："道始于一。""一"若是气，即以"道"为气，就比较明朗了。《精神篇》所谓"古未有天地之时，惟像无形，窈窈冥冥，芒芠漠闵，澒濛鸿洞，莫知其门"，描述的都是未成形的气，浑然一气。等到"别为阴阳，离为八极，刚柔相成，万物乃形，烦气为虫，精气为人"，强调人生于无形的气，无形生有形。《淮南子》所论的"道"，大体上具有物质性的含义，跟"气"或"元气"的范畴相当。后汉河上公《老子章句》把"道生万物"（第10章）和"元气生万物"（第2章）相提并论，实际上已经把"道"看做元气了①。原始道教经典《太平经》亦有类似的言论："夫道，何等也？万物之元首，不可得名者，六极之中，无道不能变化。元气行道，以生万物，天地大小，无不由道而生者也。故元气无形，以制有形。"② 又云："元气有三名：太阳、太阴、中和。形体有三名：天、地、人。"③ "道无所不能化，故元气守道，乃行其气，乃生天地。"④ 这就进一步把"道"和"元气"结合起来，产生有形体的天、地、人和万物。这是汉代流行的宇宙万物生成论对原始道教理论深刻的影响，是比较

---

① 东汉袁康撰《越绝书》卷十三云："道生气，气生阴，阴生阳，阳生天地。"则是另一种说法。
② 《合校》，第16页。
③ 同上书，第19页。
④ 同上书，第21页。

突出的一个方面。从此以后，不少道教典籍总是把"道"和"气"紧密相联乃至等同起来，例如梁陶弘景撰《养性延命录》，引《服气经》云："道者，气也。"隋唐时代的高僧释法琳撰《辩正论》，他多次征引《养生服气经》"道者，气也"的论断。明正统《道藏》著录有《元气论》，可惜早已散失，但《云笈七签》卷56辑存《元气论》一篇，其中也说："道即元气也"。不仅道教徒这样说，而且很有影响的世俗思想家也有类似的主张，如宋代王安石注《老子》，说："道有体有用。体者，元气之不动；用者，冲气运行于天地之间。"盖元气为体，冲气为元气之所生①。也说"道"是元气的本体。解释"道即气"，从《淮南子》开始，经河上公《老子章句》，到南北朝《养生服气经》，是道家和道教理论家多数倾向的一种看法。至明末清初，有无名氏《性命圭旨》出，融合道、儒、释三教教旨，其《大道篇》亦云："道也者，果何谓也？一言以定之曰：气也。"表明宇宙万物生成的究极原因在于物质性的气，这是道教理论基本特征之一。但魏晋玄学家的见解则不然，王弼认为《老子》的本体论"以无为本"，说"凡有皆始于无"，"万物始于微而后成，始于无而后生"②。这是和《老子》主张"天下万物生于有，有生于无"本意相吻合，都是说《老子》的"道"是以"无"为本体的。以后，唐明皇、李荣等对"道"的解释，都认为"道"是虚无。值得注意的是，晋代道教学者葛洪首创一个道教思想体系，提出"玄"的本体概念，认为："玄者，自然之始祖，而万殊之大宗也。"③ 他所谓"玄"，实际上也就是"道"。《明本》

---

① 宋彭耜《道德真经集注》卷二、元刘惟永《道德真经集义》卷九。
② 《老子注》。
③ 《抱朴子内篇·畅玄》。

篇说；"凡言道者，上自二仪，下逮万物，莫不由之。"这个"道"和《畅玄》篇说"胞胎元一，范铸两仪，吐纳大始，鼓冶亿类"的"玄"，意义并无差别。《道意》篇进一步阐明："道者，涵乾括坤，其本无名。论其无，则影响犹为有焉；论其有，则万物尚为无焉。"实际上将"道"依违于崇有与贵无之间，拈出"玄"的概念作为道教本体论的核心。

到了东晋南朝，道教一个著名派别上清经派对"道"另有一种说法。《真诰·甄命授第一》云："道者混然，是生元气，元气成，然后有太极。太极则天地之父母，道之奥也。"这一系列的话表明四个层次，三个组合。四个层次是：道—元气—太极—天地。"道"生元气是一个组合；元气在先，太极在后，又是一个组合；最后一个组合是太极生天地。这是一套独特的理论。它和《周易·系辞传》太极生两仪的说法显然不同。因为《真诰》在"太极"之上，还有"元气"和"道"。它和河上公《老子章句》把"道"视为元气也有所不同。就第一个组合看来，近似《老子》说的"道生一"，把"一"做"气"解释，但下文又说太极生天地，乱了套了。造成这样混乱的原因，还不清楚。

这时道教在本体论上的困境，除了借助神秘的方术来补充外，还大量吸收佛教的思想，这就构成道教理论与中国传统文化、外来文化的错综复杂的关系。

(2) 天命观

天命思想，是我国古老传统观念之一。殷周时期，天命思想极为盛行。后来儒家笃信天命，孔子高足弟子子夏概括成两句通俗流行的口号："死生有命，富贵在天。"它的影响十分深远。墨子相信天，不信命，是为杰出的代表。道家老聃不谈命，庄周崇拜自然，达观一切，但也讲命。他说："死生，命也。"① "知其不可奈何而安之若命，德之至也。"② 庄子坚持以"道通为一"的办法来消除一切矛盾，实际上并不坚信传统的天命论，但又没有办法摆脱所谓命运似的支配力量，所以说"安之若命"。"安之"，就是在无可奈何的情况下，努力在心理上顺从那无法抗拒的支配力量。《大宗师》篇有一个故事说：子桑既遭饥饿，鼓琴曰："父耶？母耶？天乎？人乎？"他探索遭受饥饿的原因，把问题都提出来了，但是得不出应有的答案。"吾思夫使我至此极者而弗得也。父母岂欲吾贫哉？天无私复，地无私载，天地岂私贫我哉？求其为之者而不得也。然而至此极者，命也夫！"这番话，讲得坦率动人。真的，父母不会要他贫穷，天地也不会使他贫穷。"人乎？"他提出人事的原因，似乎直觉地接触到问题的边缘，但由于阶级意识的蒙蔽和历史条件的限制，庄周不可能把问题真正的原因揭示出来。最后不得不归结于命——"然而至此极者，命也夫！"《吕氏春秋·知分篇》也说："命也者，不知所以然而然者也，人事智巧以举错者不得与焉。故命也者，就之未得，去之未失。"命定论的思想令人迷惑难解，就在于它"不知所以然而然"的缘故。

汉兴，贾谊识时命，淮南子亦知命，董仲舒倡"人始生有大命"③，复述孔子"三畏"的陈言，首畏天命④。汉末，严君平《老子指归》倡天命、遭命、随命之说，纬书《孝经援神契》又有受命、遭命、随命之论。扬雄亦云："命者，天之命也，非

---

① 《庄子·大宗师》。
② 《人间世》。
③ 《春秋繁露·重政》。
④ 同上。

人为也,人为不为命。"① 自此以后,群儒讲论,率据三命立言。班固撰《白虎通义》,综说命有三科:"有寿命以保度,有遭命以遇暴,有随命以应行"②。这里的区别,针对着社会上行为善恶的结果而言,行善得善曰寿命,寿命就是正命;行善得恶曰遭命;行恶得恶曰随命。根据每人具体情况而采取的分类法。王充作《论衡》,猛烈批判流俗虚妄的言论,但是接受传统的三命之说(正命、随命、遭命),并且加以发挥议论,认为"性与命异,或性善而命凶,或性恶而命吉","使命吉之人虽不行善,未必无福;凶命之人虽勉操行,未必无祸"③。说来说去,也相信吉凶祸福是命中注定的。《辨祟篇》两次征引"死生有命,富贵在天"之说,论证人之于世,祸福有命,人之死生,竟自有命。可见命定论这一关是很难打破的。无论儒家或道家对这个传统的信念就是那末根深蒂固,尤其值得注目的怪事,像高举批判大旗的王充,对命定论也是盲从无异议。后来道教形成,对传统的命论也是持肯定的态度。《太平经》说,"人生各有命也,命贵不能为贱,命贱不能为贵也。子欲知其审实,若鱼虽乘水,而不因水气而蜚,龙亦乘水,因水气乃上青云为天使乎?贵贱实有命"④。既然承认人生命中注定有贵贱,那末信道学道还有什么意义呢?在这里,宗教理论家却留有余地,认为信仰天命的人,如大贤学之必得大度,中贤学之亦可得大寿,下愚为之,可得小寿。"子欲知其效,同若凡人学耳。大贤学可得大官,中贤学可得中官,愚人学者可得小吏。夫小吏使于白衣之民乎!以是言之,犹当勉学耳"(同上)。把勉励学道作为一定伸缩的余地。

---

① 《法言·问明》。
② 《白虎通义·寿命》。
③ 《论衡·命义》。
④ 《太平经合校》,第289页。

在有命论的前提下，又不放弃学道的希望。所以有些道书强调"我命在我不在天"，就是从这个角度出发，可能自觉或不自觉地突破宿命论，成为人类发挥主观能动性的呼声。晋葛洪的《抱朴子》就是一个典型的代表。他笃信神仙道教的长生不死，但世间俗人表示怀疑。他说不信道的人也是命中注定的。"苟无其命，终不肯信，亦安可强令信哉？"①《塞难》篇更进一步阐述命与仙道的关系："命属生星，则其人必好仙道。好仙道者，求之亦必得也。命属死星，则其人亦不信仙道。不信仙道，则亦不自修其事也。"他更把宿命论与先验的人性论撮合在一起，又把宿命论同神秘的胎气说联结起来。《辨问篇》说："按仙经以为诸得仙者，皆其受命偶值神仙之气，自然所禀。故胞胎之中，已含信道之性。及其有识，则心好其事，必遭明师而得其法，不然，则不信不求，求亦不得也。"他引《玉钤经》上说的："人之吉凶，制在给胎受气之日，皆上得列宿之精。"其值贵宿则贵，值富宿则富，值贱宿则贱，值贫宿则贫，值寿宿则寿，"值仙宿则仙"。反复说明人生本有定命，"苟不受神仙之命，则必无好仙之心，未有心不好之而求其事者也，未有不求而得之者也"②。就是说，一个人先有神仙之命，才有好仙的心。有了好仙的心，才能去求仙。只有求神仙，才能成神仙。归根到底，相信"命"是成仙的基础。虽然，神仙可求，寿命在我不在天，也是学道的人必具的信念。"若夫仙人，以药物养身，以术数延命，使内疾不生，外患不入，虽久视不死，而旧身不改，苟有其道，无以为难也。"③他在《神仙传·老子篇》着重申明"老子

---

① 《抱朴子内篇·对俗》。
② 同上。
③ 《抱朴子内篇·论仙》。

盖得道之尤精者",并非是天生有什么神异。为什么这样讲呢?"若谓老子是得道者,则人必勉力竞慕。若谓是神灵异类,则非可学也。"显然,如一意强调先天命定,觉得不利于学仙得道。既然令人学道,又说有命,企图在勉学和宿命之间,依违两可,折中成说,避免矛盾,也是不得已的事。平心而论,宿命论是人们最落后的愚昧的传统信念,但多少人陷于迷惑不解的境地(包括东汉王充),多少思想家对它兴叹"不知所以然而然"。《列子·黄帝篇》说:"不知吾所以然而然,命也。"张湛注:"自然之理不可以智知,知其不可知,谓之命也。"道教理论家对着"自然之理不可以智知",也接受了宿命论,似乎并不足怪。况且道教大力主张练形求仙,企图以人为改变自然,提出"我命在我不在天",在宗教神学支配下,对宿命论开始有了一定突破性的意念,这个倾向应该说是好的一面。我们知道,在历史上墨家不相信有命,主要是从打破当时氏族贵族垄断政治制度出发而进行"非命"的,道教提出"我命在我不在天",则是从人体生理学着眼,认为人是能够掌握自己的寿命的。据最近外国某些医学研究人员对婴儿进行研究的结果表明,一个人寿命的长短,主要取决于他的遗传基因,而不在于他的后天养育(美联社1988年3月24报道)。这个说法,古人是不会理解的。如果道教徒只限于以药物养身,以术数延命,尽可能希望达到健康长寿,那完全是对的。可惜神仙家的希求超过了合理的界限,幻想成仙,长生不死,这就由正确变成荒谬,差之毫厘,谬以千里了。我们今天研究道教与传统思想的关系,只能肯定合理的因素,发扬光大,否定、批判其不合理的荒诞说法,才是正当的科学态度。

(3) 物类相感、天人感应、善恶报应

物类相感、天人感应和善恶报应是三个不同的概念，但有一定程度的关联和联系，有时彼此容易混淆界限。

物类相感，在自然界可以举出很多的事例。比如《易·文言传》说："同声相应，同气相求，水流湿，火就燥，云从龙，风从虎"，各从其类也。这是比较早而且大家也熟悉的。《吕氏春秋·召类》云："类同相召，气同则合，声比则应。故鼓宫而宫应，鼓角而角动，以龙致雨，以形逐影"，都是阐明同类相感的意思。物类相感的自然现象容易观察，但是为什么发生这种相感的原理则较难知。《淮南子·览冥训》云："夫物类之相应，玄妙深微，知不能论，辨不能解，故东风至而酒湛溢，蚕呀丝而商弦绝，或感之也。画随灰而月运阙，鲸鱼死而彗星出，或动之也。"又云："故山云草莽，水云鱼鳞，旱云烟火，涔云波水，各象其形类所以感之。夫阳燧取火于日，方诸取露于月，天地之间，巧历不能举其数，乎征忽恍，不能览其光。然以掌握之中，引类于太极之上，而水火可立致者，阴阳同气相动也。"单就这些物理现象而言，在当时科学技术水平的条件下，有些深层的原理是难以阐释清楚的。《泰族训》又说："故天之且风，草木未动而鸟已翔矣；其且雨也，阴曀未集而鱼已唸矣，以阴阳之气相动也。故寒暑燥湿，以类相从，声响疾徐，以音相应也。"看来，用阴阳之气相动来解释，这是比较合理的说法。因为用阴阳之气代表客观物质对立的因素来说明物理现象的变化，毕竟没有什么神秘的意义。然而阳燧之取火于日，慈石之引铁，蟹之败漆，葵之向日，其所以然者在古人那里仍然是不清楚的，故《淮南子·览冥训》又认为，"耳目之察，不足以分物理，心意之论，不足以定是非"。认为感性认识和理性认识都没能真正达

到认识的作用,这时候,不可知论很容易被引入神秘主义的思维境界,构成唯心之论。认为人的精神,能够上通于天。所谓"圣人者,怀天心,声然能动化天下者也。故精诚感于内,形气动于天,则景星见,黄龙下,祥凤至,醴泉出,嘉穀生,河不满溢,海不溶波,故《诗》云,怀柔百神,及河峤岳"①。这就是所谓祥瑞的感应。相反,若"逆天暴物,则日月薄蚀,五星失行,四时千乖,昼冥宵光,山崩川涸,冬雷夏霜,《诗》曰,正月繁霜,我心忧伤"②。这就是所谓灾异的感应。无论祥瑞或灾异,它所以发生,是由于"天之与人,有以相通也"。故"国危亡而天文变,世惑乱而虹蜺见,万物有以相连,精祲有以相荡也。故神明之事,不可以智巧为也,不可以筋力致也"。把世间政事的好坏,决定影响了天地万物的变动,相信这是"神明之事",不是人们的"智巧"和"筋力"所能办到。这就开始引人走上宗教的信仰,步入神秘主义的堂奥。汉代以董仲舒为代表的天人感应论者,用一系列阴阳五行学说阐述自然现象与人事的关系,许多政论家也从不同的角度,极言灾异谴告,从而使感应之说成为汉代风靡一时的思潮。围绕着《洪范五行传》这个中心理论,推阴阳,言灾异,董仲舒、夏侯始昌、夏侯胜、刘向、刘歆、眭孟、京房、谷永、李寻之徒,所陈行事,见于《汉书·五行志》者,连篇累牍,缕述不绝。天人感应论从此成为封建主义理论家的秘宝,宗教神学的思想支柱。上自天文,下及人间政治,都受着感动、支配,所谓"政失于此,则变见于彼",人主之情,上通于天也。

物极必反。历史辩证法表明正确思维与错误思潮的相互斗

---

① 《淮南子·泰族训》。
② 同上。

争，不以人们的意志为转移。天人感应的思潮从西汉末年扬雄、桓谭辈开始进行反击，到东汉王充高举批判的旗帜，达到了高峰。他以超奇的眼光，锋利的笔法，针对着社会上流行的天人同应的说法，认为都是虚妄之言，进行认真的批判，使思想界的污泥浊水，乌烟瘴气，得到一番大扫除，这是空前的创举（参见《论衡》的《感虚》、《变虚》、《福虚》、《祸虚》、《道虚》、《变动》等篇）。王充认为：人的精诚，不能上感皇天；人间的善恶行为，不能感召上天降以祸福，这就从根本上打破天人感应的传统观念。特别值得注意的一点，就是指明天与人的关系，在于天能感动人和物，而人、物不能感动天。他说："天能动物，物焉能动天？何则？人物系于天，天为人物主也。""天气变于上，人物应于下矣。"比如天且雨，商羊起舞，蝼蚁徙，蚯蚓出，琴弦缓，固疾发。这些都是"物为天所动之验也"。所以"天且风，巢居之虫动；且雨，穴处之物扰，风雨之气感虫物也"。是的，大自然气象和山川地形的变异，是能感动人类和万物，比如冰川、洪水、地震、龙卷风、太阳黑子等不可抗拒的自然活动力量，"天气动物，物应天气之验"，比比皆是。反之，不能说人物动于下，天气相应变于上。为什么呢？因为"人在天地之间，犹蚤虱之在衣裳之内，蝼蚁之在穴隙之中，蚤虱蝼蚁为逆顺横从，能令衣裳穴隙之间气变动乎？蚤虱蝼蚁不能，而独谓人能，不达物气之理也。夫风至而树枝动，树枝不能致风。是故夏末，蜻蚓鸣，寒螀啼，感阴气也。雷动而雉惊，发蛰而蛇出，起气也。夜及半而鹤鸣，晨将旦而鸡鸣，此虽非变，天气动物，物应天气之验也"。这个道理阐明人和物不能感动天地、人的精气不能感动苍天，杜绝了人间政事与自然灾异的关系，消除了董仲舒所谓天人相与之际甚可畏也的谴告说。这是汉代天人感应论首次受到猛烈的冲击。此其一。

复次，一种社会思潮的兴衰和消长有它复杂的原因。它所以能得盛而不衰，有它众多的支持力量，力量的对比决定着事态的发展，并不是像一般人所想象那样的简单，有人出来否定、反对一番，它就会马上销声匿迹。或者短时间沉寂一阵子，但不久又会死灰复燃，在新的形势下改变方式，继续出现，甚至愈演愈烈，也是常有的事。像西汉天人感应论的社会思潮，经过东汉杰出唯物主义者王充辈的抨击，非但没有被廓清干净，在当时的社会历史条件下，反而进一步发展而成为善恶报应论的精神支柱。

善恶报应思想，由来已久。旧题《太公六韬·文韬》云："人主动作举事，善则天应之以德，恶则天应之以刑。"如响之应声，如影之应形。这是代表道家思想。《周易·文言传》所谓"积善之家，必有余庆；积不善之家，必有余殃"。这是代表早期儒家的思想。所谓余庆是积善之人，必然首蒙其福；所谓余殃，是积恶之人，先罹其祸，祸福的报应，比若影之随形。汉代灾异祸福之论，亦缘国家政治得失而兴，董仲舒说："国家将有失道之败，而天乃先出灾害以谴告之。不知自省，又出怪异以警惧之。尚不知变，而伤败乃至。"① 人事与天道，息息相通。人们的善恶行为，也凭阴阳之气上通于天。宗教神学正是需要这种理论建立它的善恶报应论。道家严君平《老子指归》卷十三亦谓"动合天心，静得地意，言无不通，默无不利，谓之善"。"动与天逆，静与地反，言伤人物，默而害鬼之谓不善"。原始道教经典《太平经》讲得更露骨："地上善即天上善也，地上恶即天上恶也。故人为善于地上，天上亦应之为善；人为恶于地上，天上亦应之为恶，乃其气上通也。"② 在理论上说明人间善

---

① 《汉书·董仲舒传》。
② 《太平经合校》，第664页。

恶行为与吉凶福祸的因果报应是完全对应的。但是客观的事实往往则不然，为善的人并不一定得到善报，为恶的人并不一定得到恶报。到底怎样讲呢？于是原始道教创建承负报应论来弥补这个缺失。说："凡人之行，或有力行善，反常得恶；或有力行恶，反得善。因自言为贤者，非也。力行善反得恶者，是承负先人之过，流灾前后，积来害此人也。其行恶反得善者，是先人深有积畜大功，来流入此人也"① 如果据这个说法来讲，善人得祸，恶人得福，都能解释得通。天地开辟以来，或烈病而死尽，或水而死尽，或岳崩而死尽，都可以用承负的厄运来解释了。

承负说的基本特点，个人善恶的行为不限于自身报应。佛教有三世报应之说，何谓三世报应，一曰现报，二曰生报，三曰后报。现报者，善恶始于此身，即此身受。生报者，来生便受。后报者，或经二生、三生、百生、千生，然后乃受（释慧远《三报论》）。虽有三世的分别，善恶报应可以流及后身，然而止于本人。佛经宣传父作不善，子不代受；子作不善，后世儿孙，也不代受。它的要旨，善自获福，恶自受殃，虽不一定现报，然报应无论早晚，只限于自身。道教突破自身报应的界限，强调余庆余殃可以从本人流及子孙后世。这个特点大概是受中国传统的宗法社会血缘关系的影响。一个人一旦遇到幸运，非但自身快乐得很，而且可以光宗耀祖，余荫可以遍及九族（包括父族、母族和妻族）。一个人若惨遭恶运，非但罪及妻孥，甚至连累九族受刑。所谓祸淫福善，善有善报，恶有恶报，显然还是笼统的不能兑现的宣传手法。原始道教把《易·文言传》余庆余殃的传统思想加以延伸和扩充，强调凡人积罪，"或身即坐，或流后世"，在善恶报应论方面，更加发挥迷惑众人的作用。从此以后，"承

---

① 《太平经合校》，第22页。

负"这个道教术语,虽然不再通用了,但在许多道书中差不多异口同声地鼓吹余庆余殃的善恶报应。例如《列仙传》元俗传载:河间王病瘰,俗谓乃系六世余殃。《抱朴子内篇·微旨》云:若乃憎善好杀,口是心非,虐下欺上,废公为私,刑加无辜,教人为恶,蔽人之善,坏人佳事,夺人所爱等,凡有一事,辄是一罪,随事轻重,司命夺算纪。"若算纪未尽而自死者,皆殃及子孙也"。《真诰·甄命授第四》说:祖父有阴德,当庆流七世。按因果报应学说,从现身报到来生报,是扩大了一步;从来生报到后生报又扩大了时限,但都限于作善恶人的自身。承负说则坚决主张从自身报应扩充到后世子孙,甚至推广到遥远的将来,而且不限于本人承担善恶的因果报应,乃兼承祖先和流及后世子孙分担余庆余殃。它的劝善惩恶的社会作用和影响,更加广泛而深远了。总之,承负说是道教自己特殊的善恶报应论,继承儒家余庆余殃的传统思想为基础,发挥出具有迷惑性更大的因果理论,为维护宗法社会伦常秩序的宗教神学之一。

此外,还有晋宋之际问世的《洞渊神咒经》卷九云:"道言,富贵贫贱,一人耳,亦禀一命,有何异也?但自富贵贫贱,先身之缘,自有先世习道,道未成,故复来此。……复有先身造立功德,今为大富贵,流及子孙;先世应仙,未即升腾,今故大富贵也。……今人大贫困,至死无有六畜财物者,先身重罪,不作功德,不信经道,六畜中来,或奴婢生口中来。道士以贵人天上生来也,自非先身之积善者,终不得作沙门道士矣。"这个报应论,盖沿袭原始道教承负说,兼采佛氏三世报应思想,混合组成变异的报应学说。

综上所说,物类相感是说自然界的客观现象对人所产生的人力不可抗拒的巨大影响和作用;因而它是大自然对自然物以及人类发生特殊作用,而不是人们的善恶行为对大自然的变异发生作用。天人感应思想是以社会上人们的善恶行为为依据，夸大并想象它们对大自然的影响和作用；既是天神上帝对人间的谴告；又是人们对冥冥上帝的恐怖和反省，从而成为宗教迷信的精神支柱。善恶报应论完全从宗教心理出发，强调善恶行为的因果报应，为劝善惩恶的宗教教义宣传服务。

三　道教的社会政治思想与传统观念

道教的社会政治思想，可区分为原始民间道教活动阶段和后来神仙道教兴盛阶段这不同两种的类型。原始道教形成于东汉晚期，当时政治异常腐败，民不聊生，社会危机四伏，一般有志之士纷纷提出改良政治的要求，有些言论反映了农民的善良愿望和幻想。他们吸取历史上优秀的传统文化作为当前革故鼎新的榜样。先秦的墨子学派以"农与工肆之人"的自由民阶层反对氏族贵族的专制和特权，曾经提出尚贤贵义的三个标准：

1. 有力者疾以助人，
2. 有财者勉以分人，
3. 有道者劝以教人。[①]

这三个选贤的标准条件主张"欲人之有力相营，有道相教，有财相分"，在不同场合，墨子反复宣讲过。但墨学自秦汉以后，如同墨侠一样消沉下去。值得注意的是，墨子从民间手工业小生产者出发所主张人们互助、互爱、互利的思想，以及反映劳动人民本性的自食其力的观点，都是墨学的优秀传统的文化。它遭遇过封建统治者严重打击和遏制之后，黯淡地渡过一个相当长的时间，到后汉晚期，遇到适合的气候，被我国原始道教经典吸收进

---

① 《墨子·尚贤下》。

去，成为原始民间道教思想精华的部分。

《太平经》以宗教家的笔触，强调"有余力不能以相劳"，是应该坚决反对的，说："或多智反欺不足者，或力强反欺弱者，或后生反欺老者，皆为逆……然智者当苞养愚者，反欺之，一逆也；力强当养力弱者，反欺之，二逆也；后生者当养老者，反欺之，三逆也。"① 所谓"力强当养力弱者"，相当于墨子说的有力相助，如果有力者不肯相扶助，力强者反而欺凌力弱者，《太平经》认为这是犯了不可饶恕的罪逆。至于多智者反欺不足，相当于墨子说的有道不肯相教，也是一种罪恶。

墨子反对贵族富豪"腐朽余财，不以相分"。《太平经》也说："积财亿万，不肯救穷周急，使人饥寒而死，罪不除也。"② 它还进一步作了朴素而生动的描述："或有遇得善富地，并得天地中和之财，积之乃亿亿万种，珍物金银亿万，反封藏逃匿于幽室，令皆腐涂，见人穷困往求，骂詈不予；既予不即许，必求取增倍也。而或但一增，或四、五乃止。与天为怨，与地为咎，与人为大仇，百神憎之。"为什么结下这样深怨大仇呢？它着重说明这里的原故："所以然者，此财物乃天地中和所有，以共养人也。此家但遇得其聚处，比若仓中之鼠，常独足食，此大仓之粟，本非独鼠有也；小内之钱财，本非独以给一人也，不知乃万户之委输，皆当得衣食于是也。"③ 这样描述贵族富豪藏匿大量财物，皆使腐朽，并写富人发放高利贷，敲剥四、五倍的利息，以及对穷人欺诈谩骂的凶恶嘴脸，致使贫苦黎民饥寒而死，这就犯了弥天大罪。反映了后汉晚期社会上贫富极端悬殊，被压榨人

---

① 《太平经合校》，第695页。
② 同上书，第242页。
③ 同上书，第247页。

民生活的颠连无告的惨状,所以原始道教太平道的领袖张角等登高一呼,万方响应,农民起义军的爆发,如洪涛澎湃,冲垮了东汉王朝的黑暗统治。原始道教在这儿反映出人民性的思想要求和揭露封建统治的罪恶是很深刻的,而原始道教的这些思想,又显然受到了墨子思想的影响。

《太平经》说积财亿万的富豪,不肯救穷周急,令人饥寒而死,是罪不可除。因为大量的财物都是"天地中和所有,以共养人也"。谁也不能独占为私有,即使封建帝王府库里的私财,也不是独给一人的,认为凡是无衣缺食的贫民都可以到皇帝私财储藏的府库里去取。这在封建专制主义统治的王朝里,竟敢说出这样蔑视天子、抨击私有财产的言论,真是大胆得很。凡事不平则鸣,压迫愈重,则反抗愈烈,这是理之常也。事物的辩证法表明对立物达到一定的条件就会互相转化。这种变化思想作为一般原理,比较容易理解。但在阶级社会里,由于人与人间利害关系的冲突,顽固的纲常思想的蒙蔽和束缚,人们就有不同态度的表现。如1973年长沙马王堆三号汉墓出土的黄老学派的古佚书《经法》,其中《四度篇》虽则承认"极而反,盛而衰,天地之道也",但是强调"君臣易位谓之逆",明确指责君臣(包括君民)易位是反悖人伦纲常的大逆不道。显然,这是汉初维护封建社会秩序的正统言论。到了后汉晚期,封建社会危机四伏,纲常秩序,陷于颠倒动荡的境地,反映在原始道教经典里,就有君、民转化无常的打破旧传统的思想,大胆提出"一衰一盛,高下平也;盛而为君,衰而为民"① 十六字革命箴言,在当时正统思想家看来无疑是异端邪说。这个"异端邪说",却是合于历史辩证法。《左传》昭公三十二年记载史墨论鲁国季氏说:"天

---

① 《太平经合校》,第723页。

生季氏,以贰鲁侯,为日久矣。民之服焉,不亦宜乎?鲁君世从其失,季氏世修其勤,民忘君矣,虽死于外,其谁矜之?社稷无常奉,君臣无常位,自古以然。"这里所谓"社稷无常奉,君臣无常位",是这位史家深察历来政治变迁历史所得的结论,与客观史实相符合。《太平经》说"盛而为君,衰即为民",正是继承春秋时史墨的政治哲学和历史辩证法,是我国优秀的传统文化的引申和应用,具有进步的意义。

以上说的是我国原始道教表现的部分异端思想,与传统优秀文化的关系,是当时现实社会矛盾的反映。至于社会上传统的正宗思想,为维护封建统治的言论也有的是,如《太平经》里有尊卑贵贱等级的思想,把人分为从无形委气之神人到奴隶九等,并且认为贵贱都是命中注定的;还有维护私有制的言论、反对犯上作乱的思想,跟前述进步思想相抵触。为什么出现这样的矛盾呢?因为《太平经》全书编纂的过程,不是出于一时一人之手,所以内容庞杂得很。到魏晋以后,民间道教活动被取缔,神仙道教则迅速发展,晋葛洪是这方面的典型代表。他广为传播的维护封建秩序的政治伦理规范,道德观念正是那些忠、孝、和、顺、仁、信诸教条。他敌视民间道教的异端活动,信仰上层社会流行的神仙,为巩固封建特权阶级既得利益而制造舆论。这方面落后保守的思想、陈腔滥调,并无光彩之可言。后来道教许许多多戒律科条,如修持五戒、十戒、二十七戒,乃至一百八十戒等等,皆是围绕着传统的封建善恶观念和神仙长生思想来制定的。还有不少劝善书的问世,如《太上感应篇》、《阴骘文》、《功过格》的传布,也是配合封建政治道德教育实施的工具。所以把原始民间道教和后来神仙道教的政治伦理思想加以区分是有必要的,同时我们科学工作者应该具体分析传统文化的本质有优有劣,影响有好有坏,从而采取不同的评价。

附记：

　　王明先生于1987年8月在爱智山庄为参加中国历史文化研究班的日本学者讲课时，曾写出《道教与中国传统文化》的大纲及讲稿，至年底增扩成文时，即患不治之症。先师在住医院治疗期间，在文稿中抽出一节，嘱我整理后送《中国社会科学院研究生院学报》发表，这就是《论道教的生死观与传统思想》一文。当时先师病危，我深知他的心情，那篇文章便是一个学者面对死亡的态度和感想。至日本《净土》杂志登出《道教与中国传统文化》的大纲及安居香山先生的解说时，先师又命我翻译给他听。此文是先师在病中费工最多的一个长篇。胡孚琛记于1992年10月4日夜。

论陶弘景

陶弘景（公元456—536年）[①]，字通明，谥贞白，丹阳秣陵（在今南京市境）人，是我国南朝一个著名的道教徒，又是一个博学多艺的学问家。在这篇文章里，打算着重论述他在学术方面的活动。他对于天文历算、地理学、药物学、医学、经学、兵学等都有显著的成就。尤其对于药物学和医学的贡献为最大。同时，他在技术上还铸刀剑，注意工艺制造，对炼丹也抱严格的实验态度。这些都是可以肯定的地方。而且他的文学和艺术的造诣也是相当深的。最后，略论他在道教史上的位置及其对于三教的态度。综合来观察，陶弘景不失为南朝一个多才多艺的杰出的道教学者。

[①] 陶弘景生于宋孝武帝孝建三年，死于梁武帝大同二年，年八十一。普通刊本、百衲本《梁书》和《南史》的《陶弘景传》，《云笈七签》卷一百七唐李渤《梁茅山贞白先生传》（《云笈七签》卷五陶贞白传同），宋王质《绍陶录·华阳谱》，清钱大昕《疑年录》，乃至近人梁廷灿《历代名人生卒年表》都说弘景死时八十五岁，统是错的。梁简文帝萧纲《华阳先生墓志铭》，萧纶《陶隐居碑铭》序，《太平广记》卷十五《神仙感遇传》，宋贾嵩《华阳陶隐居内传》卷中，以及元刘大彬《茅山志》卷十《嗣上清九代宗师传》等都说陶弘景死时八十一岁，这是对的。

一　家庭环境和优良传统

我国南朝时期居于统治地位的文化是士族地主的文化,简称士族文化。士族文化可以说是在士族经济生活上面所开的花朵。这里,既然有芬馥的精华,也有腐臭的糟粕。那些士族知识分子创造的具体成果,各不相同,不能一概而论。就积极方面来说,有的人在科学上作出特殊的贡献,有的人在文学上创造优异的成绩,有的人在艺术方面达到湛深的造诣。总的说来,南朝的士族文化,到齐、梁时候,达到高峰。就多才多艺、学识广博而论,陶弘景可以说是具有代表性的人物之一。

陶弘景生当宋、齐、梁三个朝代,出身于士族地主的家庭。又生长于南朝政治、经济、文化中心(建康)的环境里。当时社会上科学、文学、艺术等都有显著的发展。家庭教育和社会教育对他都发生重要的影响。据他的侄儿陶翊撰的《本起录》记载:弘景高祖毗有理识,器干高奇,以文被黜,不肯游宦,州郡辟命,并不就。曾祖兴公多才艺,不肯营产殖,举郡功曹,察孝廉,除广晋县令。祖父隆,有气力,便鞍马,善骑射,好学读书,善解药性。随宋孝武帝征伐有功,封晋安侯。当时颜峻恃宠,就求宅以益佛寺,弗与;因辞官。见谮削爵,徙广州。父名贞宝,官至江下孝昌相;亦娴骑射,善草隶书,家贫以写经为业,一纸值价四十;深解药术,博涉子史,好文章;曾经衔使魏庭,通邻国之好,甚得雅称。从上面的记述综括来看,陶弘景这个士族的家庭,还不是怎样多财豪势的享有特权的家庭。高祖"以文被黜",从此不肯游宦。祖父不肯答应权贵的贪求,以致"见谮削爵",远放到广州。父亲做官,也是过清贫的生活。有一点值得注意,曾祖多才艺;祖父善骑射,好学读书,善解药术;父亲亦娴骑射,善草隶书,深解药术。这些都可以说是士族家庭的优良传统。这个好学读书、多才艺、深解药术、善草隶书的传统对陶弘景毕竟发生了深刻的影响。

陶弘景早以才学知名。当宋、齐的时世,政治污浊,不少士族分子宁愿栖隐不仕。由于社会风尚、生活和所受教育的影响,他15岁就作《寻山志》,倾慕隐逸生涯。及年渐长,深深感到仕途险阻,多次受到权贵的排斥和压抑,36岁决计辞朝归隐。当他在齐朝作奉朝请闲曹的时候,显然是一个郁郁不得志的士族分子。但当他首途归隐,王公卿相纷纷饯赠送别,盛况空前,表明他有特殊的社会关系,仍然是很有名望的士族分子。后来梁武帝萧衍即位,陶弘景成为"山中宰相",并不是由于梁武帝尊崇道教,也不是由于他学问广博的缘故,主要还是优遇士族的一种表现。同时说明了士族分子可以脱离宦途,隐遁山林,但实际上往往没有也不可能脱离政治。

二 好学习惯和在医学、药物学上的贡献

陶弘景的博学多才,史称他"心如明镜,遇物便了",可能与他的思路敏捷、博闻强记有关,但主要由于他有好学的习惯。《南史》本传说他"读书万余卷,一事不知,以为深耻"。后世学问家往往引以自勉。如清初杰出的地理学家顾祖禹著《读史方舆纪要》,它的《凡例》说:"宋葛文康公曰,记问之博,当如陶隐居,耻一事之不知。"又清初著名的汉学家阎若璩研习经史,寒暑不休,曾集陶贞白、皇甫士安的话,题所居之柱云:"一物不知,以为深耻;遭人而问,少有宁日。"[①] 陶弘景这种好

---

① 清江藩:《汉学师承记·阎若璩传》。

学的风尚，上接东汉经师的遗绪，跟魏晋以来爱好玄谈清议的学风有很大的区别。《本起录》说他"善稽古，训诂七经，大义备解，而不好立义，异于先儒"。唐的李渤《梁茅山贞白先生传》说他"尤长于铨正伪谬"。善稽古，尤长于铨正伪谬，正是汉儒治学的特色，清代汉学家的精神。它跟魏晋以降的玄学好立新义者不同，也跟后来宋明道学家高唱修、齐、治、平的陈腔滥调有别①。清初唯心主义哲学家李颙曾说："格物穷理，贵有补于修、齐、治、平。否则夸多斗富，徒雄见闻。若张茂先之该博，陶弘景之以一事不知为耻，是名玩物。如是则丧志愈甚，去道愈远矣。"（《二曲集》卷五《锡山语要》）李颙认为格物致知，应该穷究修身、齐家、治国、平天下的大道理。至于像陶弘景那样博物稽古，铨正讹谬，虽然以一事不知为耻，李颙却认为是玩物丧志。其实，汉学家治学，大抵在书本上用工夫，考核证据，辨别真伪。陶弘景的好学，除了注重书本知识外，还研究实物，注重工艺技术。如炼钢铸刀剑，撰《刀剑录》②。又如精研本草药物，订正魏晋以来本草学上的种种舛谬，并吸收古今名医的宝贵经验，而有《本草集注》的著作。这种在实事实物上从事科学的研究，自然是可取的，不能说是"玩物丧志"。它比一般士大夫空谈修、齐、治、平的"大道理"有价值得多。正是由于这种好学的习惯，使他在多种学术方面作出卓越的贡献。

梁萧纶《陶隐居碑铭序》说他"宝惜光景，爱好坟籍"的勤学精神是合于事实的。至于说："张华之博物，马钧之巧思，刘向之知微，葛洪之养性，兼此数贤，一人而已。"这样说，未

---

① 见《大学》，即修身、齐家、治国、平天下的意思。
② 现行本《刀剑录》，大抵经后人窜乱，真伪参半。看《四库全书总目提要》《古今刀剑录》条。

免夸张其词，但也有某些近似的地方。就是他在不同的程度上，跟他们有着共同的特点。

陶弘景的卓越的贡献不是别的，而是在于科学的研究上。天文历算、地理学、医学，药物学等方面，都有深入的研究，而以对于药物学的贡献为最大。

南朝士族的一个好传统，多通医药学。陶弘景的祖父和父亲都深解药术，弘景自己对于医学和药物学的研究尤深。《本起录》说他精研"医方香药分剂，虫鸟草木，考校名类，莫不该悉"。出色的成绩具体表现在本草学的整理和总结工作上。

我国最古一部药物学的经典叫做《神农本草》，具载上中下三品的药共三百六十五种。经过汉献帝、晋怀帝两个时期的乱离散失，只存了四卷。魏晋以来，经过吴普、李当之等人的增减，辗转传抄，舛误脱缺的情形极为严重。本草的名目异常混乱，或作五百九十五，或作四百四十一，或作三百一十九。上、中、下三品混杂了，冷热的药性弄颠倒了。甚至草石不分，虫兽无别，什么药主治什么病也搞错了。陶弘景在《药总诀序》里指出："本草之书，历代久远，既靡师授，又无注训，传写之人，遗误相系，字义残阙，莫之是正。"他针对当时本草经这些严重的错乱和缺点，参考了许多有关的图籍和标本，加以整理和研究。厘订《神农本草经》三百六十五种为主外，又增加了名医副品也是三百六十五种。这些名医副品是总结了几个世纪以来许多著名医师诊疗经验汇订而成的药品，叫做《名医别录》。本经与别录合计七百三十种。"精粗皆取，无复遗落，分别科条，区畛物类，兼注名时用土地所出"（《陶隐居集·本草序》），撰成《本草集注》一书，加上《叙录》，合为七卷。这是一部有条理、有系统、内容丰富的药物学名著。

现就敦煌出的《本草集注·叙录》①残卷来看，首先他针对着当时本草上"草石不分，虫兽无别"的情况，在分类方面提出玉石、草木、虫兽、果菜、米食、有名无实（或引作"有名未用"）等部。又针对着当时本草药物的主治不明的情况，提出各种病源所主的药名，以便考查。例如治风通用的药有防风、防己、独活等；治虐疾的药有常山、蜀漆、牡蛎等；治黄疸病的药有茵陈、栀子、紫草等。

对于药性的冷热，更须分明。他曾用简单明了的记号就在《本草集注》上以"朱点为热，墨点为冷，无点者是平"来标志着。例如附子是热性的，上加朱点；滑石是寒性的，上加墨点；茯神是平和的，无点。一般地说，治寒以热药，治热以寒药，各随所宜。他还说："按今药性，一物兼主十余病者，取其偏长为本。复应观人之虚实、补泻、男女、老少、苦乐、荣悴、乡壤风俗，并各不同。"就是说，懂得一般的医疗原理以后，开方配药时，还要仔细考虑到各个病人不同的具体情况。

陶弘景进一步根据药物的性能，总结前人用药的丰富经验，表述了朴素辩证的观点。他说："药有阴阳配合，子母兄弟，根叶（叶一作茎）花实，草石骨肉，有单行者，有相须者，有相使者，有相畏者，有相恶者，有相反者，有相杀者。凡此七情，合和视之，当用相须相使者良，勿用相恶相反者。若有毒宜制，可用相畏相杀者，不尔，勿合用也。"②照一般的情况说，配药应该相须相使（相须，即并用功效相同的药物；相使，即配用功效不同的药物），不用相恶相反的药。可是他继续说："今检旧方用药，亦有相恶相反者，服之乃不为忤。"比如世俗所用

---

① 见罗氏《吉石庵丛书》及1955年群联出版社出版的《本草经集注》。
② 《本草集注·叙录》，并据《重修政和证类本草》卷一校正。

"五石散"("五"一作"玉"),有栝楼、乾姜。但栝楼恶乾姜,二者合用,却能起"制持"的作用。又有一种"甘草丸",用防己和细辛,但防己恶细辛,二者合用,能起消解不利因素,毕竟也不为害。再如,"半夏有毒,用之必须生姜。此是取其所畏,以相制尔"。半夏是有毒素的,可是它畏生姜;配用生姜,正所以制止它的毒性。从此可见,药能治病,但是有些药能产生不利于某种病情的副作用。既经了解诸药的性能,运用辩证的观点,能够使相反相畏的药合用起来,起互相抑制的作用。如果服了这些药,也没有什么妨害。

陶弘景的《本草集注》和它的《叙录》,总结了梁以前的许多本草学研究的成果和配药疗病的丰富经验。隋唐以后的本草学专家们都以它为研究该门学问的蓝本,继承了这一份富有科学价值的文化遗产,继续钻研,加以发扬光大。

除《本草集注》外,《隋书·经籍志》又著录《陶隐居本草》十卷,这是另一部本草学的著作。据宋王质《绍陶录·华阳谱》云,《本草》,后人增衍,考正益详,间与《集注》差异。

陶弘景还撰有《药总诀》二卷,《肘后百一方》三卷,《效验方》五卷等。这些实用医药学的专书,都可用于治疗疾病,而且有显著的疗效。

除治疗疾病外,他还重视养生,预防疾病,著《养生延命录》,强调导引。导引是一种柔软的健身的体育活动(导气令和,引体令柔)。他撰《导引养生图》。据宋晁公武《郡斋读书后志》云:图分三十六势,"如鸿鹄徘徊,鸳鸯戢羽之类,各绘像于其上"。目的在于动摇关节,流通血脉,促进深呼吸。这对于人们日常增强身体的抵抗力,保护健康,裨益匪浅。

三 天文历算和地理学方面的贡献

在天文、历算方面，陶弘景曾经制作浑天象，高三尺许。据《本起录》说，无论二十八宿度数，七曜（即太阳、月亮、金星、木星、水星、火星、土星）行道昏明，中星见伏早晚，以机转动，都与天相会。这是一种很巧妙的创造。他又想利用流水，造自然的漏刻，使十二时轮转循环，不用人力看守。可是因为山涧的流水容易滋生苔垢，恐怕参差不定，所以未曾实现。

《后汉书·张衡传》注引《汉名臣奏》蔡邕说：从来谈论天文的有三家，一曰盖天，二曰宣夜，三曰浑天。三家之中，"惟浑天者近得其情。今史官所用候台铜仪，则其法也。"《隋书·天文志上》云："盖天之说，即《周髀》是也"，"梁武帝于长春殿讲义，别拟天体，全同《周髀》之文。盖立新义，以排浑天之论而已。"陶弘景对于天文学说，主张浑天无疑。至于梁武帝演讲新盖天说，排斥浑天之论；或说"新盖天说乃天竺所输入者"[①]。而弘景所造的浑天象，大约作于萧梁建国以前，未被史官采用，只留作"修道所须"。但是这个浑天象，用机转动，都与天体相会合，可见它的制法是相当精密的。

陶弘景又检校五十家的书历异同，起三皇至《汲冢竹书》为正，撰成《帝代年历》（"代"一作"王"）五卷。他"以算推知汉熹平三年丁丑冬至，加时在日中，而天实以乙亥冬至，加时在夜半。凡差三十八刻，是汉历后天二日十二刻也"[②]。后来

[①] 陈寅恪先生《崔浩与寇谦之》，《岭南学报》第十一卷第一期。
[②] 《南史》卷七十六《陶弘景传》。

隋朝修历博士姚长谦也采用这书作《帝历年纪》[①]。可见《帝代年历》一书，在天文历算方面有它独特的贡献。除此以外，他还著有《天文星经》五卷，《崇文总目》云："梁陶弘景校合三垣列宿，中外官三百十九名。各列图像，著巫咸、甘德、石申所记。"又有《天仪说要》一卷，《象历》一卷，《七曜新旧术》二卷。所有这些著作，都说明他是一位学问渊博的天文历算学家。清黄钟骏撰《畴人传四编》，其中补入陶弘景，这是有充分根据的。

在地理学方面，史称陶弘景通晓山川地理、方图产物。可见他重视自然地理和经济地理。他著有《古今州郡记》三卷，并造《西域图》一张。不仅研究古今行政区域的沿革，而且留心西域地理。他在《陶隐居集·难沈约均圣论》里说："越裳白雉，尚称重译，则天竺罽宾，久与上国殊绝。衰周以后，时或有闻。故邹子以为赤县于宇内，止是九州中之一耳。汉初长安，乃有浮屠，而经像眇昧。张骞虽将命大夏，甘英远届安息，犹弗能宣译风教，阐扬斯法。必其发梦帝庭，乃稍就兴显。此则似如时致通闭，非关运有起伏也。"这是说古代中外交通，周末以前，本来不广，到周末才能及远。到了汉代，还发生有时通、有时阻塞的现象。这结论大致合于事实[②]。又说："禹迹所至，不及河源"，这不仅是客观的谨严的说法，而且在当时是比较大胆的论断。

四　铸刀剑和炼丹的实验

陶弘景不但探究科学，而且在技术上从事炼钢铸刀剑和炼丹

---

① （唐）释法琳《辩正论》卷五。
② 参顾颉刚先生《宝树园杂记》。

的实验。《梁书》本传称：梁大通初，"又献二刀于高祖①，其一名善胜，一名威胜②，并为佳宝。"这是记载陶弘景献给梁武帝两把宝刀。这两把宝刀是陶弘景自己监制的。他铸的刀所以称为"佳宝"，是由于把钢炼得特别好。关于他怎样炼钢，史书里没有什么记载。《重修政和证类本草》卷四铁精条下引陶隐居说："钢铁是杂炼生鍒作刀镰者。"所谓"生"，是指生铁。所谓"鍒"，许慎《说文解字》云："鍒，铁之耎也"，即指熟铁。"杂炼生鍒"，就是采用生铁和熟铁混杂炼制的方法。把生铁同熟铁相杂和，"火力到时，生铁先化，渗淋熟铁之中，两情投合，取出加锤。再炼再锤，不一而足。"③ 这是我国在南朝时就已经应用的创造性的"灌钢"冶炼法④。陶弘景深知这种炼钢法，所以能够铸成好的刀剑。梁元帝萧绎《金楼子·终制篇》要求在死后，带"陶华阳剑一口以自随"，可见陶弘景监制的刀剑在当时是很闻名的。他还著有《刀剑录》一书，作专门的叙述。

陶弘景曾在长时期中从事炼丹的实验。《南史》称梁武帝送给黄金、朱砂、曾青、雄黄等有关矿物，叫他炼丹。他从梁天监四年（公元505年）到梁普通六年（525年），二十年间，凡经七次实验。中间经过多次失败，最后一次开鼎，光气照烛，形质似前，而加以彩虹杂色，据说成功了。

为了寻找炼丹的地方，他曾经改名换姓，潜至现今浙江省的温州和福建省的福州。据宋王象之《舆地纪胜》卷十一说，在浙江省的象山，有陶弘景的修炼之所。其地有炼丹井、炼丹灶、

---

① "刀"各本原误作"丹"，今据百衲本《梁书》和《云笈七签》卷一百七唐、李渤《梁茅山贞白先生传》订正。
② 据中华书局标点本《梁本》《校勘记》，"成胜"应做"威胜"。
③ 参（明）、宋应星《天工开物·五金篇》。
④ 参杨宽《中国古代冶铁技术的发明和发展》第91页。

炼丹亭址等。但他真正进行炼丹的地方是他所隐居的茅山。据记载：陶隐居炼丹炉，在华阳上馆；陶隐居丹井，在华阳上馆前石桥之东，并见元刘大彬《茅山志》卷八《稽古篇》。

我们认为用一定的矿物烧炼成一定的丹药，可以看出某种化学反应，这是可能的。但是古代炼丹家幻想去制造可以服食成仙的神丹，是不可能实现的。我们感兴趣和值得注意的是陶弘景对炼丹的实验态度。首先对于采用什么丹方是经过一番周密的考虑。他以为金丹的品类很多，像黄帝九鼎神丹、王君虹景、左慈九华之属，有的方法舛略，不可凭用；有的丹方，有假冒附加的成分；有的丹方，因与北地交通阻绝、原料难办，也不敢试用。只有九转丹所用的药石，都可以寻找得到，制方的文辞也能够理解。于是决定采用九转丹方来营炼。这些考虑都是比较切合实际的。至于合丹燃鼎，他还能精巧地利用阳燧（即凹面镜）向日中取火哩！

据记载，头几次在茅山开鼎，显然没有成功。从南霍还茅山，鼎事累营，皆不顺利。但不是没有仿佛成功的现象。"每开鼎，皆获霜华"。他的门弟子都说这就成功了。但陶弘景认为不对。他根据丹家的说法来检验，以为没有这样那样的化学反应，就是没有成功的征验[①]。当然，丹家的话，往往带有神秘而隐晦的色彩，缺乏可靠的科学根据。但是他能够认真依照记载去试验，并且以为达不到那个样子，就是没有成功。这种严格的要求、不幸求成功的试验态度当然是无可非议的。

有一点也值得重视。炼丹为了长生不死吗，看来陶弘景没有这种简单的信念。当初梁武帝叫他炼丹，他就感到很为难，曾说："吾宁欲学李少君耶？"李少君以丹方欺骗过汉武帝，所以

---

① （宋）贾嵩《华阳陶隐居内传》卷中。

陶弘景引以为戒。后来他在梦中觉得有人告诉他:"不须试,试亦不得。""世中岂复有白日升天人?"这些都是他对于炼丹求仙没有存成功希望的内心的反映。不但在下意识有所反映,而且复见于行动,"于是乃不试"①。所有这些,都说明陶弘景对于炼丹修仙的怀疑态度。

他一方面怀疑炼丹能够修仙,另方面认真不苟地进行炼丹试验,这看起来似乎矛盾而实际并不矛盾。因为前者关系到宗教的信念,后者关系到科学的实验。后者不能以实现前者为目的,陶弘景没有把二者混为一谈,这是他的独特的精神。由于他进行过多次炼丹试验,积累了不少资料和经验,写成若干种有关炼丹的著作,如《合丹药诸法式节度》一卷,《集金丹黄白方》一卷,《太清诸丹集要》四卷,《炼化杂术》一卷等都是。我们知道炼丹术是近代化学的前驱,陶弘景认真地从事炼丹实验,并且写了不少有关炼丹的专著,这在客观上对于原始化学的发展曾经作出了不寻常的努力。

五 文学、艺术方面的造诣

在文学、艺术方面,陶弘景的造诣也是相当高深的。萧纶在《陶隐居碑铭序》里说:六岁便解书,能属文。《本起录》和《陶隐居内传》载,九岁十岁颇以属文为意。十五岁作《寻山志》,文章甚美。及为齐宜都王萧铿的侍读,对于"吉凶内外仪礼表章,爰及笺疏启牒,莫不绝众。数王书佐典书,皆承授以为准格"。他作的《水仙赋》,当时的文豪沈约和任昉读了以后,都齐声赞叹道:"如清秋观海,第见澶漫,宁测其深?"年二十

---

① (宋)贾嵩《华阳陶隐居内传》卷中。

九，清溪宫新成，在五人的献赋中，以陶弘景的文辞为最美。他又撰有《学苑》一百卷，为词章家临文探索的类书。现存于《陶隐居集》中的诗、赋、书、表、序、论、碑、铭等文笔，大抵别具风格。

南朝士族的知识分子，一般地说，多擅长书法。这是从东汉发展起来士大夫艺术的一种。就陶弘景家庭的艺术传统说，他的父亲也是工于草隶书的。弘景本人在这方面又有显著的表现。谢瀹《陶先生小传》说他"善书，得古今法"。《本起录》和《梁书》、《南史》都说他四、五岁时便酷爱学书，常用荻为笔，画灰中练习书法。等到年纪长大，工于隶书，"不类常式，别作一家，骨体劲媚"。他的书法，见于后世记载的，如宋周密《云烟过眼录》说：陶弘景板帖，见《东观余论》；又有陶弘景小字《黄庭外景经》和小楷《大洞真经隐诀》。宋陈思《宝刻丛编》卷十五也说：梁有陶隐居法帖，在茅山玉晨观。这类记载还不少，这里不多征引了。

他不仅工于书法，而且善于鉴赏书法。弘景有与梁武帝论书启五首，具载《陶隐居集》和《法书要录》中。鉴别哪些是王羲之的真迹，哪些是后人摹仿王羲之的书法，哪些是王献之、张澄、谢安等书。并且认为王羲之学钟繇，"势巧形密，胜于自运"。"凡厥好迹，皆是向在会稽时永和十许年中者"。他在与梁武帝往返的信札里，表达了精于鉴赏书法的见解。

唐张彦远《历代名画记》卷七说陶弘景善绘画。可是他的画没有传下来。有名的故事：梁武帝即位后，屡次礼聘陶弘景，他并不答应出山。"唯画作两牛，一牛散放水草之间，一牛著金笼头，有人执绳以杖驱之"①。武帝看了笑道：这个人无所不作，

---

① 《南史》本传。

欲效曳尾之龟，那有可以招致的道理？从这里可见陶弘景是善画的人。

《南史》又说他"善琴棋，工草隶"。那末，文章诗赋，琴棋书画，他样样都擅长了，不失为一代的文学家和艺术家。

六　对于兵学的研究

史称陶弘景妙解术数，逆知梁祚覆没，预制诗云："夷甫任散诞（晋王衍，字夷甫），平叔坐论空（魏何晏，字平叔）；岂悟昭阳殿，遂作单于宫。"这首诗秘藏在行箧里。死后，门人才稍稍传出。大同末的士大夫们，竞谈玄理，不习武事。后来侯景篡位，果然就在昭阳殿上①。所谓"妙解术数，逆知梁祚覆没"，自然不免带有神秘性的夸张。可是梁武帝晚年的政治腐败，士大夫竞谈玄理，不修武备。陶弘景感觉到这样的情形发展下去，会有亡国的危险，于是不禁赋诗，抒泄牢愁。这也合于情理。他自己呢，既然不爱清谈玄理，倒是喜欢研习兵书。《本起录》说他著有《太公孙吴书略注》二卷。《隋志》和《唐志》并说他撰《真人水镜》十卷，《握镜》一卷。这些都属于兵书，后二者是兵阴阳的书。可见他对于军事兵法曾经积极研习的。同时从这里可以了解他博学多才的又一个方面。

七　经学著作的特点

前面已经讲到，陶弘景治学的倾向，保持着东汉经学家的风格，善稽古，尤长于铨正讹谬，而不好自立新义。这里所谓新

---

① 《南史》本传。

义,是指发挥新的义理,不是指对于某些字句的新见解。因为经学上的铨正讹谬,正是训诂章句上的新见解。他的经学著述,据《本起录》著录,计有下列数种:

《孝经论语集注并自立意》共一秩十二卷。

《三礼序并自注》共一卷。

《注尚书毛诗序》共一卷。

这里,《注尚书毛诗序》,就是包括《尚书序注》和《毛诗序注》两种。《三礼序并自注》,原来东汉郑玄撰《三礼目录》,陶弘景替它作序并加注。《孝经论语集注并自立意》,据《隋书·经籍志》载,陶弘景《集注孝经》一卷,《集注论语》十卷。这里所谓"注",是直接注释本文;所谓"集注",是汇集各家的注解。"自立意"是说在"集注"之外加上自己的新解释。这些新解释,还是属于训诂章句的范围,类似所谓"新诂",不是发挥什么长篇的议论。同样的做法,他另外对于《老子》一书,除了选集各家注文作"内外集注"外,还加上一些自己的解释,所以叫做《老子内外集注四卷并自立意》。他的经学上这个特点,就是完全摆脱了当时南人讲究义理的学风。

至于同时代的梁武帝萧衍,在南朝中是大力提倡经学的一人。他撰述许多有关经学的著作,却跟陶弘景相反,完全遵循南人讲究义理的道路。略据《隋书·经籍志》所载,萧衍撰有:

《周易大义》二十一卷《周易讲疏》三十五卷

《尚书大义》二十卷

《毛诗大义》十一卷《毛诗发题序义》一卷

《礼记大义》十卷《中庸讲疏》一卷

《乐社大义》十卷《乐论》三卷

《孝经义疏》十八卷

《孔子正言》二十卷

所谓"大义"、"义疏"、"讲疏"等，大抵是南人凭古典经学发挥义理的几种主要方式。这些理论文字，卷帙都很繁重，因为尽意发挥议论，不像训诂章句受一定的拘束，所以一来就十几卷乃至几十卷。例如《周易》，经和传不过十二篇，王弼和韩康伯注本不过十卷。而梁武帝《周易大义》二十一卷，他的《周易讲疏》竟多至三十五卷。陶弘景《孝经集注》只有一卷，而梁武帝撰的《孝经义疏》就有十八卷之多。足见陶弘景所治的经学，远不是趋向当时"义疏"、"讲疏"等偏重发挥议论的道路。这是一个特点。

八 在道教史上的地位及其对于三教的态度

最后，简括地谈谈陶弘景在道教史上的地位和他对于道、儒、释三教的态度。

南北朝是道教发达时期。北方道教的重要人物是寇谦之，南方道教的重要人物是陶弘景。寇谦之的主要影响在北魏的政治，陶弘景的主要影响在学术。

与道教徒发生密切关系的技术学问，基本有两种：一是医药，二是炼丹。这两项，陶弘景都曾作出出色的成绩。不仅如此，他对于天文历算、文学艺术等各个方面也都有较深的造诣，这就显得博学多艺。他的著述，经初步统计，共有八十余种，数量之富，方面之广，在当时确是出类拔萃。关于医药、炼丹、天文历算、地理、兵书、经学、文学、艺术等著作和有关记载已在上文论述外，他撰述的有关道教典籍，如《真诰》、《登真隐诀》、《真灵位业图》等等，都是晋、宋、齐、梁时期道教史上重要的经典。《真诰》原来是他的老师孙游岳以三洞经及晋杨羲、许谧等遇真人口授诰语的原始材料传给他，陶弘景因之编撰成书。这书原有顾欢的稿本，但是脱漏和讹谬甚多，经陶弘景细心铨次校正，增益叙注，保存了很多道教史的重要资料。值得注意的一点是，其中地狱托生之说，是窃取佛说《四十二章经》之意为之，可见当时佛和道已经暗中开始混合起来了。又如《真灵位业图》，把神仙分成许多等级，看起来很是无聊，实际上是当时门阀士族严分贵贱等级的虚幻的反映。经过分析批判说明，它还是一种有用的巧史材料。

陶弘景生平勤求道法，师事孙游岳，曾经到过会稽大洪山，见居士楼慧明；又到余姚太平山，见居士杜京产；又到始宁㟅山（属会稽郡），见法师钟义山；又到始丰天台山（属临海郡），见诸僧标和各处宿旧道士。可见他为了探求道术秘诀，不怕山高水深，到处寻访明师，日夜穷究，毕竟成为上清经这个道教宗派的主要人物，在中国道教史上占着重要的位置。

陶弘景既然是道教中的重要人物，他对于佛教和"儒教"的态度，也是值得注意的问题。唐释法琳《辩正论》卷六《内异方同制旨》说：茅山道士冲和子与陶隐居，"常以敬重佛法为业，但逢众僧，莫不礼拜；岩穴之内，悉安佛像。自率门徒受学之士，朝夕忏悔，恒读佛经。"又说："《陶隐居内传》云，在茅山中立佛道二堂，隔日朝礼。佛堂有像，道堂无像。"[①] 所谓"但逢众僧，莫不礼拜"、"朝夕忏悔，恒读佛经"云云，这是释氏弟子所说，或者未免过实，可是陶弘景的确兼信佛法，史有明据。《梁书》本传说他"曾梦佛授其菩提记，名为胜力菩萨。乃诣鄮县阿育王塔自誓，受五大戒"。《瘗剑履石室砖铭》也说："华阳隐居幽馆，胜力菩萨舍身。释迦佛陀弟子，太上道君之

[①] 《大正新修大藏经》第五十二卷，第535页。此处所引《陶隐居内传》显然不是宋贾嵩撰《华阳陶隐居内传》。

臣。行大乘之六度，修上清之三真。憩灵岳以委迹，游太空而栖神。"(《陶贞白集·附录》)证明陶隐居舍身受戒，确有其事。刘大彬《茅山志》卷八《稽古篇》青坛素塔条云："按旧馆坛碑东位青坛，西表素塔。今塔已废，坛亦非旧。初皆隐居所建，表两教双修之义。"青坛属道教的建筑，素塔正是佛教的纪念物，表明"两教双修"。《南史》本传载，弘景既殁，遗令："因所著旧衣，上加生祴裙及臂衣靺冠巾法服，左肘录铃，右肘药铃，佩符络左腋下。绕腰穿环结于前，钗符于髻上。通以大袈裟覆衾蒙首足。明器有车马，道人道士，并在门中，道人左，道士右。"弟子们遵照他的遗命办了。他生前到鄮县阿育王塔受佛戒，又遗令死后以大袈裟蒙首足，墓中明器有道人，足见他兼信佛教无疑。不过因为他主要信奉道教和从事道教活动，佛教显得是次要、不惹人注意罢了。

上文曾经述说陶弘景训诂七经，为南朝推广经学的人物之一。这表明他对儒、道、释三教基本上采取了兼容并包的态度。他撰《茅山长沙馆碑》说："万物森罗，不离两仪所育；百法纷凑，无越三教之境。"又在授弟子陆敬游《十赉文》中说："崇教惟善，法无偏执。"这是陶弘景自述他兼崇三教的信念，也反映出南朝士族混融三教的一般心理。如南齐张融作《门律》云："道之与佛，逗极无二。"(《南齐书·顾欢传》)及融死，遗令："建白旐无旒，不设祭，令人捉麈尾登屋复魂，曰，吾生平所善，自当凌云一笑。三千买棺，无制新衾。左手执《孝经》《老子》，右手执《小品法华经》。"(《南齐书·张融传》)张融认为道和佛归根到底是一致的。所以愿死后用儒家的《孝经》、道家的《老子》、佛家的《法华经》殉葬。又如马枢六岁就能诵读《孝经》《论语》《老子》，及长，博极经史，"尤善佛经及《周易》《老子》义"。梁邵陵王萧纶为南徐州刺史，引他为学士。

"枢讲《维摩》、《老子》、《周易》，同日发题，道俗听者二千人"（《南史·马枢传》）。可见南朝士大夫对于佛经、《周易》、《老子》三教大义既能兼通，而且作公开宣讲，无论教内教外的人们都很感兴趣。史称梁武帝少而笃学，洞达儒玄，所著如《周易讲疏》、《毛诗答问》、《春秋答问》、《尚书大义》、《礼记大义》、《孝经义疏》、《中庸讲疏》、《孔子正言》等，都属于儒家的教义。至于道家的著作则有《老子讲疏》，梁武帝的儿子萧纲又撰《庄子讲疏》。他还长于释典，撰有《涅槃》、《大品》、《净名》、《三慧》诸经义记复数百卷。听览余闲，即于重云殿及同泰寺讲说佛经①，并舍身事佛，断戒酒肉，誓为佛门弟子②。梁武帝还赋有《述三教诗》一首，叙说信奉儒、道、释三教的经过：

> 少时学周孔，弱冠穷六经；孝义连方册，仁恕满丹青；践言贵去伐，为善在好生。中复观道书，有名与无名；妙术镂金版，真言隐上清；密行贵阴德，显证表长龄。晚年开释卷，犹月映众星；苦集始觉知，因果方昭明；示教惟平等，至理归无生。③

"少时学周孔，弱冠穷六经"，这是述学儒阶段的情况。"中复观道书，有名与无名"，这是述学道阶段的情况。"晚年开释卷，至理归无生"，这是学佛阶段的情况。大致可以划分这样三个不同阶段。而且梁武帝晚年屡次到同泰寺舍身为奴，他笃信佛法，达到如痴如狂的状态，也是事实。他在《述三教诗》后面又说："穷源无二圣，测善非三英。"那末唯有佛是最好的了。但是实

---

① 《梁书·武帝纪下》，《隋书·经籍志》。
② 释法琳《辩正论》卷三。
③ 此据《四部丛刊》本《广弘明集》卷三十上，它本文字略有出入。

际的情形，并非到后来信佛的阶段，完全排斥了前面信奉儒和道两个阶段的所作所为。就他做皇帝以后的情形而论，关于三教的措施，也是交互错综地施行。如梁天监二年，武帝信道，敕置大小道正。天监三年，武帝忽而舍道事佛；但就在同一年里，他却要求陶弘景替他炼丹。炼丹的目的在于求长生，而佛法讲求"无生"，这岂非南辕而北辙吗？天监四年，梁建国学，置五经博士，尊崇儒学。天监七年，武帝诏皇太子宗室王侯就学受经业。天监十六年，梁废国内道观，道士都还俗；但在这一年里，陶弘景进呈《周氏冥通记》于武帝。这书记载道教徒周子良修道入迷的故事。武帝看了，并加诏答云："见周氏遗迹，真言显然，符验前诰。"明年（天监十七年），陶弘景缮勒许长史旧馆坛碑于茅山。就在他屡次到同泰寺舍身回赎之后，至中大通四年，朝廷还设孝经助教，专门宣传武帝所阐释的《孝经》大义。从这种种事实里可以看出，在梁武帝即位后的漫长岁月里，道教、佛教、儒学都展开交互错综的活动。南朝佛教的发展，在梁武帝时达到了高峰，但道教、儒学并未因此停止活动。个人的癖好，固然在各个时期，有所不同；但儒、释、道作为"三教"，诚如陶弘景所说："崇教惟善，法无偏执。"对于封建统治阶级来说，"善"意味着被统治阶级的服从。无论哪一个宗教，都像马克思所说的"是人民的鸦片"①。因为"宗教是被压迫生灵的叹息"，它只能产生麻醉作用，而这是对剥削统治阶级有利的。所以尽管梁武帝公开宣布舍道事佛，然而对道教、儒教的信仰依然如故，不过重点有所不同罢了。在南朝，儒、释、道三教的相互争论是一个方面，而三教调和又是一个方面。梁武帝、陶弘景都是倾向三教调和的人，不过梁武帝的宗教活动侧重在佛，陶弘

---

① 《马克思恩格斯选集》第1卷，第2页。

景的宗教活动侧重在道。总的说来是如此，如果细分起来，各个时期的情形也有所区别。就根本上说，彼此并没有什么冲突。

必须指出，正是由于陶弘景调和三教，所以论形神的关系时，他说："形神合时，则是人是物。形神若离，则是灵是鬼。其非离非合，佛法所摄。亦离亦合，仙道所依。"[①] 这个理论，承认在自然界里，有所谓灵鬼的存在，神仙的存在，佛性的存在。一句话，人的精神是不灭的。这当然是纯粹的宗教唯心论。当其时，以梁武帝为首的一班封建贵族、士大夫们宣扬佛法，大力鼓吹神不灭，而范缜发难，主张神灭论。从此展开一场无神论与有神论激烈的大辩论。陶弘景的关于形神的言论，是与梁武帝等宗旨相契合，是为封建统治阶级服务的。正如他归隐华阳以后，仍然与梁武帝勾勾搭搭，出谋献策，所以时人称他为"山中宰相"。这样，就在政治上暴露出士族地主的本色了。

（原载《世界宗教研究》1981年第1期）

---

① 《陶隐居集·答朝士访仙佛两法体相书》。

论 葛 洪

一 绪言

葛洪,字稚川,丹阳郡句容县(今江苏省句容县)人,生于晋武帝太康四年(公元283年),卒于东晋哀帝兴宁元年(公元363年)。他是一位哲学思想家,又是笃信道教的学者。自号抱朴子。

动荡的社会,没落的家世,使葛洪感到仕途坎坷,"立功"无望,而个人的特性,也表明他"才非政事,器乏治民",于是以"不仕为荣",转向"立言"方面发展。对于国家政事的得失,风俗的良窳,教化的兴替,都一一进行评论。《自叙》篇所谓"洪少有定志,决不出身","念精治五经,著一部子书,令后世知其为文儒而已"。发愤精治五经,立志为文儒,这是他前期奋斗的目标。这时候,他的人生态度是积极救世的,明白揭橥振兴儒教为宗旨。他的基本思想,是以儒家为主导。这一阶段的思想集中反映在《抱朴子外篇》一书里。

到了后一阶段,整个客观形势变得更坏,对于精神上的刺激和感受更悲更深。从前阶段拯世救时的思想变为出世绝俗的思想。葛洪说：吾徒匹夫，加之罄困，"入无绮纨之娱，出无游观之欢，甘旨不经乎口，玄黄不过乎目"，"百忧攻其心曲，众难萃其门庭，居世如此，可无恋也"①。整个世间，对他来说，没有什么足以留恋；并且说明仙道和世事不能并行，所谓仙道"与世事不并兴，若不废人间之务，何得修如此之志乎？"② 因此，他决心舍儒从"道"——专心致志寻求长生之道，做一个宣扬神仙道教的忠实信徒。

他认为长生之道，不在祭祀鬼神，不在导引和屈伸，而在金丹大药。以金丹大药求神仙，这是一种宗教迷信。从迷信长生出发，所从事的炼丹术的研究，却使他成为一个有丰富科学经验的学者和划时代的道教人物。这一阶段的主要研究成果，集中表现在《抱朴子内篇》一书里。

葛洪的思想比较复杂，前期的绝非纯儒，后期的也并非纯道。在他前一阶段以儒家学说为主导的思想里，渗透着道家和法家的思想。在后一阶段的神仙道教思想里，却也没有容纳老庄所有的理论。比如在外篇里，葛洪以振兴儒教自命的时候，说："金以刚折，水以柔全。山以高陊，谷以卑安。是以执雌节者，无争雄之祸。"③ 这是有意识地采纳老聃的执雌、守柔、不争的人生哲学。他又说："否泰有命，通塞听天。"④ "穷达，时也，有会而不可力焉。"⑤ 这是刻意袭取庄周说的"知其不可奈何而安之若命"⑥、"死生、存亡、穷达，

---

① 内篇《论仙》。
② 内篇《金丹》。
③ 外篇《广譬》。
④ 外篇《应嘲》。
⑤ 《广譬》。
⑥ 《庄子·人间世》。

命也"① 和"安时而处顺，哀乐不能入也"② 的处世哲学和人生态度，有着浓郁的道家味道，可以视作他明显地撷取道家老庄思想的例证。

可是，在《抱朴子内篇》里，葛洪对于道家老庄的学说却采取了贬抑和排斥的态度。因为他们的基本理论与长生之道不合。葛洪说："道书之出于黄老者，盖少许耳"，"五千文虽出老子，然泛论较略耳。其中了不肯首尾全举其事，有可承接者也。但暗诵此经，而不得要道，直为徒劳耳，又况不及者乎？至于文子、庄子、关令尹喜之徒，其属文笔，虽祖述黄老，宪章玄虚，但演其大旨，永无至言。"尤其像庄周主张"齐死生，谓无异以存活为徭役，以殂殁为休息，其去神仙，已千亿里矣，岂足耽玩哉"③？神仙道教的中心目的是求练形全身，求长生不死。庄周坚持齐同死生，还说什么"以生为附赘悬疣，以死为决疣溃痈"④，这跟神仙道教的旨趣根本不可同日而语，道家和道教的分界线在这儿昭然若揭。葛洪的道教学者的身份，由此也可以看得十分清楚。

神仙道教，就其社会意义来说，远不及儒家学说为切近现实问题。但炼制金丹本身，就其科学技术的历史价值来说，则远胜儒家修齐治平的迂阔议论。

葛洪这个飘零没落的士族分子，他的前后思想变迁的脉络，大体就是从入世而遁世，从儒家而皈依神仙道教，但也始终没有忘怀儒家和道家。这是与他的阶级出身、所处时代和个人遭遇息息相关的。

---

① 《庄子·德充符》。
② 《庄子·大宗师》。
③ 内篇《释滞》。
④ 《庄子·大宗师》。

二 葛洪的时代和生平活动

葛洪的家庭属于江南著名的士族，世代有人做大官。祖父葛系在吴国，历任御史中丞、吏部尚书、太子少傅、大鸿胪、侍中、光禄勋、辅吴将军等中央要职，封寿县侯。他的父亲葛悌，仕吴为中书郎、廷尉平、中护军、五郡赴警，深得朝廷的信任。但吴亡以后，西晋政权初以故官任郎中，稍迁至大中大夫，历位大中正，肥乡令，最后迁为邵陵太守。看来葛悌后半生并不怎么得意，这是与司马氏政权对江南士族抱有一种歧视和戒心相联系的。

试观葛洪在外篇《吴失》里转述左慈告诉郑隐的话说："我生不辰，弗先弗后，将见吴土之化为晋域，南民之变成北隶也。"葛洪记述他的前辈预感亡国的悲痛，正是写出他自身深切的感受。在外篇《审举》里，他深有感慨地说："今普天一统，九垓同风，王制政令，诚宜齐一"，但是，"昔吴土初附，其贡士见偃以不试。今太平已近四十年矣，犹复不试，所以使东南儒业，衰于在昔也。此乃见同于左衽之类，非所以别之也"。西晋司马氏政权对于江南士族的歧视，规定贡士一概不给考试。这种情况，从吴土归附的初年算起，到葛洪说这番话时，已经延续达四十年之久。针对这种歧视的政策，葛洪毫不隐讳地指出，把东南的士族排斥在经术考试以外，"见同于左衽之类"。就是说，把他们视为没有什么文化的蛮夷一般。形式上采取宽饶，不加阻挠，实际上却在坑害，所谓"饶之适足以败之也"。

葛洪自己呢？当晋惠帝泰安二年，张昌举兵起义。张昌的别帅石冰进攻扬州。吴兴太守顾秘为"义军大都督"，邀任葛洪为将兵都尉，共同镇压石冰起义军。葛洪在这次战火中，立了

"战功"，于是迁伏波将军。事平之后，葛洪投戈释甲，"了不论战功"，表明没有被录用。

就在此时和稍后，天下大乱，司马氏统治集团内部互相残杀，酿成所谓"八王之乱"，还有诸少数族贵族不断举兵内侵。广大北方土地上，了无宁日。而陈敏又据江东为乱，使中原到江南的交通阻绝。葛洪欲避乱南土，乃答允新任广州刺史嵇含为参军。他担任先遣工作，不料嵇含被仇人暗杀，遂停广州多年。这些年里，他深深感到荣位势利，"须臾凋落。得之不喜，失之安悲"？后来归还乡里，礼辟皆不就。

当东晋元帝司马睿还是以琅邪王为丞相时，辟召葛洪为掾，后体念他十几年前打败石冰起义军有功，封为关内侯。到成帝咸和初年，司徒王导召补州主簿，转司徒掾，迁谘议参军。所有这些官位都只是僚佐职务，并不能伸展他的才志。加以年事渐老，欲炼丹以求长寿。听说交阯出产丹砂，求为勾漏县令。葛洪带着子侄同行，到了广州，为刺史邓嶽所留，洪乃往罗浮山炼丹。"在山积年，优游闲养，著述不辍"，直至于死[1]。

葛洪从小好学，素性寡欲，无所爱玩。为人木讷，不好荣利。闭门却扫，不爱交游。十六岁时，读《孝经》、《论语》、《诗》、《易》等儒家经典。"以儒学知名"。但是贪求博览群书，自正经诸史百家之言，下至短杂文章，近万卷，而著述时还有所引用，"竟不成纯儒，不中为传授之师"[2]。就是说，不像东汉时专门的经师聚徒讲学，传授经义。《抱朴子外篇》代表他早期的儒家思想，其中混杂着一些道家和法家等的思想内容。《百家》篇承认"正经为道义之渊海"，同时指明"子书为增深之川流"，

---

[1] 《晋书》本传。
[2] 抱朴子外篇《自叙》。

儒家的经典称"正经","正经"之外,却又容纳子书百家的学说,就是"不成纯儒"的最好说明。随着时势的动荡不定,渐渐消极遁世,舍儒入道,著述《抱朴子内篇》,大肆鼓吹神仙道教,宣扬"道"。"道"也就是"玄",是葛洪宗教哲学的核心,是神仙道教在理论上的最高概括。这是他在后期形成的,是他一生中最后的精神归宿,最高的宗教幻想。

我们说《外篇》撰述在《内篇》之先,有葛洪自己的话为证。如内篇《黄白》云:"余若欲以此辈事骋辞章于后世,则余所著《外篇》及杂文二百余卷,足以寄意于后代,不复须此。"这可以说是有力的证明。明确这一点,对于了解葛洪一生思想变迁的脉络是很有帮助的。

三　葛洪的哲学思想及其发展过程

葛洪在《外篇》里崇尚儒教,矫正时弊,到《内篇》里宣扬道本儒末,舍儒从道,这是一个重要的发展过程。现在分别加以研究。

(一)《外篇》的思想

1. 以复兴儒教为宗旨

如前所述,葛洪是江南著名的士族,吴亡之后,世道陵夷,使他早萌"不仕王侯"的志向。但愿"拥经著述","立言助教","兴儒教以救微言之绝"[①]。这里,"兴儒教","救微言",正是他立志要做儒学理论家的旨趣。

"世道多难,儒教沦丧,文武之轨,将遂凋坠",是促成他

---

① 外篇《嘉遁》。

决心要"兴儒教"的原因。所以他首先要求整饬司马氏统治集团内部的王侯公族和贵戚姻亲败坏风教的行为。他说:"今圣明在上,稽古济物","想宗室公族及贵门富年,必当竞尚儒术,搏节艺文,释老庄之不急,精六经之正道"①。我们知道魏晋时期流行的玄风,竞尚老庄,鄙薄周孔。葛洪以复兴儒学自任,当然就要对"老庄之诞谈"以及放诞的行为,给以无情的打击。

儒学首要的任务就是要维护封建的秩序、纲常和名教。君臣上下尊卑的区分,被认为是天经地义,绝不能动摇的。他说:"清玄剖而上浮,浊黄判而下沉,尊卑之威,于是乎著。往圣取两仪,而君臣之道立。"② 依照儒家传统的说法,天在上,地在下,天是高的,地是卑的,所以君尊臣卑的纲常和名分就确立下了。君主的尊严,表现在能够"独断"、专制,比如"发号吐令,则翰若震霆之激响"。君主的发号施令,如同雷霆的响声一般,震骇广大的臣民。臣民们只有俯首帖耳地服从。封建国家元首的尊严和权威,就是这样树立起来。封建元首有不对的地方,为人臣的虽然可以婉言进谏补过,但绝不可以专威擅权,发生什么大臣废立君主的事情。因为"君,天也,父也。君而可废,则天亦可改,父亦可易也"。况且"方策所载,莫不尊君卑臣,强干弱枝,《春秋》之义,天不可雠,大圣著经,资父事君,民生在三,奉之如一,而许废立之事,开不道之端,下陵上替,难以训矣"③。我们知道晋朝开国皇帝司马炎本来是魏元帝曹奂朝廷的权臣,后来把曹奂废掉,自立为帝。葛洪这些议论,可以说是针对当朝政变说的。在他看来,废立的檄文,往往以"顺天

---

① 外篇《崇教》。
② 外篇《君道》。
③ 外篇《良规》。

应人"为口实，实际上只是顺从与自己有密切关系的小圈子里的几个人，毕竟是大逆不道的行为。所以断言："废立之事，小顺大逆，不可长也。"这就是说，背叛和忤逆的政治行为，绝不可以助长的。这也是对司马氏集团口头上提倡名教、实际上背叛礼教的一种讽刺和鞭挞。

2. 论才德

自从东汉末年，各地军阀割据混战，竞争人才，扩充势力。献帝建安十九年曹操令："夫有行之士，未必能进取；进取之士，未必能有行也。陈平岂笃行，苏秦岂守信邪？而陈平定汉业，苏秦济弱燕。由此言之，士有偏短，庸可废乎？"这种偏重才智、轻视德行的思想，在徐干的《中论》里也有同样的反映。他说：士或明哲穷理，或志行纯笃，二者不可得兼，只有择取明哲。所谓"明哲"，就是明智。因为明智的人，"乃能殷民阜利，使万物无不尽其极者也。圣人之可及，非徒空行也，智也"①。这种强调明智的思想对葛洪发生了深刻的影响。他曾撰《仁明》篇，阐述这个思想。所谓"明者，才也；仁者，行也"。"明"指才智，"仁"指德行。他认为单有德行而无才智，不能算是人才。比如"介洁而无政事者，非拨乱之器。儒雅而乏治略者，非翼亮之才"②。什么真假、好坏的事情都认识不清，怎能谈得上救世济民呢？他这样说：

> 夫体不忍之仁，无臧否之明，则心惑伪真，神乱朱紫，思算不分，邪正不识，不逮安危，则一身之不保，何暇立以济物乎？昔姬公非无友于之爱，而涕泣以灭亲。石碏非无天性之慈，而割私以奉公。盖明见事体，不溺近情，遂为纯

---

① 《中论·智行》。
② 外篇《博喻》。

臣。以义断恩，舍仁用明；以计抑仁，仁可时废，而明不可无也。汤武逆取顺守，诚不仁也；应天革命，以其明也。徐偃修仁，以朝同班，外坠城池之险，内无戈甲之备，亡国破家，不明之祸也。

这里举出历史上一些事例，说明"仁"或"不仁"行为的好坏，应该以有无"明智"来判断。如商汤伐夏桀，周武王伐殷纣，都是"逆取"天下，诚然是"不仁"的行为，但是他们"应天革命"，吊民伐罪，就表示明智，是可以这样做的。所以用人的标准，应该以聪明才智为先决的条件，甚至不惜"舍仁用明"。他举例说："孔子曰聪明神武，不曰聪仁。又曰，昔者明王之治天下，不曰仁王。《春秋传》曰明德惟馨，不云仁德。《书》云元首明哉，不曰仁哉。"凡此种种，说明才智聪明比德行更为重要。在选用人才方面，葛洪强调"明"、才智，可以说同曹操、徐干的思想是一脉相承的。

才智有长短，长短也是相对说的。比如韩信善战守，而拙治理之策；周勃能安社稷，可是缺乏对答的口才。说一个人好，不是样样都好。说一个人美，不是说毫无缺陷。葛洪说：世人"莫不褒尧，而尧政未必皆得也。举世莫不贬桀，而桀事不必尽失也……西施有所恶而不能减其美者，美多也。嫫母有所善而不能救其丑，丑笃也"[①]。相对地说，西施"美多"，虽然有点小疵，不能减其美。嫫母"丑笃"，虽则有所善，还是不能救其丑。这种相对地比较，既然看到事物量的差别，同时注意事物质的分界线，把美和丑的性质确定下来。这跟庄周讲的相对主义无分美与丑是根本不同的。

葛洪强调才智有长短，目的在于用其所长。他说："用得其

---

① 《博喻》。

长，则才无或弃。偏诘其短，则触物无可。或轻罗雾縠，冶服之丽也，而不可以御流镝。沈闾巨阙（良剑名）断斩之良也，而不可以挑脚刺。"① 轻罗雾縠，在用处上有它擅长的一面，又有偏短的一面，只能用其所长。用其所长，就不能对它的短处求全责备。所以"小疵不足以损大器，短疢不足以累长才"。就自然界的现象说，"日月挟虫鸟之瑕，不妨丽天之景。黄河合泥滓之浊，不害凌山之流"。就社会上人事而论，"树塞不可以弃夷吾（管仲），夺田不可以薄萧何，窃妻不可以废（司马）相如，受金不可以斥陈平"②。反复说明在用人问题上应该用其所长，不可斤斤计较其所短，尤其不应"以细疵弃巨美"，"以少累废其多"。

葛洪论才德，强调才智的重要性，又论才有长有短，应该用其所长，不计其所短。尤其说"尧政不必皆得"，"桀事未必尽失"，这些观点都不属正统儒家的思想。

3. 反对无君论

葛洪从维护礼教出发，强调"君道"和"臣节"，在外篇里，各有专题发挥和论证，足见他对于君臣之道，甚为重视。并且说，"君臣之大，次于天地"③。那末，他对于当时无君论思潮所持否定的态度，可以思过半矣；对于鲍敬言的激烈言论的反驳，也是意料中事。可以说《诘鲍》篇是葛洪一贯维护君臣之道的一篇论战性的作品，是《抱朴子外篇》里宣扬儒家礼教一个突出的课题。

《诘鲍》篇把君臣上下的秩序比附自然界的现象来说：混沌

---

① 《博喻》。
② 同上。
③ 外篇《应嘲》。

初开，乾坤定位，轻清的气上升为天，重浊的气下降为地，因而天尊地卑的观念成为厘定君臣上下的人伦原则。他说："冲昧既辟，降浊升清。""乾坤定位，上下以形。远取诸物，则天尊地卑，以著人伦之体；近取诸身，则元首股肱，以表君臣之序，降杀之轨，有自来矣。"这是说，有天地就有上下之分，从而有君臣就有尊卑之别。这是从《周易·系辞》上说的"天尊地卑，乾坤定矣；卑高以陈，贵贱位矣"的儒家经义推衍而来，为封建社会的经济、政治、伦理制度服务的，是统治阶级传统的唯心主义谬论。

另一方面，无君论者以为上古无君无臣，纯朴自然，"入无六亲之尊卑，出无阶级之等威"，远胜于今世。葛洪则反驳说，如果以这样为理由，那末远古时代，人兽杂居，巢栖穴窜，茹毛饮血的生活也胜过现在了。他特别对当时崇尚老庄自然主义的思潮表示强烈地反对，说："雅论所尚，唯贵自然。"请问：民知有母而不知有父，这是上古生民自然的习性，难道也应该保存到现在吗？又说：

> 古者，生无栋宇，死无殡葬，川无舟楫之器，陆无车马之用，吞啖毒烈，以至殒毙。疾无医术，柱死无限。后世圣人改而垂之，民到于今，赖其厚惠，机巧之利，未易败矣。今使子居则反巢穴之陋，死则捐之中野，限水则泳之游之，山行则徒步负戴，弃鼎铉而为生臊之食，废针石而为自然之病，裸以为饰，不用衣裳，逢女为偶，不假行媒，吾子亦将不可也，况于无君乎？①

这些言论，说明远古本来没有君主，后世立君，改变自然状态，"去害兴利，百姓欣戴"，是有它的历史的必然性。远古社会，

---

① 外篇《诘鲍》。

蒙昧自然，毫无文明，后世"圣人"逐渐改变它，这是进步现象，不能再返回太古自然的状态。我们认为葛洪驳难鲍敬言的无君论，是从维护封建的政治伦理制度出发，所谓君臣之义，无所逃于天地之间，这是他的士族地主阶级立场所决定，深受儒家的君臣（包括君民）传统思想的束缚，无疑是保守的。他对于历史上和当时农民起义军那末对立和仇恨，显然又是反动的。可是就在与鲍敬言的论战中，他针对着老庄自然主义的观点，指出后世的种种文明比远古的蒙昧自然要优胜得多，这个观点是符合历史进化论的，应当实事求是地加以适当的肯定。

4. 贵今思想

葛洪的贵今思想，不是偶尔一次出现。他有许多言论，是符合历史进化论的。《文行》篇批评贵古贱今的思想说："世俗率贵古昔而贱当今，敬所闻而黩所见。同时虽有追风绝景之骏，犹谓不及伯乐之所御也。""虽有生枯起朽之药，犹谓不及和鹊之所合也。虽有冠群独行之士，犹谓不及于古人也。"这是世俗人认为一切今不如古。还有《钧世》篇说：无论著书立说，作文章，世俗认为"古人所作为神，今世所著为浅"，"古书虽质朴，而俗儒谓之堕于天地，今文虽金玉，而常人同之于瓦砾也。然古书者虽多，未必尽美"。又说："若舟车之代步涉，文墨之改结绳，诸后作而善于前事，其功业相次千万者，不可复缕举也。世人皆知之快于曩矣，何以独文章不及古人耶？"这是明白提出今人著书写文章未必比古人差，驳斥了贵古贱今，贵远贱近的思想，明确建立了"诸后事而善于前事"的进化观。

在科学技术的应用方面，也存在着贵古贱今的思想。如葛洪撰《肘后备急方序》云："世俗苦于贵远贱今，是古非今，恐见此方无黄帝、仓公、和、鹊、踰跗之目，不能采用，安可强乎？"这是批判当时人对医学上是古非今的偏见说的。《尚博》

篇更广泛而深刻地阐明:"世俗率神贵古昔而黩贱同时",所以"仲尼不见重于当时,《太玄》见蚩薄于比肩也"。况且"俗士多云今山不及古山之高,今海不及古海之广,今日不及古日之热,今月不及古月之朗。何肯许今之才士,不减古之枯骨。重所闻,轻所见,非一世所患矣"。贵古贱今的观念,由来已久,所以说"非一世之所患"。而葛洪揭露并批判这种"今山不及古山之高","今月不及古月之朗"的崇古思想,是犀利而动人的。坚持凡事今不如昔,是历史倒退的观念作祟。承认今胜于古,这是历史进化的思想。葛洪从多方面反复说明今胜于古,这样的观点是值得肯定。

先秦传统的儒家,大体说来,主要分为两大派。孟轲言必称尧舜,鼓吹法先王,属于崇古派。荀况则是贵今派,主张"至治之极复后王"①。这个后王,就是指当今的帝王。他说:"舍后王而道上古,譬之犹舍己之君而事人之君。故曰,欲观千岁,则数今日。"② 葛洪说的"儒学"或"儒教",基本上是继承荀况这一派贵今的思想。

(二)《内篇》的思想

1. 道本儒末、舍儒从道

葛洪由救世转向出世的突出标志之一是在《内篇》里强调"道"是根本,"儒"是末节。他说:"道者,儒之本也。儒者,道之末也。"③ 值得注意的,在《外篇》里,只讲儒学是救世的良方,绝没有道本儒末的思想,也没有调和儒道的旨趣。

---

① 《成相》。
② 《非相》。
③ 《明本》。

"道"是什么呢？他说："道者，涵乾括坤，其本无名。论其无，则影响犹为有焉；论其有，则万物尚为无焉。"① "道"不能从数量上计算多少，不能从形象上看得仿佛，不能从声音上听到什么。"强名为道，已失其真，况复千割百剖，亿分万析，使其姓号至于无垠，去道辽辽，不亦远哉"？② 这个无名的"道"，不能言说，不能分析，实际上就是虚无缥缈迷离恍惚的神秘力量。它支配着天地万物，"凡言道者，上自二仪，下逮万物，莫不由之"③。道能够内以治身，外以理国，最高的信念，终极的目的，就是长生之道。在赤松子、羡门子高等神仙活动的天国里，随意游荡，或听钧天之乐，或享九芝之馈，多么幸福啊！所谓"道也者，逍遥虹霓，翱翔丹霄，鸿崖六虚，唯意所造"④。总的说来，他所谓的"道"，无非是指神仙道教罢了。

葛洪还在内篇《塞难》篇假设有人提出难易的问题。他自己作了如下的分析和回答，说：

> 儒者，易中之难也。道者，难中之易也。

> 夫弃交游，委妻子，谢荣名，损利禄，割粲烂于其目，抑铿锵于其耳、恬愉静退，独善守己，谤来不戚，誉至不喜，睹贵不欲，居贱不耻，此道家之难也，出无庆吊之望，入无瞻视之贵，不劳神于七经，不运思于律历，意不为推步之苦，心不为艺文之役，众烦既损，和气自益，无为无虑，不怵不惕，此道家之易也，所谓难中之易矣。

他说道家"难中之易"的理由是如此。接着分析儒家"易中之难"的理由，说：

---

① 内篇《道意》。
② 《明本》。
③ 同上。
④ 同上。

> 夫儒者所修，皆宪章成事，出处有则，语默随时，师则循比屋而可求，书则因解注以释疑，此儒者之易也。钩深致远，错综典坟，该河洛之籍籍，博百氏之云云，德行积于衡巷，忠贞尽于事君，仰驰神于垂象，俯运思于风云，一事不知，则所为不通，片言不正，则褒贬不分，举趾为世人之所则，动唇为天下之所传，此儒家之难也。所谓易中之难矣。

经过两相比较，最后，他得出结论是："笃论二者，儒业多难，道家约易，吾以患其难矣，将舍（难）而从其易矣。"表明了舍儒从道的志向。

葛洪舍儒从道的表面理由是如此。这里还需指明的是，他舍儒从道，是志向的改变。从救世的儒家理想转到遁世的道家幻想，真的说来，这不是舍难从易的问题。他也说过："儒教近而易见，故宗之者众矣。道意远而难识，故达之者寡焉。"[1] 直率承认了儒易而道难。社会上一般人是这样的认识，葛洪自己何尝没有这样的体会呢？他离俗遁世，皈依神仙道教，不能不感到很孤寂和苦闷。在社会上只有受讥诮，没有得到众人的同情。所以说："世之讥吾者，则比肩皆是也。可与得意者，则未见其人也。若同志之人，必存乎将来，则吾亦未谓之为希矣。"[2] 原来神仙道教是脱离广大社会下层的只有极少数贵族官僚信奉的宗教。即使信仰神仙的人，何尝不知修仙是一条极其艰难的可望而不可即的道路，而葛洪说是"约易"，这是出于宗教上追求神仙、宣传神仙可学的需要，目的是想劝诱众多信教的人。

2. 宿命论

葛洪宣扬天地之间有神仙，神仙可求，神仙不死。究竟有多

---

[1] 《塞难》。
[2] 同上。

少理由令人信服呢？他自己也很茫然，只得寄望于未来的"同志之人"。为了坚定自己的信念，相信人生有命，他说：

> 仙经曰，服丹守一，与天相毕，还精胎息，延寿无极。此皆至道要言也。民间君子，犹内不负心，外不愧影，上不欺天，下不食言，岂况古之真人，宁当虚造空文，以必不可得之事，诳误将来，何所索乎？苟无其命，终不肯信，亦安可强令信哉？①

这是说，仙经上讲的长生之道，一点儿没有错，可以完全相信。问题在于世人有没有爱好神仙的命根，"苟无其命，终不肯信"。《塞难》篇更进一步申述命与仙道的关系："命属生星，则其人必好仙道。好仙道者，求之亦必得也。命属死星，则其人亦不信仙道。不信仙道，则亦不自修其事也。"他更把宿命论与先验的人性论相互联系起来，又把宿命论跟神秘的胎气说相互联系起来。他说：

> 按仙经以为诸得仙者，皆其受命偶值神仙之气，自然所禀。故胞胎之中，已含信道之性。及其有识，则心好其事，必遭明师而得其法，不然，则不信不求，求亦不得也。②

比如，他引《玉钤经》上说的："人之吉凶，制在结胎受气之日，皆上得列宿之精。"其值贵宿则贵，值富宿则富，值贱宿则贱，值贫宿则贫，值寿宿则寿，"值仙宿则仙"。说明人生本有定命，"苟不受神仙之命，则必无好仙之心，未有心不好之而求其事者也，未有不求而得之者也"③。就是说，一个人先有神仙之命，才有好仙的心。有了好仙的心，才去求仙。只有求神仙，

---

① 内篇《对俗》。
② 内篇《辩问》。
③ 同上。

才能成为神仙。归结到底，迷信"命"是成仙的基础。

3. 神秘主义的本体论——"玄"

把神仙思想和宿命论糅合起来，构成了葛洪的脱离社会实际的超现实世界的人生观，而比人生观更高更概括的思想是葛洪的神秘主体的本体论，即内篇《畅玄》里所着重阐述的"玄"。

"玄"是什么呢？葛洪说："玄者，自然之始祖，而万殊之大宗也。眇昧乎其深也，故称微焉。绵邈乎其远也，故称妙焉。其高则冠盖乎九霄，其旷则笼罩乎八隅。光乎日月，迅乎电驰。"又说："因兆类而为有，托潜寂而为无。沦大幽而下沈，凌辰极而上游。金石不能比其刚，湛露不能等其柔。方而不矩，圆而不规。来焉莫见，往焉莫追。"这样一个深、微、远、妙，至高极广，至刚极柔，方不算方，圆不算圆，忽有忽无，来去无踪的神秘莫测的东西，却能使天以之高，地以之卑，云以之行，雨以之施，"胞胎元一，范铸两仪，吐纳大始，鼓冶亿类"。它是神秘主义的本体，产生天地万物的总根源。

这样一个超自然的神秘主义的本体——"玄"，是以神仙思想和宿命论为基础的最高的理论概括，是道教唯心主义哲学的核心。对于这个"玄道"，修仙的人，不能不感到高不可登，深不可测，只有用冥思苦想去探索。其方法就是"守一"。"守一"的思想，渊源久远。《老子》书里就有"得一"、"抱一"的说法。第三十九章所谓天得一以清，地得一以宁，神得一以灵，万物得一以生。《庄子·天地篇》引《记》曰："通于一而万事毕。"前汉的《淮南子·精神训》更说："夫天地运而相通，万物总而为一。能知一，则无一之不知也。不能知一，则无一之能知也。"所有这些道家的思想言论都被吸收到《抱朴子内篇·地真篇》里。后汉道教原始经典《太平经》对守一法的阐明尤其详备。如云："子知一，万事毕"；守一事法，"可以长生"等，也被引述于《地真篇》。"抱一"、"得一"、"知一"、"通于一"，其要在"一"，都是一个意思。值得注意的是，葛洪把守一分为"守玄一"和"守真一"，这是对守一论的发展。

道教把"一"神秘化，首先是把"一"拟人化。所谓"一有姓字服色，男长九分，女长六分，或在脐下二寸四分下丹田中，或在心下绛宫金阙中丹田也，或在人两眉间，却行一寸为明堂，二寸为洞房，三寸为上丹田也。此乃是道家所重，世世歃血，口传其姓名耳"①。这种拟人化，实质上把"一"说成是活灵活现的人格神。

那末真一之道是什么呢？葛洪说："长生仙方，则唯有金丹；守形却恶，则独有真一。"又说：

> 守一存真，乃能通神。少欲约食，一乃留息；白刃临头，思一得生；知一不难，难在于终；守之不失，可以无穷；陆辟恶兽，水却蛟龙；不畏魍魉，挟毒之虫；鬼不敢近，刃不敢中。此真一之大略也。②

按照他的说法，金丹大药，是令人长生不死的仙方；真一之道，是令人饿不死、杀不伤，猛兽、毒虫、凶鬼不敢接近为害的神术。所谓"知一"也罢，"守一"也罢，无非是教修道的人，灌注全副精神在人体的下丹田、或者中丹田、或者上丹田的部位，精诚思念这个有姓字服色的"一"，即所谓"思一"。这是"玄道"之中十分神秘的一种。

玄一之道是什么呢？玄一与真一差不多，只是多了分形术，而且"守玄一"比"守真一"容易。葛洪说："玄一之道，亦要法也。无所不避，与真一同功。吾《内篇》第一名之为《畅玄》

---

① 《地真》。
② 同上。

者，正以此也。守玄一复易于守真一。真一有姓字长短服色目，玄一但此见之。""守玄一，并思其身，分为三人，三人已见，又转益之，可至数十人，皆如己身，隐之显之，皆自有口诀，此所谓分形之道。"① 可见玄一之道囊括了所谓分身术。葛洪《神仙传》载：东汉末年，蓟子训在洛阳会见诸朝士贵人，凡二十三家，各有一个蓟子训。"二十三人所见皆同时，所服饰颜貌无异。唯所言话，随主人意答，乃不同也。"京师大惊异，其神变如此。又载曹操遣使收捕左慈，既入狱，狱吏欲拷掠左慈，忽见户中有一左慈，户外又有一左慈，不知孰是。说明蓟子训和左慈是能够分形的。

葛洪认为玄一之道只能"通神"，还不能达到长生不老。他说："师言欲长生，当勤服大药；欲得通神，当金水分形。形分则自见其身中三魂七魄，而天灵地祇，皆可接见，山川之神，皆可役使也。"② 无论玄一或真一都是神秘主义的方法。这种神秘主义的方法是与"玄道"息息相通的。

葛洪说："夫玄道者，得之乎内，守之者外，用之者神，忘之者器，此思玄之要言也。"③ 这样一种神秘主义的理论和神秘主义的方法是从内心获得的宗教哲学，是一种虚诞神怪的玄想，永远达不到目的的妄求。

4. 炼丹实验和医学的贡献

有趣的是另一方面的事：为了寻求长生之道，去讲究炼丹、从事炼丹。我们知道，饵丹求仙是一种迷信。但是炼丹术本身是一种科学的实验，是近代化学的前驱。它的意义和作用，不能低

---

① 《地真》。
② 同上。
③ 《畅玄》。

估。葛洪在这方面的贡献是突出的，值得重视。

首先是炼丹术对化学方面的贡献。早在东汉晚期，魏伯阳著的《周易参同契》，素有丹经之祖的称号，但是《参同契》着重的只是理论性的描述，缺少具体方法。在科学技术上，《抱朴子内篇》里《金丹》和《黄白》两篇，那样具体介绍许多炼丹的方法，尤其像《黄白》篇记载以武都雄黄作黄金的方法这样详密，这在《参同契》以及葛洪以前任何道书里是没有的。

葛洪对炼丹术的发展提供了可靠的史料。以《金丹篇》为例，它涉及的药物有铜青、丹砂、水银、雄黄、矾石、戎盐、牡蛎、赤石脂、滑石、胡粉、赤盐、曾青、慈石、雌黄、石流黄、太乙余粮、黄铜、珊瑚、云母、铅丹、丹阳铜、淳苦酒等二十二种，"显然较魏伯阳《参同契》里所提到要多得多"①。

葛洪从炼丹实验里观察到不少化学反应的现象，把它概括为科学的名言。如《金丹篇》说："丹砂烧之成水银，积变又成丹砂。"丹砂就是硫化汞。从丹砂变丹砂，值得注意的是化学的"积变"。把丹砂加以烧炼，其中所含的硫变为二氧化硫，游离出水银。再使水银和硫黄化合，便成黑色的硫化汞；放置密闭器内调节温度，便成为赤色硫化汞了。

又如描述铅的化学变化也是很有趣的。《黄白篇》记载："铅性白也，而赤之以为丹；丹性赤也，而白之以为铅。""铅性白也"，是说铅经过化学变化可以变成铅白，即白色的胡粉，可以擦面。铅白加热后经过化学变化，可以变成赤色的铅丹，这是所谓"赤之以为丹"。赤色的铅丹再加热分解后，可以变成铅白，这是所谓"白之以为铅"。葛洪这几句概括性的话，正是

---

① 张子高《中国化学史稿》古代之部第69页。

"他对铅的化学变化作了一系列研究之后所得的结论"①。

还有葛洪对于金属取代作用的实验和观察也值得注意。《黄白篇》说:"以曾青涂铁,铁赤色如铜;以鸡子白化银,银黄如金,而皆外变而内不化也。"曾青一名胆矾,也就是硫酸铜。用曾青涂铁,就是使铁和硫酸铜溶液起化学作用,铁取代硫酸铜里的铜,它的表面附有一层红色的铜,所以说"铁赤色如铜"。这表明"葛洪已经实验过铁与铜盐的取代作用"②。

近代的科学史家还注意到"金丹"这个术语始见于《抱朴子内篇》,制炼金丹的屋类似现在的实验室,用来密封炼丹反应器的泥状混合的药物——六一泥,也是最早记载在《抱朴子》里的。

葛洪的炼丹术传授的渊源很深。先自左慈授他的从祖葛玄,葛玄授郑隐,郑隐以授葛洪③。他的岳丈人鲍玄(玄一作靓)又对他发生重要的影响。《晋书》本传说:"洪传(鲍)玄业,兼综练医术。凡所著撰,皆精核是非,而才章富赡。"可见葛洪的炼丹术接受了好几方面的师承和影响。

总的说来,葛洪在炼丹史上的贡献:一是首次记载了许多现已失传的炼丹著作;二是第一次具体记述了许多炼丹的方法,《金丹》、《黄白》两篇中有些方法是经过实验的,记录得很详细;三是通过这些炼丹法的描述,知道一些炼丹的主要材料是什么,它的化学反应又是怎样形成的。对于自然科学的这一贡献,却是葛洪始料弗及的。他的妄求神仙的迷信观念,已成历史的陈迹,然而他的炼丹术却是我们民族,乃至世界人民的宝贵财富。

---

① 黄国安《葛洪篇》,《中国古代科学家》修订本。
② 参看袁翰青《中国化学史论文集》,第190页。
③ 《金丹》。

此外，葛洪在医学上的贡献也是巨大的。例如，他撰《金匮药方》一百卷，可惜早已失传了。又有《肘后备急方》（即《肘后救卒方》）八卷，今存。《抱朴子内篇·杂应篇》和《肘后备急方序》都称《救卒方》三卷。明正统《道藏》正一部《肘后备急方》八卷，误题作葛仙翁撰。八卷本的《肘后备急方》，已非葛洪著作的本来面目。它已经后人增补，附加许多后世的药方了。值得注意的，他在医学上的卓越贡献，对一些传染病的认识有比较详细的记载。如《肘后备急方》卷一《治尸注鬼注方》中对结核性传染病的认识，云："其病变动，乃有三十六种，至九十九种。大略使人寒热淋沥，恍恍默默，不的知其所苦，而无处不恶。累年积月，渐就顿滞，以至于死。死后复传之旁人，乃至灭门。觉知此候者，便宜急治之。"这种认识是相当精确和深刻的。所谓"尸注"、"鬼注"的"注"，指一人死，他人复得气相灌注也，就是病菌传染的意思。所谓"尸"、"鬼"，乃指病原体说的。又如《肘后备急方》卷二《治伤寒时气温病方》中关于天花的记载："比岁有病时行，仍发疮头面及身，须臾周匝，状如火疮，皆戴白浆，随决随生，不即治，剧者多死。治得差后，疮瘢紫黑，弥岁方灭。"基于这种认识并开的药方，在治疗天花传染病的医史上都是珍贵的资料。

葛洪不但认识了某些传染病，而且还认识免疫的方法。如《肘后备急方》卷七《治卒有猘犬凡所咬毒方》中记载治疗疯狗咬伤人的医方，说："仍杀所咬犬，取脑傅之，后不复发。"用疯狗的脑浆涂在被疯狗咬伤的患处，以毒攻毒，治愈以后，不再发病。这就是免疫法[①]。

所有这些对传染病和免疫法的认识，以及《抱朴子内篇》

[①] 参阅《中国古代科学家》修订本，第57—58页。

《仙药》篇论本草药物、《极言》篇强调人们应该养身保健，增强体质和抵抗风寒暑湿的能力，都表明葛洪在医学和药物学上一些卓越的见解和贡献。

复次，葛洪研究天文，撰有《浑天论》；探讨潮汐的涨落，著《潮说》；注意军事兵法，有《抱朴子军术》等撰作。根据诸书著录，他的著述，总计不下六十余种之多。其中有真的有假的；有精华，也有糟粕，应当分别对待，不能一概而论。从他的一些有代表性的著作看来，其学问方面之广，著述之宏富，实在令人惊异。

5. 几个自发的唯物主义观点

与上述炼丹术和医学等主要科学技术的成就紧密相联系，葛洪有一些片断的自发的唯物主义观点。这些观点，作为二重人格中的科学实验家反映出来。大致说来，有下列几项：

（1）论气生天地万物

宇宙的本原是物质性的"气"，还是其他精神性的什么东西，这是区别古代唯物主义或唯心主义观点的基本标志。主张先有气，然后产生天地万物，这种观点，由来已久。混沌为一的气叫元气，等到它分离以后，清气为天，浊气为地。"天地合气，万物自生。犹夫妇合气，子自生矣。"① 抱朴子继承这种思想，在《至理》篇说："自天地至于万物，无不须气以生者也。"这个气生天地万物的理论，无疑是朴素唯物主义的观点。这个观点，除了思想上有它的来源以外，重要的在于对自然科学长时间的实验和观察有密切的关系。他在《黄白》篇论自然变化的原理说："云雨霜雪，皆天地之气也。而以药作之，与真无异也。"认识了云雨霜雪都是天地之气变成的。天地之气就是一种自然的

---

① 《论衡·自然》。

物质。它能变成云雨霜雪，也能变成雷电风雹，扩大来说，自然界一切有机物和无机物都是由"气"变化生成的。

(2) 论物类变化

自然界物类的变化是形形色色的，无穷无尽的。比如，"气变物类，虾蟆为鹑，雀为蜄蛤"①。这些属于自然变化的现象。而人工的变化可以替代自然，则是一种巨大的创造。如水火在天，而人们用凹铜镜向日可以取火，用方铜镜在月下可以取水。"铅性白也，而赤之以为丹；丹性赤也，而白之而为铅"②。铅白变赤丹，赤丹变铅白，是人工变化出来的。天空的云雨霜雪是自然变化，但是人们掌握了自然变化的规律和方法，就能制造人造雨、人造冰、人造雪。人工用异物制造出跟自然物一模一样的东西，在葛洪的认识里颇为明确。他说："变化者，乃天地之自然，何为嫌金银之不可以异物作乎？"③ 金和银也是能够用别种材料制造成功的。又如"水精本自然之物，玉石之类"，但"外国作水精碗，实是合五种灰以作之。今交、广多有得其法而铸作之者"④。说明物类变化无穷，人工的变化，可以巧夺天工。但是世间无知的人常常不肯相信，葛洪批评道："愚人乃不信黄丹及胡粉是化铅所作；又不信骡及駏驉是驴马所生。云物各自有种。况乎难知之事哉？夫少所见，则所怪多，世之常也。"⑤ 所谓"物各自有种"。某一种东西只能变生某一种东西，比如说马生马，驴生驴，水精是自然的玉石之类，倘在狭小的范围内可以这么说，但对天地间纷纭复杂的物类变化来说，毕竟是局限于形

---

① 《论衡·无形》。
② 《黄白》。
③ 同上。
④ 《论仙》。
⑤ 同上。

而上学的同一律。他还根据物类变化的许多现象的认识，敢于突破古圣姬旦、孔丘所说以及书本所载的框框，批评那些见识狭小的人，"以周孔不说，坟籍不载，一切谓为不然，不亦陋哉"[①]！葛洪批判"物各自有种"的说法，不能不说是含有朴素的自然辩证法的思想因素。

（3）论形神关系

形神的关系也就是表明思维和存在、精神和物质的关系，是哲学思想家不断讨论的问题，而且是判明唯物主义或唯心主义观点的关键所在。葛洪说："夫有因无而生焉，形须神而立焉。有者，无之宫也。形者，神之宅也。故譬之于堤，堤坏则水不留矣。方之于烛，烛糜则火不居矣。形劳则神散，气竭则命终。"[②]从这两个比喻来看，把"形"比作堤，"神"比作水；把"形"比作烛，"神"比作火，说明堤坏则水不留，烛糜则火不居，所得的结论是：精神依附于形体。这是朴素唯物主义的观点。而且以烛火比喻形神的关系，正是汉代桓谭、王充以来唯物主义的传统。所谓"形者，神之宅也"，也是表明形体是精神寄寓的地方，精神是依存于形体的。但是所说"形须神而立"这个命题，显然是不正确的。因为形体属于物质，物质不是精神的产物，相反，精神却是物质的最高产物。这个命题也是跟他所举两个比喻的结论"形劳则神散，气竭则命终"相矛盾的。所以前面"形须神而立"这个命题是主观臆断的，精神的作用被过分夸大了的。后面这个结论是符合客观实在，同自然变化的规律相符合的。

我们知道葛洪是通晓古代医学原理的。他说的"形者神之

---

① 《黄白》。
② 《至理》。

宅也"以及"形劳则神散，气竭则命终"是从医学原理上体验得来，与古医经的理论相契合的。《灵枢·邪客篇》云："心者，五藏六府之大主也，精神之所舍也。其藏坚固，邪弗能容也，容之则心伤，心伤则神去，神去则死矣。""心"是人体内五脏之主，是血液周流全身的中枢器官。抱朴子说："形者神之宅"，同《灵枢》说"心"是"精神之所舍"的原理相符合。抱朴子说的"形劳则神散，气竭则命终"，与《灵枢》说"心伤则神去，神去则死"的意思也是相合拍。从这里可以看出，前面这个"形须神而立"的命题是唯心主义宗教家幻想出来的被颠倒了的命题，后面的结论是科学家所做实事求是的概括。

应当指出，唯物主义一元论是排除精神和肉体二元论的，主张精神不是离开肉体而单独存在的，精神只是头脑的机能罢了。所以上述堤水和烛火的比喻，在理论上都是不完密、有缺陷的。从形神关系的问题看来，在葛洪身上，体现了宗教家和科学家两重不同的人格，因而他的思想，唯物论和唯心论，也往往不免左右矛盾、互相牴牾了。

四　结束语

葛洪的思想，无论是前期的还是后期的，都可一分为二，有精华，也有糟粕。在宗教、思想、学术上有荒诞的、落后的东西，也有合理的部分和精到的贡献。这在《抱朴子》的《外篇》和《内篇》里都可以窥见一斑。

在《外篇》，葛洪对东汉末年以来的世道陵夷、颓风败俗的揭露和批评，是比较生动和深刻的。但他企图通过复兴儒学，以救时弊，则是士族世家为巩固封建统治的传统思想。他反对无君论，正是从维护封建秩序和纲常的需要出发的。论用人，则重才智，这是为加强施政效率，对庸俗儒家沉迷虚伪道德行为的纠偏。值得称道的是他的贵今思想，是符合历史进化观念的，不能不予以肯定。

《内篇》的思想表明葛洪离开儒学，遁世绝俗，归依神仙道教。神仙道教适合没落士族分子虚幻的信念，是自欺欺人的麻醉剂，应予批判。但神仙道教宣扬的方面有所侧重，为求养生不老，要借药物以祛病延年，在医学上作出贡献；又要用金丹炼形不死，就在炼丹实验本身下了很大的苦功，客观上作出前人未有的科学贡献。由于对科学技术上的认识日益深广，在哲学上也概括出某些朴素唯物主义的观点。这方面也是应该加以肯定。

当然，由于葛洪既是宗教家又是科学实验家的二重人格，前者信仰神仙，是唯心论的。后者坚持实事求是，尊重客观规律，自然倾向唯物论。二重人格所反映出来的两重思想，不免前后左右互相矛盾，这也是事实。

总的说来，葛洪一生的境遇和前后思想变迁的过程是相当曲折和复杂的。他的思想，作为历史上宗教哲学和文化遗产来说，需要具体分析和批判，扬弃其糟粕，汲取其精华，不可简单对待。

(原载《中国古代著名哲学家评传》，齐鲁书社1982年版)

隋唐道教

道教经北魏寇谦之、刘宋陆修静分别加以革新改造后,在南北朝后期得到新的发展;中经隋朝,至唐前期而达于极盛。安史之乱后,道教随唐帝国的没落而衰微。但是一直受到唐朝统治者的崇奉。

隋代道教 隋文帝杨坚建立隋朝以后,道士焦子顺、张宾因曾预言他当为天子,而并得封官。但杨坚幼年曾受尼智仙抚养,认为释氏的功劳更大,所以隋初佛教的地位又高于道教。杨广即位后,佛教和道教并重,很多道士得以方术进用。嵩山道士潘诞为炀帝合炼金丹,所费巨万,六年不成。杨广为晋王镇守扬州时,曾邀茅山道士王远知相见。以后炀帝至涿郡(今北京),又召见王远知于临朔宫,亲执弟子礼。炀帝南巡扬州,王远知进谏不宜远离京都,炀帝不听。隋末农民起义军中一支曾利用道教"李弘为天子"的预言,进行反隋斗争。

隋朝继承南北朝的道教经籍,但搜集到的道书为数不多,计有经戒、服饰、符箓等,合计377部,2216卷。隋代道士讲经,以《老子》为主,其次讲《庄子》、《灵宝经》、《升玄经》等。

唐代道教 唐王朝建立后,道教的地位即升于佛教、儒学之上。从高祖以后，经太宗、高宗，除武则天一度偏尚佛教外，道教一直在持续发展，玄宗时达到了最高峰。道教的教祖李耳的地位之尊，道教代表人物之多，道书编撰之繁富，可称盛况空前。道教文化已渗入上层社会精神生活的各个方面。

尊崇道教的原因 隋大业十三年（617年），李渊起兵于晋阳（今山西省太原西南），他的女儿（后封平阳公主）带兵应接，楼观道士岐辉曾以资粮相助。李渊兵到蒲津关，岐辉又改名平定，预祝李渊平定四方。同时宣称霍山神奉太上老君的谶言，唐公李渊必得天下。道士王远知也密传符命。唐武德年间，王远知和道士薛颐都曾对秦王李世民说，秦王当有天下，愿王自爱。这些记载表明，在唐朝代隋之际，道士们竞相预言李渊父子的胜利以邀结欢心。而唐王朝尊崇道教，既是回报道徒的表示，也是企图借道教的助力以巩固统治。武德八年（625年），高祖确定了道先、儒次、佛末三者的次序，宣布了尊崇道教的方针。

尊崇道教的概况 唐太宗即位后，声称道教教祖李耳是李唐帝室的远祖，再次申令道先佛后，规定道士、女道士在僧尼之前，借以提高氏姓地位，巩固唐朝的统治。乾封元年（666年），唐高宗至亳州（今安徽亳县）祭拜老君庙，追号老子为太上玄元皇帝。仪凤三年（678年），下诏以《道德经》为上经。中宗即位后，诏天下诸州建中兴寺、观，神龙三年（707年）改名龙兴寺、观。开元二十一年（733年），唐玄宗亲注《道德经》令人诵习。天宝元年（742年），玄宗亲祀玄元皇帝于新庙，下诏在《汉书·古今人表》中把老子升入上圣；封庄子号为南华真人，文子号为通玄真人，列子号为冲虚真人，庚桑子号为洞灵真人；改四子书皆称真经。玄宗一再给老子加封尊号，表现了他对道教格外的笃信和虔诚。

唐代统治阶层普遍重视道教。有的皇帝亲自拜伏道士，如高宗。有的皇帝亲受道士的法箓，如玄宗。有些公主出家为女道士，如睿宗的金仙、玉真二公主；天宝年间，新昌公主和永穆公主相继出家为女冠。玄宗时，荆南节度副使李筌曾入山访道；集贤院学士贺知章请度为道士。这些事实表明，道士、女道士在唐代的社会地位是很高的。

主要教派和代表人物 上清派是唐代道教的一大宗派，师徒传授分明，影响深远。唐初王远知（528—635年）师事臧矜法师，传其道法，深为太宗敬重。潘师正（585—682年）师事王远知，王远知将道门隐诀及符箓传授给他。潘师正居嵩山，为高宗与武后所尊敬。司马承祯（647—735年）师事潘师正，传其符箓及辟谷、导引、服饵等方术，住天台山。承祯兼长篆隶书法，玄宗令其依蔡邕三体石经写《道德经》，置右柱于景龙观。他的著述主要有《坐忘论》、《天隐子》等。坐忘就是"内不觉其一身，外不知乎宇宙，与道冥一，万虑皆遗"。《天隐子》汲取禅法，主张渐进修仙，排斥顿悟。茅山道士李含光（683—769年）继承司马承祯的道业，纂修上清经法。玄宗曾受上清经诰于大同殿。李含光著有《仙学传记》、《老庄周易学记》等。

还有吴筠（？—778年），本是儒生，通经义，善诗文，后入嵩山，从潘师正为道士，传上清法。开元中，南访金陵茅山，东游会稽天台。玄宗召吴筠至京师，令其待诏翰林。所著《玄纲论》，颇涉哲理；又撰《神仙可学论》和《形神可固论》，宣扬仙道、服气、养形、守神。他还写了不少《游仙诗》和《步虚词》等，又与诗人李白、孔巢父相友好。史称吴筠词理宏通，文采焕发。他对道教思想的传布起了不小的作用。

张果，武周时隐居中条山（在今山西西南部、黄河与涑水河、沁河间）。曾著《阴符经玄解》，大旨强调"心"的玄妙作用，反对李筌的注说。他又奉献所撰《气诀》、《神仙得道灵药经》、《丹砂诀》给玄宗。据说张果有长寿秘术，玄宗想把玉真公主嫁给他，他大笑谢绝了。张果老是世俗所传的八仙之一。

唐代道教学者众多。如孙思邈（581—682 年）注《老子》、《庄子》，撰《千金方》，在医学上贡献甚大。太宗时，道士成玄英曾为《老子五弼注》和《庄子郭象注》作疏。武周时，道士王玄览（626—697 年）喜欢论道，撰《玄珠录》。他认为众生和万物都禀道而生，"道"是不生不灭，独立永存于客观世界之外的绝对精神，而一切事物及其现象无非是由人们的感觉意识产生的。感觉意识一消灭，一切事物现象也都消失了，即所谓"心生诸法生，心灭诸法灭"。这是一种融合道家老庄和佛教的主观唯心主义的理论。

另外还有正一派，所传的经戒法箓也不少。如玄宗时太清观道士张万福和唐末道士杜光庭（850—933 年）等均有所编撰。

金丹黄白术 炼丹是道教重要的方术之一。唐高宗广征各地道术之士合炼黄白，又令道士刘道合合还丹。玄宗命道士在嵩阳观炼丹。安禄山叛乱后，肃宗即位，玄宗退为太上皇，还念念不忘往日金灶烧炼丹药事。乾元元年（758 年），肃宗进奉烧丹灶于玄宗。李唐一代，撰成金丹黄白术一类的书颇多。如《太清石壁记》、《石药尔雅》、《金石簿五九数诀》、《铅汞甲庚至宝集成》等，都保存在明正统《道藏》中。炼丹术与早期的化学实验密切相关。唐后期有几个皇帝都是为了长生成仙，服食丹药而死的。

道经的编修 在唐代，无论旧有的或新著的道书都相当多。开元元年（713 年），命道士史崇玄等修《一切道经音义》，又搜求道经，纂成藏目，名曰《三洞琼纲》。天宝七载（748 年），诏令传写一切道经，以广流布。这是一次规模宏大的编目和传布道经。直到唐末，杜光庭还继续搜访道书并加编纂。此后，宋、金、元、明各代皆曾编修《道藏》，现在通行的《正统道藏》和《万历续道藏》即刊行于明代。

道观和道教徒的数字　据《新唐书·百官志》的记载，唐代道观总计1687所，道士776人，女冠988人。这个数字不一定完全精确，但总比佛寺和僧尼数字少多了。这说明唐朝廷虽然大力提倡道教，但当时道教的主要活动范围实际上局限于社会上层的帝王、贵族、士大夫之间。由于社会上道士和女冠的人数很少，各地道教组织也不怎么普遍和活跃，所以它还没有成为一支大的社会力量。

佛道之争　在唐代的上层社会，道教徒与佛教徒不断进行斗争，有时甚至很激烈。高祖和太宗时，傅奕（554—639年）还是站在儒学立场上抨击佛教。高宗时，发生了道士李荣与沙门入宫辩论的事件。唐朝后期，武宗笃信神仙，以道士赵归真为师。亲受法箓，佛道斗争加剧。会昌五年（845年），唐武宗下令毁佛拆寺。僧尼还俗，史称"会昌废佛"，对佛教徒的打击甚大。但在唐末，经过农民起义军的扫荡，诸州道观多被毁坏，道教也趋于衰落。

（原载《中国大百科全书·中国历史·隋唐五代史》卷，1988年）

论道教的生死观与传统思想

生死是人的大事,凡是正常的人莫不爱生而恶死。但人一生必有一死,这是生理自然演变的规律,无所逃于天地之间。人生在世,往往希望尽量多活几年、几十年,这是人之常情,也是我国先民的一种传统观念。《尚书·洪范篇》有所谓"五福"和"六极",五福的第一项叫"寿",即延年长寿;六极的第一项叫"凶短折",就是短命早死。这里已经提出生死吉凶的问题,但只是认为长寿是人生的一种幸福,并没有长生不死的思想。据《左传》昭公二十年记载:齐景公乐于饮酒,曰:"古而无死,其乐若何?"晏子对曰:"古而无死,则古之乐也,君何得焉?"这是现存的历史材料中,提出古人不死的想法的较早文献。值得注意的是:齐景公作为一国氏族贵族的首脑,过着人间荣华富贵的极乐生活,但他潜存着乐极生悲的心理,害怕一旦死去,身后什么也享受不到,所以才有不死之乐的念头,这是一般老百姓的思想中所没有的。后世秦始皇、汉武帝都热衷于寻求不死之药,大抵都出于同一的原因。什么叫神仙?神仙就是所谓长生不死的人。天地间有没有长生不死的人,当然只是一种内心的幻想。原始道教经典《太平经》说:"夫物生者,皆有终尽,人生亦有死，天地之格法也。"(《合校》341页)承认人生有死是自然的规律。《无上秘要》卷四十二引《洞真太上隐书经》云："夫仙者心学，心诚则仙，道者内求，内密则道来。"可见仙道确是主观想象的"心学"，并无客观的物质基础。可是，神仙思想随着长生不死的追求而愈演愈烈，成为彼岸世界的宗教信仰。它是有鬼论的变种，不与有鬼论同一类型。有鬼论是从灵魂不灭来的，人死为鬼；神仙论不否认灵魂不灭，但主要差异之点是主张炼形可以长生。

在生死观上，道教的不死愿望是非常强烈的。它和佛教追求涅槃、无生的生死观迥然不同。在我国古代著名思想家中，儒家的生死观比较倾向于现实，承认凡人皆有死，人生在世，栖栖皇皇，应该做一些要做的事；生死问题，不必多做无谓的忧虑。所谓"未知生，焉知死"。墨子相信有鬼，但一生以自苦为极，其死也薄葬，并无长生不老的思想。老聃、庄周，后世并称道家，然亦风格各殊，思想有别。《老子》书中明白提出长生久视之道（59章），也谈摄生的功用（50章），显然受了养生家、神仙家的影响。从这方面看，老子成为后来道教的教主太上老君，实非偶然。至于庄周及其后学一派，在生死观问题上，则是另外一种情况。庄子非但不同于老子，庄周本人也有异于庄子后学，应作具体分析。

庄周这个人物的确别具风格，他认为世间变化无常，是非莫定，生欤死欤，不足计较，以天下为沈浊，不可与庄语，超拔世俗，悠悠然飘飘然"上与造物者游，而下与外死生、无终始者为友"①，所谓"外死生"，就是《齐物论》说的"死生无变于己"，认为死和生并无利害好坏的分别。在《大宗师篇》里，他

---

① 《庄子·天下篇》。

一则说生是劳苦的,死是安息的,故"善吾生者,乃所以善吾死也";再则说,生像赘瘤一般,不值得高兴;死如痈疽溃散,不值得可惜。总之,"古之真人,不知说生,不知恶死"。对生死问题如此彻底看破,自然不会有什么长生不死的要求了。死生既然看破,人生的哀乐的情感也就与众不同了。《至乐篇》载:庄子妻死,惠施往吊,看见庄子正在那里鼓盆而歌。惠施说:老婆死了你不哭已经够了,现在还鼓盆而歌,不亦太甚吗?庄子接着论人的生死是气变,由生而变死,犹如春秋冬夏四时循环运行一般,有何哀乐之可言?这就进一步从哲学方面把情感消融于理智之中。我认为《至乐篇》属庄子外篇,生死气化的解释虽则不是庄周本人的思想,然而表达了庄周对生死问题满不在乎的基本态度。庄子内篇强调"道通为一",这是唯心论的命题;外篇"通天下一气耳",则是唯物论的命题。采取"道"与"气"的不同解释,是庄子内篇和外篇根本不同的标志。同时从这里又可作这样的区别:庄周看破了生死,不存在炼养形体以求长生不死的思想;而庄子后学在外篇《刻意》里所描述的"吹呴呼吸,吐故纳新,熊经鸟申,为寿而已矣;此导引之士,养形之人,彭祖寿考者之所为也"的炼养工夫,也不代表庄周本人的思想。庄子学派的言论发展变化很快,《天地篇》云"千岁厌世,去而上仙;乘彼白云,至于帝乡",这是热心向往神仙的境界;《在宥篇》强调治身"无劳女形,无摇女精,乃可以长生";《庚桑楚篇》大肆发挥"抱一"乃卫生之经的道理,等等。所有这些言论,成为后世道教徒鼓吹神仙方术的依据,大大改变了庄周生死观的本来形象。

　　道教的生死观作为炼形长生一面来考察,跟《老子》五千文有一定的联系,跟庄周本人思想格格不合,跟庄子学派却又挂上了钩。道教作为宗教意识形态之一种,经常与神仙世界打交道，也就是和彼岸世界的幻想不可分。大量的道书著作和文学艺术创造，围绕着神仙世界漫游和驰骋，从社会上层深入下层民众，成为中国本土生长的宗教干流之一。

珍视延年长寿，是我国先民优秀的传统观念之一。长寿有道，延年有术，端赖中医中药以及其他合理的健身方法。道教继承先民传统，并加以不断充实和发展，产生了各种各样防病保健的理论和技术，这在世界文明库藏里是一份宝贵的精神财富，值得发扬光大。在此基础上兼取西医之所长，相互补充，精益求精，将为现代医学文明作出更新更多的贡献。

人类长寿的限度到底是多少，似乎缺乏确凿的统计材料。1963年9月1日美联社从德黑兰报道，在伊朗的巴克—阿丹村落活着一个结过五次婚的191岁长寿老人，当时伴他的是一个105岁的妻子。目前世界上是否有比这老翁更长寿的人，尚不得而知。依照中国传统的说法，下寿60岁，中寿80岁（一说下寿80岁，中寿100岁），上寿120岁。据我看到的零星报道，世界各地超过120岁的老人着实不少。如德新社不久前报道，一位现年131岁的老人获得尼泊尔年纪最大的荣誉。居住在苏联高加索一个山村里的长寿老人，今年122岁。印度一位名叫迪拉赫·巴巴的老人，住在亚穆纳河畔，现年150周岁（1987年12月11日《北京晚报》）。在埃及北部伊斯玛依里省的一个村子里，居住着一位现年160岁的老人，名叫易卜拉欣·阿里·哈桑·凯立米，据说是当今世界上年龄最大的老寿星（1988年4月16日《北京晚报》）。这些，都已超过中国上寿120岁的限度了。看来，超长寿的老人会不断地增多。

按照自然规律，人总是要死的，不可能永生。长生不老只是一种幻想，一种超现实的宗教信仰。这种信仰吸引着人们的情感，产生一种如痴如狂的迷人力量，这是很难用理智说清楚的。

文学艺术可以运用夸张的手法、瑰丽的词句，驰骋想象于上天下地，遨游于神仙境界，逍遥自在，独往独来，悠然自得。这些都是社会上层特权阶级精神生活的颠倒反映，一般老百姓是无缘享受这种"永生不死"的境界的，也没有兴趣去做这种超现实的美梦。

道教的生死观念，千言万语，约有二说：一为刻意求长生不死。《抱朴子·黄白篇》龟甲文曰："我命在我不在天。"《西升经》云："我命在我，不属在天。"都是企图以人为方术免死永生。其中至要的方术之一，就是寻求神丹妙药，令人寿无穷极，与天地相毕。二为听之自然，生死无可无不可。所谓"生死之道，弘之在人。生死，常也，确乎在天。但禀以自然，则生死之意，无可而无不可也。"生死问题情况复杂："或未生而已死，或已死而重生，或不可以生而生，或不可以死而死，或可以死而不死，或可以生而不生，或有生而不如无生，或惜死而所以致死。是以致死之地则生，致生之地则死。或为知而不可以死，或为时而不可以生。或云劳我以生，生者好物也，不可恶其生；或云休我以死，死者恶物也，不可好其死。凡人，心非不好其生，不能全其生；非不恶其死，不能远其死。"（《云笈七签》卷九十《七部语要》）。正因为有这么多错综复杂的情况，有些道教徒采取无可而无不可的态度，似乎不失为无办法中的一种办法。现在通行本《关尹子·符篇》有谓："人之厌生死，超生死者，皆是大患也。"这也是表明生死听其自然的观点。

还有一点需要说明的是，人总是求生而不求死，凡是动物都是避死而营生，何况高等动物的人呢！但是，《左传》成公十七年载："晋范文子反自鄢陵，使其祝宗祈死曰，君骄侈而克敌，是天益其疾也，难将作矣。爱我者唯祝我速死，无及于难，范氏之福也。"范文子求人帮助他速死，认为这是幸福的事，真是稀奇得很。当今世界上有所谓"安乐死"的社会问题。比如有人在患有无法治愈并伴有无法抑制之痛苦的重病时，本人是否有权要求在别人的帮助下安乐死去，从法律的观点看这种要求是否合法，这个问题在当今世界上还是有争议的，值得讨论。范文子要求速死，是想避免政治漩涡里波及的大难临头；"安乐死"的要求，是想避免生理上受长期的折磨和痛苦。两者也是有区别的。至于道教，一向重生炼形，首先要求延年益寿，更进而幻想长生不死，决无祈死的说法。它强调修仙求道的人，首要的先决条件就是身体没有什么疾病。

记得清代有一位普通知识分子的话说得好："血肉之躯，断无不蔽，世安得有长生者。秦皇、汉武，前车也。其实长生者，德盛于身，业垂于世，千秋百世后，歌其功，颂其德，常见其为人，乃是不朽。若块然躯壳，任是八百遐龄，终于草木同腐。况饮之、食之、裘之、葛之，一无裨益于世，为造物虚生之人，即果白日升天，亦与殇子无二。"（王有光《吴下谚联》卷四《长生》条）这确是发人深省的警语。我们认为，人到了晚年，希望过健康长寿的生活是应该的。在我国也有敬老养老的优良传统。不过，人生在世，总有一死，不可轻生，也不应畏死。死有重于泰山，有轻于鸿毛。生命的价值，不在于地位的高低，名声的显晦，而在于对社会贡献的大小。纵观历史上有不少"三不朽"的人物，死的时候年纪轻轻，但无论立言、立德或立功，对社会倒是作出了很大的贡献。贡献的大小，不一定和年龄长短成正比。例如，魏哲学家王弼23岁死，著作丰赡；唐诗人王勃29岁死，才思敏捷，文采冠众，留下了华丽的词章；南宋爱国名将岳飞39岁死，一生精忠报国，传诵千古；清末，《革命军》的作者邹容死时仅21岁，成为早期民主主义革命的先驱之一；全国解放前夕，刘胡兰为中国人民的解放事业英勇地献出了自己年轻的生命，她只度过了 15 个春秋；抗美援朝时，黄继光 22 岁杀敌成仁，成为国际主义和爱国主义的战斗英雄；雷锋也只有 22 岁，公而忘私，以身殉职，成为共产主义的革命战士。凡此种种，都是立功、立德、立言的模范人物，年纪虽小，贡献实大。千载以下，令人感泣和赞美不止。由此我们深深感到，除对老年人应当敬重外，对年纪轻而贡献巨大的人，尤其是那些抱有崇高献身精神的英雄们，更应引起由衷的敬仰。这是中华民族优秀的儿女，万古不朽的精英！

（原载《中国社会科学院研究生院学报》1988 年第 5 期）

《中国道教史》序

我国道教史研究,解放前,基础比较薄弱。解放后,起步较晚。十年动乱后,随着拨乱反正,大力开展社会主义现代化建设的实施,在社会科学领域里,道教史的研究,在第六个五年计划期间列为研究项目之一。由四川大学宗教学研究所承担,卿希泰教授任主编。预计出四卷,要到"七五"计划内陆续出齐。现已完成第一卷,包括秦汉魏晋南北朝时期,约40余万字,与读者见面,这是一项以马克思主义为指导思想的开拓性的大型科学研究工作,是十分可喜的事。编者要我写篇序言,我乐为之序。

我国道教的产生,开始时候主要在民间活动,如汉末太平道和五斗米道等。早期道教经典如《太平经》,其中民间的色彩颇为浓厚,有些言论是反映了广大农民的善良愿望。太平道和五斗米道的社会政治活动,如张角、张脩、张鲁辈,都是和当时封建统治相对抗的。以太平道的名义组织成汉末黄巾农民大起义,众徒数十万,联结郡国,自青、徐、幽、冀、荆、扬、兖、豫八州之人,莫不毕应,提出"苍天已死,黄天当立,岁在甲子,天下大吉"的口号。州郡失守,长吏多逃亡,声势浩大,旬日之间，天下响应，京师大为震动。后来黄巾起义军被官军镇压下去，改编的改编了，遣散的遣散了。太平道从此消声匿迹，无法东山再起。五斗米道传至张鲁，据汉中传教，自号师君，其来学者，初名鬼卒，后号祭酒，祭酒各领部众，皆授以诚信，不听欺妄，有病但令首过而已。大抵与黄巾相似。诸祭酒各起义舍于路，悬置米肉，以给行旅，食者量腹取足，过多则鬼能病之。犯法者先加三原，然后行刑。五斗米道在汉中实施的办法，跟封建统治的政制截然不同，不置长吏，一以祭酒治理。后来曹操西征张鲁，鲁举汉中投降，并将张鲁的部属信徒北迁至魏地以后，受官方的严密监视和管辖。原来的五斗米道起了分化，或潜伏于民间，或转向上层传播。晋时一些地方的起义军，还有利用民间道教为号召。李家道在民间的活动，葛洪认为是妖道，宜在禁绝。

民间道教活动的困阻和受控制之日，即代表上层社会官方意识的神仙道教兴起之时。鼓吹神仙道教、反对民间道教的典型人物就是晋朝的葛洪。他有一整套神仙道教的理论和众多的神仙方术，他的代表著作就是《抱朴子内篇》。还须指出，葛洪是一个学问渊博、好学深思的道教学者。

就道教发展史来观察，葛洪确是一个关键性的重要人物。他抨击民间道教的活动那末起劲，民间道教的社会活动基本上从此一蹶不振；他大力提倡神仙道教，神仙道教从此取得主导的地位，在上层社会盛行不息。这个情况，说明门阀地主阶级多么需要神仙道教来维护封建统治！

我们知道，封建社会的巩固和发展，封建地主阶级秩序的维护，是依赖一系列的制度和文化的。无论经济、政治、法律、道德、哲学、宗教诸方面都要互相配合，构成整个封建社会机体的不同层次和网络。我国汉末时候，社会危机四伏，原始道教在民间活动，带有浓厚的农民意识和愿望，反剥削、反贪暴，主张均平无私等等，在封建正统思想家看来，这是叛逆的行为，违天背理的表现，断断不能容许的。但是早期道教的社会活动对当时热衷于争权夺利的封建地主阶级来说，已经构成很大的威胁，如魏的曹操、东吴的孙策，都是民间道教的死对头，或以武力相镇压，或以利禄来羁縻和感化。所谓感化，就是以封建地主阶级的意志和权力把民间道教引向神仙道教，为封建统治服务。晋代的葛洪就是神仙道教的理论家和实践者。

从东晋至南北朝，社会上道派的传播、道派的孳乳、教义科仪的充实和制订，大体上都是在神仙道教的范围内进行。无论灵宝经派、上清经派、天师道派等，都是在神仙道教的轨道上运行。这期间，民间道教的活动，只有孙恩卢循在江南暴动的规模较大，以及李弘这个传说人物对农民起义发生一定的影响外，整个说来，民间道教的活动已近尾声。代之而兴的主要有民间佛教等活动。五斗米道自身的分化，逐渐与神仙道教合流，丧失其原始民间道教的本色。

神仙道派的孳乳和繁衍，表明神仙道在扩充势力。葛洪提倡的神仙道教，其修炼方法最重金丹。上清经派则以内视存思为仙道之至经，把金丹放在次要的位置上。他们的修炼方法，重点有所不同，但总的来说，都是神仙道教，同是为封建地主阶级的需要服务的。

神仙道教所以得到扩充势力，神仙道教的文化（封建地主阶级文化的一部分）所以不断得到弘扬，主要靠封建帝王、贵族、官僚、士大夫们的提倡和支持。以上清经派为例，南岳夫人魏华存是晋司徒魏舒的女儿，幼而好道，志慕神仙。杨羲、许谧世为江南望族，魏华存降授上清经于司徒琅琊王舍人杨羲，使作隶书写出，以传长史许谧（一名许穆）、谧子翙。宋明帝时，吴兴陆修静本是吴丞相陆凯的后裔，勤修道法，好方外游，明帝遣使招引，取杨、许真人上清经法付陆修静，总括三洞，撰《三洞经书目录》，为世宗师。陆氏门徒得道者，有东阳孙游岳。陶弘景为江南著名士族，曾从孙游岳咨禀道家符图经法，成为上清经茅山道派的宗师。琅琊望族王远知，父为陈车骑将军、扬州刺史，王远知居茅山，传上清经箓，入唐为国师。司马承祯为晋彭城王权的后裔，祖父晟仕隋为亲侍大都督，父仁最，唐衮、滑二州长史，承祯修上清道，自号天台白云子，撰《坐忘论》、《修真祕旨》等。

从以上简略地叙述情况看来，上清经派师徒的传授，都是封建社会的望族和官吏的家庭，都是神仙道教的信徒，都是封建社会上层的卫道士。一般说来，封建社会的知识分子，大致有两条出路：一条是为官从政，所谓学而优则仕。这一条名义上是康庄大道，可是宦海风波和坎坷的命运也是难以幸免。一条是变相出卖知识技能来糊口，如采药医病、绘画、书法、奏乐，以及其他迷信方术包括占卜、算命、看风水等旁门邪道。神仙道教的信仰主要是前条出路颠倒曲折的反映。但也有不得已走出卖知识技能的道路的。实际上他们经常想望做官过幸福的生活，或者不做官仍然过优裕清闲的生活，但是现实的人生逆境，往往令人悒悒不得志，于是幻想在神仙世界里满足自己的欲望。说它是一种精神解脱也罢，或者说是精神麻醉也罢，反正幻想的比现实的快活得多，自由舒适得多，这一点是可以肯定的。也拿上清经派宗师陶弘景为例，他从萧齐时已经在朝廷做官，到三十六岁，还只当个奉朝请的闲曹，悒悒不得志，他给从兄的信里说：仕官期四十左右作尚书郎，即抽簪高迈，"今年三十六矣，方作奉朝请，此头颅可知矣，不如早去，无自劳辱"！史称陶弘景因家境贫寒，求宰县不遂。可见他的退隐山林，皈依神仙道教，直接原因，多半因为人间仕途受阻之故。可是由于社会身份属士族高门，曾为南齐朝安成、宜都二王侍读，与上层社会关系很深，所以同王公贵戚都有交情。及梁武帝萧衍即位，国家每有大事，必遣使咨询，时人皆称陶隐居为山中宰相，朝廷里宰相当不成，当了山中宰相，也算门阀士族实现了学而优则仕的夙愿。门阀士族所以竞相信仰神仙道教，主要是因为封建地主阶级利益的一致性。门阀士族是依附封建社会基础的，作为封建社会上层建筑之一神仙道教对基础发挥支撑和维护的作用。这样经济基础、门阀士族、神仙道教结成三位一体，就是这个时期封建社会的基本特征之一。

神仙道教信仰的最终目标是幻想成为神仙。依照传统的观念，认为神仙是长生不死、能升登天国的活真仙，和人死后归入阴间的"鬼"不同。鬼，是脱离人体躯壳的死灵魂，能作祟、加害于人，有杀鬼、邪鬼、疫鬼等名称，所以令人发生害怕的心理。神仙，意味着在天国逍遥的仙官神吏，由修道而成，有道术威力，能劾鬼度人，给人的印象，具有洒脱善变、和蔼可亲的风度。这是统治者通过各种教育的手段如经典、传奇、小说、戏剧等塑造出来的，表明神仙道教比民间的鬼道优胜得多。旧题东方朔撰的《五岳古本真形图·序》云："东岳太山君领群神五千九百人，主治死生百鬼之主帅也。"这里就包含地位高低三个阶层，最高的"太山君"，属神君；其次是"群神"，属神君的僚佐；最低层是"百鬼"，是被统治被役使的众鬼。尊卑大小，等级森严，主要是仙和鬼的区别。同是神仙，又有上下品级之分。《真诰·甄命授第一》云："仙官有上下，各有次秩。"陶弘景又说：仙官的等级甚多，"虽同号真人，真品乃有数，俱目仙人，仙亦有等级千亿"。就玉清仙境而言，首推元始天尊为主，仙位最高，列在"上第十中位"，依次有第二中位，第三中位以至第七中位。每个中位更分左位和右位①。他又云："三清九宫，并有僚属，例左胜于右。其高总称曰道君，次真人，真公，真卿。其中有御史、玉郎诸小号，官位甚多也。女真则称元君，夫人，其名仙夫人之秩，比仙公也。""凡称太上者，皆一官之所尊。又有太清右仙公，蓬莱左仙公，太极仙侯，真伯，仙监，仙郎，仙宾。"② 神仙世界仙官的秩位如此繁多，等级如此森严，正是反映了两晋南北朝士族官僚的等级制、彼此爵号的异同以及士庶贵贱的区别。神仙道教给人的幻想，恰是弥补现实社会人生的不足和缺陷。试看《真诰》里描绘诸真人、仙夫人下凡的富丽堂皇雍容阔绰的情景，仿佛不能不引人羡慕神仙生涯的乐趣。

追求神仙入迷而夭亡的典型例子莫过于陶弘景的弟子周子良。据《周氏冥通记》所载：周子良本是豫州汝南县人，寓居丹阳（在今南京市），"世为胄族，江左有闻，晚叶凋流，沦胥以瘁"，原来是个衰落的士族子弟。七岁亡父。母永嘉徐净光。周岁时为姨母宝光所摄养，大概幼年得不到家庭里母爱的温存。年十二，随从陶弘景为弟子，始受《仙灵箓》、《西岳公禁虎豹符》、《老子五千文》，后又受《五岳图》、《三皇内文》等道书研读。到梁天监十四年乙未岁着迷了，恒垂帘掩扉，烧香独住，日中止进一升蜜餐，老是梦见众仙人找他谈话。后来求仙心更切，白天黑夜，梦愈频繁。有一回，梦见仙童告以"勿区区于世间，流连于亲识，眷眄富贵，希求味欲，此并积罪之山川，煮身之鼎镬，善思此辞，勿足为乐。若必写此，则仙道谐矣"。这是说明求仙，不要眷恋人间的富贵享乐。但是在另一次梦中，见桐柏仙人来相告：当今保晨司有缺，请选卿以补之，周子良便

---

① 《真灵位业图》及序。
② 《太平御览》卷662引《登真隐诀》。

问:"不审此位若为羽仪?"徐仙人答曰:"亦不可为定,更由功业之高下,理有丹龙录车,玄羽之盖,素毛之节,青衣玉女五人,朱衣玉童七人,执鸿翻之扇,建抉灵之冠,服紫羽之帔,绛霄之衣,带宝玉之铃,六丁为使,万神受保。"这里值得注意的是:周子良精勤学道,梦见众仙人来相召为保晨司的官位。这种官位的获得,人间做不到,只有在幻梦的仙境里得到满足了。这是一点。再者,保晨司虽则不能算是怎样高级的仙官,但他的仪仗服饰和侍从是相当阔气的。什么丹龙录车,玄羽之盖,素毛之节,有玉女五人,玉童七人,执鸿翻之扇,服紫羽之帔,还有六丁为使,万神受保。俨然一派高官贵吏的威风。一个刚满二十岁的年轻读书人,由于信仰神仙道教着了迷,精神失常,陷入如痴如呆的境地,白天黑夜经常在做梦,梦见仙人召他当仙官,最后得知他的名字已上东华宫,定为保晨司,还马上追问这个仙位的羽仪到底如何,这反映了潜在的心理、下意识的愿望,正是符合封建官僚社会士族子弟学而优则仕的传统思想。

周子良那样早晚烧香,渴求长生成仙。他那脆弱的神经,抵不住梦中仙官仙童的劝诱和压力,终于二十岁就不幸短命死矣,这是对求仙者莫大的讽刺,也是神仙道教导演的一幕悲剧。这个悲剧,和俗人追求现世功名富贵而死同出于一个社会根源,不过采取的途径不同罢了。

神仙道教的主要目标是追求长生不死,维护社会上层特权阶级的利益;民间道教的活动,崇拜鬼道,企图解除下层人民的疾苦,为群众造福,这是根本的区别。

早期的五斗米道,大抵从民间流行的巫鬼道演变而来。张鲁据汉中,以鬼道教民,以符咒治病消灾,实行政教合一,"不置长吏,皆以祭酒为治,民夷便乐之"。张鲁推行的平等便民的政治,与传统的封建等级制大异其趣。现存本《太平经》辛部十七卷全佚，但敦煌出的《太平经目录》卷一百三十二存《平等度世戒》篇目，所谓"平等度世"，顾名思义，度人的原则，是不拘等级差别，一视同仁。《太平经》卷四十八《三合相通诀》解释"太平"二字说："太者，大也"；"平者，乃言其治太平均，凡事悉理，无复奸私也"。这是说处理政事要坚持平均、公平的原则，不发生冤枉不平的事。《太平经》卷九十八《包天裹地守气不绝诀》说："平之为言者，乃平无冤者，故为平也。"无冤枉不平，那末人间就没有什么争讼的事。所以《经》卷一百十九《道祐三人诀》又说："天地施化得均，尊卑大小如一，乃无争讼者。"这里说的"尊卑大小如一"，就是表示平均、平等的意义。在封建私有制占统治时，最能体现平均、平等精神的莫过于财产的分配。《太平经》则明确主张："天之有道，乐与人共之；地有德，乐与人同之；中和有财，乐以养人。"又说："财物乃天地中和所有，以共养人也。"（《六罪十治诀》）认为人间的财物，是天地中和所公有，是用以共同养活人们的生命，不许少数人聚敛独占。这是早期道教对平均、平等的憧憬和幻想，表示初期民间道教的特征之一。后来《老子想尔注》也强调道人要"分均，宁与人多，勿为人所与多"。重视平均分配财物的原则性。

民间道教的社会活动被迫衰落和停滞，神仙道教乘机勃兴，平均、平等的意识顿时消沉，尊卑等级的观念步步加强，大力维护封建秩序。两晋南北朝的道教，基本上沿着神仙道教这个趋势发展，直至唐代，达到了最高峰。

唐代道教之盛，朝廷宣布道、儒、释三教中，以道教领先，它的原因，大抵是：在隋末唐初之际，各地一些有胆识的道士热心赞助李唐建国有功，因此得到报偿；再者，唐室姓李，冒认李老聃为唐帝室的祖先，借此抬高其氏族的地位，并且想得到神灵的保佑，这些都有利于唐朝的统治。神仙道教本来在上层社会活动，唐代道教的盛况，正是如此。上自帝王、后妃、公主、宰相、大臣以至文人学士，纷纷崇信道教，幻想长生成仙。在当时思想文化领域里，神仙道教的影响占了很大的比重，经久未衰。

神仙道教同初期民间道教相比较，由于神仙道教偏向社会上层活动，保护社会上层的利益，所以在社会政治思想方面，表现得相当保守和落后，甚至发生与人民群众敌对的现象，这是消极的一面，必须批判。另一方面，信仰神仙道教的一些知识分子，有深湛的文化素养，对经学诸子百家肯钻研，对某些科学技术发生兴趣，勇于探索，因此成为不可多得的道教学者。这些道教学者特别对于某些科学文化的发展，如医学、药物学、原始化学炼丹术、气功学、养生学等等，客观上做出了卓越的贡献。例如晋代的葛洪（283—363年）、梁朝的陶弘景（456—536年）、唐初孙思邈（581—682年）等是。还有对道经的搜集与整理，如刘宋陆修静（406—477年）、唐末杜光庭（850—933年）等做了大量的工作，在道教文化史上的功绩也是不可磨灭的。

道教的内容，杂而多端。从早期道教的形成到神仙道教的发展，不仅各种道派孳乳很多，教义教理、科仪斋醮、方技方术等名目也是十分繁富。教义教理，包含哲学（世界观、生死观）、社会政治、伦理等思想；科仪斋醮，与道教自身活动的规模和方式密切相关；方技方术，也是道教开展活动的重要手段。方技的概念，开始范围较小，如《汉书·艺文志·方技略》所载，只限于医经、经方、房中、神仙四端，主要有医药学、按摩导引法、冶炼黄白术，包括稀有植物灵芝的服食，性的调节保健等，大抵属于科学技术知识的性质。后来它的范围逐渐扩大了，把《汉书·艺文志·数术略》的大部分的项目也网罗进去加以发展，也叫做方术。它的内容显得更是冗杂，荒诞神秘不堪了。包括占卜、算命、骨相、风水、神咒符箓、驱役百鬼等迷信技俩。若从科学技术的角度来考查道教的众多方术,剔除其带迷信的部分,发扬比较有价值的历史文化遗产,那末神仙道教的学者做出的贡献确比民间道教为多为优,因为原始道教在民间的活动主要停留在符水禁咒等落后迷信的手段上,缺乏向科学文化方面深入探索的努力。至于道家的重要理论著作如《老子》、《庄子》、《文子》、《阴符经》等,唐宋以来一些有文化素养的道士纷纷加以注释和发挥,成绩显著,迄今保存在《道藏》里为数颇巨,有些书不失为一代道教学者的名著,给研究道教史、思想史的学人提供了丰富而有价值的资料。

最后,我觉得写一部中国道教史,涉及的文化知识面很广,头绪也颇纷繁,在多种专题研究的基础上,有重点地系统地来一个大综合。既要就近看清一棵棵的树木,又要站在高处总览大片茂密的森林。钉饳之学不足以语通史,空言无物亦无补于通史。欲矫二弊,端赖宏观与微观相结合,坚持实事求是的学风。本书是开拓性的科研新成果,史料翔实,观点鲜明,文笔晓畅,有自己的特色,在双百方针指引下繁荣学术,读后可得丰硕的专业知识和历史线索的深刻印象。

以上拉杂写来,只是一些粗线条的看法,倘有不当之处,敬请读者批评指正。

(原载《世界宗教研究》1987 年第 3 期)

《魏晋神仙道教——抱朴子内篇研究》序

有晋一代，内容丰赡、影响较大的子书，为数不多，而且现在能见到的大率残缺不全。如张华《博物志》，原有四百卷，曾经芟删，分为十卷。然今见十卷本，亦非张华原本，乃从后世类书中录出。又如傅玄撰《傅子》，隋唐志著录有一百二十卷，到宋代，只存二十三篇，传本久佚，清修《四库全书》，从《永乐大典》辑出，得文义完具者，仅十有二篇。至于《搜神记》二十卷，亦经后人缀辑，疑非干宝原书，而且内容不免单薄。葛洪著《抱朴子内篇》二十卷，则是晋以前道教理论和方术集大成的著作，也是魏晋神仙道教的代表作。它所涉及的学术内容并不局限于道教本身。总的说来，约有下列几个主要特点：

一、自从东汉后期的民间原始道教活动到晋代神仙道教的形成，社会上各种道经、方术、符图等撰作粗具规模，数量不少，大半散失，然而保存在《抱朴子内篇》里的题目篇卷和内容撮述算是最多的。这些资料，比较集中而系统化，是研究道教史、思想史和科技史的不可多得的原始史料。

二、从道教理论到各种方术，内外共贯，荟萃在一起，且将主要方术融合于理论体系之中，如将守玄一和守真一纳入《畅玄》之中，构成神秘主义的体系。

　　道教方术繁富，凡是养生的人，欲令多闻而体要，博见而善择，偏修一事，是不够也是靠不住的。比如知玄素之术者，则曰唯房中之术，可以度世矣；明吐纳之道者，则曰唯行气可以延年矣；知草木之方者，则曰唯药饵可以无穷矣①。这些孤行偏好的方法，是真正学道的人所不取的。因为学道的人要"藉众术之共长生也"②。然而总揽大要，不能什么都搞，还是要善择重点，比如求仙至要，在于宝精、行气和服药。而三者之中，特别是金丹大药，最为重要。葛洪说，吾师郑君告诉我："杂道书卷卷有佳事，但当校其精粗，而择所施行，不事尽谙诵，以妨日月而劳意思耳。若金丹一成，则此辈一切不用也。"③ 可见在《抱朴子》的修仙方术中，金丹大药是头等重要的事。行气、房中等都不过是配合的项目罢了。这是葛洪提倡神仙道教最大的特色之一。道教派别众多，对方术的应用畸轻畸重，往往表明自己的中心思想和特色。如稍后兴盛的上清经派注重内视存思是它的特色。《抱朴子·遐览篇》著录了《黄庭经》和《内视经》等道书，但对它们并不特别加以重视和宣扬。而在上清经派的早期著作《真诰》里则说："食草木之药，不知房中之法及行气导引，服药无益也，终不得道。若但知行房中导引行气，不知神丹之法，亦不得仙也。若得金汋神丹，不须其他术也，立便仙矣。若得《大洞真经》者，复不须金丹之道也。读之万过毕，便仙也。"④ 由此可见上清经派认为仙道之至经是《大洞真经》，比金丹大药更为重要。这就是《抱朴子》的求仙思想和上清经派的主要区别。

---

① 《抱朴子内篇·微旨》。
② 同上。
③ 《抱朴子内篇·遐览》。
④ 《真诰·甄命授》。

三、道教的方术繁多，修仙的人虽则应当普遍注意，但是更要选择重点，精心修炼，如前所述。学道的人，尤其对于"真道"和"伪文"、"伪技"，务必严格加以区别，不容混淆。这一点，无论对哪一派的道教徒都有着同样的要求。如《太平经》卷四十二《验道真伪诀》云："天下文书且悉尽正，人亦且尽正，皆入真道，无复邪伪文绝去，人人自谨。"表明"真道"与"伪文"势不两立。《老子想尔注》云："真道藏，邪文出，世间常伪技称道教，皆为大伪不可用。"又云："道教人结精成神，今世间伪技诈称道"，"人等当欲事师，当求善能知真道者，不当事邪伪伎巧，邪知骄奢也"。《周易参同契》亦云："世人好小术，不审道浅深，弃正从邪径，欲速阏不通。"看来早期道教诸派别的主张和活动内容很是混乱和秽杂，所以一些有影响的道教徒强调要区别"真道"和"伪文"。这种排他性的思想和举动，可能具有各种复杂的情况，不能一概而论。葛洪神仙道教的排他性，更臻明显的发展，至少表现在以下两个方面：（1）对于民间道教诸派别的社会政治活动是极端仇视的，主张应予消灭和禁绝。他说："曩者有张角、柳根、王歆、李申之徒，或称千岁，假托小术，坐在立亡，变形易貌，诳眩黎庶，纠合群愚，进不以延年益寿为务，退不以消灾治病为业，遂以招集奸党，称合逆乱，不纯（纠）自伏其辜。""又诸妖道百余种，皆煞生血食，独有李家道无为为小差。然虽不屠宰，每供福食，无有限制，市买所具，务于丰泰，精鲜之物，不得不买，或数十厨，费亦多矣，复未纯为清省也，亦皆宜在禁绝之列。"[①] 这是对异己教派的活动采取严厉取缔的手段。（2）主张刑杀巫祝妖邪，"俗所谓道，率皆妖伪，转相诳惑，久而弥甚，既不能修疗病之术，又不

---

① 《抱朴子内篇·道意》。

能返其大迷，不务药后之救，惟专祝祭之谬，祈祷无已，问卜不倦，巫祝小人，妄说祸祟……淫祀妖邪，礼律所禁。然而凡夫，终不可悟。唯宜王者更峻其法制，犯无轻重，致之大辟，购募巫祝不肯止者，刑之无赦，肆之市路，不过少时，必当绝息"①。这是对坑害人民的巫祝采取极为严峻的惩处。无论民间教派的社会活动和巫祝坑害民众的罪恶勾当，在提倡神仙道教的葛洪看来，都是死对头，应该杀无赦。前者代表门阀士族仇视披着宗教外衣起义人民的阶级本性的表现，后者是作为精通医药的科学家反对巫祝坑害人民的正义行径。二者虽则都属排他性行为，但是非迥然不同，务必具体分析和评价。

四、道教作为一种社会文化现象来说，千言万语，它的奥秘，归结为变化二字。无论许许多多奇诡的方术都是变化出来的，就是一些科学技术的初步创造发明，也是在变化过程中产生。可以说，没有变化，就没有道教方术；没有变化，也没有科学技术。在这一点上，它跟中国传统文化的正宗儒家大异其趣。儒家祖师孔子就正襟危坐，不语怪、力、乱、神。儒家崇拜周公、孔子"圣人"的话，或者远溯到尧、舜、禹、汤、文、武等，称其书曰"经"。"经也者，恒久之至道，不刊之鸿教也。"儒家一切的学问，都在经书里兜圈子，信守述而不作，不能侈谈变化，不能离经叛道，不敢谈创造发明，深怕惑乱民心而动摇国家纲常秩序的根本。至于道家或道教则不然，敢于在另一精神世界里，想象种种奇谈怪事：或能坐致风雨，立起云雾，划地为河，撮土为山；或能崩高山，塞深渊，收束虎豹，召致蛟龙；或能分形易貌，坐在立亡，隐蔽六军，白日为暝；或能乘云步虚，越海凌波；或能入火不灼，入水不濡，刃射不中，冬冻不寒，夏

---

① 《抱朴子内篇·道意》。

曝不汗；或能千变万化，恣意所为，禽兽草木，万物立成；或能防灾度厄，辟却众害，延年益寿，返老还童……如此等等，不一而足。所有这些超现实的方术，看起来很是荒唐可笑，但是在不同的程度上，似能帮助人们扩大想象力，开阔眼前狭小的天地。道书往往说，"我命在我不在天"，就含有发挥某些人的主观能动的作用。当然，有些幻想，可能永远是幻想，可是也有使某些暂时无能为力的奇事，创造条件，逐渐变成可行的实事。这一点，可以说，倘从未来学的观点看来，神话般的奇谈怪事，未必不蕴藏着某些合理的因素，说不定在未来的岁月里为创造发明播下潜在的意想不到的种子。比如说人体返老还童，在过去只是一种玄思和幻想，现在，国外某些科学家正在从事科学试验，探索抵抗衰老的原因，认为衰老的神经细胞一旦得到某种"营养因子"，就能返老还童，发挥其神经突起再生的能力。这就以合乎科学试验的手段，逐步深入地探究抵抗衰老的途径之一。在不久的将来，很有可能获得有效的方法。就这一点说，在原先社会物质条件和科学技术的条件限制下，认为神秘主义的奇事，随着时间的推移，条件改变了，可能会成为非神秘主义的实事哩！

五、至于有关科学技术方面，葛洪作为一个杰出的科学实验家，是十分重视自然变化和人工创造的诸物理现象。他说："水火在天，而取之以诸、燧。铅性白也，而赤之以为丹；丹性赤也，而白之而为铅。云、雨、霜、雪，皆天地之气也，而以药作之，与真无异也。"[①] 这说明水和火是自然物，但人工用特定的工具可以采取它。在炼丹过程中，铅白可以变赤丹，赤丹亦可以变铅白。云、雨、霜、雪，都是天地间的自然物，但可以用药物制造，制造出的东西，同自然物一样逼真。他又说："变化者，

---

① 《抱朴子内篇·黄白》。

乃天地之自然，何为嫌金银之不可以异物作乎？譬诸阳燧所得之火，方诸所得之水，与常水火，岂有别哉？蛇之成龙，茅糁为膏，亦与自生者无异也。然其根源之所缘由，皆自然之感致，非穷理尽性者，不能知其指归，非原始见终者，不能得其情状也。"① 他在这儿说的"穷理尽性"，是穷究自然界各种物理的性能，"原始见终"，也是指自然物变化的情状，不是儒家通常说的人们的心性之学。这就表明科学实验家自己努力的本色。据称，道士又有"彻视之方，行之未百日，夜卧即便见天文及四邻了了，不觉复有屋舍篱障"②。这在当时听来，是不经的事，绝不可信。所谓彻视之方，类似我们今天的透视法，已经成为实事了。早在春秋时，名医扁鹊得禁方，透视隔墙病人，"尽见五脏症结"。《西京杂记》卷三载：有方镜可照见肠胃五藏，人有疾病在内，则掩心而照之，则知病之所在。这种医学上透视技术的揣测，不仅中国传统文化有之，外国佛教也有。后汉安世高译《佛说㮈女祇域因缘经》云："祇域逢一小儿担樵，望视悉见此儿五藏肠胃，缕悉分明。祇域心念，本草经说有药王树，从外照内，见人腹脏。此儿樵中得无有药王耶？即往问儿，卖樵几钱，儿白十钱。便雇钱取樵……便解两束，一一取之，以著小儿腹上……如是尽两束樵，最后有一枝，裁长尺余，试取以照，具见腹内。祇域大喜，知此小枝定是药王。"③ 看来这仿佛是奇事，实际上也不算奇了。只要肯钻研、细心观察和实验，自有惊人的发现。葛洪又从乘蹻之法精思："或用枣心木为飞车。以牛革结环剑以引其机……上升四十里，名为太清。太清之中，其气甚

---

① 《抱朴子内篇·黄白》。
② 同上。
③ 《大正新修大藏经》第十四卷第896页。

刚，能胜人也。师言鸢飞转高，则但直舒两翅，了不复扇摇之而自进者，渐乘刚气故也。"[①] 这里道出了直升飞机螺旋桨的原理，以及提到有关大气压的问题。值得注意的，它是距今一千六百多年前世界上远没有发明直升飞机和螺旋桨的时候提出来的，奇就奇在这里有大胆变革、创新的思想。这不是一般宗教家的幻想，而是杰出科学家的巧思。一切因循守旧的腐儒们休想进入科学技术的殿堂。

《抱朴子内篇》具有这些特点，在魏晋神仙道教中，无论就理论、方术以及科学技术诸方面来说，都有极其丰富的内容，足资研究。胡孚琛同志原来在南开大学学自然科学，后来到中山大学转攻哲学，他在中国社会科学院研究生院足足度过三个寒暑，辛勤学习，攻读有关原著，广泛参考中外学人的著作，对《抱朴子》进行比较全面地、细致地考察，就魏晋时期道教发展的形势、神仙道教的形成、道教的哲学、神学，神仙方术以及某些科学技术等，从不同角度、不同层次，做了有系统的全面阐述，资料翔实，观点鲜明，并相应提出自己独到的见解。《抱朴子内篇》这部名著一向为中外学者所重视，可是对它作全面探讨的学术专著，似乎尚未多见，所以觉得这个科研新成果，值得一读。希望今后学术界，在此基础上，有更多更深入的以《抱朴子》为中心的鸿篇巨制继续问世！

（原载《世界宗教研究》1989年第2期）

---

① 《抱朴子内篇·杂应》。

论黄帝在中国民族文化史上的地位和作用

——《道教通论——兼论道家学说》序

近几年，海内外学者研究中国道教的日渐增多。国内不少专家大力开展道家和道教文化的探讨。现在中年学者牟钟鉴、胡孚琛、王葆玹三位同志共同主编《道教通论——兼论道家学说》一书，是国家社会科学基金资助科研项目，就是近期集体创制的科研新成果之一。他们精力充沛，除自己辛勤写作外，还联络十多位同龄上下的专业研究人员，各就所长，分工负责，编著成书，是别具一格的合作方式，是学术界可喜的现象。个人年迈，幸观其成。

对道教的研究，不仅仅限于宗教史。若从整个中华民族文化史来着眼，似乎能看得更广阔些，更深远些。鲁迅先生在七十年前说过："前曾言中国根柢全在道教，此说近颇广行。以此读史，有多种问题可以迎刃而解。"[①] 按"中国根柢全在道教"这句名言，含意丰赡，可以从好多方面去阐释。我在这里，只就道

---

① 《鲁迅书信集》上卷，1918 年 8 月 20 日《致许寿裳》，人民文学出版社 1976 年版，第 18 页。

家和道教学者对记载中华民族最早统一、繁衍和上古文化的创造发明做些考察，谈点体会。

这要从黄帝谈起。

黄帝，这个上古历史人物的记载，它的史料来源，大略分为三个系统：

一、古史传说系统。主要采撷《左传》、《国语》、《世本》以及经传诸子百家等。如《左传》则有僖公二十五年卜遇黄帝战于阪泉之北；昭公十七年载郯子言黄帝以云纪事，故以云为师而云名。《国语·晋语四》则有载："昔少典娶于有蟜氏，生黄帝炎帝"，黄帝姓姬，"黄帝之子二十五人，其同姓者二人而已"。《世本》则有《作篇》，叙黄帝之世，始立史官，苍颉作文字，沮诵苍颉作书，史皇作图，容成作历，大挠作甲子，隶首作数，黄帝作冕，等等。

至于经传诸子百家记载的亦多。如《周易·系辞下》："神农氏殁，黄帝尧舜氏作"，"黄帝尧舜垂衣裳而天下治"。《礼记·祭法》言："祭法，有虞氏禘黄帝而郊喾"，"黄帝正名百物，以明民共财"。《管子·轻重篇》："黄帝作钻燧生火，以熟荤臊，民食之，无肠胃之病"。《庄子·大宗师篇》：黄帝得道以登云天，《徐无鬼篇》黄帝见大隗于具茨之山，与牧马童子对话；《在宥》篇黄帝问道于广成子。《吕氏春秋·荡兵篇》："黄炎故用水火矣。"黄，指黄帝；炎，炎帝。其他像两汉魏晋的《淮南子》、《大戴礼记》、《论衡》、《列子》、《抱朴子》等记载的很多。这里不一一列举。最值得注意的，司马迁《史记·五帝本纪》记载黄帝的事迹，主要就是根据《左传》、《国语》、《世本》[①] 以及部分诸子百家言而成的重要文献。

---

① 司马迁所见《世本》，或谓与今见本不同。

二、以《山海经》为主的神话系统和汉代纬书所载。如《山海经》的《西山经》记黄帝食白玉膏；《大荒东经》记载黄帝生禺䝞，禺䝞处东海，是为海神；《大荒北经》载蚩尤作兵器，伐黄帝，蚩尤又请风伯雨师，纵大风雨，黄帝止雨，杀蚩尤。《海内经》载黄帝之妻雷祖（雷亦作嫘或儽）生昌意。前两条属神话，后两条则属古史。纬书如《孝经钩命诀》云："附宝出，降大灵，生帝轩。"附宝，黄帝母；轩，轩辕黄帝。《河图握矩记》："黄帝名轩，北斗黄神之精。母，地祇之女附宝之郊野，大霓绕北斗枢星，耀感附宝，生轩辕，胸文曰黄帝。"《河图挺佐辅》载：黄帝召天老而问梦见两龙挺白图及黄帝游于洛，见鲤鱼长三丈，青身无鳞，赤文成字。这些都属于神话。

三、道教仙传系统。这指道教成立后有关黄帝事迹和传说的神仙传记。首先，《列仙传》所载《黄帝传》内容甚为简略，如云黄帝卒，葬桥山，此本《史记·五帝本纪》；又说黄帝采首山之铜，铸鼎于荆山之下，有龙下迎，帝乃升天，此本《史记·封禅书》。晋葛洪撰《神仙传》，并未为黄帝立传，只是在《广成子传》中略述黄帝就广成子问道的故事，这亦采自《庄子·在宥篇》而成。但葛洪在《抱朴子内篇》中缕述黄帝于荆山之下，飞九丹成，乃乘云登天（《微旨》）；黄帝服九鼎神丹，遂以升仙（《金丹》）；黄帝陟王屋而受丹经，到鼎湖而飞流沫，登崆峒而问广成，之具茨而事大隗，适东岱而奉中黄，入金谷而咨涓子，论道养则资玄、素二女，精推步则访山稽、力牧，讲占候则询风后，著体诊则受雷、岐，审攻战则纳五音之策，穷神奸则记白泽之辞，相地理则书青鸟之说，救伤残则缀金冶之术（《极言》）。如此等等，极言黄帝穷道尽真，以至乎仙。这对唐宋时期道教撰述黄帝的纪传，影响颇大。

《抱朴子内篇》系葛洪平生精心结撰之作。所述黄帝事迹传说，皆有所本。《极言篇》云："言黄帝仙者，见于道书及百家之说者甚多。"《遐览篇》列举《黄老仙录》、《玄女经》、《素女经》、《龙首经》、《荆山记》等，均与黄帝有关。但葛洪未曾为黄帝专篇立传。到了唐代，才有王瓘撰《广黄帝本行记》继《史记·五帝本纪》之后问世。据《唐书·艺文志·杂记传类》著录，《广黄帝本行记》原有三卷，今见《正统道藏》本，仅存下卷，残缺不全[①]，它的大旨，原自《抱朴子内篇》和南北朝道书。至宋代，张君房撰集《云笈七签》，卷一百《轩辕本纪》又取材于《广黄帝本行记》。在平津馆丛书本《广黄帝本行记》之次，有《轩辕黄帝传》，殆亦系宋人所撰。以《轩辕黄帝传》与《云笈七签》本《轩辕本纪》相校，内容大体相同，仅文句间有出入。可知《轩辕本纪》以王瓘《广黄帝本行记》为蓝本，而《轩辕黄帝传》又以《轩辕本纪》为蓝本[②]。《轩辕本纪》可谓有宋一代黄帝事迹传说的代表作。到了元代，道士赵道一编撰《历世真仙体道通鉴》于卷一《轩辕黄帝》中绝大部分采用《云笈七签》本《轩辕本纪》，只是最后一小部分文字略有差异。可见有关轩辕黄帝的种种史迹和传说，到了宋代，以张君房编撰的《轩辕本纪》成为定型的代表作。它的重要历史意义，在于显示道教心目中黄帝这个古史人物的光辉形象，主要表现在两大方面：

1. 中华民族最早融合和繁衍的形象；
2. 中华民族文化最早首创（包括重修再造）的形象。

据《史记》记载：当神农氏世衰时，诸部落酋长互相侵伐，暴虐百姓，而神农氏弗能征，于是轩辕氏出征，诸部落酋长都来

[①] 参孙星衍平津馆丛书本《广黄帝本行记》顾广圻序。
[②] 参平津馆丛书本《轩辕黄帝传》顾广圻序。

归从，其中以蚩尤最为凶暴，没能讨伐。而炎帝又企图侵凌诸部落，轩辕与炎帝战于阪泉之野，取得了胜利。但蚩尤作乱，不听命令，于是轩辕氏征召诸部落酋长，与蚩尤战于涿鹿之野，遂擒杀蚩尤。接着又北逐熏鬻之戎，天下才得大定统一的局面。因此诸部落酋长都来推奉轩辕为天子，是为黄帝。由此可见当时诸部落酋长战乱频繁，百姓深受其害，轩辕氏乃"修德振兵"，平定叛乱，取得彻底胜利，被推戴为黄帝，形成一个新的统一的局面。《史记》确认黄帝为五帝之首，也是我国上古史上第一个创业建国、有丰功伟绩的帝王。他的子孙繁衍，可以稽考而有显赫名号的，如帝颛顼系黄帝之孙；帝喾，黄帝的曾孙；帝尧，黄帝的玄孙；帝舜，黄帝八代孙；夏禹，亦黄帝的玄孙；商汤，黄帝的十七代孙；周发（武王），黄帝二十二代孙，等等。据王瓘《广黄帝本行记》云：黄帝有九子，各封一国，总三十二氏，出黄帝之后，子孙相承，凡一千二百五十年。自黄帝己酉岁至大唐广明二年辛丑岁，计三千四百七十二年矣。直到如今，我国中华民族亿万同胞，都认同自己是黄帝的后裔，依照通常习惯的说法，也叫炎黄子孙。这是祖国亿万同胞共同的意识，是悠久历史铸成的牢固的民族观念。

我国历史悠久，从原始社会到文明社会，由于祖祖辈辈的辛勤劳动，陆陆续续创造发明了许许多多文化的业绩。实际上有很多创造发明，很难说是某一个人完成的。在历史的长河中，尤其是远古历史时期，由于先民生活上的需要，人们不断创造发明和改进，而后世口头传说或文字记载的，往往只是记在少数几个杰出人物的名下，这是可以理解的。我国轩辕黄帝，在正史里列居五帝之首，他（包括他的元妃和大臣们）在文化创造方面所做的贡献也是首屈一指，这从《史记·轩辕本纪》到道教撰的黄帝传记里，总汇起来，主要有下列许多项目：

黄帝元妃嫘祖始养蚕为丝。

有臣曹胡造衣，臣伯余造裳，臣于则造履。帝作冠冕。

帝见浮叶方为舟，即有共鼓、化狄二臣助作舟楫。

帝观转蓬之象以作车。

帝始教人乘马，有臣胲作服牛以用之，所谓服牛乘马，引重致远。

有臣黄雍父始作舂，所谓断木为杵，掘地为臼。

帝作灶以著经，始令铸釜造甑，于是蒸饭而烹粥。

有臣挥始作弓，臣夷牟作矢。

帝始作屋，筑宫室，以避寒暑燥湿；又令筑城邑以居之。

帝又易古之衣薪，葬以棺椁。

有臣沮颂苍颉观鸟迹以作文字，此为文字之始。

帝得河图洛书，于是定百物之名；作八卦之说，谓之八索；所制《归藏》书，为《易》之始。

于时大挠作甲乙十干以名日，立子丑十二辰以名月，以鸟兽配为十二辰属之，以成六旬，谓造甲子也。

帝观伏羲之三画成八卦，合成二十四气，即作纪历以定年。

帝使伶伦采钟龙之竹，为黄钟之音，为十二律吕。

有臣隶首，善算法，始作数，著算术。

臣伶伦作权量秤斗。

帝获宝鼎，乃迎日推策，作盖天仪，测玄象，推分星度，以二十八宿为十二次，此始为观象之法。

帝使羲和占日，常仪占月，鬼臾区占星；帝作占候之法，占日之书。

帝以景云之瑞，即以云纪官，故有缙云之官。

帝作几巾之法。

有臣史玉始造画。

有大医岐伯善说草木之药性味,帝请主方药;又有雷公述炮
　　炙方;帝问岐伯脉法,又制《素问》等书。
令采首山之金,始铸刀造弩。
令作蹴踘之戏,以练武士。
帝举风后为相,力牧为将,为将相之始。
帝又得风胡为将,作五牙旗及烽火战攻之具,著兵法五篇。
帝与蚩尤大战,令风后法斗机,作指南车认别四方。
有玄女教帝三宫秘略五音权谋阴阳之术,玄女又传《阴符
　　经》三百言。
帝述六甲阴阳之道,作胜负握机之图及兵法要诀,黄帝兵法
　　三卷,黄帝十八阵图二卷等多种。
帝以伐叛之功,始令岐伯作军乐鼓吹。
黄河出于昆仑山东南脚下,帝令竖亥步行测量四方里数。
有青鸟子能相地理,帝问之以制经。
容成子初为黄帝造律历,又以容成子为乐师。帝作云门大奏
　　咸池之乐。

以上这许多发明创造的事迹都标黄帝之名或出自黄帝时代的臣僚。当然,我们不会轻易断言这些全是黄帝个人的信史。孟轲曾言,尽信书不如无书。问题是,自从《史记·轩辕本纪》开端,一直到道教学者编撰黄帝的传记里,为什么把这许多上古的发明创造都集中写在轩辕黄帝一个时代和一个人的名下,这是值得注意的重要问题。世界各国远古的历史,都有自己先民活动的传说,谁也无法否定。我们中华民族远祖的活动,迄今无法断定是哪个祖先创造哪些文化,这本是祖祖辈辈长时期改进和积累而成,恐怕无名氏英雄居多。比如,有巢氏,无非是纪念先民从穴居野处转到筑巢以居的象征性的名号;燧人氏,也无非是从茹毛饮血腥臊臭恶的原始生活转入取火熟食的象征性的名号。轩辕黄

帝，司马迁在《史记》里，把他列入五帝之首。我们知道，司马氏世典周史，司马谈又习黄老之术于黄生。道家观点，是司马氏史家的传统。《史记》述往事，从黄帝开始，这与儒家经典《尚书》从帝尧开始，显然大不相同。后来道教完全继承司马氏这个道家传统，这是个不可忽视的特点。黄帝的诸多活动，由零散记载，到逐渐集中加详，尤其关于许多文化创造，虽则夹杂种种传说，在道教学者的笔下，都把它们列入黄帝的传记里。因此我们把它视为轩辕氏这个历史时期前后乃至整个上古文明荟萃的总代表，似乎未尝不可。黄帝成为历史上中华民族首次融合统一的先例，中华民族古文化创造发明之母，后世子孙值得引为自豪的。如果从这个角度来考察和理解，那末历来道教学者写的黄帝事迹和传说（剔除神话部分外），他的艰苦奋斗、创造发明的优良传统，就有重要的历史意义了。

总的说来，黄帝作为《史记·五帝本纪》第一位民族统一的帝王，建立了艰苦创业的丰功伟绩，接着在道教学者综合撰写的传记里，胪列了许许多多创造发明的业绩，使黄帝这个历史伟人更加煊赫，成为中华民族最早时期文化荟萃的代表。千载以下，我国亿万同胞莫不认同炎黄子孙以为荣，焕发出中华民族的内在的无与伦比的凝聚力和创造力。这个黄帝历史的传述，主要是我国道家和道教学者的卓识和贡献，不能不标而出之，用为"中国根柢全在道教"这句名言的例证和诠释。一言以蔽之，他是中华民族文化的"根"，值得后人永远精心培养，发扬光大。

王　明

1990年阳春之月

道教文化研究领域的拓荒者

——王明传略

胡孚琛

王明（1911—1992），字则诚，别号九思，汉族，浙江省温州市乐清县人。他是国内外知名的研究道学文化的专家，是我国道教研究的拓荒者。建国前，王明曾在国立中央研究院历史语言研究所担任助理研究员；建国后历任中国科学院考古研究所副研究员、兼任所学术秘书，中国社会科学院哲学研究所研究员、中国哲学史研究室主任、学术委员会委员，中国社会科学院研究生院教授、博士生导师，国务院古籍整理出版规划小组成员，中国哲学史学会副会长等职。他是中国民主同盟盟员，晚年加入中国共产党，由于在中国哲学思想史和道教史研究方面作出了突出贡献，被批准为第一批享受政府特殊津贴的专家。王明的一生，是一位学者为学术事业鞠躬尽瘁的一生，是一个正直的知识分子忠心报国的一生。他曾经说："爱惜光阴，就是爱惜生命。"他为治学殚精竭虑，终日焚膏继晷、孜孜矻矻，于1992年3月13日凌晨耗尽了最后一口气，享年81岁。让我们用王明自己的话为标题，来追溯他一生求学、治学、教学、为人的旅程，看看他是怎样在学术的道路上兀兀穷年的。

"从师要多方求教,细心咀嚼,吸收营养"

浙江省温州市乐清县蒲岐镇铧锹村负山面海。山不高,上面有块壁崖,长年流着红色的岩浆,村里人叫它"龙头岩"。山下面对大海,潮汐涨落,在山上一览无余。1911年10月10日,这天后来叫作"双十节",可真是中国历史的转折关头,王明就在这个不平凡的日子降生在龙头岩下的一家农舍里。王明不仅在时间上赶上了中国历史动荡转折的年代,他出生的地点铧锹村龙头岩下,也注定了他在治学上像"愚公"那样怀着一颗赤心"每天挖山不止"的人生道路,从而使他成为道教文化研究领域的拓荒者。

铧锹村的住户以务农为生,但因面海,可以捕捉鱼、虾、蚶、蟹,又可用海水晒盐,所以多小康之家。王明之父王国彦,身材魁梧,有臂力,是个多面手的农民。母林氏,性贤淑,在王明五岁时便已病故。王父曾上过私塾多年,能背诵《四书》中一些段落,虽未考取科举功名,但学了满脑子封建意识,一心望子读书成名,晋为士绅之列。因之王国彦家教十分严峻,王明自幼就在严父的管教下长大,这对他一生的性格影响甚大。王明在孩童时被禁止与邻居幼童玩耍,七岁时便被送入本村私塾就读,由几个清末的秀才执掌教鞭。因此王明形成了拘谨、内向、狷介不群的性格,平日洁身自好,不喜交游,社会文体活动的能力被窒息了,只有单独埋头在书堆中去寻找自己的精神乐趣。后来他回忆说:"记得少时在家被人奚落,心怀忧闷,独自登上山顶,遥望天际,惘然若失。忽闻乌鸦数声,掠空而过,冲破寂寞,不禁凄然泪下。"他的启蒙课程是《蒙求》、《三字经》、《千家诗》之类,后来改名初级小学,加添了《语文》、《算术》、《修身》、

《四书》、《幼学琼林故事》等教材。王明的家乡当时交通并未开发,文化闭塞,教育落后于温州其他乡村。王明的幼年就是在这种环境中度过的,直到他上中学,放假时还回乡参加一些农业劳动,如脚踏龙骨车车水,摘棉花,采绿豆荚,翻红薯藤等。

1923年,王明负笈至虹桥镇沙河高等小学接受新式教育,学习了国语拼音和英语。在高小读书时,王明与一些纨绔子弟格格不合,仅和三五知己同好往来,寂寞时便独自到校园外的农田中漫步,看花黄稻绿,听蝉鸣蛙叫,别有一番情趣。王明后来要求他的学生都有"坐一辈子冷板凳的精神",无疑和他自己的家教有关;而他对道学文化的爱好,大概也是在大自然的拥抱中形成的吧。王明少年由于缺少母爱而过多的心灵苦闷,都在大自然中得到消释和补偿。

当时乐清县境内没有中学,1926年小学毕业后,王明只好离开家乡到温州读书。他搭乘内河的航船顺流直下,一天多工夫到温州。这是王明第一次置身城市生活,电灯、汽轮、工厂等初次见到,大开眼界。他考取的温州省立第十中学,是当时有名的公办中学,首任校长孙诒让是清末名儒,招聘教师也颇为优秀。王明自暑期入学后,注重自学,他掌握了充分利用图书馆的书籍扩展知识面的本领,每日埋头读书且做笔记,知识增长较快。当时正值广东北伐军挺进浙江之际,和军阀孙传芳作战,时局动荡不息,学校亦参与时代风潮,经常停课。这些政治活动也触动了王明的思想,冲击了他幼年在父教中接受的封建意识,他对无神论深表赞成,对妇女贞节问题也有了新的认识。在5月的几个国耻纪念日里,他和同学们一起上街呼口号,游行示威。

在温州从初中升入高中,也要考试,这年王明名列榜首,邻里乡党俱来道贺。尔后王明更加发愤读书,在晚间熄灯后还焚膏油以延长自学时间。1931年,他又从温州十中转学到杭州省立高级中学就读。当时要从家乡去杭州，需先乘轮船到上海，再坐火车到杭垣。20世纪30年代初，上海大街上喧嚷的人声和工厂里机器的嘈杂声震耳欲聋，烟囱里的灰尘飘落在玻璃上灰蒙蒙一片，使人透不过气来。还有杭州秀丽的湖光山色，钱塘江潮水汹涌澎湃，都给王明这个农家子弟留下深刻印象并增加了新的阅历。这一年发生了"九·一八"日本侵略军占领东北的沈阳事变，全国人民奋起抗日，王明也参加了杭州学生和市民请求政府收复失地的游行和请愿活动。

1932年，王明又以优异成绩考入北京大学中国文学系读书。他整装来到中国的文化名城北平，宏伟壮丽的古建筑，名胜古迹点缀的自然风光，郁郁苍苍的千年松柏和名闻中外的万里长城，都使他赞叹不已。北平市民着装古朴淡雅，租钱便宜的东洋车沟通大街小巷，天坛、地坛、日坛、月坛、东单、西单、东四牌楼、西四牌楼映凑成趣，街道整齐划一，气候舒适，空气清新，使王明很快爱上了这个城市，后来他终于定居在这里。北平有多座著名大学，有藏书丰富的北平图书馆，北京大学的藏书亦相当可观。隆福寺街、厂甸、东安市场、西单市场，还有不少古旧书铺，这都给王明的生活充实了内容。

王明治学不但注重自学，还特别注重向名师请教。他入学时，北京大学中文系的系主任是章太炎的门人马裕藻先生。王明学过马裕藻先生讲授的中国文字声韵学和经学史，还听过郑奠、罗庸等先生讲授的中国文学史和文学批评史等课程。当时北京大学的学术风气甚为自由，王明除了学习本系的必修课外，还兼修了多门其他院系的课程。他选修了钱穆的中国古代史、中国通史等课程。钱穆依自己的著作《先秦诸子系年考辨》为蓝本，主要讲先秦学术史，兴之所至，尽情发挥，赢得同学们的称赞。陶希圣在法学院政治系主讲中国政治思想史和中国社会史，亦是王明很感兴趣的课程。这一时期对王明影响较大的还有北京大学文学院院长，后来兼任中国文学系主任的胡适。他除讲授中国文学史外，还讲中国思想史等，学识面广，有独开风气的能力，讲话亦幽默风趣，课堂秩序井然。王明得到这些老师的面传心授，打下了扎实的学术功底。他在《国闻周报》发表过《论文人无行》，在《晨报》副刊发表过《黄梨洲的文学主张》，在天津《益世报·史学》发表过《欧阳修的治学精神》、《墨子的伦理学》，在《食货半月刊》发表过《落后的宋氏族》等文。1937年撰写毕业论文《先秦儒学字义考》，得到系主任胡适先生的好评。随之考取中央研究院历史语言研究所的研究生，陈寅恪先生亲为主考。然时年突逢"卢沟桥事变"，史语所内迁，王明回乡时因战事阻隔了与史语所的联系，只得在乐清居士林自修攻读。

1939年，王明偶然从报纸上得知史语所的消息，于是又整装间关远赴云南昆明，重新考入西南联大的北京大学文科研究所攻读研究生课程。该研究所开办于1939年暑期，所长为中央研究院历史语言研究所的主持人傅斯年。王明是首届研究生，导师为汤用彤、唐兰。那时王明和十多个同学住在昆明青云街靛花巷三号的楼上，吃、睡、学习都在一个大房间里，假日还可到附近的翠湖公园散步。陈寅恪先生亦到西南联大任教，未带家属，住在此楼隔壁，王明经常去找陈寅恪先生请教，陈师则有问必答，师生关系十分融洽。王明修习过陈寅恪的隋唐史；听过余嘉锡的目录学和黄节讲授的三国曹氏父子的诗、顾随的词选等。王明在北京大学和西南联大时期从师较多，其中他自觉得益较多影响较深的，有胡适、汤用彤、陈寅恪、钱穆、陶希圣、唐兰诸先生。在求学上，王明主张独立思考，兼取众长，学无常师，不守门户之见。他认为求学就如蜜蜂酿蜜那样采集众花，去汲取各个名师的长处，融成自己的风格和特长。

1941年，王明在汤用彤的指导下研读《道藏》，编撰《太平经合校》，并撰写了长篇论文《太平经合校·导言》，获得了硕士学位。随即以助理研究员的职称分配到中央研究院历史语言研究所，走上了研究道家和道教文化的治学之路。

"为学须有锲而不舍的精神"

1942年，王明到史语所工作时，该所已从云南昆明迁到四川南溪县李庄镇板栗坳。国立中央研究院为当时全国最高学术机构，在自然科学之外，社会科学方面仅有史语所和社会研究所。史语所下设历史组、考古组、语言组和人类组等，由傅斯年任所长，陈寅恪、李济、李方桂、吴定良分别任主任，董作宾、岑仲勉、陈槃、劳干、丁声树等饱学之士任研究员。史语所不轻易接纳研究人员，也不轻易发表文章，学者精干，无滥竽充数之辈，《史语所集刊》上的论文皆有功力，不给稿酬，但学术界评价甚高。史语所在山坳里租用张姓老式平房两座，正厅和厢房皆宽敞，秋日桂子飘香，冬令茶花盛开，一派田园景色。学者们闭门在菜油灯下著述，出了许多高水平的成果。王明的重要学术论文《周易参同契考证》、《老子河上公章句考》就是在这里写成的。这期间，英国学者李约瑟博士到四川乡下的史语所讲学，曾同王明讨论《参同契》的年代问题，以后二人保持了一段通讯联系。1944年春，王明回乡省亲时又因日寇轰炸道路不通，乐清沦陷，滞留家乡，参与创办乐清师范学校，并任校长之职。

抗战胜利后，中央研究院历史语言研究所从四川搬回南京，王明亦于1947年返回史语所董理学术生涯。这年王明36岁，正值有为之年，陆续在《史语所集刊》发表了《黄庭经考》、《论太平经钞·甲部之伪》等重要学术论文，在学术界引起反响。

同时，他还在《和平日报》人文副刊发表《元气说》、《论种民》，在北平《佛教月刊》发表《儒释道三教论报应》，在《中央日报》史学副刊发表《论老子与道教》，在《中国青年》发表《曹操论》等，奠定了自己在道教文化研究领域拓荒者的学术地位。

1949年，国民党兵败如山倒，中央研究院亦随之迁往台湾，王明回到家乡。中华人民共和国成立，定都北京，设中国科学院，王明进入中国科学院考古研究所。1950年，被送到华北人民革命大学研究部学习马克思主义哲学、中共党史等课程。回所后仍去听艾思奇同志讲的辩证唯物主义和历史唯物主义的课，参加共产党的知识分子思想改造运动。这种学习使王明著述的特色为之一变，他以后在中国思想史的研究中，都力图贯彻自己学到的马克思主义观点。他担任考古所的学术秘书时，曾一度研究过中国造纸术，在《考古学报》上发表过《蔡伦与中国造纸术的发明》、《简和帛》、《隋唐时代的造纸》等论文。1957年，王明辞掉考古所学术秘书等职，调到哲学所任副研究员，研究中国思想史。他先后发表《论董仲舒的思想方法》（《争鸣》1957年3期）、《汉代哲学思想中关于原始物质的理论》（《哲学研究》1957年6期）、《清初市民阶级的思想家唐甄》等论文。1959年以后，王明又编辑《中国哲学史资料选辑》、《中国大同思想资料》，合撰《中国哲学史》，1960年在中华书局出版《太平经合校》。

1964年，王明被派到湖北襄阳农村参加"四清"，这期间仍发表《试论〈阴符经〉及其唯物主义思想》、《敦煌古写本〈太平经〉文字残页》等著述。1966年开始"文化大革命"，学术研究遂停顿下来。王明在集体下放河南信阳明港劳动的艰苦环境中，仍不忘学术研究。在工人宣传队进驻中国科学院哲学社会科学部的日子里，他仍挤时间完成了《抱朴子内篇校释》这部重要著述。1977年，中国科学院哲学社会科学部改名为中国社会科学院，科研工作趋向正规。王明在晚年又焕发了学术青春，担任了中国社会科学院哲学研究所中国哲学史研究室主任、研究员、研究生院哲学系教授，并被聘为哲学所学术委员会委员。《抱朴子内篇校释》于1978年在中华书局出版，1982年又出版了《无能子校注》。1984年又在中国社会科学出版社出版了《道家和道教思想研究》，《太平经合校》再版，《抱朴子内篇校释》亦出增订版。1979年，他还应邀出席了在瑞士苏黎世召开的第三次国际道教学术会议，在会上宣读了《中国道家到道教的演变和若干科学技术的关系》的论文。

王明于1978年被聘为中国社会科学院研究生院教授，为世界宗教系和哲学系授课培养了两届研究生，其中世界宗教系的学生有朱越利、陈兵、吴受琚等，哲学系的学生有何成轩、王生平等，亲自指导的硕士研究生有王卡、陈静；博士研究生有胡孚琛、王卡。他弦诵终身，教泽广布，在社会上还指导了一批中青年学者，知名的有刘国梁、李家彦等。"文革"之后中国大陆在道家和道教文化研究领域崛起的学界新秀，大多沐过他的教泽。王明对研究生要求甚严，主张一要学会做人，有良好的学术道德；二要学会做学问，有坚实的学术功力；三要有坐一辈子冷板凳的精神，为学术事业奋斗终生。

1988年初，王明身患不治之症，清醒地知道自己余下的时间不多了，他首先想到的是吩咐学生整理自己的旧稿，还在病床上将自己的简历和为人、为学的看法写给学生。他认为宇宙运动不止，人类生生不息，要力求在运动和发展中寻求人生的价值。在治学上，他采取实事求是的态度，认为社会历史是客观存在，学者应如实地认识它、描述它，然后评判是非得失，汲取经验教训。他反对伪造历史或将古史现代化，倡导平实的学风、刻苦的精神和创新的见解，力戒华而不实、趋时邀宠的浅薄之风。他坚持无神论，不信任何宗教，但确信只有搞懂道家和道教文化才能真正认识中华民族的历史和文明。他是一个纯粹的学者，但一生经历了过多的政治风波。他认为人是不能脱离政治而生活的，理想的政治，应有为大众谋福利的远大目标以及切实可行的步骤和措施。

经过医生的抢救，王明虽然度过了危险期，但仅依靠血液透析延续生命，死亡仍时时威胁着他。王明在1992年3月13日逝世前的四年多时间里，整日被病魔缠身，与死神相伴，仍然著述不辍。他强支病体，撰写了十多篇学术论文，抄改了二十多万字的书稿，汇成最后一本专著《道教与传统文化研究》。他还撰写了近十万字的传记材料，认真总结了自己一生的治学经验。人们怎么能相信，四年间这么多科研成果，竟是出自一个身患不治之症生命垂危的年迈人之手呢！这些科研成果的完成，需要付出多少心血，需要多大毅力，需要树立怎样的历史使命感和社会责任心啊！

王明临终前在墙壁上贴着自己的题字："要做一个合格的公民。"他遵纪守法、谨慎安分、立身正直、作风正派、嫉恶如仇，一辈子不做暗室欺心之事，不与宵小之徒为伍，不贪小便宜，不生苟且之心。王明一生勤勤恳恳治学教人，不图虚名，道德品质和操行气节堪为师表，在工作中推甘就苦，克己奉公，对人以诚相待、团结忍让，深得群众的信任和尊重。他是我们伟大共和国的普通公民。他的一生是一个知识分子为学术事业鞠躬尽瘁、忠心报国的一生。

"做学问要有披荆斩棘的工夫"

王明是一个极为严肃认真的人，他大概一生也没和别人开过玩笑，为人、为学都体现"认真"二字。他读书认真，常以细密工整的字迹写笔记、做批注和制卡片，甚至连报纸上的时事评论文章都肯细心阅读。他治学认真，他的力作《太平经合校》和《抱朴子内篇校释》，都是最吃力、最费工、令人头昏目眩的"虫鱼"之学，而他却在大量别人难得一见的古道经中勾稽材料，订讹辨误，考证爬梳，肯为一本书花上十几年艰苦劳动，这是别人很难做到的。他施教认真，对学生规定必读书目，教以考据、训诂、校注、收集材料、研究问题的方法，讲述自己师传的体会和治学经验，亲自为研究生修改论文，比其他导师多花数倍的时间和精力。他待人处事认真，一生言出必行，别人当做表面文章的事，他却认认真真去做，领导人在会议上的讲话和要求，他都信而不疑地执行。王明先生青年时期在名师指导下认真地完成了学业，中年时代又认真地使用学到的知识开拓了道教研究的新领域，建国后他又认真地接受思想改造，真诚地信仰马克思主义，读者不难从他后期的著述中觉察到这一点。他的治学经历，一开始是在文、史、哲等社会科学多种学科里普遍摸索，继而是将兴趣集中到中国思想史、哲学史上，最后选定了道学文化作为立足点，从剖析道学文化来探索整个中华民族文明的奥秘。在他选定道学文化的研究领地时，发现可资借鉴的前人研究成果甚少，在当时政治思潮的影响下甚至将它视为禁区，很长时期无人问津，王明在这里形成了单枪匹马、孤军作战的局面。《道藏》里许多经书既无作者，又无年代，真伪混杂，篇章残缺错乱，这都需要学者以深厚的学术功底予以考订、校正和辑佚补苴。道教文化领域包罗万象，许多研究课题都是空白，实际上是一片未经开垦的生荒地。王明在这个研究领域里筚路蓝缕，创业维艰。他首先对道教中引人注目的《周易参同契》、《黄庭经》、《老子河上公章句》、《阴符经》进行考证，打开了缺口。特别是《论太平经钞·甲部之伪》一文，颇有功力，他别具只眼，发现《太平经钞·甲部》乃后人伪补，其来源以《灵书紫文》为主，《上清后圣道君》并为其窃取的材料。这一发现解除了学界通认《太平经》为南北朝时期著作的误解，判定《太平经》出于汉代的结论，是道教史研究中的关键成果，由此他被学界公认为是这个研究领域的拓荒者。

尔后，王明的力作《太平经合校》、《抱朴子内篇校释》、《无能子校注》相继由中华书局出版，终于在道教文化研究领域开垦出一块可供耕耘的田地。他发表的大量学术论文，勾画出整个道教史的研究线索，解决了道教史上许多学术难点和疑点。他对历史上的著名道学人物老聃、庄周、魏伯阳、葛洪、陶弘景、孙思邈等都作过研究，定名汉末张陵、张鲁、张角的道教结社为"早期道教"，葛洪在魏晋时期为求长生而自由形成的道团为"神仙道教"，为道教史的编著奠定基础，其学术价值自不待言。更为珍贵的是，王明还将自己治学的经验写给学生。他说："在我的几十年的治学生涯中，有些有效的经验，也有不少不足之处和失误。例如《太平经合校》这部书，分量繁重，情况复杂，所花时间不少。这书的合校工作，不是一般以一个完整的本子对另一个完整的本子，两两对勘，而是以节抄本《太平经钞》来校补残缺不全的《太平经》书。因为情况特殊，《太平经合校》也特地采取'并'、'附'、'补'、'存'四例来编订，这是不得已的事。""现在读《合校》本时，如欲知《经》的原状，只需依照书眉所标《经》文的卷、页、行数、字数，顺次寻检即得；

如欲知《钞》的原状，只需依照书眉所标《钞》文（文、附、补、存等）的卷、页、行字数，顺序读之即得。""这个编订的办法，我认为比较客观而周到，有的同志深恐搞乱原文的顾虑完全可以打消了。这一点似乎是可取的经验。""至于疏忽的地方，如在抗日战争期间，我从北京大学教授向达先生处得知在英国伦敦博物馆藏敦煌经卷中有《太平部卷第二》（S.4226号），未见内容。抗战结束后，也没有去寻检，这是很大的疏忽。《合校》本出版后，查悉敦煌经卷中《太平部卷第二》是手抄《太平经》总目录，并有前言（残缺不全）和后记（"经曰"和"纬曰"云云），但是没有《太平经》文。""大体说来，这是现今所见相当完整的目录。它的功用，一则可以同《太平经》残存篇目作比较，二则可以窥见《太平经》本文遗缺的篇目。我曾经写了《太平经篇目考》（载《文史》第4辑，1965年出版）一文，加以考订，以弥补这个缺陷。""又如我的《抱朴子内篇校释》初版印行后，得悉辽宁省图书馆藏有宋绍兴壬申岁（二十二年）临安刊本《抱朴子内篇》，这是目前海内外的孤本。由于馆方的规定，不能据缩微胶卷底片复制，只许前往校阅。我因路远和体弱，不得已恳请辽宁大学王举忠先生代为校录宋浙本《抱朴子内篇》异文，才在中华书局出版的增订本中弥补这个缺陷。这是我见闻不广的一个教训。"这样的例子还有，如王明《论老聘》一文为证明《老子》成书于战国的时代问题，曾据梁启超《论老子书作于战国之末》一文，断言"偏将军居左，上将军居右"这种官名，都是战国的，并以《史记·项羽本纪》中宋义为上将军为证。后来他从《史记·越王勾践世家》中重新读到"勾践以霸，而范蠡称上将军"。范蠡是春秋时人，才发觉说上将军是战国以后官制的说法是错的。王明每把这些治学中的失误告诉学生，引为值得记取的教训，这说明他在治学上是极为认真严肃的。

王明晚年，又逐渐从道教史的研究扩展整个文化史的研究。这样，他的学术研究经历了一个由博到专，又由专返博的过程。本来道学文化就是中国古代学术的总汇，它像一个大葫芦，将三教九流及民俗信仰、医卜星相全装进去，涉及现代自然科学及社会科学的多种学科，因而鲁迅有"中国根柢全在道教"之论。这样，由道学文化的研究转入整个文化史，也是题中应有之义。王明从道学文化的研究中透视到中国文化在历史上有两条路线：一是齐文化，为道家的起源；一为鲁文化，是儒家的起源。他沿着这一线索将诸子百家之学错综复杂的关系理出了头绪，其著述于文化建设中寓有修、齐、治、平之道，是颇有深意的。还有《周易·咸卦新解》一文，亦为王明据训诂学和民俗学而成的力作。

王明在治学中有些未完成的书稿和中途而辍的研究课题，其中有：《淮南子思想研究》（草稿）、《淮南鸿烈集解补注》（未完）、《法言疏证校补》（未完）、《陶弘景年谱》（初稿）、《陶隐居集校注》（未完）、《中国造纸史略》（仅开头）。还有些想作而未及作的课题，例如他想用《名医别录》、《本草集注》等书的资料编校《陶弘景全集》，想组织编撰《正续道藏目录提要》和倡导编写《中华道教大辞典》，想和学生合著《道教史》和自著《中国文化思想史》等，皆没有完成。

作者主要论著目录

专　著

《道家和道教思想研究》　中国社会科学出版社 1984 年出版，1987 精装本第 2 次印刷。

《太平经合校》　中华书局 1960 年出版，1979 年再版，1985 年第 3 次印刷。

《抱朴子内篇校释》　中华书局 1980 年出版，1985 年第 2 次增订本出版，1988 年增订本第 3 次印刷。

《无能子校注》　中华书局 1981 年出版。

《中国哲学史资料选辑》先秦之部　中华书局 1964 年出版，1984 年增订本出版（合作）。

《中国哲学史资料选辑》两汉之部　中华书局 1960 年出版（合作），1982 年改订本出版。

《中国哲学史资料选辑》魏晋隋唐之部　中华书局 1990 年出版（合作）。

《中国哲学史资料选辑》宋元明之部　中华书局 1962 年出版（合作），1982 年修订本第二版。

《中国哲学史资料选辑》清代之部　中华书局 1962 年出版（合作），1981 年修订本出版。

《中国哲学史资料选辑》近代之部　中华书局 1959 年出版（合作），1983 年修订本出版。

《中国哲学史》　人民出版社 1963—1964 年出版（合作）。

《中国大同思想资料》　中华书局 1959 年出版（合作）。

论　文

以属学术性质的为限

《论〈太平经钞〉甲部之伪》中央研究院历史语言研究所集刊第18本，1947年。

《〈周易参同契〉考证》中研院历史语言研究所集刊第19本，1947年。

《〈黄庭经〉考》中研院历史语言研究所集刊第20本，1948年。

《〈老子河上公章句〉考》北京大学五十周年纪念文集，1948年。

《论老子与道教》中央日报文史周刊第59期，1948年。

《元气谈》和平日报人文副刊第29期，1947年。

《释种民》和平日报人文副刊第40期，1947年。

《〈太平经〉校后记》大公报读书副刊，1947年。

《儒释道三教论报应》佛学月刊，1947年。

《曹操论》中国青年，1948年。

《论忠孝不能两全》中山半月刊，1944年。

《落后的宋氏族》食货半月刊，1936年。

《论文人无行》国闻周报，1935年。

《欧阳修的治学精神》天津益世报史学副刊，1936年。

《黄梨洲的文学主张》北平晨报副刊，1935年。

《论先秦天人关系》中国哲学史研究，1986年第4期。

《先秦两汉唯物主义表现形态的演变》哲学研究，1985年第5期。

《周易·咸卦新解》中国哲学，1982年第7辑。

《易经和易传的思想体系问题》光明日报，1961年12月1日。

《以乾卦解释为例看李景春同志〈周易哲学〉的方法论问题》光明日报，1963年8月30日。

《论老聃》中国古代著名哲学家评传第一卷，1980年。

《老子其人》和《〈老子〉其书》中国大百科全书哲学卷，1987年。

《从哲学史中理论分析谈〈老

《〈墨子〉研究问题》 中国哲学史方法论讨论集，1980 年。

《庄周哲学思想述评》 浙江学刊，1983 年第 1 期。

《墨子兼爱尚贤论剖析》 史学集刊第 7 期，1951 年。

《墨子的伦理学》 天津益世报史学副刊，1936 年。

《代表劳动人民利益反儒的哲学家——墨子》 中国哲学史文集，1977 年。

《墨子》 教学与研究，1962 年第 4 期。

《从墨子到〈太平经〉的思想演变》 光明日报，1961 年 12 月 1 日。

《荀况不是法家》 南开大学学报，1977 年第 6 期。

《汉代哲学思想中关于原始物质的理论》 哲学研究，1957 年第 6 期。

《论董仲舒的思想方法》 争鸣月刊，1957 年第 3 期。

《董仲舒及其政治思想》 历史教学，1958 年第 3 期。

《魏晋玄学研究中的两个问题》 文史哲，1985 年第 3 期。

《试论〈阴符经〉及其唯物主义思想》 哲学研究，1962 年第 5 期。

《无能子的哲学思想》 中国哲学史论，1981 年。

《清初市民阶级的政治思想家唐甄》 中国历史人物论集，1954 年。

《怎样对待一个哲学家的自相矛盾的思想》 中国哲学史研究，1983 年第 1 期。

《简和帛》 考古通讯，1955 年第 2 期。

《蔡伦与中国造纸术的发明》 中国科学技术论文集，1955 年。

《隋唐时代的造纸》 考古学报，1956 年第 1 期。

《陶弘景在古代科学上的贡献》 光明日报，1954 年 8 月 11 日。

《论陶弘景》 世界宗教研究，1981 年第 1 期。

《论〈太平经〉成书时代和作者》 世界宗教研究，1982 年第 2 期。

《论〈太平经〉的思想》 道家和道教思想研究，1984 年。

《太平经》 中国古代佚名哲学名著评述第 3 卷，1985 年。

《〈太平经〉篇目考》 《文史》第 4 辑，1965 年。

《敦煌古写本〈太平经〉文字

残页》　《文物》，1984 年第 8 期。

《道教基本理论的几个来源》　宗教学研究，1985 年第 1 期。

《道教哲学》　中国大百科全书哲学卷，1987 年。

《谈谈道教哲学的范畴》　求索，1984 年第 2 期。

《论葛洪》　中国古代著名哲学家评传续编，1982 年。

《中国道教史·序》　世界宗教研究，1987 年第 3 期。

《论道教生死观与传统思想》　中国社会科学院研究生院学报，1988 年第 5 期。

《评〈中华民族是人类一奇迹〉》　光明日报，1951 年 1 月 4 日。

《评梁漱溟的〈中国文化要义〉》　光明日报，1951 年 6 月 14 日（合作）。

《〈太平经〉和〈抱朴子〉在文化史上的价值》　文史知识，1987 年第 7 期。

《中国的道教和道教文化》　日本国《净土》杂志，1988 年第 5 期第 6 期第 7 期连载。

《周初齐鲁两条文化路线的发展和影响》　哲学研究，1988 年第 7 期。

《再论齐文化的发展》　中国哲学史研究，1989 年第 3 期。

《道教通论序——兼论黄帝在中华民族文化史上的地位和作用》　哲学研究，1991 年第 7 期。

作者年表

1911 年
10 月 10 日,王明生于浙江省乐清县蒲岐镇铧锹村。

1919 年
就读于铧锹私塾。

1920 年至 1922 年
在铧锹国民小学读书。

1923 年至 1925 年
在虹桥镇沙河县立第二高等小学读书。

1926 年至 1928 年
在温州省立第十中学读书。

1929 年至 1931 年
先后在温州十中、杭州省立高级中学读高中。

1932 年至 1936 年
考入北京大学中国文学系读书,并在《国闻周报》、北平《晨报》副刊、天津《益世报》、《食货半月刊》发表《论文人无行》、《黄梨洲的文学主张》、《欧阳修的治学精神》、《墨子的伦理学》、《落后的宋氏族》等文。曾就学于马裕藻、郑奠、顾颉刚、罗庸、钱穆、胡适、陶希圣诸学者。

1937 年
北京大学中国文学系毕业,撰写毕业论文《先秦儒学字义考》,并考取中央研究院历史语言研究所的研究生,主考人为陈寅恪教授。

1938 年
因战乱回乡,在乐清居士林自修攻读。

1939 年至 1940 年
赴云南昆明,考取北京大学文科研究所的首届研究生。在北京大学及西南联合大学就读期间，曾师事汤用彤、陈寅恪、唐兰、余嘉锡、黄节、顾随诸学者。

1941 年

北京大学文科研究所毕业，获哲学硕士学位，并以助理研究员的职称分配到中央研究院历史语言研究所工作。在导师汤用彤、唐兰先生指导下编纂《太平经合校》并撰写了《太平经合校·导言》长篇论文。

1942 年至 1943 年

在中研院史语所工作，撰成《〈周易参同契〉考证》、《〈黄庭经〉考》、《论〈太平经钞·甲部〉之伪》等论文。

1944 年至 1946 年

回温州省亲，就任浙江乐清师范学校校长。在乐清县印刷《新易学》等小册子，在《中山半月刊》发表《论忠孝不能两全》。

1947 年至 1948 年

回中央研究院历史语言研究所工作，在《历史语言研究所集刊》先后发表《论〈太平经钞·甲部〉之伪》、《〈黄庭经〉考》、《〈周易参同契〉考证》，在《北京大学五十周年纪念文集》上发表《〈老子河上公章句〉考》，还在其他报刊上发表《元气说》、《释种民》、《儒、释、道三教论报应》、《论老子与道教》、《曹操论》等。

1949 年

返回温州，建国后赴北京，入中国科学院工作。

1950 年至 1956 年

在中国科学院考古研究所工作。1950 年曾到华北人民革命大学就读，改造思想，树立马克思主义观点。这期间还由艾思奇授课，学习辩证唯物主义和历史唯物主义，成为治学的指导思想。王明先生在此期间曾研究中国古代造纸术，在《考古学报》上发表《蔡伦与中国造纸术的发明》、《隋唐时代的造纸》、《简和帛》等论文。

1957 年至 1966 年

调入中国科学院哲学研究所工作。其间曾到河南新乡七里营、湖北襄阳参加农业劳动或农村社会主义教育（"四清"）运动。王明先生曾和中国哲学史研究室的其他学者合作编写《中国哲学史资料选辑》、《中国大同思想资料》，出版专著《太平经合校》，参加《中国哲学史》的编撰。同时，还发表了关于董仲舒、唐甄、《易经》、《阴符经》、《太平经》的研究论文。

1966 年至 1976 年

因政治动乱无发表著作。

1977 年至 1982 年

中国科学院哲学社会科学学部改名中国社会科学院，王明先生任中国社会科学院哲学研究所研究员、学术委员、中国哲学史研究室主任、中国哲学史学会副会长等职，并兼任国务院古籍整理出版规划小组成员。1979 年被中国社会科学院研究生院聘为教授、博士生导师，还应邀出席了在瑞士苏黎世召开的第三次国际道教学术会议。在这期间先后出版《抱朴子内篇校释》、《无能子校注》，并发表多篇论文，指导二届硕士研究生。

1983 年

《抱朴子内篇校释》获中国社会科学院哲学所优秀科研成果一等奖。

1984 年至 1987 年

招收和指导博士研究生，出版《道家和道教思想研究》、《抱朴子内篇校释》增订版，并发表学术论文多篇。

1988 年至 1991 年

患肾功能衰竭、肾硬化、尿毒症、心脏病等多种疾患，靠血液透析维持生命，收集、撰写论文集《道家和道教文化研究》。

1992 年

3 月 13 日，王明先生病逝，享年 81 岁。